U0165689

中 國 通 史

高明士　主編

賴亮郡、劉燕儷、梁國眞、李汾陽　著

五南圖書出版有限公司

編輯大意

一、本書的編輯目標是以兼顧多元、完整的介紹中國歷史,並提高學生學習興趣、擴大閱讀意願及層面為目標。

二、本書分為七個章節,係以歷史發生的時間先後、當時所形成的影響重點來劃分。

三、每個章節最前面都有一篇導言,以介紹該章的內容大要,引領學生能順利進入課文內容,進而了解而不致發生學習障礙。

四、本書可供大學院校、技術學院等相關課程領域之用。

五、本書全本採雙套色、圖文搭配的編製,期以圖片與文字的相輔相成,提供學生學習閱讀時還原歷史原貌,以加深、加廣其對課文的了解與吸收。

六、本書如有疏漏之處,尚請任課老師、學界各位先進不吝惠予指正,以作為本書修正之參考。

目　錄

圖　目　錄

第七章

第一章

中華文明的形成

第一節 導言

　　中國歷史悠久，眾所皆知，它從何時開始？古代史書各種著作，記載歷史的開始並不一致，大多選擇一個遠古的「聖王」，作為歷史的開端，如伏羲、黃帝或堯舜。漢代司馬遷撰寫的《史記》是正史的第一部，其以黃帝作為古史的開端，影響深遠。探討人類的歷史，首先要問到人類從何處而來，考察這一問題，可參考古代文獻記載的神話、傳說，以及考古發掘的古人類化石和生活的遺跡。世界上任何歷史悠久的民族，其早期的歷史多係透過神話或傳說流傳後世，中國歷史也不例外。中國古代有關人類起源的神話有二則：一是女媧氏搏黃土為人，最初人類是女媧氏用黃土搏成的，相傳她與伏羲氏既是兄妹也是夫妻。二是盤古氏開天闢地，這則神話說本來天地混沌不清，後來陽清者為天，陰濁者為地，盤古生其中，其後經過漫長的歲月，出現了人類。盤古之後，接著才有三皇五帝。神話與傳說在今人看來有些荒誕不經，但它反映了古人對於人類起源問題的思索，而且長久以來一直為人們所信仰，直到近代才被科學的解釋所取代。

　　十九世紀達爾文提出「進化論」的觀點，認為人類是從類人猿演進而來的。依據考古學家的研究，人類乃源自古猿，年代距今約二千萬年前；從古猿再演進到拉瑪古猿，年代距今約一千四百至八百萬年前，我國在雲南省開豐和祿遠發現拉瑪古猿遺骸，因此有些學者認為中國可能是人類的起源地之一。從拉瑪古猿不斷演進，終於在大約三百萬年前出現了人類，界定人類的主要標準是已經會製造工具。人類出現之後，有相當長的一段時間是以石器

作為工具，這段歷史被稱為石器時代。石器時代又可分為舊石器和新石器兩個時期，舊石器時代的年代，距今約三百萬到一萬二千年前，依據體質特徵可分為直立人（猿人）、早期智人（古人）、晚期智人（新人、真人）三個發展階段。直立人屬舊石器時代早期，其體質特徵介於類人猿和智人之間，他們下肢能夠直立，腦容量較大，會製造石器，已知使用天然火，並且已有語言的能力。早期智人屬舊石器時代中期，他們的腦殼變薄，腦容量較多，進入了新的階段；晚期智人屬舊石器時代晚期，他們的體質型態與現代人已沒有明顯區別。

中國目前發現的舊石器時代早期遺址或石器地點有七十多處，重要的人類化石和文化遺址有元謀猿人、巫山猿人、西侯度文化、㵎河文化、藍田猿人、北京猿人等。元謀猿人距今約一百八十萬年前（或説五十萬），巫山猿人距今約一、二百萬年前，是中國境內目前發現年代最早的猿人。西侯度文化距今約一百八十萬年前，其石器製作技術已相當進步，並不是最原始的狀態。北京猿人距今約五十萬年前，中外知名。早期的猿人遺址中都發現了打製的石器，用以切割獸肉、砍砸獸骨和堅硬的果實。猿人普遍知道用火來燒烤獸肉、照明取暖或防禦猛獸，火的使用增強了人類的體質，擴大了活動的空間，猿人實已開始了文化的生活，從此與其他的動物分道揚鑣。

舊石器時代中期出土的遺址和早期智人化石的地點，約有四十七處，這時期的早期智人，其體質型態接近現代人，腦容量平均接近一千四百毫升，與現代人相近。早期智人的文化已有進一步的發展，石器工藝更進步，石器類型增多，會使用陷阱和「飛石索」。這一階段的人類已會人工取火，並開始埋葬死者，安放一些隨葬品，出現了原始宗教。舊石器時代晚期出土的遺址和晚期智人化石，分布在全國許多地方，此時北起東北，南至雲貴、臺灣，整個中國都有人類活動著。這時期最重要的遺址是山頂洞人及其文化。山頂洞人的年代距今約二萬五千年至一萬五千年前，遺址發現的石器和骨器種類繁多，製作精緻，有穿孔的獸骨獸牙，成串的小石珠，推測已有審美觀念，其中並有一件長達八・二公分的骨針，上有窄小的針孔，可知已會縫製衣服，這在人類文化演進史上是一件大事。山頂洞人在一些人骨周圍撒有赤鐵礦粉末，並有裝飾品陪葬，表明已有原始宗教信仰；遺址分為居住區、墓葬區、倉庫三部分，出現了氏族聚落雛形，這時可能已經有了初步的社會組

織。綜合以上所述，舊石器時代人類的活動，實已揭開了中國歷史的序幕。

　　經過二、三百萬年漫長的演進，人類進入了新石器時代，逐漸走上文明的階段。所謂「文明」，主要指人類社會進步的狀態。一般認為，農業和文字的出現是文明開始的重要標誌之一。根據考古發掘來看，「文明的標誌」在中國新石器時代已經普遍地存在了。歸納一下新石器時代人類生活的特徵：農業、家畜、村落、磨製石器、製陶，與舊石器時代人類生活型態大為不同。新石器時代種植的農作物，黃河流域以旱地作物「粟」為主，長江流域則以水稻為主，兩地皆種植蔬菜、飼養家畜。家畜「六畜」都有，但以豬和狗最多。農具有石刀、石鐮，以及穀物加工用的石磨盤、石磨棒等，磨製石器的技術皆極精緻。工藝方面，仰韶文化晚期已出現紅銅，進入了銅器時代。陶器工藝普遍發達，器類繁多，彩陶上的彩繪精美，龍山文化出土的黑陶極薄，稱為「蛋殼陶」，反映了技術的進步。居住方面，黃河流域多為半地穴式建築，村落的布局大致有住宅區、墓葬區與燒窯場；長江流域以河姆渡為例，則有干欄式建築。總之，新石器時代已普遍過著農業村落生活，各地生活的水準沒有很大的差距，到了龍山時期出現都邑城市，進入了城市文明時代。另外，在新石器時代的陶器上發現許多刻畫符號，也稱為「陶文」，如西安半坡出土的陶文多達四十多種，學者認為這些陶文應是中國文字的先驅。

　　考察古史傳說，從遠古聖王創作發明的傳說中，也反映了中國古代文明的誕生和發展。以農業和文字的發明二者而言，古書記載，本來古之人民，皆食禽獸肉，神農氏教導人民製作耒耜，教民農作，從此以後九州之民乃知穀食。同時還製作陶器，斷樹木營建宮室。農業、製陶工藝和住屋建築，都是新石器時代的重要特徵，足可以與神農氏傳說相對照。關於三皇的傳說，也反映了人類生活的演進階段。關於文字發明的傳說，古史相傳，黃帝戰勝蚩尤之後，已有初步的立國規模，他和同時代的人有許多重要的發明，如：衣裳、冠冕、宮室、舟車、弓、矢、指南車、天文、曆數、音律、蠶絲等。而史官倉頡創作書契，被認為是中國有文字之始。不過，根據文字學家的意見，文字是逐漸由圖畫演進而成，不可能由一人創作出來。在古代文字演進的過程中，還經過了一段圖畫與文字混合使用的階段，所以文字草創之時，必然是紛亂多樣，這從古字異體很多可以證明。倉頡可能對初期文字有整理

之功，因而留下了鯀子的傳說。

　　根據人類學家的研究，人類在遠古時代，曾經有過一段母系社會的時期，近代一些部落民族仍存在著母系制。所謂母系社會是以女性為主的社會，男子通常嫁與女子，財產和權力的繼承都在母系中進行。我國古代也曾經有過母系社會的階段，先秦文獻中常有遠古時代「民知其母，不知其父」的記載，遠古帝王自伏羲、神農以下，都有著「感天而生」的故事，例如華胥履巨人跡而生伏羲，附寶感大電繞北斗生黃帝，修己吞薏苡而生禹，簡狄吞玄鳥卵生契，姜嫄履巨人跡而生棄等。這些遠古帝王只知其母，感天而生的傳說，正是母系社會的反映。考古上，龍山時代男性的隨葬品比女性豐富，顯示男性的地位提升；傳說中禹之父為鯀，商周的始祖契和棄都是堯舜之時的人物，因此大約在龍山時代或堯舜前後，中國逐漸由母系社會轉為父系社會。遠古時代也存在過一種圖騰（totem）制，遠古時代人們相信自己的祖先是某種動物或植物所生，這種動物或植物便是他們的圖騰。相傳黃帝與炎帝大戰於阪泉之野時，曾率領熊、羆、貔、貅、貙、虎等猛獸打敗炎帝，這些猛獸應是部落的圖騰名稱，而非真正的野獸。文獻記載舜時舉行宮廷宴飲，「百獸率舞」，應是圖騰部落舞蹈的情形。其他如東夷「以鳥名官」，商人自稱是玄鳥的子孫，也都是圖騰制的現象。遠古時代的黃河流域，大致上有華夏與東夷東西兩大部落集團，黃帝、夏、周屬於華夏集團，蚩尤、少皞、商等屬於東夷集團。傳說黃帝「以雲為師」，其圖騰似與龍有關；夏的圖騰似為蛇，蛇後來逐步演化為龍；東夷的圖騰為鳥，鳥後來逐步演化為鳳。因此，後代以龍鳳和鳴引喻男女百年好合，龍鳳的融合也就是中華民族的大融合。

　　遠古時代黃河流域部落林立，經過征戰或婚姻關係，逐漸兼併演變成部落聯盟，再進一步演化就出現了國家。所以古代早期國家，是由部落逐漸轉化而來。在黃帝、堯舜的時代，大約處於部落聯盟的時代，其時屬於氏族社會的階段，領袖稱為「共主」，共主並沒有至高無上的權威。堯舜時代，許多大事都要徵得公眾的同意，例如堯的時候，洪水氾濫，堯公開徵求治水的人，「四岳」推薦鯀負責治水，堯雖然不同意，也只有接受，結果鯀用築堤的方式治水，九年不成。堯年老時，公開徵求繼任的人選，也是經過了「四岳」的推薦，才選擇舜為繼承人。堯死後，「諸侯」一致擁護舜，舜才成為

正式的共主。可見共主是不能完全專斷國家大事，他的繼承人也須取決於公意。舜晚年時，仿效堯的辦法，用禹為繼承人，這就是古代所謂的「禪讓政治」。

但禹繼任為共主以後，卻發生了顯著的變化，堯舜時代，遭遇到天災和外患，那就是洪水氾濫成災，和三苗的入侵。禹受命後，領導各部落，用疏導的方式治平了洪水，同時也征服了三苗。禹又大興農田水利，教民耕種，人民得以安居，禹的權力已經超過了堯舜時代共主的地位。禹以前的堯舜，不過是天下的共主，軍國大事還要徵詢公眾的意見，而這時的禹，則像是已具有相當權威的國王了。禹年老時，依照堯的傳統，讓位給協助治水有功的益，但禹死後，「諸侯」不擁戴益而擁戴禹子啟，相傳益曾與啟爭奪王位，被啟所殺。總之，禹死後，啟做了繼承人，從此禪讓制度結束，開始了「家天下」之局。

臺灣的史前文化，最早可上溯至舊石器晚期的長濱、網形文化和左鎮人。長濱文化的居民，住在海邊的洞穴，以採集、漁獵為生，會製造骨針和骨魚鉤。新石器時代早期，臺灣北部和西海岸分布著大坌坑文化，大坌坑文化的居民，已知種植根莖類作物，出現了小型的村落。中期則以圓山、芝山岩、牛罵頭、牛稠子等文化為著，農業上已開始種植稻米、小米等穀類作物。晚期以植物園、營埔、大湖、卑南、麒麟等文化較重要，此一時期的聚落，不僅人口增多，分布上也由海岸向內陸伸展，社會組織日趨複雜。繼新石器之後是金屬器時代，重要的文化有十三行、番仔園、蔦松、靜浦文化等，這時候的居民已知冶銅、煉鐵，農業大幅進步，聚落規模較前擴大，聚落之間的戰爭也更加慘烈。在族群方面，最早期臺灣的住民屬於什麼族群，無法確知。臺灣新石器時代的史前文化，大概是南島語系民族的遺留。原住民可以分為高山原住民和平埔原住民，共約二十族。高山原住民有泰雅、賽夏、布農、鄒、排灣、魯凱、阿美、卑南、達悟（舊稱雅美）等九族，屬於南島語系民族，各族遷臺時間不一，文化系統也頗有差異。平埔原住民以母系社會較為普遍，生產上從事漁獵生活和粗放農作，現在還有幾個族存在。

第二節　聚落與農耕文明的形成

　　人類經過二、三百萬年舊石器時代漫長的演進，終於在一萬多年前進入了新石器時代，新石器時代的主要特徵是發明了農業、陶器，以及使用磨製石器等。人類發明農業之後，乃由「採集食物」進而為「生產食物」，這被稱之為「產食革命」或「農業革命」。由於農業的誕生並開始生產食物，於是出現分工現象，文明開始突飛猛進，各種文物紛紛出現，社群也隨之擴大，日趨複雜，城市、國家次第誕生，故「農業革命」是人類文明演化史上劃時代的大事。關於農業起源發展的研究，以西亞、埃及較為詳細，但現在中國的考古也有長足的進展，中國早期的農耕文明並不比西亞、埃及遜色。農業出現之後，伴隨而來的是定居聚落（村落）的出現，聚落不斷發展，最後出現了都邑或城市；都邑或城市的出現，是社會型態演進史中一個劃時代的標誌，此後不久就產生了國家，這一發展過程被稱為「從村落到國家」，夏商周三代的國家型態即以都邑為主體。

一農耕文明的形成

 ### 中國農耕文明的起源與發展

　　農耕的起源，本質上是人們為了解決或加強食物供應而對自然環境的一種適應，其起源約在冰河時期結束的一萬年前左右。世界上農業發生最早的的地方一般認為是西亞地區，但根據考古發掘研究，中國農業發展得也相當早。中國農業栽培物，目前出土年代最早的首推水稻，在湖南道縣玉蟾岩洞穴遺址、江西萬年縣仙人洞和和吊桶環遺址，出土了人工栽培稻，年代距今約一萬多年。這些水稻的栽培年代，都比西亞開始種植小麥、大麥的年代還要早些。另外，這幾個遺址也出土了與農業密切相關的陶器，年代大約都距今一萬多年。

　　北方粟、黍的旱作栽培起源也甚早，從距今八千年起，黃河流域的居民

已掌握了粟、黍的栽培技術，如河北武安縣磁山遺址的粟、河南新鄭縣裴李崗遺址的黍、甘肅秦安縣大地灣遺址的粟和黍，其年代均比西亞、南亞、歐洲、非洲等地發現的同類作物，至少早了千年以上。這些遺址的農業栽培技術已有相當程度的發展，並非最原始的狀態，估計其起源大約在距今一萬年前左右。以上考古的發現，說明中國農業的起源至少有萬年或萬年以上的歷史，其年代不亞於西亞、埃及，可以居於世界最早的行列之一。

中國原始農業出現之後，農耕文明不斷持續發展，作物栽培呈現南稻北粟兩大農業體系。距今九千至七千年間，在湖南澧縣彭頭山遺址、八十壋遺址、河南舞陽縣賈湖遺址、陝西西鄉縣李家村遺址等地，都有發現具有明顯栽培稻特徵的稻米遺存。其中賈湖遺址的稻米遺存不僅數量大，而且發現了從收割稻脫粒的全套農具，還發現了以七聲音階骨笛為代表的音樂活動遺存、以龜甲契刻為代表的原始刻畫符號，以及以成組龜殼及內裝石子為代表的原始占卜文化。賈湖和八十壋遺址都發現了聚落周遭的圍濠，八十壋遺址周圍還有堆築的城垣，河南舞陽縣大崗遺址還發現了水井、彩陶和陶輪；這些現象所反映的農耕文明水準，毫不亞於西亞早期的農耕文明。以上這些現象說明至遲距今七、八千年前，在黃河流域、長江中下游以及華南一些地區，農業生產在整個經濟生活型態上占有主導地位，聚落也已出現，定居、聚落和農耕三位一體。

在距今七千至五千年前時，相當於所謂的「仰韶文化」階段，以長江流域的稻作農業和黃河流域的粟作農業為代表的中國農耕文明，已有相當的發展。在距今七千年前的浙江餘姚縣河姆渡遺址，發現了豐富的稻作遺存，同時還發現了大量骨耜農具、水井和干欄式建築，農業水準相當進步。比河姆渡文化略晚，分布於蘇南、浙北的馬家濱文化，其經濟型態也與河姆渡文化相似，都是以水稻栽培的農業為主要型態，在馬家濱文化中編織和紡織已是重要的手工生產活動，例如家具中就有蘆草和竹篾編製的蓆子，江蘇吳縣草鞋山遺址出土有殘布片，證實當時已經知道用苧麻來做布料。此外，在距今六千年前時，吳縣草鞋山遺址和湖南澧縣城頭山遺址發現的稻田，具有水溝和儲水坑等灌溉設施，說明此時人工灌溉農業已經出現。

在黃河流域的仰韶文化階段，農業、畜牧也已成為主要的經濟部門，主要的農作物是粟和黍，還出現了蔬菜栽培。仰韶文化的居民已知飼養豬、

約，在晚期有少數地區馴養了牛，在甘肅地區的仰韶文化晚期同時還飼有山羊、綿羊及雞，其中豬是最大宗的。紡織是當時生活的一部分，陶或石的紡輪及骨針是常見的紡織及縫紉工具，紡織品的原料大概都是麻類纖維，在仰韶文化晚期還出現了絲，山西夏縣西陰村出土過半個已經碳化了的蠶繭，經鑑定是人工栽培的家蠶，這是世界上最早的養蠶紀錄。

在距今四千五百至四千年左右，中國的農耕文明又進入了一個新的階段，那就是所謂的「龍山文化」時期。龍山文化分成許多類型，如陝西龍山文化、河南龍山文化、山東龍山文化，以及湖北的屈家嶺文化、太湖流域的良渚文化、甘青的齊家文化等。這個時期農業生產工具的種類比以前增多，有石斧、石鏟、石鏟、石槍頭、石鑿、鐮形石刀、雙孔半月形石刀和石鏃等；這些工具都磨得很精緻，有些還有製孔，可以穿繩裝柄。隨著生產工具種類增多，製作精緻，使得農業生產量大為提高。此時儲存糧食的地下窖穴比以前增大增多，地上的倉廩已出現，亦出現大量的酒器，如規、罍、盃、高足杯等。與農業生產發展相對應的是，家畜飼養業繁盛起來，到了龍山時代，我國傳統中所謂的六畜——馬、牛、羊、雞、犬、豬，在各地的家畜飼養中大都已俱全，豬為其中大宗，此時畜牧業大概已從農業中分離出來，成為一個獨立經營的部門。

中國早期農耕文明的特色與影響

中國農業大約起源於一萬年前左右，到了新石器時代中期，距今約七千至五千年前左右，中國農耕文明已有長足的進展，農業聚落遍布各地，著名的文化有黃河流域的仰韶文化、山東的大汶口文化、湖北的大溪文化、浙江的河姆渡文化、遼寧的紅山文化等。此一時期的農耕文明已具有相當水準，湖南澧縣大溪文化的城頭山遺址、河南鄭州仰韶文化的西山遺址出現了土城；仰韶文化的陶器刻符和山東大汶口文化的陶文，為文字的發明做了先導；遼寧的紅山文化，出現了以壇、廟、冢為代表的宗教禮儀性建築；陝西臨潼姜寨仰韶文化遺址，還出現了我國最早的紅銅片，此後不久在甘青一帶馬家窯、馬廠文化中出現了小銅刀（鐮），表明早期金屬冶鑄技術已經出現。銅器的發明是繼新石器之後，文明發展的另一個指標，被稱為「銅器時代」，中國在仰韶文化晚期，已逐漸進入了銅器時代。以上這些技術、意

識、生活方式的新型態，展現了另一種文化水平，為中華文明的誕生做了準備，故被稱為「文明的曙光」。

到了四千多年前的龍山時代，中國的農耕文明已達到相當成熟的階段，龍山時期的農業大概已屬集約農業，家畜飼養的技術與水平，亦近似於商周時期，另外手工業也相當發達。在製陶業方面，快輪技術獲得普及，陶色以灰、黑陶為主，造型多樣適用，其中出現了製作精美的蛋殼陶和白陶，有些遺址還出現了原始青瓷片。此時玉器的製作也相當發達，良渚文化中出現大量的玉禮器，這些玉器一般雕琢精緻，器表均經仔細打磨拋光，不少器物上琢有考究的花紋圖案，有些花紋肉眼難以辨認，展現了當時琢玉工藝的高度技巧。在冶銅業方面，龍山時期發現冶銅遺物的遺址已遍布整個黃河流域，銅質有紅銅、青銅和黃銅，青銅已占有一定數量，銅製品有刀、錐、斧、鑽頭、鑿、鏡、銅裝飾品等，龍山時期已進入早期銅器時代。隨著農耕文明的巨大進步，聚落分布更加稠密，此時出現了許多城邑，標示城市文明時代來臨，結合文獻的記載，這時部落方國林立，中國正逐漸邁入國家的階段，此後不久就出現了傳說中的夏王朝。

中國早期農業的發展具有穩定性，北方的旱作不需太多雨水，南方雨量充足，對排水的溝洫系統的需求最為迫切，都不需大河灌溉，與埃及和兩河流域不同。因此，中國在史前和早期文明時代，農業經濟走的是一條緩慢的、穩步的、積累式的發展道路。中國農業經濟的穩定發展，對社會組織結構的演進，以及宗教觀念的發展，帶來深遠的影響。在中華文明形成過程中，

圖 1-1　西安半坡出土的人面及魚紋彩陶盆

家族、宗族結構的嚴密，以及對於大地與祖先崇拜的重視，都與中國農業的穩定性密不可分。

新石器時代的遺址現在發現有七千多處，因各地地理環境的差異，新石器時代的考古學文化形成了幾個不同的文化區系，如中原區、海岱區、燕遼區、兩湖區、江浙區、巴蜀區、甘青區和雁北區等，故中國農耕文明的起源是多元的。以上各區系文化齊頭並進，不斷相互交流，逐漸從多元一體走向以中原為核心、以黃河流域和長江流域為主體的多元一統格局，最後搏鑄融合，產生了夏商周三代文明。這一格局的形成是中國古代文明的特點，也是中華文明之所以具有無窮活力和強大凝聚力的重要原因。中華文明的起源，經歷了一個很長的過程，最晚在距今六千年前開始邁向文明，在四千多年前已初步進入文明社會，夏商周是中國古代文明高度發達的時代，秦漢帝國建立以後進入新的發展時期。

中國是世界四大文明古國之一，歷史悠久，文化博大精深。一般以為埃及、西亞文明比中國發達得早，不過依據現在的考古發掘，中國農業的起源也很早，長江中游地區在一萬多年前已會製作陶器，並開始栽培稻米，黃河流域在九千多年前也開始種植粟（小米），此後不斷持續發展，呈現南稻北粟的型態。從考古發掘研究來看，世界上最主要的農業起源中心，後來又形成為具有特色的農業體系的，大概有三個地方：一是西亞，在小麥、大麥的基礎上，先後產生了美索不達米亞文明、尼羅河文明和印度河文明；一是中美洲，在玉米、南瓜和馬鈴薯的基礎上，產生了馬雅文明和安地斯文明；另一個就是黃河流域和長江流域，分別在粟作和稻作的基礎上，產生了中華文明。黃河、長江流域的古代文明發生之後，東亞許多地方也都醞釀著走向文明的歷程。在東北亞，首先是粟、黍等旱地農業傳入朝鮮半島和日本，促進了當地文化的發展，後來稻作農業相繼傳入，加上青銅器和鐵器的先後傳入，使那裡進入了文明社會。東南亞早期文明的發生，也受中華文明相當程度的影響。此後各地之間的文化交流日益發展，在風俗習慣、宗教信仰、思想感情、文化背景等方面，都有許多相似或相通之處，在物質文化方面也有許多相近或相同的因素，這樣實際上就形成了一個不同於西方文化的東方文化圈，或者可以稱之為東方文明體系。

二 聚落的出現與發展

聚落的出現

　　農業出現之後，定居聚落（村落）也隨著出現，在距今一萬至八千年前，長江以南地區存在著三類遺址：一是洞穴遺址，二是貝丘遺址，三是露天的農耕聚落遺址。洞穴遺址或貝丘遺址應是某種聚落的遺存，它們規模比較小，居民有家庭組織，整個聚落可能是個氏族集團。中國目前發現最早的農耕聚落遺址，是位在長江中游的湖南澧縣彭頭山遺址，年代距今約為九千一百至八千二百年，這裡發現有房屋遺跡、墓葬、灰坑和水稻遺存，是一處具有相當規模的定居聚落。同類的遺址在附近還有十餘處，這表明在新石器時代早期，長江中游地區定居、農耕和聚落已是三位一體，同時具備。

　　在距今八千至七千年前，中國的農耕聚落有了進一步的擴展。這時期的聚落遺址大小不一，大的可達十幾萬平方公尺，小的僅有八千平方公尺。有些大的聚落，人數可能在三百人以上。從許多遺址來看，當時氏族公共墓地已經形成，儲藏設施成區或成群地存在，聚落中心有公共場所的設立。就種種設施、區劃與功能而言，七、八千年前中國北方已經發展出較原始的內聚式聚落。南方的聚落型態則與北方有顯著不同，北方多半地穴式房屋，挖濠溝來進行防衛，南方則在某些沼澤地區為避暑和防潮而建築干欄式的房屋。

　　在距今七千至六千年前，相當於仰韶文化早期，中國的農耕聚落遍布全國各地，聚落的型態有進一步的發展。這一時期聚落在修建時已有明確的規劃布局，其特點是把居住區、手工業生產區和墓葬區既緊密地結合在一起，又在範圍上有明確的區劃，著名的有陝西西安半坡和臨潼姜寨遺址。這一時期普遍在居住區外圍挖掘濠溝，把整個村子包圍起來，既是一種防衛的需要，也使整個聚落構成一個整體，形成了聚落共同體。此一時期一個聚落的居民，便是一個相對獨立和相當封閉的集體，他們大概過著自給自足的生活，和其他的村社極少來往。

　　距今六千至五千五百年前，相當於仰韶文化晚期，各地遺址的分布地區有顯著的擴大，分布的密度有所增加，遺址面積大小的差別已逐漸明顯。有

址可達數十萬平方公尺，一般遺址大多僅有幾萬乃至幾千平方公尺。遺
址面積大小的不同，顯示這一時期可能產生了中心聚落與普通聚落的等級差
別；這些規模大的聚落，可能具有宗邑性中心、專業性經濟中心和宗教中心
的功能。遼寧凌源市牛河梁發現了積石塚和女神廟，附近的喀左縣東山嘴也
發現了祭壇，說明仰韶文化晚期宗教中心已經出現，這也反映出此一時期的
社會型態和政治組織又有進一步的發展。

都邑的出現與邦國社會

　　距今四千五百至四千年前左右，考古學文化進入了龍山文化階段，龍山
時代聚落與聚落之間的兩極分化有進一步的發展，一方面某些聚落範圍空前
擴大，如山西襄汾縣陶寺遺址面積達三百萬平方公尺，足可以視為大型都邑
遺址；另一方面，相當多數的聚落面積則普遍有所縮小。龍山時期相當多的
聚落面積普遍有所縮小，其背景應是社會組織型態的變化，這一時期大概出
現一宗一邑或數宗一邑的情形，同時又存在「宗邑」和「都邑」型態，使得
一部分聚落面積膨脹，而普通聚落的面積普遍縮小。

　　龍山時期聚落型態的最大變化是出現了都邑或城市，目前已經發現的龍
山城址有四十多處，大的面積可達一百萬平方公尺，小的有幾萬平方公尺。
這些城址少數是單純的軍事性城堡址，多數是設防的中心聚落；一些城址中
有大型的宮殿式建築，有些城址有明顯的宗教遺跡，不少城址內有陶窯和其
他手工業遺跡，因此龍山時代的城址，完全是一種新型的聚落型態，是區別
於廣大鄉村的都邑或城市。城邑的出現使大多數聚落變為鄉村，從而產生了
城市與鄉村相互對立及相互依存的新的社會格局。這是社會的一次大變革，
也是人類文化演進史上的一個重要階段，被稱之為「城市文明」，城市成了
經濟文化的中心，並逐步發展為政治中心。中國古代的城市常圍有城牆，稱
之為「都邑」，都邑置有宗廟和社壇，是政治、經濟、軍事、宗教和文化等
中心的所在地。都邑的出現，是社會型態高度複雜化的標誌，此時人口集
中，有嚴格的階層劃分，統治的貴族階層興起，居住於都邑內，是政治社會
文化的主要活動者與創造者。另一方面，政治組織漸趨精密，國家機構出現
的腳步已愈來愈接近。

　　從仰韶時代到龍山時代，是中國古代社會大轉變的時期。一方面是生產

力普遍提高，整個社會相對富厚；另一方面是社會內部貧富顯著的分化。龍山時代，族群內部已有顯著的貧富之分與貴賤之別，如陶寺遺址七百多座墓葬中，將近百分之九十的小墓葬幾乎一無所有，而少數大墓隨葬品豐富，還出現龍紋盤、鼉魚皮蒙的鼓和大石磬，社會地位十分顯貴。山東龍山文化中，有些墓葬出土成組玉器，以及精緻的玉斧、玉鏟，這是一種權威的象徵。良渚文化中，貴族墓和平民墓分開，貴族墓一般要築起很大的土臺，墓葬中通常有木槨，隨葬大量玉器、漆器和陶器，有的墓主人手執玉鉞，隨葬玉琮，他們應已不是一般的氏族或部落領袖，而多少具有一些王者的特徵。

　　龍山文化的年代相當於傳說中的五帝時期，文獻記載此時邦國林立，這與龍山時代城邑紛紛出現、散處各地、互不統屬的格局也相吻合。一個都邑往往就是一個「國」，古代五帝時期大約相當於龍山時代，當時號稱邦國林立，大概是這種情形的反映。「國」與「國」之間不斷地爭戰合併，國家接著出現，這就是傳說中的夏王朝。經過數千年的發展，中國經歷了初期農耕─農耕聚落─中心聚落等階段，然後走向「都邑文明」，社會型態愈來愈複雜，人群關係日益緊密，最後出現了國家，這就是「從村落到國家」的歷程。龍山時代是國家出現的一個關鍵時期，代表文明的重要因素，如城市、銅器、文字、禮器等，在龍山時代均已出現，龍山時代可說是中華文明的形成期。

　　夏商周三代時期邦國眾多，傳說禹之時天下萬國，湯之時有三千，武王伐紂，諸侯不期而會盟津者八百。早期的邦國通常是一城一國，隨著人口和勢力增加，勢必要建立新的城邑，一國就有幾個或十幾個城邑。周代為了維護國君的統治地位，規定新立城邑必須小於國君所居之都城，都置有先君宗廟，只有國都才能稱之為國。國與國之間有廣闊的區域，稱之為「野」，國中住的是統治的貴族階層、手工業者、奴隸，以及和貴族血緣疏遠的平民「國人」，國人有參與國政和當兵作戰的權利；野住的是「野人」，他們從事農業生產，服各種勞役，而不當兵作戰。當時國家主要是由都邑構成，對廣大的野的控制能力還有限，因此夏商周三代的國家型態是一種都邑型態，社會統治的核心是貴族或宗族。龍山時代與夏商周三代的城市具有兩種特性：一是濃厚的宗族性，二是強烈的政治性。城市是軍政中心，它的政治性遠大於商業性，這與希臘和近東城市的商業性有很大的不同，夏商周三代都

出強烈的政治性格,對三代王權的提升,以及後來專制皇權的發展,都有相當程度的影響。

第三節 族群融合與國家的建立

中國擁有數千年悠久的歷史,種族龐雜而人口眾多,但都屬於中華民族。遠古時代黃河、長江流域等地,分布著許多族群,這些族群有時互相通婚,有時互相爭戰兼併,構成波瀾壯闊的民族發展史;到了春秋戰國時代,逐漸搏鑄融合而成華夏民族,中華民族於焉形成。遠古的時候,中國存在著許多部落,部落間不斷地聯合、兼併,最後出現了國家,國家的出現,是人類文明演進的一次大躍進,這一發展過程被稱為「從部落到國家」。

一 族群的分布與融合

遠古族群的分布概況

中國從新石器時代開始,分布著許多不同的考古文化發展系統,顯示在這塊大地上,有許多的人在長期活動著,他們彼此之間存在著什麼樣的互動關係呢?據我國古代傳說,大約在四、五千年以前,在黃河、長江流域曾居住著許多部落,這些部落大致上又可以劃分為華夏、東夷、苗蠻三大集團。黃帝、炎帝等華夏部落居於黃河上游、中游,太皞、少皞等東夷部落居於黃河下游,南方江淮一帶是苗蠻部落的根據地。

傳說黃帝氏族與炎帝氏族同出於少典氏和有蟜氏,黃帝為姬姓,炎帝為姜姓。炎帝的發祥地,大概在今陝西的渭水上游,東可能到山西。關於姬姓氏族的地域,古代大都傳說在陝西的東北部和山西的南部。兩個氏族一直到後代,歷世都有婚姻關係,是世代婚姻的聯盟部落。黃、炎等華夏集團是北方的部落,居留之地,西到陝、甘,東與東夷部落交錯,南與苗蠻部落為鄰,是我國古代傳說中的顯赫部落;屬於這個集團的,還有有唐氏、夏后氏、周族等。

東方有太皞、少皞、蚩尤等氏族。傳說春秋時期，風姓的任、宿、須句、顓臾等東方小國，都是太皞的後裔。關於少皞的傳說，春秋時郯子曾自謂少皞是他們的祖先，並說少皞「以鳥名官」，有鳳鳥氏、玄鳥氏、伯趙氏、青鳥氏、丹鳥氏，有祝鳩氏、鳩氏、鳲鳩氏、爽鳩氏、鶻鳩氏等「五鳩」，還有「五雉」和「九扈」，共二十四種鳥，這大概是代表以這些鳥為圖騰的二十四個氏族。蚩尤也是東夷氏族，他的氏族應該是在山東地區。春秋時居住在淮水流域的淮夷，有英氏、六、蓼和群舒，也屬於東夷系統。整體來看，古代傳說中的東夷，居住的地方頗為遼闊，大約相當於今天的山東、江蘇、安徽以及河南中部以東的廣大地區。其中有一支祝融氏，可能在商末周初從江蘇、安徽逐漸沿長江西上，到達現在的湖北一帶，楚國為其後裔。屬於這個集團的，還有顓頊、舜、商族等。

居處在我國江淮流域的是苗蠻集團，這一集團分布的地域，以湖北、湖南、江西為中心，北到河南西部的熊耳、伏牛等山脈間。這個集團中最有名的氏族是三苗氏，又叫做苗民。

遠古族群的爭戰與融合

古代這些部落，平時各自生活在自己一定的空間地域，彼此之間有時和平共處，有時又不斷發生戰爭。傳說最早的是黃帝與炎帝的戰爭，據說炎帝神農氏發明農業，教民耕作，使各部落都能過著比較安定的生活，所以成為各部落的共主，但到了帝榆罔之時，勢力漸衰，各部落紛起爭奪，於是黃帝整德休兵，率領熊、羆、貔貅、貙、虎等圖騰部落，與炎帝戰於阪泉（地望不詳）之野，雙方大戰多次，黃帝最後擊敗炎帝取得勝利。黃帝後來又與東夷的蚩尤發生大戰，黃帝「使應龍畜水」，用以淹沒蚩尤的軍隊，蚩尤乃請風伯和雨師作大風雨，衝破了應龍的水陣，黃帝又請來旱神女魃，使天放晴，後來終於戰勝蚩尤，擒殺蚩尤於冀州之野。從這些神話傳說中我們可以推測，那次大戰戰況激烈，大概有許多部落參加，延續的時間相當久。此後，以黃帝為首的部落聯盟便成為黃河流域最強大的部落聯盟。

年代稍後的，是北方華夏、東夷集團與南方苗蠻集團的大戰爭，先秦群經諸子談到這次戰爭的很多。傳說苗蠻集團與北方華夏、東夷集團發生衝突，堯曾伐三苗；舜的時候擊退過苗民，「更易其俗」；禹也伐三苗，使其

勢力衰弱。這場戰爭歷堯、舜、禹三個時期，到禹的時候才告一段落，延續的時間相當久，戰況也應該很激烈，最後苗蠻集團被北方兩大集團擊敗，勢力衰落，或許就往南遷徙，從此退出古代的歷史舞臺。

古代黃河流域的民族發展，基本上是華夏集團與東夷集團爭戰融合的歷史。黃帝與蚩尤的大戰，代表華夏集團與東夷集團發生衝突，此後兩大集團大概和平相處。堯、舜、禹之時，互讓天下共主，堯讓與舜，舜讓與禹，禹讓與益，堯、禹屬華夏集團，舜、益屬東夷集團，這樣的「禪讓政治」似乎是兩大集團輪流當天下共主，並一致對付南方的苗蠻集團。不過禹死之後，其子啟取得天下共主，破壞了這種局面，後來東夷君長后羿趕走啟之子太康，代為天下共主，代表著東夷集團的反擊；太康之孫少康後來滅掉寒浞，中興夏王朝，顯示華夏集團取得優勢，此後東夷集團大致臣服於夏王朝。夏代立國四百多年之後，夏桀荒淫無道，商湯崛起於東方，舉兵滅夏，商族屬東夷集團，商之滅夏，代表著東夷集團取得勝利。商代立國約六百年，到了紂王暴虐無道，周族崛起於西方，武王舉兵滅商，周族屬華夏集團，周之滅商，又有著華夏集團取得勝利的意義。此後東夷集團仍與周王朝不斷纏戰，從西周銅器銘文，可以看到好多次淮夷大舉侵犯周王朝的衝突事件。直到春秋時期，東夷集團才逐漸融入華夏集團之中。

華夏民族的形成，是在春秋戰國之時，為什麼中國會在這時候形成一個統一的民族呢？探討原因大抵如下：(1)春秋之時，「諸夏」意識的形成：西周封建之後，封建的國家逐漸形成一個水準相同的文化體系，春秋之時，戎狄交互侵逼，這些國家基於文化相同的立場，產生一種「諸夏」意識，以自相團結，抵禦外侮，這種文化意識，是華夏民族形成的基礎。(2)經濟的互惠：夏商周三代國家的農業水準高於周遭民族，中原國家每能以農業之利，誘導四裔民族，這是四裔民族華夏化的重要基礎。(3)婚姻的往來：農業生活方式使大家的習性相近，彼此也就經常互通婚姻，民族逐漸融合。(4)文化交流：中原文化高於周遭民族，四裔之族不斷向中原文化學習，文化逐漸一統。至戰國之時，昔日自認蠻夷的楚、吳、越各民族，以及被視為戎狄的秦，均已融入中原文化之中，從而摶鑄成一個華夏民族，中華民族於焉形成。以此為基礎，中華民族不斷發展壯大，中華文化愈益昌明。

二 神話傳說與歷史

 ### 神話與傳說

　　神話與傳說，是人類在沒有發明文字之前，口耳相傳的資料，是探究遠古歷史的重要憑藉。神話與傳說有些區別，神話是虛構的，傳說則是古代發生過的大事，經過代代口耳相傳流傳下來，因年代久遠容易失真，但其中仍含有歷史的事實成分。神話是遠古時期人類對大自然萬事萬象的探究，代表著人類幼稚心靈對宇宙萬象的好奇與解釋。幾乎每一個民族都有其自己的神話，有些民族的神話相當豐富，如希臘與印度，相較之下，中國神話只是零星片斷地存在，如盤古開天闢地、女媧摶土造人、夸父追日、后羿射九日等，缺乏組織體系。中國神話為什麼會這麼貧乏呢？這可能是中國文化的人文化發達較早的緣故，很多神話被倫理化、哲學化和歷史化了，一部分神話流入古代政治社會的組織與道德意識裡，如《書經》（《尚書》）和《論語》；一部分流入宗教哲學裡，如《老子》、《莊子》、《淮南子》；一部分流入歷史裡，如《左傳》、《史記》、《書經》；另外，極多的神話被零星片斷地傳承著，由口耳相傳而成文記載，如《山海經》、《穆天子傳》。

　　遠古傳說中最為人所熟悉的，莫過於「三皇五帝」。關於「三皇」是哪三位，有多種說法，基本上以燧人氏、伏羲氏、神農氏為主。三皇的一些傳說代表著初民社會進展的不同階段。遠古時期人們生食肉類而多疾病，當時有人無意中取得經過火燒烤過的肉類，食後發現已無腥臊惡臭，於是如何取得火苗就成為當時人們最迫切的生活方式，傳說中的燧人氏就是教導人們鑽燧取火。火的發現是人類生活中的一大進步，無形中促進了漁獵生產的發展，而肉類經過燒熟後食用，有助於消化，因而此一時期出現了燧人氏的代表性人物，燧人氏的傳說象徵著原始的漁獵階段。

　　在漁獵捕獲量逐漸增加的情況，伏羲氏的傳說很自然地產生了。傳說中伏羲氏的聖德有「始畫八卦」、「作網罟以佃漁」、「制定嫁娶」等。「始畫八卦」大約是發明了記事或占卜的符號；「作網罟以佃漁」應是發明了原始的畜牧，脫離了原始漁獵的階段；「制定嫁娶」則是開始了原始的婚姻制

神農氏因宜教田辟土種穀以振萬民

形五巳切　手耕曲木　以振萬民　辟土種穀　土狀題榜　冠形前後
也又云枲　又云枲　困宜教田　云神農氏　同兩手耕　歧與前首
兩耒兩也　說文云枲　　　耒耜象起　
　　　　　金石記引　　　　　　

圖 1-2　武梁祠石刻神農氏

度，這些對於人民生活水準和文化的提升，具有重大的意義。伏羲氏的傳說反映了原始畜牧業的發展時期，而神農氏的出現，則代表原始農業的萌芽。傳說中的神農氏辨土地之肥瘠，做耒耜，教天下種穀，又立曆日，辨水泉甘苦，這些反映了開始認識季節變化規律及水土的性質，大抵可視為原始農業生產的最初階段。另外，傳說神農氏也發明製陶、紡織等原始的手工業，市集亦於此時出現，這應是適應分工後，透過交易來滿足需求的措施。

三皇的傳說，不能視為個人生平事蹟的歷史，基本上是反映遠古社會生活的演進過程。為什麼會出現三皇的傳說？古代人們基於生活經驗的體認，認為人類的生活是從茹毛飲血的漁獵生活，進化到原始畜牧業，再發展出原始農業的定居生活，因此就以三位聖王來代表這個過程。另外，古史傳說中，在三皇之前還有有巢氏構木為巢的傳說，這反映原始時期的人們生活在與野獸共同競逐的環境中，後來演進到構巢為屋、居棲大樹的生活方式，如此方能避免野獸的直接攻擊。

在「五帝」的傳說時期，中國大約進入了新石器時代晚期的龍山時代。傳統中的五帝，也有幾種說法，其中《史記》的說法，五帝為黃帝、顓頊、帝嚳、帝堯、帝舜。黃帝是古史傳說中一位偉大的人物，文獻中記載夏、商、周三代都是黃帝的後裔，直到今天黃帝仍被尊奉為華夏族的祖先。傳說黃帝與炎帝戰於阪泉，取得了勝利，又與蚩尤大戰於涿鹿（地望不詳），擒殺了蚩尤，成為天下共主。中國史前的文明，在黃帝時期向前推進一大步，相傳黃帝在文物上有許多的創作，如製作杵臼釜甑、衣冠扉屨、城郭宮室，

馴牛馬、製車船，以及在戰爭中首先使用銅製武器，其妻嫘祖養蠶繅絲。在文化上的成就有製文字、定曆法，並使美術、音樂、舞蹈的創作繁榮起來。這些都與龍山時代文物昌明的現象，若合符節。《史記》對於黃帝推崇備至，認為他「修德振兵，治五氣，藝五種，撫萬民，度四方」，實為中華民族史上具有開創功勞的古史人物。

繼黃帝之後的五帝，依序為顓頊、帝嚳、帝堯、帝舜。顓頊與帝嚳的傳說不多，只有宗教上有事蹟相傳。《史記》對顓頊的評論，大抵推崇他知遠察微的智慧，並以此壟斷宗教，建立政治上的權威。據文獻的記載，遠古之時，民神不雜，到了少暭之衰世，民神雜揉，因此引發了許多災禍，顓頊即位後，命南正重、火正黎各轄神、民之事，使無相侵瀆，是謂「絕地天通」。據傳遠古之時家家有巫史，可以進行和解釋宗教祭祀之事，因此所謂「絕地天通」，大概是規範宗教上的祭祀權力，由氏族貴族及祭司專掌其權，這是透過壟斷宗教而把持政治上的權力，也是上古宗教發展史上的一次宗教改革。上古時期宗教與政治往往合而為一，在宗教上擁有實際的職務，在政治上也一定有實際的權力，顓頊透過對宗教的整頓，將政、教攬於少數人之手，這對於文明的發展也產生了相當的影響。

 ## 禪讓政治

五帝中的堯、舜，也是古史傳說中的偉大人物。關於二帝的事蹟，最為後世所流傳的莫過於「禪讓」與「治水」。堯名放勳，號陶唐氏，都平陽（山西臨汾）。據文獻記載，堯做天下共主的時候，住的是簡陋的房子，吃的是粗糙的米飯，喝的是野菜煮的湯，人民的生活大抵是「日出而作，日沒而息」，這種生活方式是原始社會生活的一種反映。據說堯的時期，自然災害嚴重，社會也不安定，堯使羿誅殺一些惡人，上射十日，弭平災害，安定社會。堯還命令羲氏、和氏觀測日月星辰的運行情況，以制定曆法。堯治理天下注重家族的作用，做到九族和睦，協和萬邦。堯的治績非常好，使部落聯盟更加鞏固，因此受到廣泛的愛戴。他在位的時候，洪水氾濫成災，「四岳」推薦鯀負責治水，堯認為鯀品德不好，無法擔此重任，可是在「四岳」的堅持下，鯀還是被任命前往。堯在年老的時候，讓「四岳」推薦繼承人，大家一致推薦舜。堯便採取各種方法對舜進行考驗和培養，證明舜確實合格

以後　才把權力讓給他。此後，又過了二十多年堯才去世。堯崩之後，舜欲讓於堯子丹朱，但百姓獄訟仍至舜處，謳歌者不斷於舜，舜知「天命」在己，遂踐天子之位。

舜，名重華，號有虞氏，舜曾耕於歷山（山東濟南），「漁雷澤，陶河濱，作什器於壽丘（山東曲阜）」，大抵舜活動於黃河中、下游地區，舜的有虞氏應當是一個既善於農耕漁獵，又善於製陶手工的氏族。舜繼位以後，部落聯盟更加發展，舜為政啟用了賢德兼備的「八元」、「八愷」，高辛氏和高陽氏的許多首領都被舜所任命。據說舜命禹為「司空」，主持治理洪水、平定水土的事情；命棄為「后稷」，主持穀物播種；命契為「司徒」，主持教化；命皋陶為「士」，主持刑罰。這些官職的任命，未必實有其事，但都反映了舜與各部落的廣泛連繫和受到尊崇的情況。作為部落聯盟首領，舜已經擁有了很大權力，當時有渾敦、窮奇、檮杌、饕餮四個凶族，堯拿他們沒有辦法，舜在位的時候，都把這四個凶族流放到邊遠地區，對其他一些不聽命令的氏族和部落，如共工、驩兜、三苗等，舜也都加以懲處，還將治水無功的鯀放逐到羽山（地望不詳），這些都反映了舜的權力的增強。

史載堯、舜之時，洪水滔天，氾濫於天下，草木暢茂，禽獸逼人。洪水的肆虐，造成百姓陷於困頓流離。堯命鯀治水，鯀以填堵的方式阻止洪水的流溢，填堵雖能奏效一時，但終非治水的根本方法。因此，鯀治水九年不成。舜即位後，命禹接續治水的責任，禹親自操橐耜，櫛風沐雨，經過十三年，三過家門而不入，終於通大川，決壅塞，鑿龍門，疏三江五湖，使注之東海。治水得以成功，實解救生靈於危亡之中，因此後世以「豐水東注，維禹之績」、「奕奕梁山，維禹甸之」歌頌禹之功績，並尊為「大禹」或「社神」。

禹的功績如此大，部落聯盟共推禹為舜的繼承人，舜亦從善如流，舉禹共同處理事務達十七年，目的是為了培養禹的能力與厚植其聲望。舜崩後，禹辭避舜之子商均於陽城（山西翼城），天下諸侯皆去商均而朝禹，禹遂即天子位。禹是禪讓制度下最後一位部落領袖，在位時權力很大。他曾對三苗部落發動戰爭，使三苗被迫南退，禹的勢力遂直達江淮流域。為了表示其權力，他四處巡行與盟會，塗山（地望不詳）之會「執玉帛者萬國」，「萬國」皆受禹的號令。會後，禹「鑄九鼎，象九州」，「九鼎」象徵禹的權力。會

稽（地望不詳）之會，參與盟會的「防風氏後至，禹殺而戮之」，此舉意味著王權大概已經形成，禹已掌握相當的王權了。

堯、舜、禹三人「傳賢不傳子」的即位方式，是歷史上美稱的「禪讓政治」，但先秦時代也有學者提出異說，說舜囚堯奪位。禪讓的實際情形為何，為什麼會出現這種傳說呢？禪讓可能是部落會議推舉領袖的一種反映，上古之時部落林立，史稱「當禹之時，天下萬國」，從古史傳說觀察，大約在「五帝」時代，中國已經進入部落聯盟的階段，在部落聯盟的時代，盟主的產生係出於各部落的推選，所以《史記・五帝本紀》說「諸侯咸尊軒轅為天子」。從古史傳說看來，禪讓制度下的君主，都是既賢且德又能的領袖，其間大概有一些美化。不過，上古時期諸部落林立，彼此之間的競爭及鬥爭情況相當激烈，最後能脫穎而出且得以號令群部落者，一定有令諸部落折服的功績或實力。是以，禪讓傳說所透露的史影，應是原始社會群雄競逐中，有德有實力做背景的部落君長，透過部落會議被推舉成為盟主的故事。

三　從部落到國家

人類的文明社會，是由蒙昧的階段逐漸演化而來，人類學家摩根（Lewis Henry Morgan, 1818~1881）將人類文明演化的過程，分為蒙昧、半開化和文明三個階段。蒙昧時期的人類社會組織，不過是與動物類似的原始「遊群」，在這種「遊群」的時期，人類可能已經有了某種形式的領袖，但還不能說是已經有了政治組織，「國家」或「朝代」的出現，還需要經過氏族及部落的階段。據民族學家研究，許多文明民族，似乎不曾經過氏族的階段。氏族在原始民族中散布很廣，但各地的大小數量不一，北美的摩鶴部落及奧尼達部落各只有三個氏族，非洲的巴干達族卻有三十個氏族。氏族社會的形成，當在新石器時代，人類能夠生產糧食，並開始簡單的分工，出現聚落以後，此後才由氏族合併為部落，由部落演進到國家。古代埃及的社會組織，初為許多圖騰氏族，後來發展成無數的部落，再由圖騰部落變為上部埃及、下部埃及二王國，最後上部埃及吞併下部埃及，達到君主專制的大帝國階段。

從出土文物觀察，我國新石器時代文明已呈高度發展，黃河流域中下游，已是氏族社會活動頻繁的地區了。一個大的氏，常是一個方國，夏為姒

姓，傳說從禹分封出去的姒姓氏族方國，有夏后氏、有扈氏、有南氏、斟尋氏、彤城氏、包氏、費氏、杞氏、繒氏、辛氏、冥氏、斟戈氏，這些都是夏朝立國的重要基礎。從傳說來看，我國古代氏族社會時期，散布著許多部落，《史記‧五帝本紀》謂「黃帝監於萬國，萬國和」，《呂氏春秋》說：「當禹之時，天下萬國」，所謂「國」，亦即部落，萬國當然是概數，禹時尚且「萬國」，禹以前的堯舜時代，部落之多可以想見。部落與部落間的聯合，即成部落聯盟。我國遠古時期，部落聯盟的初現，似在黃帝時代，自黃帝戰勝蚩尤之後，遂成為各部落的盟主。《史記‧五帝本紀》載黃帝率「熊羆貔貅貙虎以與炎帝戰于阪泉之野」，「徵師諸侯與蚩尤戰于涿鹿之野」，以及「諸侯咸尊軒轅為天子」，便是由部落聯盟到盟主出現的反映。「熊羆貔貅貙虎」是部落的名稱或氏族的圖騰，而不是真正的動物。堯舜時代，氏族及部落之多，反映在傳說史料中者更為明顯。《尚書》所載堯舜「朝廷」的「四岳」、「十二牧」，顯然都是部落聯盟的重要組成份子。傳說中的五帝應該都是部落聯盟的盟主。

從部落聯盟再進一步的演進，就是國家組織的出現，這個階段的出現在禹之時。傳說禹會諸侯於塗山，「執玉帛者萬國」，會後禹「鑄九鼎，象九州」，會稽之會，參與盟會的「防風氏後至，禹殺而戮之」，這些都象徵禹已掌握相當的王權了。大禹時代王權的形成，實由於他完成了兩件空前的大業，即治平洪水之患和征服了三苗。洪水與三苗，實即當時的天災與外患，並非某一部落所能單獨抵禦，各部落因此有迫切感到聯合的必要，共推盟主領導，賦予更多的權力，因此盟主的權力較前更為增加。權力的集中與原始國家的形成，實有密切的關係，中國第一個國家夏代於焉誕生。從早期的氏族或部落，進一步發展出部落聯盟，最後出現了國家，這就是中國「從部落到國家」的發展歷程。

中國在新石器時代，各地區文化齊頭並進，為什麼中國第一個國家是在中原地區出現呢？分析原因大抵如下：(1)黃河流域天氣較為寒冷，雨量不均，黃河容易氾濫，人民需要努力回應自然環境的挑戰，國家組織較易形成，這也是所謂的「挑戰與回應」。(2)中原是四方輻湊之地，容易吸收周遭文化，也是部落爭戰激烈的地區，所以比較容易產生國家。(3)黃河容易氾濫，治河需要許多人力物力，原始政府組織和權力不斷擴展，終於產生國

家。國家出現之後，憑藉著優勢的組織與物力，文化迅速發展，因此夏商時期的二里頭文化，一躍成為當時中國水準最高的文化，黃河流域逐漸成為中國文化的中心區。

從權力的角度來看，氏族或原始部落時代，是一個平等共權的社會，部落聯盟和國家的出現，開始有階層的分化與權力的專制，公共權力轉換為國家權力，政治力逐漸高漲，社會力慢慢受到壓制；中國政治社會史的發展，就是一部政治力不斷高漲，社會力逐漸消退的歷史。

第四節　陶文與漢字文化的展開

文字是人類文明史上的重大發明，藉著文字的傳遞經驗，人類文明迅速地躍升，逐漸脫離野蠻狀態。文字大約萌芽於一萬年前農業化（畜牧和耕種）開始之後，這時出現了刻符和岩畫，由此逐漸演變成文字。距今五千五百年前，在兩河流域和埃及，出現了世界上最早的成熟文字楔形文字和聖書字，這時候已能按照語詞次序書寫語言；中國的甲骨文字，也是一種成熟的文字，距今約三千五百年前，這三種文字被稱為世界「三大古典文字」。中國文字自成一個獨立發展的系統，後來又傳布到周遭民族與國家，產生廣泛的影響，在東亞文化發展史上，具有重要意義。

一　陶文與漢字的起源

關於漢字的產生問題，在舊有文獻中，大抵有畫卦、結繩、刻契、河圖、洛書、甲子、史皇作圖與倉頡作書等傳說，大抵互相因襲，難以認真稽考。其中較值一提的是「史皇作圖，倉頡作書」一說。《呂氏春秋‧勿躬篇》：「史皇作圖」，〈君守篇〉：「倉頡作書」。《世本‧作篇》：「史皇作圖，倉頡作書」。宋衷注曰：「史皇，黃帝臣也。圖，謂畫物象也。」河圖洛書的傳說中，亦以「圖」與「書」並舉。這些傳說雖未明言文字源於圖畫，但既予並舉，未必是全無意義，近世語言文字學家，公認文字起源於圖畫，中國古代此類傳說，實早已有此認識。至於文字的創造大抵公推倉

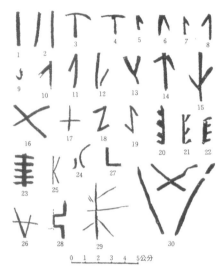

圖 1-3　西安半坡陶文

頡，見諸記載的不勝枚舉。大抵文字的創作，非成於一時一地，也非成於一人，古人不知此理，在遠古傳說中，就把文字創作之功績全部歸諸倉頡。

　　中國文明有五千年悠久的歷史，但漢字起源於何時，一直是懸而未決的問題，遠古傳說茫昧難稽，地下考古資料遂成為重要的憑藉。晚清時殷墟出土商代甲骨文，為中國文字的起源研究，啟開一道曙光。殷墟甲骨文六書俱備，已是一種成熟的文字，它的年代距今約三千五百年，據判斷在它之前漢字的發展，大概還有兩千年的歷史。那麼漢字到底起源於何時，發源於何地呢？考古出土的陶文，成為重要的線索。

　　西安半坡是重要的仰韶文化遺址之一，年代距今約六、七千年前，這裡出土了幾十個陶文。西安半坡陶文的性質引發很大的爭議，有的學者認為這些陶文是原始文字，也有人主張這些是作為記號的刻符，並非文字。不過，西安半坡陶文應已具有文字胚芽的性質，是文字的先驅。

　　晚於半坡陶文的有山東大汶口文化晚期的陶文，其中幾個陶文已具有文字的性質，如圖 1-4 的 1 的陶文可以隸定為「昌」，2 的陶文可以隸定為「炅」，3 的陶文可以隸定為「斤」，4 的陶文可以隸定為「戉」，5 的陶文可以隸定為「莽」。這些陶文是目前已知中國最早的文字，其年代距今約四千五百年。晚於大汶口文化陶文的，有陝西臨潼縣姜寨仰韶文化遺址陶文和

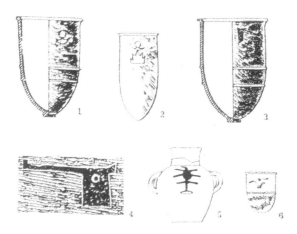

圖1-4　大汶口文化陶文

青海樂都縣柳灣馬家窯文化陶文，某些字已與甲骨文字十分相似，在文字的發展史上，柳灣陶文具有承先啟後的重要意義。

　　河南偃師縣二里頭文化遺址出土一批陶文，年代距今約四千年，相當於夏代。偃師二里頭文化陶文的種類，計有二十四種，大約有一半可識。河北藁城縣臺西遺址出土一批陶文，種類眾多，它的時代約在商代中期，跟甲骨文的時期約略相當，陶文的筆劃也與甲骨文、金文酷似。江西清江縣吳城遺址出土一批陶文，它的時代約在商代中、晚期，也跟甲骨文的時期約略相當。清江吳城陶文計有六十六字，是歷次陶文出土數量最多的，大部分不識，有的學者認為它跟甲骨文是不同體系的文字，但也有人主張它跟其他陶文以及甲骨文應有一脈相承的關係。

　　綜上所述，甲骨文距今三千五百年，已是六書俱備的成熟文字，在它之前漢字應還有一段發展的歷史。西安半坡陶文雖不能確認是否為文字，但應是文字的先驅。距今四千五百年前的大汶口陶文，顯然已是文字，漢字至遲在此時已經出現。樂都柳灣陶文比大汶口陶文更為進步，文字的發展愈趨成熟，歷偃師二里頭陶文，終於出現了甲骨文。從甲骨文和陶文來看，漢字的起源應在距今五、六千年前。夏王朝之時，其勢力範圍內的民族，應已使用同一系統的文字。商王朝之時，其勢力範圍內的民族，應也使用同一系統的文字，例如陝西岐山發現了商代周人的甲骨文，與殷商的甲骨文即屬於同一系統。

二 漢字文化的展開

　　甲骨文的發現與研究，是學術上劃時代的盛事，證實距今三千多年前的殷商時代，已出現六書俱備較為成熟的文字。甲骨文具有下列的特點：(1)根據研究，甲骨文大約有五千字，可辨識的大約一千五百字，它已是一種能夠自由運用的系統文字。(2)甲骨文六書——象形、指事、會意、形聲、轉注、假借俱備，同音通假的字頗多，這是象形字向標音文字——形聲、轉注、假借字過渡的信號。形聲字的大量出現，也是甲骨文較為成熟的一種標誌。(3)甲骨文是漢字走向成長期的文字，它的文字體制、書寫方式都還相當混亂，基本上還沒有定型。(4)甲骨文的書法已經成為一種專門的藝術。

　　自甲骨文以下，漢字便有一個完整的發展系統。周代的文字是金文，兩周金文承自甲骨文，而又有所發展：(1)在字數上，兩周金文有所增加。(2)金文同音通假的現象仍然很普遍，但形聲字還沒有顯著增加。(3)金文書寫方式比較規範化，書寫行款大都自上而下，多右行而少數有左行的，字體的反寫、倒寫不見了，二三字的合文還常見。(4)金文字形比甲骨文更混亂，可能是金文來自各地諸侯的緣故。(5)書法方面，金文筆劃飽滿，線條柔軟，角稜圓滑，有波折點捺，異於甲骨文的細瘦硬朗。周代另有一種文字——籀文，極其繁複，據說通行於秦，大概跟西周金文相近。

　　漢字在春秋戰國之時，有了較大的變化。甲骨文和金文都是工整嚴謹的字體，但春秋戰國時期的文字則趨向通俗簡約。東周以後，漢字的字體大約往兩個不同的方向發展：其一，從春秋末年開始，南方的吳、越、蔡、楚諸國往往在作為儀仗用的兵器上鐫刻美術字體，或在筆劃上加些圓點，或故作波折，字體力求工整美觀，向藝術化的方向發展；其二，戰國之時，貿易和文化發達，文字的應用也日益頻繁和廣泛，故六國的文字力求簡化，無論是傳世的印璽、貨幣、陶器、兵器、銅器上的文字，或地下出土的竹簡、帛書等，字體多數極為簡化和草率，並且隨著地區的差異而各自發展，形成所謂「文字異形」的現象。

　　西元前二二一年，秦始皇兼併六國，建立一統帝國。為了全國的統一，以及政令便於下達，於是實行「書同文」的政策，在秦國文字的基礎上，對

混亂的各國文字進行整理，而有小篆的誕生。秦朝的「書同文」雖然統一了文字，但只是在筆劃上有了一點簡化，在結構上並沒有什麼變化。從甲骨文到小篆，漢字具有明顯的圖形性，小篆圓弧彎曲，中國文字依舊存在著曲折難寫的問題。這時候社會上仍然流行著簡約的字體，據說為了書寫方便，文書人員（隸）把圖形性的線條改成「筆劃」，就成了「隸書」，從篆書到隸書的變化叫做「隸變」。隸書的筆法，把篆文變圓為方，把筆劃變彎為直，使象形字不再象形，漢字才由圖案化邁進到符號化的階段。隸書方塊工整，不僅書寫方便，而且辨認準確，這種「筆劃化」，是漢字發展史上的里程碑。依據地下考古資料，秦代官方的竹簡已使用隸書，小篆與隸書並用，到了漢朝隸書成為通用字體，隸書寫得平整就成「楷書」。楷書盛行於東漢，一直到今天是正式的字體，《康熙字典》所收楷書字有 47,035 個。

　　漢字和西方的拼音文字是截然不同的體系，漢字有「六書」六種構字法則：象形是表形；指事、會意是表意；形聲字一半是意符，一半是聲符，兼具表意和表音性質，又被稱為「意音文字」；轉注、假借具有表音性質。形聲造字法的發明，是一項重要的突破，它突破了「形」的局限，因而沒有字不能造，形聲乃成為漢字最主要的構成方式，現有漢字形聲字占了百分九十。六書的構字法則使漢字成為世界上一種獨具特色的文字體系。漢字具有如下的特色：(1)一慣性：自甲骨、金文以下一脈相成；(2)多義性：一字多義；(3)多音性：一字多音；(4)多形性：一字多形；(5)方正性：每一個字方方整整，左右對稱；(6)全備性：漢字是方塊字，無論筆劃多少，都可以寫進一個方格裡，而且每個字都具備了「形音義」三個要素。漢字由於利用形和聲相互配合，具有穩定

圖 1-5　戰國時期各國文字異形之例

性，所以雖然境內有个少方言，但都可以使用相同的文字彼此溝通，對中國長期的統一相當有幫助，不像西方的拼音文字，必須隨著語言的差異或變化而有變異，甚至分裂成許多國家。

文化像水一樣，不斷從高處流向低處。文字是文化傳播的主要工具，兩千年來，漢字文化不斷向周遭民族和國家流布。漢字的傳播路線有三條：一條向南和西南，傳播到廣西壯族和越南京族，較晚又傳播到四川、貴州、雲南、湖南等省的少數民族（苗、瑤、布依、侗、白、哈尼、水、傈僳）。一條向東，傳播到朝鮮和日本。一條向北和西北，傳播到宋代的契丹、女真和西夏。漢字的傳播，在東亞形成一個廣大的漢字文化圈。

第五節　臺灣史前文化及其與大陸文化的關係

歷史上沒有文字記載的時期，稱為「史前時期」。臺灣本島進入有文字記載的歷史時代，約在十七世紀初期，因此臺灣在十七世紀以前的人類活動歷史，都可以叫做史前史。臺灣與大陸僅一水之隔，一萬年以前甚至還陸地相連，在這種地理背景上，臺灣的史前文化與大陸文化具有深厚的淵源。臺灣的原住民族群很多，可略分為高山原住民九大族群與平埔原住民兩大類，共約二十個族群左右。高山原住民九大族群多居住在山上，仍保存其語言文化；平埔原住民則居住在平地，已經漢化，失去了其原有語言文化。原住民怎麼遷徙來臺灣？平埔原住民如何漢化？是值得關心的問題。

一 臺灣的史前文化

舊石器時代晚期文化

依據考古學家的推測，最早的臺灣人大約出現在距今約五萬年前的舊石器時代晚期。近年來在澎湖海溝發現的臺灣陸橋人（一萬至四萬多年前）、苗栗大湖的網形文化（四萬七千年前），已打破過去在臺南菜寮發現的左鎮人（二至三萬年前）、在臺東長濱出土的長濱文化（至少一萬五千年前且可能

早到距今五萬年前）的紀錄。臺灣此時出現兩個文化相貌不同的文化，一是分布在東部臺灣與恆春半島海岸的長濱文化；一是在西海岸中北部丘陵臺地出現的網形文化，和一種化石人類左鎮人（目前僅發現頭頂骨的一部分和少量的牙齒）。長濱文化與網形文化的年代，和華南的舊石器時代晚期同時，但延續到較晚。長濱文化一直持續到距今約五千年前，突然消失，且與後來臺灣所發現的各史前文化層之間，找不出連繫關係。

 ## 新石器時代文化

　　臺灣目前發現最早的新石器時代文化，是遍布於西海岸河口與海岸臺階地區的大坌坑文化，其存在年代約在距今七千至四千五百年前。大坌坑文化大多數陶器上有繩紋印，紋路粗且深，故又稱「粗繩陶」。此時已經出現定居的小型聚落。新石器時代中期文化，亦可稱為「細繩紋陶文化」或「繩紋紅陶文化」，年代距今約四千五百至三千五百年前。此期陶器的特色是質地為細砂或泥質，陶面呈紅褐色，其上施以細繩紋，臺灣東西兩岸各地，均可尋獲此期之文化遺址。臺灣西北部目前發現有兩個文化遺址，分別為臺北士林的芝山岩文化與圓山文化。中部地區則有洞角文化與牛罵頭文化，南部地區有臺南縣的牛稠子文化與恆春的墾丁文化。新石器時代晚期文化，北部地區有圓山文化晚期、植物園文化、芝山岩文化，中部有營埔文化、大邱園文化，南部有大湖文化、鳳鼻頭文化，東部有卑南文化、麒麟文化，其年代距今大約三千五百至二千年前之間。此時人口逐漸增加，聚落也加大、增多，聚落有向中央山脈較高的臺地或山地地區移動的趨勢。

 ## 金屬器時代文化

　　約在二千年前，由於鐵器的傳入與使用，臺灣進入了「鐵器」時代。此一階段的文化，除使用鐵器外，也會煉金和製造銅器，因此又被稱之為「金屬器時代」。臺灣金屬器時代的代表性文化，北部為十三行文化，中部為番仔園文化，南部為蔦松文化，東部為靜浦文化。在生活型態上，本期繼承上一期的發展，有不同的適應型態，平原、丘陵、山地都有遺址分布，其生活型態和社會組織，已和近代各臺灣原住族群相同。由於工具、武器的進步，聚落人口及聚落持續增加到相當程度。此一時期的遺址範圍，因應環境而有

大小不同，如蔦松遺址即可能為三、四百戶以上的大聚落。而聚落之間也可能擁有多社聯盟，如排灣族一般，近於酋邦的社會。聚落之間的戰爭行為似較上期更為頻繁，在十三行遺址發掘中，出現了不少受傷致死或者是無頭的墓葬，因此聚落的選擇，不少是以安全為其考量的重點。

二 臺灣史前文化的源流

臺灣與大陸僅一水之隔，一萬年以前甚至還陸地相連，在這種地理背景上，臺灣的史前文化與中國大陸具有什麼關係？日本學者鹿野忠雄，曾說臺灣的史前時代可分為七個文化層：(1)繩紋陶器文化層，乃年代最古而分布最普遍的文化，純屬大陸文化；(2)網紋陶器文化層；(3)黑陶文化層，屬於中國大陸東海岸文化系統；(4)有段石斧文化層，其文化來源可能為福建省；(5)原東山文化層，與越南的東山遺址有顯著的關聯性；(6)巨石文化層，與中南半島的巨石文化可能有相當的關聯；(7)菲律賓鐵器文化層。前四種文化層來自中國大陸，中間兩種文化層與中南半島有關，最後一層則來自菲律賓。其結論是：臺灣史前文化的基層是中國大陸文化，此文化曾數次傳入臺灣。鹿野氏的看法主要是根據日據時代的考古資料，雖然現在臺灣的史前考古資料增加很多，但其見解仍然很具有參考價值。

依據目前的研究，舊石器時代晚期長濱文化所出土的器物，其形制與中國南部許多舊石器時代的遺址極為相似，與廣西百色縣上宋村、貴州南部興義縣貓貓洞出土的器物，關係更是密切。苗栗縣大湖鄉網形伯公壠遺址出土的尖器、刮器、砍砸器等，和廣西新州地區的石器群相似，幾乎是同類型的石器。此時正值第四冰期晚期，臺灣海峽還是陸地，歐亞大陸的人類和動植物可以經由陸橋來到臺灣，因此在臺灣會發現亞洲大陸的犀牛、大象、野豬、劍齒虎、古鹿等古代的動物化石。而大陸地區的人類可以輕易地追逐獵物，由華南移居到臺灣，因此臺灣舊石器時代的文化，應是源自中國大陸。

新石器時代早期存在著大坌坑文化，在距離臺灣最近的金門島已發現的富國墩史前遺址（距今六千五百到五千五百年以前），與大坌坑文化的時代相重疊。富國墩文化的繩紋數量有限，主要紋飾為貝殼邊緣印紋與指甲印紋，其中貝緣印紋與臺南八甲村的大坌坑文化相近。富國墩文化的分布範

圍，北到閩江流域的溪頭，南到廣東東部的海豐與潮安。而從大坌坑文化的核心區域（臺灣海峽兩岸）向西，沿著廣東的海岸一直到越南，也存在不少時代相當、以繩索陶器為特徵的遺址，並有典型的雙道或三道的篦劃紋，這些都屬於所謂和平文化的大傳統，但用貝殼緣部作為篦具的劃紋與印紋卻是罕見的現象。因此，大坌坑文化可以說與和平文化的大傳統有關，但卻有其顯著的特性，不能僅僅說是和平文化的一部分。大坌坑文化的器物形制，與大陸東南沿海的閩南、廣東的文化很類似，可能是從大陸地區同一個文化的族群移民而來。

新石器時代中期，臺灣各地的地方性文化蜂起，一方面這是大坌坑文化分處各地之後，長期發展的地方性適應，另一方面則有來自大陸文化的移植，如圓山文化具有許多外來移民文化的特質，其來源可能是廣東沿海的海豐到香港之間，也有人認為可能比較接近以韓江流域為中心的三角尾——菝仔園文化的早期階段。中南部以繩紋紅陶為主的牛罵頭、牛稠子文化，應是在大坌坑文化晚期的基礎上，逐漸演化發展而來的。不過，牛稠子文化鳳鼻頭遺址的繩紋紅陶文化，和福建同一時代的曇石山文化，具有許多共同的要素，雖然不是直接的移民或傳承，但具有彼此互動、互有影響的往來關係。

新石器時代晚期文化的類型，又較過去複雜許多，關於此一時期的文化源流，一方面是繼承了前期的考古文化，另一方面有些文化跟大陸東南沿海地區有密切的關係。如圓山文化晚期是圓山文化持續性的發展，營埔文化是由牛罵頭文化晚期逐漸發展而來，大湖文化可能源自牛稠子文化，又受鄰近鳳鼻頭遺址的影響，卑南文化可能源自繩紋紅陶。至於臺北盆地的芝山岩文化，可能是從浙南及閩北地區移民的，植物園文化也可能是福建南部地區印軟陶的後裔，這兩個文化可說是這個時期，臺灣跟大陸東南沿海地區關係最密切的史前文化。

在金屬器時代，北部的十三行文化可能是承自植物園文化，並吸收了大陸東南沿海地區更高明的煉鐵、燒陶技術；龜山文化目前只發現一處遺址，其文化相貌和南部地區及恆春半島的其他文化均不相類，可能只是偶發性的移民；阿美文化可能有受到菲律賓鐵器時代晚期文化的影響；其他的大邱園文化、番仔園文化、蔦松文化、靜浦文化，可能都是本地新石器時代晚期文化的後裔。

　　就族群與文化的關係而言，臺灣地區舊石器時代晚期及其持續型文化，不能確定是屬於哪一種族群。新石器時代以來的史前文化，大概是南島語系原住民族群的遺留。金屬器時代十三行文化較晚期的舊社類型與埤島橋類型中，舊社類型大概是宜蘭平原噶瑪蘭族與北海岸凱達格蘭族（巴賽族）的祖先所留下的史前文化；埤島橋類型可能是淡水地區的凱達格蘭族所留下的史前文化。南部蔦松文化的後裔應是西拉雅族；東部靜浦文化可能是阿美族的祖先的遺留。

　　曾有學者指出，臺灣新石器時代的文化可細分為三群：早期的紅陶文化與江蘇青蓮崗文化有不少類似之處；南部較晚的灰陶、棕褐色陶器文化和閩江曇石山文化，同是起於一源的文化；中部較晚的灰、黑陶文化的陶器特徵，與浙江良渚文化則有不少可比較的地方。以上三群文化顯然自中國大陸東南沿海分別渡海而來，可能與現代臺灣原住民族的祖先文化具密切關係，並且多半為種植稻粟的農民。也有學者指出，臺灣的史前文化與大陸東南地區的百越族有密切關係，大陸東南地區在新石器晚期出現幾何印紋陶，臺灣約在三千年前出現幾何印紋陶，流行在西元前後，持續到很晚，仍為平埔原住民和高山原住民使用，大陸東南地區的「幾何印紋陶文化」被認為屬於越族文化，臺灣的幾何印紋陶文化應受其影響。從考古學所見之古代百越文化要素，如拔牙、干欄、崖葬、玦類耳飾、穿耳以及獵首等，都傳到了臺灣。再者，臺灣史前文化不論在陶器、石器、玉器、青銅與製鐵工藝、稻米、埋葬風俗等，皆與東南沿海地區關係密切。因此，臺灣的許多土著族可能大部分分屬於不同的百越族，而在不同的時間，分別由東南沿海不同的地點渡海到了臺灣。

　　此外，臺灣史前文化也受印度支那混有青銅器、鐵器等金石併用文化的影響。而從菲律賓群島傳入的鐵器文化（不伴有青銅器）也是左右其發展之一因素。換句話說，臺灣的史前文化，兼受南方（南洋）與北方（中國大陸）文化的雙重影響。整體而言，臺灣的史前文化，是以中國文化系統為主要基礎，南洋文化為期較短而較為局部，為後來的附加文化。臺灣舊石器時代晚期到新石器時代早期的文化，大概源自中國大陸；新石器時代晚期至金屬器時代，臺灣與大陸也還有互動往來。金屬器時代所出土的一些貿易品，包括玻璃和瑪瑙裝飾品、青銅器、中國銅錢和瓷器等，一方面反映島內區域之間

貿易的頻繁，另一方面顯示臺灣的史前文化與漢文化有所接觸往來，而有逐漸被漢文化同化的趨勢。

三　原住民族群

高山原住民九大族群

高山原住民有泰雅、賽夏、布農、鄒、排灣、魯凱、阿美、卑南、達悟等九族。由南而北、由西到東的分布依序是：排灣族北起大武山，南至屏東；魯凱族在屏東縣霧臺、高雄縣茂林、臺東縣卑南鄉；鄒族分為南北兩部，北部以阿里山區為中心，南部以荖濃溪、楠梓溪上游為中心；布農族由今南投縣往東、南遷移，目前除南投外，高雄、花蓮、臺東境內也有其蹤跡；賽夏族分布在今新竹、苗栗南庄；泰雅族是原住民中分布面積最廣的，由南投縣往北遷移，分布在今臺北、桃園、新竹、臺中、南投、花蓮、宜蘭；阿美族分布在東部海岸與縱谷；卑南族分布在今臺東縣卑南鄉；達悟族分布在臺東縣蘭嶼鄉。各族群的外觀、語言、文化存在相當大的差異，因此他們移入臺灣的年代不但有先後，甚至是否同出一源，也有進一步研究的必要。

原住民——南島語系族群何時移入臺灣？最早可能距今約六、七千年前，臺灣北部山地的泰雅族及賽夏族，可能就是最早移民的後裔。他們移入時也許還在前陶時代，也許因其原居地無陶器的製作，所以他們一直不製作陶器。另一特色是臺灣只有這兩族有黥面風習，男子刺上額和下顎，女子則兼刺雙頰。過去他們以黥面為美觀，但黥面也是成年的標識。男子的刺黥必須要有獵首的經驗，獵首俗稱「出草」，即殺人取其首級，並保存其頭骨。女子則必須善於機織，才有紋面的資格。因此在臺灣各族中，此兩族最善織布，昔日獵首之風也最盛，自從獵首之風被禁後，黥面的風俗也跟著廢弛。繼泰雅族和賽夏族之後遷入臺灣者，可能是中部山地的布農族、鄒族，這二族的移入時間可能在三千多年前。他們帶來頗為複雜的氏族制度，這和漢人的姓氏制度一樣，是規範擇偶的外婚制，因此婚姻的規定是相當繁複的，譬如在布農族人的規範中：(1)不能和同氏族的成員結婚，(2)不能和母親所屬氏

族的成員婚婚；(3)不能和姨表姊妹結婚。

距今約二千多年前，有南部山地的排灣群諸族，即魯凱族、排灣族和卑南族的移入。這些族群有類似我國周代的階級社會，例如頭目階級、士族階級和平民階級，都是世代承襲。排灣諸族的男子善木雕，女子則在織繡方面表現其藝術才能，且織繡的技術相當複雜。東部阿美族人移入較晚，可能已是紀元以後，這一年代的推定是根據其文化與菲律賓金屬器文化相似而得來的。移入時間最晚的是達悟族，可能在中國唐宋年間，由於蘭嶼孤懸海外，故所保存的原始文化特別多。

南島語族分布於太平洋和印度洋二萬多個島嶼，東至復活島，西達馬達加斯加島，北至臺灣，南抵紐西蘭。關於南島語族的起源，依據語言學者的研究，一般都相信南島語族起源於東南亞及其附近地區；語言學者指出，最早的原南島語族的老家應該是在熱帶的海濱地帶，當時的住民已有農業（芋、薯、稻米、粟、果樹）生活，但也狩獵並重漁撈。物質文化中有陶器與石、木、竹器，以及紡織、樹皮布、干欄屋，並大量使用蚌貝。此外，有發達的船航工業。這些環境上和文化上的特徵，都在考古學上得到印證。有人主張東南亞可能是南島語族的起源地，並由此分別向南、北擴展；理由是菲律賓新石器時代的文化可能來自印尼東部，與臺灣新石器時代的文化彼此並無相似之處。除了東南亞考古學上的支持，在份子生物學方面，有關南島語族在島嶼地區往南、北擴展的主張，也出現相關的有力證據。特別是舊石器時代晚期人類已進入澳洲、新幾內亞及俾斯麥（Bismarck）群島，當時人們也從事遠距離的交易活動，從考古學與民族學上的證據，並顯示有移民回流的現象，說明舊石器時代晚期開始的人群遷徙現象具有非常複雜的因素與過程。此外，臺灣考古學界有些學者認為，臺灣極可能為南島語族的老家之一，大坌坑文化是大多數臺灣南島系民族的祖先。

臺灣由於特殊的歷史地理位置，直到漢人大量移入時為止，都是孤立而甚少與外界接觸，因此臺灣的原住民各族，能夠保留原有的文化特色，這對早期大陸東南地區、東南亞和太平洋的文化研究上，均具有其重要性。現存的高山各族與平埔族群不僅是臺灣多族群社會的重要文化資源，也涉及世界上這個唯一、主要分布在島嶼上的大語系民族的根源問題。無論對考古學、語言學、民族學研究或臺灣歷史文化的了解，高山各族與平埔族群的研究，

以及與他們相關的社會文化保存工作，具有重大意義。

平埔原住民

　　所謂「平埔原住民」，是對漢化的臺灣各平地或近山原住民族群之總稱。一般又被分為凱達格蘭（Ketagalan）、噶瑪蘭（Kavalan）、雷朗（Luilang）、道卡斯（Taokas）、巴布拉（Papora）、巴則海（Pazeh）、貓霧捒（Babuza）、洪雅（Hoanya）、邵（Thao）、西拉雅（Siraya）等族，大約十族左右。根據研究成果，過去平埔族由南而北、由西到東的分布依序是：西拉雅族主要在臺南附近的南部平原；洪雅族在嘉義、草屯、南投、斗六；貓霧捒族在彰化、西螺一帶；邵族在南投日月潭一帶；巴布拉族在臺中梧棲、沙鹿、清水；巴則海族在豐原、東勢；道卡斯族在新竹、苗栗平原；雷朗族在桃園一帶；凱達格蘭族則分布在北臺灣；噶瑪蘭族主要在蘭陽平原。平埔族或許與九大族群有相同的血緣關係，在清代稱這些人為「熟番」、「平埔番」，以有別於未歸化的各高山族「土番」、「凶番」和「野番」，並且有別於來自閩粵的移民。

　　在經濟型態方面，平埔原住民的經濟生活以狩獵為主，兼有簡單的農業生產，以及捕魚活動。在社會組織方面，平埔原住民大部分可能是母系社會，他們重生女，生女謂之有賺，生男謂之無賺。在居住方面，十七至十八世紀的先住民部落可能有三百餘個，其中大部分為平埔原住民，一般村社皆不大，只有新港（今臺南）至諸羅（今嘉義）一帶最繁榮地區，每村人口約一千，一般為數百人不等，恆春地區則少至數十人而已。平埔原住民房屋的特色為地板皆高出地面，分為兩種：一是建於封土臺基之上（土臺），一是搭在木樁支架上（干欄）。土臺式房屋，也見於呂宋、夏威夷等地。一般臺基（青綠色）周圍切石；而土臺前沿突出高架的竹片地板，有一丈之高，故其下可以勞作休閒，或當作儲藏室、豢養禽畜的地方。干欄式建築則為中國長江以南至整個東南亞，或太平洋美拉尼西亞傳統居住文化的特質。

　　在服飾方面，平埔原住民精於紡織刺繡，花紋種類繁多，紋樣優美，其衣著尤以參加儀式時所穿最為精美。大致上，平埔原住民衣服的形制，只利用布的幅度簡單縫綴。平埔原住民和其他南島語族一樣，有刺青、缺齒、吃檳榔的習俗，日常生活非蹲踞則坐，坐則以跪跌之方式為主。喪葬之形式，

仲葬或屈葬，雖無明文之記載，但以其埋葬之方法觀之，似為屈葬者居多。埋葬多不用棺槨，並以其生前所用器物之半為陪葬。地點或葬於室內，或埋於宅邊，或另擇地埋葬，各族社間有所不同。平埔原住民的樂器，有鼻簫、嘴琴、蘆笛等；他們的歌謠有詞無譜，可能尚無採譜的習慣；歌唱乃隨興而起，故無固定之格調。在宗教信仰方面，平埔原住民所信仰的超自然能力，可分三類：神祇、靈魂、精靈。天神（創造神）為平埔族虔敬的對象，是各神之總體，一切祈禱皆歸之於天神。平埔各族中有巫師，巫師為女人的專業，他們相信女巫可以為人除惑消災，唸咒法防止外敵入侵。西拉雅族的女巫，稱「尪姨」，可以作法傷人，受害者若欲解之，須殺豬一頭為禮，請其解咒。

關於平埔原住民的漢化，在語言方面，一八九七年日本學者伊能嘉矩對埔里平原做過研究，依照平埔原住民語言漢化的情形，由淺至深分為：(1)雜用平埔語和河洛語者：巴則海族；(2)仍用少部分平埔語者：巴布拉族；(3)已經不再使用平埔語，但老人尚知平埔語者：貓霧揀族、道卡斯族全部及部分的洪雅族；(4)幾乎已經忘記所有平埔語者：部分洪雅族。儘管史籍上載有平埔原住民語的漢譯，但多數不能發音，平埔原住民漢化的情形可見一斑。平埔原住民的婚喪禮俗，原本精簡純樸，漢文化進入後，平埔原住民漸從漢俗，包括女子出嫁到夫家，家系、繼承和漢人略同。至於葬禮，平埔原住民也開始使用棺木，甚至將夫妻合葬，葬地並選在戶外，不再置於屋內。更徹底的漢化則是宗教信仰的改變，平埔族逐漸改信漢人的神明，如三官大帝、關帝、媽祖等。

平埔原住民漢化的先後情形，概略歸納如下：南部的西拉雅族、洪雅族，因為與外人接觸最早，在康熙末年（十八世紀初），便已漢化；中北部的貓霧揀、巴布拉、道卡斯、巴則海、凱達格蘭等族，則在雍正、乾隆年間隨臺灣快速開發而逐漸改變其生活型態；至於噶瑪蘭族，則與漢人接觸的時間最晚（即嘉慶初年，約十八世紀末）。清初大量漢人移墾臺灣，很多漢人覬覦平埔原住民女子的土地，而大量通婚，因而有「有唐山公，無唐山媽」之諺。平埔原住民雖納入漢人社會，但漢人也受到了他們某些風俗文化的影響。除地名外，民間所食用的「麻撒末魚」（虱目魚），是平埔原住民語；民間婦女喜吃檳榔的習慣，似與平埔原住民有關；漢人由原住民處得知颱風

草以預測颱風；臺灣民間信仰中的「牽尪姨」，亦似和西拉雅族的女巫有關。平埔原住民目前尚有一些族群有後裔存在，如道卡斯、巴則海、巴布拉、邵、西拉雅、噶瑪蘭等族，其中邵族和噶瑪蘭族已申請為「原住民」，另有一族「太魯閣族」自泰雅族中分出，連同高山原住民九族，臺灣現有官方公告的「原住民」共十二族。

問題討論

1. 中國早期農耕文明具有什麼特色？
2. 都邑是怎麼發展來的？都邑的出現具有什麼意義？
3. 從部落到國家的發展歷程為何？
4. 漢字是怎麼起源發展的？漢字文化圈如何形成？
5. 臺灣的史前文化與大陸文化有何關聯？

參考書目

1. 張之恆、吳建民《中國舊石器時代文化》，南京：南京大學出版社，1991年。
2. 嚴文明《農業發生與文明起源》，北京：科學出版社，2000年。
3. 王震中《中國文明起源的比較研究》，西安：陝西人民出版社，1994年。
4. 傅斯年〈夷夏東西說〉，載於《慶祝蔡元培先生六十五歲論文集》，南京：中央研究院，1935年。
5. 徐旭生《中國古史的傳說時代》，北京：科學出版社，1959年。
6. 王仲孚《中國上古史專題研究》，臺北：五南圖書出版公司，1996年。
7. 李孝定《漢字的起源與演變論叢》，臺北：聯經出版公司，1986年。
8. 鄭慧生《中國文字的發展》，鄭州：河南人民出版社，1996年。
9. 宋文薰〈由考古學看臺灣〉，收入陳奇祿等著《中國的臺灣》，臺北：中央文物供應社，1980年。
10. 劉益昌〈臺灣的考古遺址〉，收入張炎憲、李筱峰、戴寶村主編《臺灣史論文精選》，臺北：玉山社出版公司，1996年。

第二章

三代文化的關係

第一節 導　言

一 夏商歷史文化

　　夏代是中國歷史上第一個國家，禹年老時，讓位於協助治水有功的益，但禹死之後，諸侯不擁戴益而擁戴禹子啟，從此禪讓制度結束，開始了「家天下」之局。啟即天子位後，有扈氏不服，啟伐之，雙方大戰於甘（陝西鄠縣），有扈氏為啟所滅。啟死後，太康繼位，太康耽於逸樂，政權為東方有窮氏之君后羿所取代。太康後來傳位其弟中康，中康之子相繼立，均為后羿所迫，不斷遷徙流亡。至相子少康長大之後，始在有虞氏的協助下，以一成之田（方十里）、一旅之眾（五百人），並糾合夏朝的餘眾，終於恢復了夏王朝的政權，史稱「少康中興」。少康之後傳六世到孔甲，夏代政事開始走下坡。孔甲之後三傳至桀，桀恣意行樂，暴虐無道，商湯出師伐夏，桀應戰失敗，最後奔南巢（安徽巢縣）而死，夏亡。由於文獻不足，關於夏代制度和文化發展的詳細情形不得而知。夏代大約已有組織嚴密的軍隊和刑法，另外也有了貢賦制度。傳說「夏后氏世室」，夏代已營建宮殿。

　　商族是一個古老的部落，其始祖名契，舜時因協助大禹治水有功，受封於商（河南商丘），從契以後，共傳十四世十四王而至湯，其活動範圍大約以今山東、河北、河南地區為主。商族的先世，在商湯建國以前已有很高的文化，不過在夏朝強盛時，商為夏朝的臣屬。到了商湯之時，商族已逐漸強大，他得到賢相伊尹的輔佐，甚受人民的愛戴，於是征服了與夏同盟的小

國，勢力逐少擴張⋯這時正是夏朝的末年，夏桀暴虐無道，人民怨恨，商湯就起兵滅夏，建立了商王朝。

商朝的歷史，可分前後兩個時期：從商湯到盤庚為前期，盤庚到帝辛為後期。商代前期不知何故，經常遷都，自商湯至盤庚共遷都五次，從盤庚遷都於殷（河南安陽小屯村）以後，至紂之亡，歷二百七十三年，不再遷徙，所以商亦稱殷。商朝自遷殷以後，由於長期政治環境的穩定，文化的發展較前期更為迅速。考古學家在殷墟發現的甲骨文、青銅器、玉器等許多重要文物，都是這一時期的文化遺存。商代傳至於帝辛，即殷紂王，為人剛愎自用，不聽忠言，生活奢侈，做酒池肉林，通宵達旦飲酒作樂，又窮兵黷武，發動征伐人方（東夷）的戰爭，終因消耗國力太多，被西方新興的周族所亡。

商代的政治制度比夏代更為完備，在王權方面，商王是國家最高的統治者、王朝的權力中心，也是四方諸侯的共主。商王常自稱「一人」或「余一人」，以顯示其至高無上的身分。王位繼承的方法，前期以「兄終弟及」為原則；先傳子，再依次傳子之弟，兄弟盡，乃傳子，但多為弟之子。後期以「父死子繼」為多，在最後的九代商王之中，有七代傳子，可見殷商後期，傳子之局逐漸形成。在職官方面，商王以下，設置各種職官處理政務，從甲骨文中可以看到許多職官的名稱，其中有文官，也有武臣，另有主持宗教事務的神職人員，如卜人及巫，其他農業及手工業，也都設有專職負責。在軍隊方面，商朝已有正規的軍隊，軍隊的編制有左、中、右三師，甲骨文常見「登人」的紀錄，登人即徵兵之義，每次使用的兵員以三千、五千為多，也有一次多達一萬三千人的。在刑法方面，商朝已制定了刑法，設有監獄，古書記載商朝初年已制定了刑法叫「湯刑」，從文獻記載及甲骨文中，可以看出商代的刑罰極為殘酷。在封建方面，商代已有了初步的封建，諸侯已有子、男的等級及名稱。諸侯對於王室的義務，是奉命出兵征伐、守邊、納貢以及服役等。行政機構、職官、軍隊、法律都是構成國家的主要成分，商代顯然已具備了國家規模。

商代在文化方面，已有很高的成就，茲就文字、農業、工藝、天文曆法等方面加以分述：

在文字方面，商代的文字，鑄在青銅器上的文字稱為「金文」，數量較少；刻在龜甲、獸骨上的稱為「甲骨文」，數量甚多。殷人迷信鬼神，遇事

須先占卜。甲骨文大多是占卜的紀錄，亦稱「卜辭」或「貞卜文字」；但也有少數甲骨文是記事的。就文字演進的規律而言，甲骨文已脫離了原始圖畫，而進步到線條化和符號化，而且「六書」俱備，已是很進步的文字了。甲骨文字以刀契刻者為多，但也有用硃墨和毛筆書寫的，可見我國的毛筆，早在殷商時代即已發明。

在農業方面，商代農業已很發達，食物以農產品為主，主要農作物有黍、麥、稷、稻等。耕作亦倚靠人力為主，農具有耒耜與石鐮等。甲骨文的「田」字，象徵農田阡陌縱橫，有一定的規劃。殷人好酒，喜以黑黍釀酒，反映了農業的發達。

在工藝方面，商代工藝，以青銅工業最為發達，當時已能掌握銅錫合金的適當比例，技術已很高明。器物的種類繁多，有禮器、食器、飲器、樂器、兵器以及車馬飾物等，其紋飾及圖案尤為精美。在安陽殷墟出土的「司母戊鼎」，重達八百七十五公斤，是商周青銅器最大的一件，氣魄雄偉。銅器之外，尚有陶器，其中用高嶺土燒製的「釉陶」，器身塗釉，可視為原始的瓷器。另有白陶，色澤潔白，製作細膩，刻有精美紋飾。此外亦有以玉、石、象牙、骨、貝類雕琢鑲嵌的器具或飾物，精美靈巧，維妙維肖，顯示商代工藝技術水準極高。

在天文曆法方面，商人也有很高的成就，甲骨文有日蝕和月蝕的紀錄，並且已能認識木星、火星等行星。殷商的曆法已相當進步，以三百六十五又四分之一日為一年，稱為「一祀」。每年分十二個月，大月三十天，小月二十九天，餘日置閏，即三年一閏、五年二閏、十九年七閏之法。商代前期，閏月在年終，稱「十三月」，晚期已有隨時插置閏月的現象。商人紀年月用數字表示，紀日則用干支，這種用天干、地支相配紀日的方法，沿用數千年之久，也是中國文化的一大特色。

在思想信仰方面，商人並未脫離原始宗教的階段，而完全籠罩在神權思想之下。商代的信仰，可分天神、地祇、人鬼三類。天神就是上帝、日月星辰、風雨雷電等，上帝是宇宙的主宰，最具權威，祂能夠降福給人間，也能夠使人間發生災禍。地祇就是自然界的神，如土地、山川等有神，四方也有神，地祇的代表者是「社」，也就是土神，是殷人祈求豐年祭祀的對象。人鬼是人死後的靈魂，殷人相信祖宗死後，神明仍在四周，有意志感情，與活

者的時候兒孫一樣，祖宗可以影響上帝降福，因此如向上帝有所祈求，必須經祖宗轉達，所以對於祖先的祭祀特別虔誠隆重。總之，在殷人的心目中，天神、地祇、人鬼都是具有威權的神靈，活人的吉凶禍福，由神靈決定，一切行為也由神靈支配，所以殷人事無大小，都須經由占卜向神靈或祖先請示，諸如祭祀、征伐、畋獵、求年、求雨、疾病，甚至生男生女也都加以卜問，卜辭還有「卜旬」、「卜夕」的紀錄，卜問王今後十天或今夜是否平安。殷代的建築，宮室是活著的王的居室所在，宗廟則是死去的王的居室所在，祭祀天神地祇大多在王室所在地舉行，祭祀祖先大多在宗廟或墓地舉行。根據考古發現，殷人普遍使用活人殉葬，一座墓葬有時用幾百人殉，甚至宮殿或宗廟建築也大量使用人牲，這些都是保留了原始宗教信仰的現象。

二 西周歷史文化

　　周族本來是活動在渭水流域的小邦，商朝強大時，周是商朝的附庸。周文王時，沿渭水流域向東方發展，至周武王時起兵伐紂，牧野（河南淇縣南）一戰，紂王兵敗，自焚而死，商亡。武王建立了周朝，建都鎬京（陝西長安）。周滅商之後，採行封建諸侯的政策，統治東方廣大地區，所以西周的封建是一種武裝殖民和軍事占領的性質。西周初年，有兩次大規模的封建。第一次封建，始於武王。武王克殷後，分封其弟管叔、蔡叔、霍叔監視殷民，稱「三監」，並封古聖先王後裔：堯之後封於薊（河北薊縣），舜之後封於陳（河南淮陽），禹之後封於杞（河南杞縣）。又封姜太公於齊（河南南陽西），周公旦於魯（河南魯山），召公奭於燕（河南郾縣）。第二次封建實施在周公平定「三監」之亂以後，由於周人的勢力藉著東征的勝利，達到了黃河下游，於是重定封國：徙魯於曲阜（山東曲阜），治奄舊地；徙齊於魯之北，都臨淄（山東臨淄）；徙燕於齊之北，都薊丘（河北北平附近），並大行封建。總計封建的對象，主要有三：一是姬姓之國，如管、蔡、魯、燕等，幾乎全是新建之國；二是姻親功臣之國，如姜姓之國，齊、申、呂、許等是；三是先聖後裔之國，如薊、陳、杞等國；四是殷人後裔之國，如微子啟封於宋。以上的分封，實以姬姓之國，占絕大多數。以地區論，則以今河南省與山東省為最多。

西周封建諸侯，爵位分為五等，即：公、侯、伯、子、男。封土的大小和置軍的多少，依爵位等級而定。文獻記載軍隊的建置是：天子六軍，諸侯大國（公、侯）三軍，次國（伯）二軍，小國（子、男）一軍。天子土地較諸侯之國為大，軍隊較諸侯之國為多，又掌握高級官吏的任命權，故可監視諸侯。諸侯與天子之間是臣屬的關係，周天子是各諸侯國共主，諸侯有義務為王室繳納貢賦、奉命出征等。諸侯須定期親至王室向天子述職，叫做「朝覲」，天子也定期巡行視察諸侯之國，叫做「巡狩」。天子有直轄的土地，稱為「王畿」，王畿以外廣大的地區分封諸侯，封地稱為「封國」。諸侯在自己封國之內，也將大部分土地分封給卿大夫，封地稱為「采邑」。卿大夫再以其采邑的部分土地，分封給屬下的士，作為「食田」。士以下是庶人，不再分封。這樣層層分封，構成了西周封建的政治系統。

在西周封建制度下，社會亦分為不同的階層，諸侯、卿大夫、士屬於貴族，諸侯和卿大夫的爵位和土地都是世襲繼承，亦即擁有土地所有權與統治權。次於卿大夫的是士，他們是受過文武合一教育的男子，打仗為其主要任務。士僅有食田或俸祿，食田不能世襲。士是貴族中最低的一層，以下為平民和奴隸。平民即所謂「庶人」，包括農工商人，職業世襲，父子相承。農民所耕土地為貴族所有，對貴族有供奉粟米、布縷及力役的義務。手工業和工商業都由貴族經營，工商業者都歸貴族管理，所以說「工商食官」。奴隸大多是戰爭所得的俘虜及罪犯，為貴族從事生產或執役，貴族視奴隸為私有財產，可以買賣轉讓，甚至殺害，社會地位最為低微。根據西周中期一件銅器的銘文記載，五個奴隸的價格相當於一匹馬、一束絲。

西周所實行的封建實以宗法制度加以鞏固。所謂「宗法」，有許多特徵，它既是封建制度下的繼承制度，也是祭祀祖先的制度，所以宗法的涵義是多方面的。它的目的和作用，在維繫封建制度的政治秩序，建立封建社會的倫理。宗法制度的特徵有大小宗制、嫡長子繼承制、宗廟禮制等，西周的宗法強調血緣的親親精神，並區別尊卑貴賤的身分，對於封建制度具有鞏固的作用。

西周封建制度的採行，實以土地為為基礎，沒有土地也就無從封建。周人滅商以後，獲得廣大的地區，名義上所有的土地都屬於周天子，所有的封建諸侯都是他的臣民，所以《詩經‧小雅‧北山》上說：「溥天之下，莫非

土土，舉土之濱，莫非土臣。」實際上天子統轄王畿的土地，諸侯統轄其封
國的土地，卿大夫統轄其采邑的土地，直接從事生產的農民只有土地的使用
權，而沒有土地所有權。西周的經濟以農業為主，土地為貴族所有，由農民
耕種，土地使用的方式採用「井田制度」。

依據孟子的描述，西周的「井田制度」大約是將土地劃為九個單位，每
單位百畝，成為「井」字形，中間為公田，四周為私田。私田由農民耕種，
收穫屬農民，公田由八家共同義務耕種，收穫全歸貴族。因此，井田制度不
僅是西周的土地制度，更是一種賦稅制度，它是封建制度下的經濟措施，是
鞏固封建制度的基礎。由於考古發掘的新材料不斷出土，可以發現西周封建
制度初期，貴族的土地的確不能買賣或轉讓，但在西周中期，貴族間已有土
地交換轉讓的現象，也有貴族以土地賞賜臣屬的事例發生，貴族間土地的轉
讓，起初尚須經王室執政大臣的認可，後來也不必了，這些似乎顯示封建制
度的基礎已有開始鬆動的跡象。

在思想方面，由於周初建國充滿艱辛，基於憂患意識，周人產生了「天
命無常，惟德是依」的觀念。認為人須為自己的行為負責，天和神只居於監
督的地位，如果人的行為不合理，天命就會轉向他人。周人這種自覺，啟發
了中國古代的人文精神。隨著人文精神的開展，由天道主宰人事禍福的思
想，也就愈來愈淡薄了。到了東周時代，相信吉凶是由人所造成而與天無關
的記載，已經屢見不鮮。這些進步的思想，擺脫了天道與神教的束縛，開啟
了春秋戰國黃金思想時代的來臨。

第二節　三代國家型態的演變

夏朝是中國歷史上第一個王朝；商湯滅夏，建立了第二個王朝商朝；武
王滅商，建立了第三個王朝周朝。夏商周三代並稱，歷史約有千餘年，在中
國歷史上自成一個段落。三代是國家初創和發展的時期，在國家的組織型態
上，從原始國家發展到封建國家，表現出繼承發展的關係。國家出現之後，
王權不斷擴展，政治力與社會力具有密切的關係。

一從原始國家到封建國家

 ## 三代歷史的發展

夏代歷史的發展

　　夏代是中國歷史上第一個國家，一般認為夏朝是由大禹所開創，其實夏朝真正的建立者應是禹之子啟。大禹雖然形成了王權，但對於政權的傳授依然遵循著氏族社會的傳統，他先推薦皋陶，因皋陶早死，又薦益代自，這顯示了氏族社會的傳統仍具有極大的勢力。真正的變化，實發生在禹死之後。禹死之後，王位由啟所得，關於這段經過，古代有兩種不同的傳說，一說由於益之相禹時間不長，施澤於民未久，所以禹崩之後，朝覲訴訟者不之益而之啟，謳歌者不謳歌益而謳歌啟，而啟賢，能敬承繼禹之道，又受「諸侯」的擁護，因此啟才踐天子之位。一說益干啟位，啟殺之。根據這些傳說，似乎禹死後，益與啟之間經過了一番鬥爭，王位才為啟所得。益就是伯益，乃虞夏之交，東夷部族裡的重要領袖，曾佐禹治水有功，征伐三苗，似乎也曾盡力，本應代禹而為部落聯盟的盟主，結果為啟所奪，益既失位，與啟互攻終為啟所滅。

　　啟的繼位，對氏族社會而言，是一件劃時代的改變，故遭到了氏族保守勢力的反對。史稱啟即天子位後，有扈氏不服，啟伐之，大戰於甘，遂滅有扈氏，天下咸朝。有扈氏實為保守的氏族勢力之領袖，也是當時主張維持氏族社會傳統的重要部落，故起而反對啟。夏啟對益與有扈氏之爭的勝利，使傳子而不再傳賢之局大致確定，這是王權初步擴張的成功，所以啟才是真正開創夏朝的始祖。啟雖得到天下，但夏民族的發展，仍有著許多挫折，王權的基礎也未臻穩固。啟死後，太康繼位，太康耽於逸樂，不理政事，遂引起民怨。東夷的后羿「因夏民以代夏政」，趕走太康，史稱「太康失國」。后羿執政後，亦溺於田獵遊樂，不修民事，而委政於寒浞，後來卻遭寒浞殺害。太康臨終，傳位於弟仲康，但不久仲康卒，子相繼位。相靠斟灌氏、斟尋氏之助，遷居帝丘（河南濮陽）。寒浞命其子澆攻滅斟灌氏、斟尋氏，殺

了相，相妻懷著少康奔走有仍氏。少康長大後擔任有仍氏「牧正」，最後再逃亡至有虞氏，「有田一成，有眾一旅」，並在夏遺臣靡的協助下，起兵征伐寒浞，最後攻克寒浞，恢復夏王朝，史稱「少康中興」。

「少康中興」的故事，具有兩重意義，一是這代表著從部落聯盟到國家，天下共主權力取得方式的變化紛擾；一是這裡面隱含著華夏集團與東夷集團勢力的鬥爭。從少康中興史事來看，夏代傳位及奪位的幾個人並沒有經過部落聯盟的共同推舉，奪權的方式係以武力作為後盾，這意味著王權的產生與權力已高過於部落聯盟，而與後世取得王權的步驟相同。從太康失國到少康中興，夏朝的國祚不絕如縷，夏民族對「東夷」的鬥爭，至少康時代似乎尚未完全結束，直到少康之子后杼滅澆之子有戈氏燹，才真正告一段落。夏朝的建立，實為我國遠古時代從部落到國家的一個形成階段，「原始國家」的型態至此才告粗具。

夏朝的鞏固和發展是少康中興以後的事情。少康子杼在位的時候，夏朝形成復興的局面，杼派人征伐東方，史書說「杼子往于東海，至于三壽」，還獲取了作為祥瑞的九尾狐，大概夏朝勢力在杼時，已經擴展到了東海之濱。少康之後傳六世到孔甲，夏代政事開始走下坡。《史記》說孔甲好鬼神、事淫亂，諸侯多叛。孔甲之後三傳至桀，夏代即滅亡。桀之亡國，與不恤民力、任用小人、耽於淫樂等有關。據說桀濫用民力，百姓對他的恨，到了「時日曷喪，予及汝皆亡」的地步，寧可與這位暴君同歸於盡。周人曾經指責夏桀用人失當，不遵循以往任用官員的準則，所以其暴虐行為使夏滅絕無後。桀恣意行樂，不能關心民眾疾苦，做傾宮、瑤臺，殫百姓之財，其臣關龍逢諫，卻被桀殺掉，夏朝的一些大臣因不滿桀的殘暴統治，而投奔商湯，連夏朝的太史令終古都叛桀而奔商。夏桀末年大概已經到了眾叛親離的地步，最後商湯聯合其他方國勢力，舉兵伐夏，桀應戰失敗，逃往鳴條（安徽亳縣），最後奔南巢而死，夏亡。夏代的疆域，大致以河南西部伊水、洛水流域及山西南部一帶為主。從禹至桀，夏朝共傳十四世十七王，歷時四百多年。

商代歷史的發展

商湯滅夏，建立了中國第二個國家商朝。在商湯之前，商人已有一段發

展的歷史，從契至商湯之前的主癸，計有十四世，被稱為先公先王時期，這一段歷史大約與夏代同時。商人先公先王的居住地經常遷徙，商人早期活動的主要地區，大致上是在山東西南及河南的黃河兩岸，遠及河北的易水流域。夏代末年，夏桀暴虐無道，眾叛親離，商湯遂極力拓展勢力，展開滅夏的工作。商湯積極「修德」招徠各方國部落，使「諸侯皆歸湯」，形成了一個強大的聯盟勢力。商湯之滅夏，經過了許多次征戰，孟子說：「湯始征，自葛載，十一征而無敵於天下。」（《孟子‧滕文公下》）商湯採取了先消滅夏的外圍勢力，將夏孤立，最後再滅夏的戰略。首先征服了葛（河南寧陵），進一步剪滅夏在東方的三個重要盟國韋（河南滑縣）、顧（山東范縣）、昆吾（河南濮陽）後，再滅密須（河南密縣），最後與夏展開大戰。夏桀應戰失敗，最後奔南巢而死。夏亡，商朝成為中國歷史上第二個朝代政權。商湯之有天下，得力於伊尹的輔佐，伊尹在卜辭中受到隆重的祭祀。先秦文獻有關伊尹的傳說極多，他顯然是夏商之際的重要人物，可能是個強大的氏族領袖，在滅夏的過程中具有舉足輕重的地位。

　　湯死後，王位傳至其孫太甲時，太甲不遵湯法而被伊尹放逐至桐宮。三年後，太甲悔過，伊尹還政。太甲勤政修德，諸侯又都歸殷，百姓安寧，商王室政權逐漸穩固。從仲丁到陽甲，商王室內部發生爭位事件，造成九世衰亂，政治中心因此經常遷移，此一時期殷都凡五遷。盤庚繼位後，遷都於「殷」，以後就不再遷都，因此商朝亦稱殷。盤庚治國，擺脫了王室的積弱，中興殷王室，甲骨卜辭就是遷殷後的卜祀紀錄。史家把殷商分前、後兩期，基本上是以盤庚為界。

　　盤庚後三傳至武丁，殷商達到全盛時期。武丁在位五十九年，文治武功均負盛名，死後被尊為高宗。在武功方面，武丁對各方用兵，國勢北抵河套，南至江淮，西與周族接壤的渭汭地區，商的國勢至此達到顛峰。武丁朝的盛世局面維持到祖甲時期，祖甲以後，商代各王耽於享樂，國事漸走下坡。最後一個帝王是帝辛（紂），紂王資辨捷疾，材力過人，但荒廢政事。大臣中有起而諫阻，紂王則加以迫害，因此力諫者則死，苟活者則佯狂而去。如此一來，朝廷更聚集善諛逢迎的親信。紂王揮霍無度，為寵愛妲己，大興土木，修建宮室苑圃，廣收奇珍異獸，以酒為池，懸肉為林，使男女裸裎相逐其間，為長夜之飲，且禁止大臣進諫。另外，對東夷發動戰爭，雖有

戰勝之局，但對於國力的斲喪影響頗大，文獻上說「紂克東夷而隕其身」。最後周武王舉師伐殷，牧野一戰，紂王失敗，逃歸朝歌（河南淇縣）自焚而死，商朝滅亡。商朝的疆域，以河南北部至山東西部一帶為中心，勢力所及，北到河北北部，南越過長江到達湖南及江西北部，西到陝西，東到海濱。商朝從湯建國到帝辛覆亡，共傳十七世二十九王，約六百年。

西周歷史的發展

周人的始祖棄，相傳在舜時被任命為「后稷」，其子不窋率族人處於戎狄之間，曾孫公劉再遷至豳（陝西郇邑縣），歷夏商千餘年，十五傳至文王。周人早期居住在陝西汾水上游，至古公亶父時，為戎狄所侵逼，由豳（陝西邠縣）徙居至陝西岐山的周原。古公亶父設官分職，營城郭建宮室，擊潰混夷，周人的勢力逐漸強盛起來，因此古公亶父被尊為太王。古公亶父傳位季歷，季歷不斷對外擴張，攻克許多戎狄，周人的勢力發展到山西西南地區，商王武乙命季歷為「牧師」，以示安撫。但季歷仍不斷擴張，引起商人的驚懼，商王文丁殺了季歷。季歷之後為文王姬昌，文王之時，周人的勢力更加強大，商王命他為西伯，為西方諸侯之長。文王積極「修德」以招納各諸侯方國，他的發展策略是逐步消滅商的外圍方國，並爭取友邦的支持以孤立商。文王和夏末的商湯一樣，建立了一個強大的聯盟勢力，但仍服屬於殷，文獻謂其「帥殷之叛國以事紂」，孔子說他「三分天下有其二」（《論語‧泰伯篇》）。

文王未及滅商就去世，武王姬發繼位。武王即位後就出兵伐商，到達盟津（河南孟津）的時候，「諸侯不期而會盟津者八百」，但因時機尚未成熟，遂班師回去。過了二年，商朝國政益發混亂，武王再度興兵伐紂。牧野一戰，商師大敗，紂王逃歸朝歌自焚而死，商朝滅亡，武王建立了中國歷史上第三個王朝周朝。武王滅商後，唯恐武庚及殷民造反，因此封其兄弟管叔、蔡叔、霍叔於殷畿，稱為「三監」，以監視武庚。

牧野一戰，武王滅殷，表面上周人似已代殷而有天下，實則殷人的勢力仍然散布在廣大的東方，紂王之子武庚還統治一部分殷人舊地，東方各邦國仍未歸服周人，周人的政權尚未完全鞏固。在「天下未集」的情況下，武王在克殷後二年去世，引起周人極大的驚恐，周公毅然攝政以穩定大局。但周

公攝政引起管叔、蔡叔的不滿，遂散布流言，謂周公將不利於孺子。武庚見機不可失，便拉攏管叔、蔡叔，並聯合東夷各國發動叛亂，是為「三監之亂」。叛軍聲勢浩大，新興的政權似乎難以承受一觸即發的撼動。周公輯和內部，親率西土聯軍討伐叛軍，是為「二次東征」；經過三年的纏戰，終於將亂事平定下來，周人的勢力才到達山東境內。

　　三監之亂平定後，為了控制東方，周公採取了幾項措施，一是營建東都於雒邑（河南洛陽），作為控制東方的中心；一是將殷民分居各地，以分散殷人的力量；最重要的是進行大規模的封建，以屏障周王室，是為「二次封建」。二次封建分封了許多姬姓諸侯，文獻說周公封了七十一國，其中姬姓占了五十三國。這些同姓封國密布於河南、山東及四方戰略、經濟、交通要地，彼此相互支援，牢固地控制東方，這是一種「武裝殖民」運動。

　　周公攝政七年之後還政成王，成王之後為康王，成康之時天下安寧，刑措四十年而不用，史稱「成康之治」。成康之後，西周的盛世慢慢走下坡，康王之子昭王南征不返，穆王征犬戎無功而返，王室的威權一再被挑戰，自此荒服不至，王室衰微。穆王耽於逸樂，周行天下。懿王、孝王、夷王之間的傳位，竟打破了傳統中的嫡長子繼承制，引來許多的爭亂。夷王時諸侯來朝，夷王不敢坐受朝拜，竟下堂而見諸侯。厲王時，推行「專利」政策，將原來公用的山林川澤盡收王有，禁止國人漁獵樵採，引起一場「國人暴動」，厲王逃奔彘（山西霍縣），政事暫時委由共伯和代行，史稱「共和行政」。這一年是西元前八四一年，中國歷史從此開始有明確的紀年。共伯和代行政事至第十四年，厲王死於彘，共伯和還政於宣王。宣王即位後，法文、武、成、康之遺風，對內減輕賦稅、整頓政紀，對外戰勝玁狁、平服淮夷，重振周王室，史稱「宣王中興」。然而，宣王晚年對北方的玁狁和戎族的戰事趨於不利，屢遭敗績，周王朝隱伏危機。

　　繼宣王之後，幽王即位。幽王在位期間任用善諛的虢石父為卿，使得國人皆怨。對戎族的戰事依舊處於不利，曾伐六濟之戎失敗，文獻謂「周幽為太室之盟，戎狄叛之。」幽王又寵愛褒姒而無心朝政，使得政事愈發廢弛。而廢后改立太子一事，更帶來了亡國之禍。幽王欲廢申后及太子宜臼，改立褒姒及其子伯服。宜臼逃往申（河南南陽），幽王遂伐申。申侯聯合姒姓之繪國及犬戎攻入王畿，犬戎追殺幽王於驪山之麓（陝西臨潼西南）。幽王死

後，申侯與其他諸侯立宜臼為平王於申，但虢公翰立另一王子餘臣為攜王於攜（地望不詳）。後來，晉文侯殺了攜王，消除了二王並立的局面，但平王也無力驅逐犬戎，於是在晉文侯與鄭武公的護送下東遷雒邑，時在西元前七七〇年，西周亡。東遷後的周王室，唯晉、鄭是依，王室的實力相當一個次等的諸侯國。從武王至幽王，西周共傳十一世十二王，歷時二百多年。

三代國家型態的發展

　　三代國家型態的發展，是從原始國家到封建國家。國家型態主要表現在國土結構和中央官僚組織方面，從國家型態的發展來看，夏朝已具有原始國家的型態。首先，它已有固定的疆域，夏代的核心區域大概在山西西南和河南中西部一帶，強盛時期可能還要再大一些。其次，夏代已發展出中央與地方的關係，除了核心疆域之外，另有一些盟邦，如韋、顧、昆吾等，夏與這些方國部落，應具有等級的服屬關係，像商湯本服屬於夏，及其勢力強大之後，再乘勢滅夏。另外，夏代應成立了官僚機構、律法等組織，如傳說周人的祖先后稷為夏的農官，主持稼穡之事；薛國的皇祖奚仲為夏之車正；商人的先公冥為夏的水官，負責治水事宜。又據說夏代已有賦稅制度，孟子說「夏后氏五十而貢」（《孟子·滕文公上》），課什一之稅。有關這些，文獻缺乏詳細的記載，無法得知其概況。夏朝的建立與滅亡，具有重要的意義，夏朝據有特定的地域，並有相應的中央權力，勢力及於黃河中下游，國家的主體觀念由此產生，像商人勢力強大之後，並沒有建立自己的國家，而是滅夏取而代之。

　　商朝代夏而起，在國土結構上，很明顯地存在著中央與地方的區域劃分。《尚書·酒誥》在追述商朝的制度時說：「越在外服，侯、甸、男、衛、邦伯；越在內服，百僚、庶尹、惟亞、惟服、宗工，越百姓里居。」「內服」應是指中央地區，「外服」是指地方諸侯地區；因此，內服與外服的存在，是商代國家結構特徵中最突出的特點。在卜辭中，有「商」和「四土」的對立。「商」是商朝的中心地區，相當於後世所說的王畿，範圍約當河南大部、山西南部、河北北部及山東西南部分地區。「四土」則是指中心地區以外的區域，屬於各類諸侯方國，範圍約東至山東，西到關中，南抵湖南南部，北達燕山。商代已出現分封制度，大多數諸侯是固有的方國，小部

分是同姓的子姓方國，諸侯對商王朝有納貢、戍邊、助征等義務。

在官僚機構方面，商朝的中央官僚機構已相當龐大，《大盂鼎》有提到「殷正百辟」，文獻和卜辭中出現了許多職官名稱。《尚書‧酒誥》中談到商朝的內服，即是中央機構，其組成有「百僚、庶尹、惟亞、惟服、宗工，越百姓里居」，看起來組織複雜，包括了職能不同的機構，並可能有等級的區分。商朝可能已出現主要執政大臣，如保之類的官；高層大臣有師、小臣、尹等。文職官員有史、作冊等，同時也是宗教人員，武職官員有馬、射、亞、衛、犬、戍等；文職和武職的分工，在高層官職中還不十分明顯，但在較低層的官職中，已較為明確。宗教職務與一般政務，亦有相當程度的分離。此外，商朝都邑可能出現治理人員，《酒誥》中的「百姓里居」，大概是百官致任家居者（孫星衍《尚書今古文注疏》）。

西周大行封建，國家型態發展為封建國家，西周的國家組織承自商朝，而比商朝更為發達。在國土結構上，西周也存在一個成周邦畿，邦畿之外有四土。西周四土的範圍比商朝還大，東土達於東部濱海地區，西土至今甘肅境內涇水上游一帶，南土至江漢流域一帶，北土達燕山一帶。諸侯的爵位分為五等，即：公、侯、伯、子、男。諸侯對周王室的權利義務關係，依爵位等級和地區遠近分為五服，即「邦內甸服，邦外侯服，侯衛賓服，蠻夷要服，戎狄荒服」。從國家行使政治權力上來看，西周時期的諸侯只是相對獨立的邦國政權，因為對於周王室而言，諸侯具有多方面的從屬關係。在封建體制下，周天子對諸侯具有如下的權力：(1)天子有巡視列國的「巡狩」權力，諸侯則須定期朝見天子，稱為「朝覲」；(2)西周有「監國」制度，天子有監督諸侯之權；(3)諸侯新君繼位，須由天子冊命，天子有廢立諸侯之權；(4)天子有滅國和處死諸侯國君的權力；(5)天子有任命諸侯之卿的權力；(6)諸侯有向天子貢納的責任及義務。

在官僚機構方面，周朝的官僚機構不僅比商朝龐大許多，同時分工更為明確，專業化的程度大為提高。周王室的執政大臣為卿士，政府組織已經出現卿事寮和太史寮兩大機構，以及東宮、公族、宰等機構，各有不同的層級與職官。針對政治、經濟、社會、宗教等各個領域的事務，已明顯劃分出不同的職能部門；宗教事務與政治和行政事務分離的概念，在官僚體系的運作中體現得更為明顯。地方上有國野制度，國是城市，野是國之外的鄉村，都

有專門官員治理，國家對於地方的管理更加健全和深入。可以說，西周的官僚制度已達到了相當發達的型態。

二　三代國家型態的特質與王權的發展

　　夏商周三代相承，在國家的組織和結構上，具有繼承與發展的關係。在國土結構上，夏朝原始國家初創，大概有了一定的國土結構。到了商朝，已發展成一個邦畿千里的國家，但邦畿之外的四土，商朝只能控制若干據點，大部分的部族或方國未經征服，都還是獨據一方的勢力，商朝只能與他們達成結盟的關係。因此，商朝對於四土，只是點的據有，還達不到面的控制。對商人來說，大邑商實即殷商時期天下的中心。西周時期又有了新的中國或中土概念，以雒邑為中心的成周邦畿成為天下的中心，再加上西土豐、鎬的宗周地區，這是周王朝政治疆域的中心，也是控制四土的政治軍事樞紐。透過二次東征和大行封建，周代形成了封建體制，發展為封建國家，周王朝的天下格局有了嶄新的變化，四土之內的封國，與周王朝形成一種服屬關係，具有了一種初步的中央與地方政區的統轄關係。

　　在政治組織方面，夏朝的官僚組織大概還比較簡單，商朝則比較複雜一些，但商朝高層官職的名稱，幾乎都帶有通稱的性質，如小臣、多尹、多馬、多亞、多射等，顯示官職商朝的官僚制度，具有較原始的特徵，還沒有明確的分化，職權範圍不固定，不夠專業化。西周的官僚組織又較商朝複雜許多，也較專業化，不過西周時代的政治結構，仍存在軍政合一的特色，政府職務由貴族所壟斷。

　　在王權方面，商代的國王已擁有相當大的權力，一般政務都由商王處理。在經濟上，商王是生產工作的指揮監督者。在宗教上，商代晚期占卜吉凶都由商王來貞卜和裁決，商王獨占宗教權力。在卜辭和《尚書》〈湯誓〉、〈盤庚〉等篇中，商王都自稱「余一人」，顯示出一種唯我獨尊的氣概。西周時期的王權，相較於前朝得到更進一步的發展，周王室的地位與控制天下的權力明顯提高。周王以「天子」自稱，意即「天帝之子」；他是最高的統治者，也是天下共主，秉承天意，君臨天下，因此出現了「溥天之下，莫非王土，率土之濱，莫非王臣」的觀念。周天子對諸侯擁有廣泛的權力，周天

子之權顯然大過於商王，而控制天下的能力也在商王之上。周天子地位的提升及王權的逐漸強化，與國家型態的演進和西周政治制度有密切的關係。夏商時代方國眾多，夏王室與商王室較近於諸侯之長，但周代透過封建和宗法禮制，確定了天子與諸侯的君臣關係，天子的地位因此而尊，成為諸侯之君。

夏商周三代的王權雖然逐漸提高，但仍受到相當的限制。例如商王的權位雖然尊崇，但平時商王須把占卜結果告知各宗族族長，有重大事故發生時，還要考慮這些宗族的意見，否則他的命令可能會相當難以達成。《尚書‧盤庚篇》提到盤庚遷殷前後，有些宗族不願遷移而群起反對，盤庚不得不召集他們到王庭，親自勸告、威脅，遷殷之後又布陳腹心，希望他們不要聯合起來散布攻擊王的言論。可見傳統的宗族力量，對商王仍有相當的制衡作用。周代貴族和宗族的力量，對王權也有相當的約束，像周厲王實行專利政策，結果被國人驅逐逃亡，國人主要是由血緣疏遠的貴族之後所構成，他們也是國家軍隊組成的一部分，在政治上具有相當的力量。從權力結構來看，三代的王室必須依靠貴族或宗族的力量來統治天下，而貴族或宗族也由此獲得權勢。王權代表政治力，貴族代表社會力，在夏商周三代，政治力與社會力表現出一種相互依存的關係，到了春秋時代這種關係才逐漸破壞。

夏商周三代國家的型態，呈現出由原始國家到封建國家的發展，雖然國家體系愈來愈嚴密，但整體而言，三代國家的組織和結構仍是比較鬆散，政府組織還未完全專業化，地方諸侯仍具有相當大的自主性，故被稱為「原始國家」或「早期國家」。中國國家型態的成熟，出現在秦始皇建立中央集權的秦帝國之後，春秋戰國則是從封建到帝國一個轉型的過渡時期。

第三節　三代宗法的發展

宗法是一種家族和宗族的組織法，主要是在規範宗族之中祭祀的權力、財產的分配、權力的繼承、喪服的久暫等，其核心是族長的主管制。在這個組織中，基本上家族和宗族的財產是共有的，族長具有族權，家長具有家長權。原始的宗法制度，起源於父系社會，世界各國的早期社會普遍存在宗法制度，像古代的希臘、羅馬都有發達的宗法制度。夏商時期中國已出現宗法

現象，完備的宗法制度則在周代建立，商周時代宗法制度的發展有其特殊意義。

一 夏商宗法的發展

宗法產生於父系社會，中國的宗法大概起源於新石器時代晚期，當時父系社會已經出現；夏代和早商時代，應有原始的宗法產生，但因文獻資料不足，無法得知其概況；晚商時期經由卜辭資料，已可略窺當時宗法的梗概。商代宗法的現象，首先表現在對先王的祭祀上。商人祭祀祖先相當隆重而繁複，武丁時代遍祀先公先王，但在帝乙、帝辛時代，只祭祀上甲以下的先王先妣，上甲以上的先公遠祖被排除在祀典之外。當時因血緣關係的親疏遠近，已分出直系的「大宗」和旁系的「小宗」；有子即位為王者為直系，無子即位為王者為旁系。「重直系，別親疏」也表現在王位繼承法上，商代的王位繼承制度是「兄終弟及」和「父死子繼」並行，從小甲至祖甲是兄終弟及，康丁至帝辛最後五世轉變為父死子繼，王位由子繼承，不再傳其他兄弟，這是重直系的進一步發展，不過商代可能還沒發展出嫡長子繼承制。

就宗族組織而言，卜辭中出現「王族」、「多子族」、「三族」、「五族」等名稱。王族是由商王及其親子為骨幹所組成的家族；多子族是由先王部分未繼承王位的王子，在其父王卒後，從王族中分化出去所建立的家族；三族、五族其義未詳；另外，還有一些與商王同姓的貴族不稱「子」者，可能是多子族的後裔。以上這些子姓親族之間，實際上是以他們與商王血緣關係的疏近，形成一種分層的網狀結構。《左傳》曾記載二次東征後，殷民被分散的情況，魯分得殷民六族，衛分得七族，另有一部分「殷頑民」被遷到洛邑。看來商人的分族數目不少，其宗族組織已可分成宗族、宗氏、分族三個層次，宗族結構頗為複雜。

整個商王族最高的領袖是商王，經由下列祭祀活動，可以略窺這位王族族長的權責：(1)祭祀祖先的五種祭祀由商王直接指揮進行，王室的占卜機構均依照商王的旨意進行占卜；(2)卜辭中可以見到一種由商王主持的大規模饗祭，可能是對先王的合祭，參加的成員有「多子」、「多生」、「多君」等，他們大概是王室的重要貴族和族長，他們是否可以集體參與饗祭，都要

由商王通過占卜來決定；(3)商王會為同姓族長和其他同姓貴族舉行禳災之祭，求祐於先王先妣。

祖廟是宗法的特徵之一，為祖先立廟，已見於卜辭。商代沒有廟的稱呼，但殷墟考古挖掘有發現宗廟的建築遺跡，卜辭中的「宗」字，即相當於後世的宗廟。「宗」大致可分成三類：一是集合的宗廟「大宗」、「小宗」，大宗是祭祀直系先祖，小宗是祭祀旁系先祖；二是個人的宗廟，有「大乙宗」、「中丁宗」、「祖辛宗」、「武乙宗」等；三是意義不詳者，如中宗、亞宗、新宗、舊宗、又宗、西宗、北宗等。族墓也是宗法的特徵之一，地下考古資料發現好多處商代聚族而葬的墓地，說明商代已出現族墓。

二 周代宗法制度的建立

周代的宗法有許多特徵，它既是封建制度下的繼承制度，也是祭祀祖先的制度，其目的和作用在維繫封建制度的政治秩序、建立封建社會的倫理。宗法制度的特徵，在區別嫡、庶，劃分大宗、小宗，然後以嫡長子作為天子或各級貴族的繼承人。依據宗法制度，周天子由嫡長子繼承，是天下的「大宗」，其餘諸子分封為諸侯，他們在自己的封國內，君位和封爵也由嫡長子繼承，在本國內也是「大宗」，但對周天子而言，則是「小宗」。諸侯國內，又分封其餘諸子或諸弟為卿大夫，卿大夫在自己的采邑內為「大宗」，但又是諸侯國內的「小宗」。如此，則從天子、諸侯到卿大夫，嫡長子是法定的繼承人，在宗族上，天子與同姓諸侯之間，則維持著嫡長子與其餘諸子間的血緣關係。周代宗族的族長稱為「宗子」，在宗法制度下，宗子有保護和幫助宗族成員的責任，而宗族成員有支持和聽命於宗子的義務，大宗有維護小宗的責任，而小宗有支持和聽命於大宗的義務。因此，大宗和宗子對宗族組織產生支柱的作用，而小宗則對大宗產生輔助的作用。

在封建制度下，除了天子分封諸侯外，諸侯也分封同姓或異姓的貴族為大夫，大夫又立同姓或異姓的下級貴族為家臣。整個的最下級的貴族稱為士，士中的主要成員是當兵的武士，他們受天子、諸侯、大夫等等上級貴族的統率；士占有小塊田地，不再實行分封，故士的土地不成為一個政治單位；家臣一般是士階層中地位較高而在大夫家中當官者。透過宗法分封，形

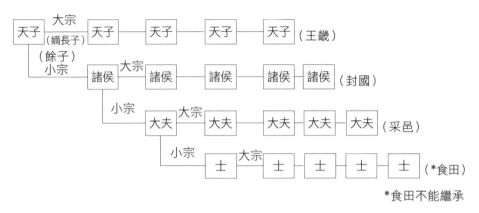

圖 2-1　西周宗法制度示意圖

成了一個從天子到士的貴族階級的宗法統治網。為了鞏固周天子的統治,周
人又實行同姓不婚制,異姓諸侯和貴族都成為姬姓貴族的姻親。周天子稱同
姓諸侯為伯父、叔父,稱異姓諸侯為伯舅、叔舅,諸侯也稱異姓卿大夫為
舅。如此一來,周天子與諸侯,諸侯與卿大夫,都變成甥舅兄弟,存在著宗
法和姻親的關係,加強了彼此之間的團結和聯合。

　　宗法制度的另一特徵,是對祖宗祭祀的規定,強調「尊祖敬宗」,所以
天子設立「宗廟」,祭祀始祖以來歷代的祖先。諸侯在封國內、卿大夫在采
邑內,也都設立自己的「宗廟」,祭祀自己的祖宗。在宗法制度之下,嫡長
子稱為「宗子」,其餘諸子稱來為「別子」、「庶子」或「支子」。從天子
以至各級封建貴族,只有「宗子」才有資格祭祀宗廟裡的列祖列宗,「支
子」沒有祭祀的資格。因此,諸侯不能祭祀天子的宗廟,以防止諸侯僭越為
天子;卿大夫也不能祭祀諸侯的宗廟,以防止卿大夫僭越為諸侯。在周代宗
法社會裡,特別提倡「尊祖」,其具體的作為,即表現在祭祀上。只有「宗
子」才有主祭祖先的權力,其餘的人都沒有。人人都須「尊祖」,卻沒有祭
祀的資格,因此只能敬重那有資格祭祀始祖的「宗子」。由於大宗、小宗在
祭祀上有差別的地位,無形中增加了嫡長子統治的合法性,而區別了尊卑貴
賤的身分,也抑制了許多爭執,所以西周宗法之推行,對於封建制度,具有
鞏固的作用。

　　宗廟是宗法制度的重要特徵,周人相信祭祀鬼神與宗族關係密切,所謂
「神不歆非類,民不祀非族」;因此,奉祀祖先就成為子孫應盡之責,舉行

「祭禮」就成為團結本族成員的重要方式。在宗法制度下，宗子繼承其祖先的地位、權力和職司，都需要向祖先報恩，也要向祖先學習，還常需要向祖先請示和報告，因此有所謂的「告廟」。宗子不僅是一族之長，又是宗廟之主，所以稱為「宗廟主」或「宗主」。如果宗子因故出奔，就叫「失守宗廟」。如果宗族滅亡，宗廟也就絕祀，他們認為這是最大的不孝。宗主有大事，需要到宗廟請示和報告；如果要出行，有一系列的禮節要在宗廟舉行。不論是朝聘、會盟、出征或出奔，出行前都要向祖先報告；回來後，要舉行酒會向祖先報到。如果有重大事故和災難，也要向祖先報告。當時國家最重要的大事是軍事，所有軍事行動，照禮都要向祖先請示和報告。

宗法的本質是一種族長主管制，宗子主管有本族的土地和人民等共同財產。當時各國卿大夫的宗族組織，就是統治機構，掌管全族財產和各種事務，其單位叫做「宗」、「家」、「室」。規模大的「宗」之下分為「家」或「族」，「家」或「族」之下又分為「室」。「室」因為掌有全族財產，又成為一種財產單位，宗子有權可以使用和處理。如果宗族滅亡，「室」就被人兼併或分取。一個宗室包括著宗族所有的財富，既包括宗族所有的土地和人民，又包括奴隸和器用財務，更包括所有私屬人員、私有軍隊和軍賦的收入。當時各級貴族的宗子，不僅是本族軍隊的統帥，而且是國家軍隊的統帥。宗子不僅掌有財權和兵權，還掌有神權，是宗廟的主祭者。宗子對本族成員，有統率、管理和處分之權。宗子亦有庇護宗族成員之責，卿大夫在國家擔任官職的目的之一，就是庇護宗族，所謂「守其官職，保族宜家」。當時一個宗子的得失，關係著整個宗族的興亡。宗子若得勢，整個宗族得到庇護；宗子若獲罪，常常整個宗族被驅逐或滅亡。

周人的宗法中還實行昭穆制，當時宗廟中，除太祖外，祖先是按左昭右穆的次序排列的。就是從太祖之後，父稱昭，子稱穆，孫又稱昭。稱昭的排在左列，稱穆的排在右列，祖和孫同在一列，而父與子分開在兩列。不僅宗廟中如此排列，「公墓」上也照這樣的行列埋葬。不僅亡者如此，所有宗族成員的活動，也是按照這樣的行列作排序。宗族成員聚餐或舉行酒會時，也要按照左昭右穆為次序。

周代宗法的另一個表現是族墓制度。族墓是宗族的公共墓地，據《周禮・春官》的記載，族墓有兩種，一種叫「公墓」，葬的是貴族，分昭穆左右

排列；一種叫「邦墓」，葬的是血緣疏遠的平民「國人」。從考古和文獻資料看來，周代確實存在著族墓，有時國君和卿大夫各自有其族墓。族墓是宗族的第二個聖地，宗主除了有大事要到宗廟請示和報告以外，若有緊急事故，也常到墓地向祖先報告，如出奔或亡國等。按照禮制，所有宗族成員都應葬在族墓，凶死之人不得入葬。

周代的宗法制度也表現在姓氏上。姓和氏有所區別，姓是出生於同一遠祖的血緣集團的名稱，氏是姓的分支。天子、諸侯分封土地給臣下時，必須新立一個「宗」，即所謂「致邑立宗」，新立的「宗」需要有一個名稱，就是氏。氏是貴族所特有，氏代表著宗族，能夠「保姓受氏」，世代相承不斷，就能保住宗廟而世不絕祀。如果宗族滅亡，氏也跟著滅絕。

三　商周宗法制度出現的意義

商代宗法制度的發展，與國家型態和王權的發展息息相關。商王朝遷都殷墟以後，國勢發展蒸蒸日上，國家組織具有相當規模，文化、經濟富厚，商王的權勢也隨著提高。另外，商族歷經數百年的發展，宗族繁衍昌盛，分枝益多，許多分族都擁有獨立的政治、軍事和經濟的權力、地位。如何配合王朝統治、王權發展的需要，輯睦各分族、加強宗族內部的凝聚力，應為當時重要的課題，於是乃有宗法制度的逐步建立。在王位繼承方式上，由兄弟共權制逐漸轉為父死子繼制；在祭祀先王先妣方面，區分直系和旁系；在祭祀方面，商王具有最高的主祭權，與各分族族長形成類似大宗、小宗的關係；又有祖廟的建立，作為全族的活動中心，以達統族之效用。

周代出現了完備的宗法制度，這是因為周人經過二次東征後，才真正穩定政權，為了穩固統治基礎而大行封建，封建的核心是同姓的姬姓國家；但恐時日久遠之後，分封出去的同姓諸侯，難免關係日益淡薄，為了凝聚宗族感情不散，共同捍衛周王室，於是在商代的宗法基礎上，建立了繁複的宗法制度，以鞏固封建制度。宗法制度的精神，在於提醒宗親意識，以便收族，進而達到鞏固社稷的目的；所以封建的紐帶，便是宗法的親親精神。封建與宗法的結合，構成周人強大的凝聚力，在春秋時代，曾有士大夫強調：「文、武之功，實建諸姬，故二王之嗣，世不廢親。」在這種背景下所建構的宗法

制度，確實穩定了周王朝的統治，並對中國後世產生深遠的影響。

　　周代宗法制度的推行，使周代形成一個宗法社會。西周封建制度和宗法制度的實行，皆須依據禮樂制度。禮樂的實行，有助於政治秩序的維繫和宗法社會的和諧。所謂禮，包含了典章制度和各種典禮儀式。相傳周公「制禮作樂」，周代的禮制大約在西周初年陸續制定頒布，以作為封建貴族的行為規範。禮的名目繁多，其範圍從軍國大事到日常生活，可以說無所不包，貴族必須依其身分尊卑，使用不同的禮儀，不得僭越，否則就要受到譴責或懲罰。實行禮制時，還須配合著樂舞，依貴族的不同，實行不同的禮制，也伴隨不同的樂。禮樂僅實行於天子、諸侯、卿大夫、士，不實行於庶人，庶人則由刑罰管理，所謂「禮不下庶人，刑不上大夫」。周代有所謂墨、劓、刖、宮、大辟「五刑」，非常嚴酷。因此，在宗法體制下，貴族與庶人有不同的規範，周代的社會秩序原理是禮刑二分的。宗法制度本是一種社會制度，透過周人有意識地運用，轉化成為與封建制度相輔相成的政治制度。周代的宗法與政治統治是密切結合的，宗法的「宗統」與政治的「君統」合而為一，是周代宗法制度的一大特色，政治力與社會力也因此結合在一起。

第四節　三代文化一脈相承

　　三代是周代晚期已經存在的一個觀念，如《論語・衛靈公》曰：「三代之所以直道而行也」，《孟子・滕文公上》曰：「三代共之」，可見三代之間在當時的看法裡，具有密切的關係。從時代上來看，商是夏代列國之一，周是商代列國之一；反過來說，繼承夏祀的杞是商代與周代列國之一，繼承商祀的宋是周代列國之一，夏商周三代的關係，不僅是前後相繼的朝代關係，而且一直是同時並存的列國之間的關係。夏商周分屬三個不同的民族，在政治上雖有興替變革，但在文化的發展上，具有一脈相承的關係。夏商周三代的文化大同而小異，大同者是具有共同的大特徵，小異者是個別文化的內容略有不同。《禮記・禮器》云：「三代之禮一也，民共由之。」孔子曾說：「殷因於夏禮，所損益，可知也；周因於殷禮，所損益，可知也。」（《論語・為政篇》）指出三代文化是一脈相承，而有所損益變革。以下就

考古遺址、文字、禮制、習俗等方面做一介紹。

一 從考古遺址看三代文化的繼承發展

　　從三代考古資料所見，古代中國文明發達史是一種平行進行式的發展，即自新石器時代晚期以來，華北華中有許多部落方國形成，其發展不但是平行的，而且是互相衝擊、互相交流，從而融合成中華文明，其中夏商周三代前後相繼，形成一長條的文明史。在新石器時代，中國各區域的文化系統齊頭並進，程度相當，但中原地區在龍山文化之後，出現了二里頭文化，其文化水平明顯高於其他地區。二里頭文化可分為四期，分布於晉南、豫西、豫中一帶，其年代約在西元前一千九百至一千五百年之間，前三期大約屬於夏文化，第四期屬於早商文化。在二里頭文化第三期的文化層中出土了青銅器銅鏃、銅戈、銅爵、銅鑿、銅刀、銅魚勾、銅鈴等，這些青銅器的製作都相當精緻。在二里頭三、四期文化中，玉器的雕琢也很精緻，紋飾線條細膩流暢，表現出高度的藝術水準。另外，在第三期的文化中，發現一座大型宮殿基址，面積約一萬平方公尺，正殿、中庭、門道、塾、廊廡俱備，開創了中國宮殿營建的先河。

　　二里頭文化分屬夏代和早商，說明夏代的文化較為先進，商代的文化是繼承夏代而來。繼二里頭文化之後，中國水準最高的文化是二里崗文化。二里崗文化屬中商文化，上承二里頭文化，下開殷墟文化，分布範圍西起陝西岐山，東至山東濰河，北至河北張家口，南抵長江沿岸地區，比二里頭文化的分布範圍擴大許多。鄭州二里崗期中商文化的青銅工藝已較發達，不僅出土了刀、鏃、錐、鑽之類的小件工具，還鑄造了斧、钁、戈、矛等較大件的工具和武器，以及鼎、鬲、斝、爵、觚、盤、罍等青銅容器，這說明當時青銅器在社會生產和生活領域已經廣泛地使用了。透過對鄭州二里崗、安陽殷墟等遺址的研究，已確定鄭州二里崗的商文化是安陽殷墟文化的前身。另外，在湖北黃陂縣盤龍城發現的二里崗文化遺址，出土了不少青銅器，與殷墟的青銅器相比，也表現出它們一脈相承的發展關係，如殷墟出土的甗、簋、卣、圓流爵，過去一直不清楚它們的淵源，後來在盤龍城找到了它們的祖型。所以，殷墟的大部分器型，是商代二里崗期的繼承和發展。

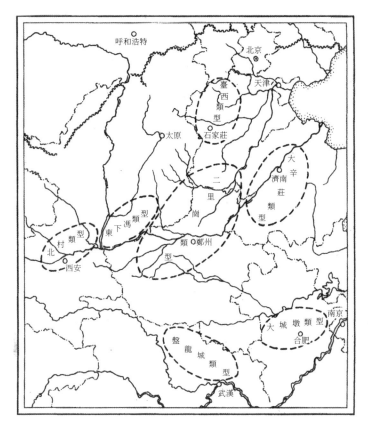

圖 2-2　早商文化各類型分布示意圖

　　繼二里崗文化之後，是晚商的殷墟文化。商代晚期的農業已出現灌溉與
排澇系統，並發明了犁耕；這一時期的農業，已從粗放性農業逐漸轉為精耕
性農業。手工業也有進一步的發展，不僅產品的數量大、種類多，而且工藝
的水準很高。一些主要的手工業部門都已出現，如青銅器、陶瓷器、漆器、
玉器、紡織、釀酒等，其中尤以青銅器最具有代表性，是當時手工業最高技
術的反映。從考古學文化加以考察，商代文化影響的範圍，東到海，西至關
中，北抵燕山，南至長江以南。依文化水準的不同，可分為三個區：「商文
化中心區」、「商文化亞區」、「商文化影響區」。

　　商代之後是西周時代，西周王朝建立後，對四土進行長達二百多年大規
模的政治、軍事經營，開拓出比夏、商王朝大為遼闊的疆域。尤其透過在四

土之境的大批封建，將西周王畿與四土的方國連成一體，使夏、商以來的眾多大大小小的方國一統於周天子的統治之下。大量文獻和考古資料證明，西周王朝國力最鼎盛時期，其所能直接控制的區域範圍已不再局限於黃河中下游地區狹小的中國之地。在東土，周人勢力已達於東部濱海地區；在西土，向西推移至今甘肅境內涇水上游一帶；在南土，向南推移至江漢流域一帶；在北土，可能達於今北京以北及東北松遼平原一帶。考古發現的西周青銅文明還影響及於四土以外更遠的甘青、巴蜀、吳越等地區，從而為秦帝國的建立，奠定了統一的地理基礎。

　　從考古的發掘研究看來，從二里頭文化、二里崗文化、殷墟文化，以至周文化，夏商周三代的文化，不僅是中國的中心文化，而且表現出繼承發展的關係。以夏商周文化為主體的中原文化區，始終是中華文化發展的中心，隨著時間的推移，它不斷把周圍文化區和其他系統的文化精華納入自己的體系，從夏時期只占有黃河中游一段，發展到春秋末年，便已包括黃河中下游、長江中下游和長城南北的廣大地域了。

二 三代文字的一貫性發展

　　文字是文明時代的重要表徵之一，現在尚未見到夏代文字的出土，但這並不表示夏代沒有文字。《尚書》曾提到殷人「有冊有典」，後來甲骨文字出土，證實商人已有文字紀錄，卜辭中所記載的商王世系，與《史記‧殷本紀》的記載大致相同，證實《史記》記載的可靠性。因此，《史記》所載〈夏本紀〉，也應有其可靠來源。太史公司馬遷寫《史記》時，尚見到〈禹本紀〉，故夏代應已有文字，且已記載歷史。《呂氏春秋‧先識》說夏有「太史」，《左傳》引《尚書》的〈虞夏書〉，皆稱〈夏書〉，〈虞夏書〉的部分內容大概是夏代史官所記。關於三代典籍，東漢鄭玄曾說「夏曰連山，殷曰歸藏，周曰周易。」因此，三代的文字應是一貫發展的，而且也有了典籍的記載。中國是世界上最重視歷史記載的國家，這項傳統應在夏商周三代時已經形成。

　　依據考古資料，距今四千五百年前的大汶口文化的陶文，顯然已是文字，漢字至遲在此時已經出現。河南偃師二里頭的陶文也已經是文字，它的

年代與夏代相當，因此夏代應已使用文字。至殷墟的甲骨文，漢字已發展成六書俱備的成熟文字。西周的金文顯然是繼承甲骨文而來，有些字很繁複，可能比甲骨文還更古老。因此，夏商周三代的文字是屬於同一系統的文字，有其一貫性的發展。

三 三代禮制的因革損益

中國自古為禮義之邦，禮是中國文化的標誌。中國之禮源自三代，周代實行宗法制度，形成一個禮樂社會，禮制粲然大備，《禮記・禮器》記載周代的禮制為「經禮三百，威儀三千。」周代禮制系統之龐大、禮數之繁，由此可見一斑。按照《儀禮》的結構，禮大致上可以分為冠、昏、喪、祭、射、鄉、朝、聘八類，包含著一個人生老病死的過程，以及種種社會關係。總括說來，周禮包含著人生禮儀、生產禮儀、交接之禮（賓禮和嘉禮）、祭禮、凶禮、軍禮等種種禮儀，這些禮儀都是承自遠古時期以及夏商兩代發展而來。如「冠禮」是從遠古時期的「成丁禮」演變而來；尊敬長老的「鄉（饗）禮」大概是源自遠古時期的聚落會食；其他各項禮儀，大抵有類似的發展。孔子說三代禮制有因革損益，確實是有所本的。以下茲就宗法、青銅禮器和宮殿建築，來說明三代禮制的因革損益。

宗 法

周代實宗法制度，有大小宗制、嫡長子繼承制、宗主制、宗廟制、昭穆制、族墓等，對於宗族權力財產的繼承和宗廟禮制等，都有一定的規範。周代禮制中最重要的是宗法禮制，在《儀禮》的八類禮儀中，與宗族有關係的便占了四類，即冠、昏、喪、祭。所謂周禮「重於喪、祭」，這是宗族內部兩種最重要的關係和權力。喪禮的主要功能是別親疏，其目的是為了突出宗子這個中心。在祭禮中，只有宗子有祭祀大權，其他人只能陪祭，而不能主祭。所以「重於喪、祭」，實際上是以宗族關係和宗權為中心，喪、祭兩類禮儀在《禮記》中所占的篇幅也最多，由此可見宗法禮制的重要性。

宗法是父系社會的產物，它是家族的組織法，夏代應該已有宗法，商代已存在宗法現象，周代宗法的主要內涵是繼承商代發展而來。例如商代已出

現宗子這樣的宗族領袖，主管宗族的權力和財產，商王擁有統領整個商族祭祀祖先的權力。商王祭祀先王，已區分直系和旁系，商代晚期王位傳子而不傳兄弟，並有嫡庶之分。宗廟是宗族的活動中心，重要的典禮都在這裡舉行，它是宗族的精神信仰中心；宗廟之祭，是宗法制度賴以存在的精神基礎，周人特別注重宗廟之祭，要求非常嚴格，營建宮室時，要以宗廟為先。宗廟祭祀的主要目的，在於發揚尊尊親親之精神，透過祭祀活動，可以統合親族間之感情，增強族群間之歸屬感。商代已出現祭祀先祖的集合宗廟，另有先王的個人宗廟。族墓也是凝聚宗族向心力的所在，商代已出現族墓。因此，周代的宗法制度大致上是繼承夏商發展而來，並使中國形成一個宗法社會。

 ## 青銅禮器

　　青銅禮器是家國重器，也是禮制的重要代表。禮器大概起源於龍山時代，龍山時代已出現陶禮器；二里頭文化已出現爵、斝、鼎等青銅器；商代的青銅禮器種類繁多，有鼎、斝、尊、卣、觚、爵、簋、罍、彝等；西周的青銅禮器大致與商代相似，種類更加繁多。西周早期的青銅器，其形制和紋飾很明顯是繼承商代晚期風格而來。商代已以酒器觚、爵、斝套數的多少，作為身分等級高低的標誌。西周時代更繼承此一制度，加以嚴密的等級化，出現了列鼎制度，作為身分高低和權力大小的象徵，所謂「禮祭，天子九鼎，諸侯七，卿大夫五，元士三也。」在周代，天子之祭用大牢九鼎配八簋，諸侯用大牢七鼎配六簋，大夫用少牢五鼎配四簋，士用三鼎配兩簋或一鼎無簋。

　　從青銅器的起源看來，在龍山時代不同的遺址中，各自出現了一些早期銅器，中國青銅器的起源可能是多元的。二里頭文化時，青銅禮器僅出現在二里頭遺址中，同期其他文化中尚未發現青銅禮器。至二里崗時期，商文化迅速地向四周發展，青銅禮器的傳播範圍大為擴大。西周時代，中原禮器的分布範圍比商代又有所擴大，西周早期各封國的青銅禮器與宗周青銅禮器的一致性極高，至西周晚期，漸漸出現一些青銅禮器的區域特色。可以說大約在夏代，開始創造出一套青銅禮器制度，成為一個獨特文化——青銅禮器文化區的中心，商吸收和繼承了夏的青銅禮器文化，周又吸收和繼承了商的青

銅禮器文化，中原各代文化前後相繼，顯示出強烈的繼承性和一致性，形成了一個「青銅禮器文化圈」。

 宮　殿

　　宮殿是王者寢息治事之所，既是王權的象徵，也是禮制的重要代表。宮殿的起源甚早，傳說「禹作宮室」，或說「夏后氏世室」，似乎夏代已出現宮殿。關於三代的宮殿，或謂「夏曰世室，殷曰重屋，周曰明堂，三代相同，異名同實。」在考古資料中，三代似乎均已出現宮殿。在二里頭第三期的文化中，發現一座大型宮殿基址，由正殿、中庭、門道、塾、廊廡組成一個完整宮室單位。正殿座北朝南，與南部大門和東、西兩塾遙相對應，中部是一塊約五千平方公尺的庭院，四周環以封閉式的廊廡建築，中國傳統中軸線的布局似已出現。正殿面闊八間，進深三間，屋頂似屬四坡重簷式。這座宮殿布局嚴謹，主次分明，開創了中國宮殿營建的先河。

　　在河南鄭州發現一座屬於中商時期的宮殿，面積約八百八十四平方公尺，可能是一座面闊九間的重簷帶迴廊式宮殿。在湖北黃陂縣盤龍城發現一座屬於中商時期的宮殿，面積約四百九十平方公尺，面闊四間，為一四阿重簷帶迴廊式建築。晚商殷墟遺址的宮室區內，曾發掘出數十座夯土基址，分為甲、乙、丙三組。這些宮室建築群，組合複雜，主次有別；主體建築居中，附屬建築前後左右對稱照應，形成有機連繫的整體。其中最大的一座基址，面積約為盤龍城宮殿的兩倍多。商代的宮殿建築群和單體宮殿，明顯存在中軸線的布局。

　　在陝西岐山縣鳳雛村發現一座西周時期的宮殿宗廟建築遺址，面積約1,469平方公尺。整座宮殿分為三進，左右對稱，以影壁、門道和後院的過廊為中軸線。前面有門塾，兩邊東廡西廡，各有八間小室。中央是堂，面對著前庭，堂後面經過廊道穿越後庭，而連接後面的內室三間。中堂是一個四阿的屋頂，兩廡是兩廈的屋頂（所謂兩坡懸山）。整座建築，格局規整，前中後三進，左右對稱，表現了人倫、宗法、禮儀的精神，堪稱中國宮殿建築方式的早期典範。

　　周代宮殿的建制是「前朝後寢」，前堂是王者處理朝政或舉行婚喪祭祀等典禮的場所，稱之為「朝」，後室是王者居息之處，稱之為「寢」，這種

布局已為陝西岐山縣鳳雛村的四周宮殿建築遺址所證實。前朝後寢的形式在商代已經出現，商代中期的盤龍城宮殿遺址已有這樣的布局，殷商宮殿基址也呈現相同的形式。

　　從二里頭宮殿，經鄭州商城宮殿、盤龍城宮殿、殷墟宮殿，到西周鳳雛村宮殿，宮殿建築從單體四合院發展到院落式四合院，並具有四坡重簷、迴廊和中軸線，商周的宮殿並已出現前朝後寢制。因此，夏商周三代宮殿建築的格局和形制很相似，而且愈來愈複雜嚴謹，其間具有一脈相承的發展關係。

四 三代習俗的傳衍

宗教信仰

　　古代的人具有濃厚的宗教信仰，《左傳・成公十三年》曰：「國之大事，在祀與戎。」指出祭祀在周代國家事務中，具有非常重要的地位。文獻上說殷人「尚鬼」，依據卜辭研究，商代已發展出天神、地祇、人鬼三大祭祀系統，天神是上帝、日月星辰、風雨雷電等，地祇是山川、土地等，人鬼是祖先，周代的祭祀體系也大抵相同。在天神方面，商人的上帝是天上人間的主宰，特受尊崇，周人也非常重視郊天之祭；在地祇方面，商人已有社祭，周代地祇之中最受重視的是社，周人規定立邑必置社壇；在人鬼方面，商人以五種祭祀來隆重祭祀祖先，周代則以祠、禴、嘗、蒸四時之祭，以及禘、祫、郊、祖、宗等祭來祭祀祖先，並將祖先崇拜與宗法制度密切結合。商代的祭祀權掌握在商王手中，祭政是合一的，周代也表現出這種特色。因此，商周的宗教祭祀是一脈相承，大體相同的。中國人重視祭拜天地，這項傳統可說是自商周時代發展而來。

　　祖先崇拜是宗法禮制的核心，夏代祖先崇拜的情形不得而知，商代的祖先崇拜已相當發達。商代的祖先崇拜具有二項特色：(1)在帝乙、帝辛時期形成一套周密的五種祭祀，稱之為「周祭」；(2)已立廟祭祀神先。所謂五種祭祀，是指翌、祭、䄆、劦、彡五個祀典而言，商王室以這五種祀典輪流祭祀先王先妣，在帝辛時期，祭祀先王先妣的日數達一百多天；如此繁複隆重的祖先祭祀，在中國歷史上可謂空前絕後。由卜辭所見，商代的祖先崇拜意識

有日益加強的趨勢。在武丁時代，祖先崇拜的意識已相當濃厚，商人的祖先既是祈雨求年的對象，也是上帝的儐者，地位相當崇高，影響力也很大；不過這時也盛行上帝和其他山川鬼神的崇拜，此時祖先崇拜與其他鬼神崇拜地位相等。但到了帝乙、帝辛時期，卜辭中盛行五種祭祀，祖先崇拜已居於主要地位，上帝和其他鬼神的崇拜淪為次要地位，祖先崇拜超越了天神崇拜。

周代推行宗法制度，對祖先崇拜更為強化，為了鞏固社稷，周人特別強調尊祖的親親精神，透過尊祖的親親意識而敬宗，因敬宗而能收族、統族，在嚴格的宗廟制度與祭祀之下，凝聚同姓宗族，最後達到拱衛周王室的目的。本著這項精神，周人發展出完備的宗法制度，而有所謂的「別子為祖，繼別為宗，繼禰者為小宗」，以及「有百世不遷之大宗，有五世則遷之宗」。禮是周人立國的根本，周禮與崇祖意識息息相關，所謂「孝，禮之始也」，孝即是崇祖意識的具體表現。周人在政治上強調以德對天，在人倫上必須以孝對祖，宗教信仰與道德倫理搏融而成「禮治」，成為周人政治社會生活的最高指導原則。為了維繫宗法紐帶，周人特別強調祭祖、尊祖敬宗、慎終追遠、孝悌順親、同族相恤等思想，從此成為中國文化思想的核心之一。

生活文化

在生活習慣上，夏商周三代也表現出許多相同的特色。例如中國人習慣以干支紀日，干支的使用似乎在夏代已經出現，《史記·夏本紀》的帝王中有孔甲、履癸，都使用天干。甲骨卜辭中，商人明確使用干支紀日，周人也承襲這個傳統。結合文獻與考古資料，干支紀日的習慣大概起源於三代，一直沿用到今日，形成中國文化的一項特色。在婚姻禮俗上，周代的婚禮有「納采、問名、納吉、納徵、請期、親迎」六禮，商代大致上也存在這些儀式。

在服飾方面，周代束髮冠裳，與夷狄不同，是華夏文化的一大特色。從考古資料看，商人也是穿著上衣下裳，腰間束帶，男子的髮型通常梳成辮子，讓其垂下，或盤在頭頂；冠帽已經出現，形制簡單，但並不普遍。因此，周人的束髮冠裳，可以說是繼承商人發展而來。另外，孔子曾說「微管仲，吾其被髮左衽矣！」（《論語·憲問篇》），說明周人的服飾是交領右衽，與夷狄不同。從考古資料看，商人的服飾也是交領右衽，因此，商周的

服飾樣式是大體相同的。

在飲食方面，周代的飲食習慣是席地而坐，跪坐的姿勢要端正，主客、長幼的坐向有一定的規矩，坐席也要安放在適當的位置，故孔子有「席不正而不坐」之語。從甲骨文和考古資料看，商人的飲食也是席地而坐，甲骨文的「饗」字，正是作兩個人相對跪坐的進食之狀，顯示主人與客人相對面坐的正規禮儀。因此，商周的飲食習慣是相同的，都是席地而坐。從考古資料觀察，夏商周三代在物質上的表現，其基本特點是一樣的，如衣食住等基本生活方式相同，器物上雖有小異，實屬大同。

總之，三代文化各有其獨特的發展，有可變與不變之處，如商人祭上帝，周人祭天，內涵稍有不同；商周都重視鬼神崇拜，但周人多了一份道德人文精神；商周都以青銅禮器作為身分的標誌，但商人以觚、斝、爵等「酒器」來識別，周人則使用鼎、簋等「食器」。三代文化的內容或有小異，大的原理原則卻是一脈相承的，這也正是孔子所說的因革損益。夏商周分屬三個不同的民族，卻具有相同的文化，這種現象實在令人驚異。根據人類學家的研究，文明出現之後，會形成「大傳統」和「小傳統」的現象，大傳統是社會精英的文化傳統，代表上層社會和知識階層的文化；小傳統是鄉民的文化傳統，代表一般社會人眾的下層文化。文明的傳統特色主要是由大傳統所決定，大傳統規範導引整個文化發展的方向。三代文化的大同，主要表現在對思想、信仰、制度等大傳統的認同和接受上，後一個朝代取代前一個朝代，是不同民族在政治主導權上的更換，但表現在文化上的不是中斷、更替，而是一脈相承的繼承發展，這正是中華文化具有強烈的傳承性和同化力量的歷史根源。以三代文化為基礎，秦漢以後中華文化不斷茁壯發展，中華文明成為當今世界重要文明之一。

問題討論

1. 三代國家型態是怎麼發展演變的？
2. 商代宗法的概況如何？
3. 周代的宗法制度具有什麼特殊意義？
4. 三代的政治力與社會力表現出什麼關係？
5. 三代文化具有什麼樣的一脈相承關係？這對我們有什麼啟示？

參考書目

1. 王仲孚《中國上古史專題研究》，臺北：五南圖書出版公司，1996 年。

2. 謝維揚《中國早期國家》，杭州：浙江人民出版社，1995 年。

3. 晁福林《夏商西周的社會變遷》，北京：北京師範大學出版社，1996 年。

4. 楊寬《西周史》，上海：上海人民出版社，1999 年。

5. 陳夢家《殷墟卜辭綜述》，北京：科學出版社，1956 年。

6. 朱鳳瀚《商周家族型態研究》，天津：天津古籍出版社，1990 年。

7. 王國維〈殷周制度論〉，收入王國維《觀堂集林》，臺北：世界書局，
   1975 年。

8. 張光直〈從夏商周考古論三代關係與中國古代國家的形成〉，收入張光直
   《中國青銅時代》，臺北：聯經出版公司，1983 年。

9. 徐復觀〈周初宗教中人文精神的躍動〉，收入徐復觀《中國人性論史（先
   秦篇）》，臺北：臺灣商務印書館，1969 年。

10. 陳來《古代宗教與倫理──儒家思想的根源》，北京：生活‧讀書‧新知
    三聯書店，1996 年。

第三章
秦漢皇帝制度的建立與運行

第一節　導　言

　　春秋戰國時代，經過五百多年的紛爭，至秦統一六國而告結束。秦王政併吞六國，建立空前未有的偉大國度，於是不再稱「王」，改稱「皇帝」，以彰顯其至高無上的權威。然而所謂「皇帝制度」，並非只是名號的創建而已，還包括各種思想的突破、制度的革新，以及禮法的變革。本章討論春秋戰國時期的變局，皇帝制度的成立與內涵，以及秦漢時代的歷史變遷。

一春秋戰國的變局

　　大一統局面的產生，固然有賴於秦國特殊的地理條件，以及秦王政個人的努力，但如果拉開歷史的縱深，這其實是春秋戰國時期，政治、社會、經濟、思想等各種環境劇烈變動的必然結果。

　　政治上，春秋中期以後，列國之間的戰爭日益激烈，各國統治者一方面為了擴張實力，一方面也為了救亡圖存，紛紛展開改革的事業。春秋時期，以管仲輔佐齊桓公（前685～前643在位）最為著名。戰國時期，各國更是積極變法。如魏文侯（前424～前387在位）任用李悝，實行變法；秦孝公（前361～前338在位）採用商鞅的政策；楚悼王（前401～前381在位）任用吳起改革，都是變法的著名例子。各國變法的內容雖有不同，成敗不一，然其目的都在「富國強兵」與「集權中央」，期望在攸關絕續存亡的列國競爭中脫穎而出。

　　經濟上，封建時期的耕作方式是集體耕作，農民生活在隸屬於某個貴族的農莊中，必須忍受貴族長期的剝削。但是春秋末年以後，農業技術有了長足的進展，同時農民在單位面積的土地上必須投入大量的勞動力。這種精耕的農業條件，已不是集體耕作方式所能應付。於是農莊式的集體耕作，就演變為以一個小家庭為單位、在一塊小土地上獨立耕作的「小農經濟」。小農經濟與小農階級的出現，導致土地制度與稅收方式的改變，這也是春秋戰國時期，列國變法的主要項目之一。

　　社會上，西周時期的上下尊卑秩序，到春秋戰國時代逐漸解體。舊有的統治階層崩潰，新興的階層日益茁壯，史學家常用「貴族陵夷」、「平民崛起」來形容這場變動。封建氏族之所以解體，一方面是封建制度不斷往下推移的結果，另一方面也導因於春秋戰國時代貴族長期的政爭與自相殘殺。於是大批的貴族，多淪為沒有政權的士或庶人，甚至是奴隸。同時，不少有能力的庶人，憑其才幹，上升為「士」。這些新產生的士，是有學問的知識份子，也有主觀的階層意識。春秋末年以後，新興的士階層，擁有清楚的文化淵源與精神風貌，具備理想主義的性格，堅持為整體的社會人群盡力，而不是為一家一姓效忠。孔子所說「士志於道」（《論語・里仁篇》），最足以表現他們的風格。

　　思想上，新的士階層成為中國文化的承傳者與創造者。從春秋中期到戰國時期，各種新的思潮，儒、墨、名、法、道、農、縱橫、陰陽等，紛紛出籠，傳統學者稱之為「諸子百家」。諸子百家彼此競艷，歷史上稱為「百家爭鳴」。這段期間，也是中國思想史上最璀璨的時期。新的學說都是亂世中的產物，它們都希望在亂世中找到一條新的出路。不同於希臘、兩河流域與印度古文明，中國此時期的思想家，把注意力集中在建立一個合理的政治社會，集中在建立人與人、人與群體的合理關係，而較少反省人與神、人與自然規律的關係。可以說，春秋戰國時期的中國思想家，奠定了中國哲學「人文關懷」、「以人為本」的傳統與特色。

二秦、漢大一統時代

　秦的統一

　　春秋戰國的大部分時間裡，函谷關（今河南靈寶縣東北）以東的黃河流域才是中國政治、經濟與文化的重心，也是各國問鼎的中原所在。秦國地處偏西，長期被視為西陲的戎狄之邦，其文化相對落後於中原諸國。但也正是如此，秦國較無傳統的宗族勢力牽絆，也較易接受新的思潮與觀念，可以大刀闊斧地改革，來適應新的軍國鬥爭局面。

　　秦國的開放態度，吸引許多來自他國的「客卿」。秦國後來的強盛，與這批客卿有很大的關係。例如，秦孝公（前361～前337在位）重用的商鞅是衛人，秦惠文王（前337～前310在位）重用的張儀是魏人，秦昭王（前306～前250在位）重用的范雎是魏人，秦始皇重用的李斯是楚人、尉繚是魏人。他們都是前述新的士階層，懷奇計異謀遊走各地，最後受到秦的重用。

　　而六國則不同。戰國末年，秦的主要敵手是趙、齊、楚三國。然而趙國的宗族勢力強大，每當國君新立時，常有公子爭立的戰亂；齊國的大族田氏，任將相的不少，長期左右齊國的政事；楚國自從楚悼王用吳起改革失敗後，執政帶兵的始終是昭、屈、景三大貴族。這些國家即使有心改革，也都阻力重重，不如秦國來得乾淨俐落。

　　此外，秦昭王時，蜀郡太守李冰造「都江堰」，開闢稻田，大興水利，蜀地沃野千里，無水旱之災，富饒無比；而秦所在的關中地區，土地肥沃，加上著名的「鄭國渠」造成後，農業生產飛速增加。秦擁有兩大農業區，再加上巴、蜀出鋼鐵木材，西北戎狄出牛馬，資源豐富，能夠支持不斷的戰爭。這種優渥的地理條件，並非六國所能比擬。

　　總之，秦能統一天下的原因很多，除了六國互相爭戰、抵消國力以外，本來不利於秦國的因素，到最後卻成為統一的有利條件。文化的落後，使秦國以開放的心態善待客卿，為其主持變法；也使秦國改革的阻力較小，變法較為徹底。偏處西陲的地理形勢，使秦國盡量避免與六國直接衝突，可以專注於各項生產，厚植國力，最終完成了統一的大業。

　　秦始皇結束六戰國紛爭的局面，統一中國，建立皇帝制度，開創中國歷史上第一個秦、漢盛世。秦朝國祚雖短，然其建立的各項制度卻奠立中國往後二千年立國的宏規。繼起的漢朝，也繼承秦的制度，並使之更為完備。秦、漢的規制，遂成為此後中國王朝制度的基本格局。

兩漢的政局演變

　　經過四年，大戰七十、小戰四十餘的長期交鋒，劉邦在各方面條件機會的成熟下，擊敗豪氣蓋世的霸主項羽，成為中國歷史上第一位布衣出身的天子，史稱漢高祖（前201～前195在位）。劉邦即天子位後，名義上天下又告統一，但情勢仍極為艱困。高祖為了鞏固政權，對內採取了兩大政策：

　　一是誅戮異姓功臣。高祖之得天下，得力於諸侯的力量極多，於是不得不分封了七個異姓諸侯王，即韓王信、趙王張耳、楚王韓信、淮南王英布、梁王彭越、燕王臧荼、長沙王吳芮。這七國奄有黃河下游及長江中下游的廣大區域，勢力雄厚，尤其韓信、英布、彭越三人，將才卓越，劉邦深感芒刺在背，必欲除之而後快。於是在六年之內，他規劃了一場屠戮功臣的慘劇，除了長沙王吳芮外，其餘六國均被誅滅。《史記・淮陰侯列傳》對韓信的受重用到被殺，有極生動的描述。

　　二是大封同姓宗室為王。與消滅異姓王的同時，高祖先後分封了九個同姓王，期使天下大體皆歸於劉姓掌握。他為了防止異姓王的再起，又與心腹大臣周勃、陳平等祕盟，約定「非劉氏而王者，天下共擊之」，史稱「白馬之誓」。不過這個約定，在劉邦身後不久就遭破壞。

　　劉邦的誅戮功臣，與呂后時代的亂局，都僅限於中央與宮闈的衝突，事實上，從高祖一直到景帝時代，漢朝都採行偏向道家的學說，講究清靜無為、與民休息的無為政術。其原因主要有二：

　　首先是北方匈奴的威脅。秦末大亂及楚漢相爭，中國無力北顧，匈奴雄主冒頓單于征服塞北所有游牧民族，建立一龐大的游牧帝國。漢高祖即位之初，曾傾全國之力親征，反遭圍困，幾乎不能脫險。經此一役，漢廷知道無力征服匈奴，於是改採和親之策，以宗室女嫁單于，又每年厚賜布帛及酒米食物。此後，漢對匈奴雖採取守勢，但其威脅始終存在。

　　其次是宗室諸王的跋扈。高祖大封同姓諸王，其王國的總面積大於皇帝

直轄之地，且王國自徵賦稅、各建軍隊，其制度幾與皇帝的朝廷相同。尤其諸王冶鐵鑄錢、包庇豪民，對皇權造成極大的威脅。因此，從文帝到武帝初年，削弱諸侯王勢力成為朝廷對內最重大的政策。

外有強敵匈奴的威脅，內有諸侯王的跋扈，使漢廷窮於應付，無暇顧及百姓，也無力更張制度。因此，漢初君臣在法律、制度上，大都承襲秦舊，只是在運作上，濟之以寬容的精神，盡量不擾民、不酷罰。這對經歷十數年慘烈暴政及戰爭的社會而言，自是一帖救時的良藥。

漢初與民休息，經高祖、惠帝、呂后，經濟社會頗有復甦的跡象。不過，無為政治並非全無缺點。放任政策固然使國家財力上升，卻也使國家的政務顯得軟弱無力，引發許多潛在危機。文帝、景帝時，已有人提出革新的主張，不過一直要到武帝在位，這些革新的主張，才一一獲得落實。

西漢時，「文景之治」常為後世所稱羨；雄才大略的漢武帝威服四邊，繼位的昭帝、宣帝守成而有為，是西漢政治的極盛期。東漢光武帝、明帝、章帝在位時，國力強大，四境綏和；可惜和帝以後，皇帝多幼年即位，朝廷陷於外戚、宦官相繼亂政，最終導致國家滅亡，中國步入長期的分裂局面。

第二節　從春秋戰國到天下一統

春秋戰國時期，是中國史上的大變局，也是一個哲學的突破期。伴隨著人間秩序的變動，各種學說思想正在興起，政治社會的結構也出現了明顯的變遷，最後由秦國統一天下。

一 春秋戰國的政局

春秋到戰國政局的變動，一方面是呈現「禮壞樂崩」，另一方面則出現由封建到郡縣的發展，我們可以從以下幾方面來觀察。

禮壞樂崩

周室衰微，王命不行

西周的大部分時期，在封建宗法體制下，上下等級的秩序相當清楚，周王仍具有干預諸侯國之事的能力。然從西周晚期以降，周王威權旁落，封建諸侯及貴族間彼此爭奪權益之事屢見不鮮，諸侯國甚至敢於公然向周王挑戰。由下述例證，可以充分說明周王權威的喪失。

首先是「周鄭交質」。由於周平王東遷，得力於鄭國的協助，又因為周王室東遷之後與鄭國相鄰，因此鄭國主宰了周王室的朝政。周平王為了取信於鄭莊公，將王子狐送至鄭國作為人質，而鄭莊公也將公子忽為質於周王。這個事件，史稱「周鄭交質」。從此事可以看出，周王室與鄭國不再是上下君臣的關係，而儼然成為對等的敵國。

其次是「繻葛之戰」。由於鄭莊公失人臣之禮，長久以來不朝覲周王。周桓王為了懲罰鄭國，率陳、蔡、虢、衛等各國聯軍親征鄭國，史稱「繻葛（河南長葛）之戰」。結果王師敗績，桓王肩部中箭。但事後鄭國卻沒有受到應有的制裁，可見君臣秩序已蕩然無存。

第三是「天王出狩」。晉文公成就霸業後，乘勢大會諸侯於河陽（河南省孟縣西南），並召周襄王前往會面。以諸侯的身分而召見周王，在當時是嚴重違禮的事件，也顯見周王室地位的淪喪。孔子後來提到這件事情時，認為「以臣召君，不可以訓」，而且為了替周王諱，只好在《春秋》中寫下「天王狩於河陽」，婉轉地記說，是周襄王前往河陽打獵。

以上諸事說明，維繫周代政治社會秩序框架的封建禮制，春秋以後已無法繼續。周王室不僅無法貫徹王命，還需要大國的扶持與保護。周室王權之衰微，由此可見。

此外，西周時期，自天子至於庶人，在祭祀、喪葬、飲食、建築等生活的各層面，都有嚴格的等級區分，絲毫不能僭越。但從墓葬資料看來，春秋以後，反映階級身分的禮器秩序逐漸混亂，貴族僭越諸侯、王室，平民模仿貴族；而原來象徵身分的禮器，也逐漸由代表財富的珍貴用品與日用品所取代。這表示社會價值觀已由貴賤之別轉變到貧富之分，也顯示了一個新時代

的來臨。

列強爭霸與合縱連橫

　　王綱解紐後，天下形成了上層領導中心的真空，其所留下的權力空缺，引起了一些強大諸侯的野心覬覦，於是從春秋到戰國，列強的兼併與霸權的角逐因而日益激烈。從西元前八世紀末、七世紀初，一些最具發展潛力的大國，如秦、齊、晉、楚等國紛紛崛起，展開了激烈的兼併與爭霸活動，天下大勢也進入到另一個階段。

　　當時所謂霸主的力量，一方面是基於本國的實力，另一方面則來自與其訂立盟約之諸國。霸主國與會盟各國訂立國際條約，組成一聯盟集團，霸主在戰時有權徵調、統率各盟國之軍隊參戰，同時也可以向各盟國徵收財物或要求貢幣；而霸主的義務則是領導各國抵抗侵略，保衛盟國安全，仲裁國際糾紛，維護和平。這說明霸主負起部分過去周天子所擔任的角色。春秋時代首先稱霸者是齊桓公，其政策是「尊王攘夷」，盡力維持封建秩序。

　　此外，此時期各國都講究「合縱、連橫」之術。所謂「合縱」，即「合眾弱以攻一強」，就是許多弱國聯合起來抵抗一個強國，以防止強國的兼併。所謂「連橫」，即「事一強以攻眾弱」，就是由強國拉攏部分弱國來進攻另一些弱國，以達到兼併土地的目的。

　　春秋末年，吳王壽夢即位，稱王，吳國也開始學習中原文化，有北向爭衡的意圖。當時，秦、晉兩國由交好而相爭，秦人乃聯楚制晉；晉國腹背受敵，亟思突破，而吳國勢力方興，因此晉國亦聯吳以制楚，這就是壽夢即位，吳國通於上國之國際背景。壽夢二年（前584），楚國逃亡的大夫巫臣自晉使吳，教吳國車戰陣法，並唆使吳國叛楚，壽夢大悅，這就是吳國通晉叛楚的由來。壽夢既開吳、楚之釁，其後吳、楚兵爭不斷。壽夢死後，吳國從王諸樊到王闔閭共歷四王，五、六十年間，吳、楚最少交兵二十次。晉既聯吳制楚，楚人腹背受敵，遂亦聯越制吳，這又是越王句踐興起的背景。

　　戰國時代，是各國真正連年進行合縱連橫的兼併戰爭時期。這個時代，主動出擊的國家，為了謀求戰爭勝利，多方爭取他國參與合作，常常使用合縱連橫的策略，因此，「縱橫家」往往有著決定性的作用。所謂縱橫家，不僅參與合縱連橫的遊說和決策，而且十分講求勝利的策略和權變，甚至直接

參與陰謀顛覆的間諜活動。他們一次連橫或合縱行動的成功，往往造成七國之間強弱的變化。著名的縱橫家公孫衍、張儀、孟嘗君、蘇秦等人，就曾扮演如此重要的角色。

合縱連橫的盛行，不僅說明戰國時代七國複雜的競爭合作關係，同時也顯示戰爭的性質，由春秋時的爭霸，轉變為戰國時的土地兼併，而戰爭的目的，就在殲滅敵國。這意味著大一統的時代，就將來臨。

從封建到郡縣

新「王」者出現——禮樂征伐出自諸侯

齊桓公雖然標榜尊王攘夷，但其某些作為卻進一步破壞了封建體制。根據《荀子》、《韓非子》的記載，齊桓公在「尊王攘夷」的同時，也吞併了三十多個小國，假尊王之名而行兼併之實。霸主對小國的兼併，向盟國的徵收財物或剝削，加速了舊秩序的崩潰，也開啟了「禮樂征伐自諸侯出」的局面。齊桓公之後一百五十年內，晉、楚、吳、越等國也相繼成就霸主的地位。

更重要的是，春秋時代，即使是強國的君主，稱王的只有位於長江流域、與中原諸侯不同傳統的楚、吳、越三國而已。進入戰國以後，除了併吞吳、越的楚國之外，齊、燕、秦、韓、趙、魏等國，都相繼僭號稱王。此等君主，以武力宣示其主權，以僭號稱王表明其獨立自主，不願屈居周王室之下的決心。從此，時代進入軍國鬥爭的新局面，也加深了「禮樂征伐自諸侯出」的現象。

變法革新

由春秋時代過渡到戰國時代，不僅周王權威喪失，各諸侯在自己的國內也受到下層卿大夫集團的挑戰，諸侯同樣也不能約束其下的卿大夫。長久的戰爭與兼併，使得列強的領土、人口逐漸擴大增加。當時處理新征服土地與人口的傳統方式是分封貴族，但是這種辦法經常造成貴族尾大不掉，形成「世卿巨室」的現象，嚴重威脅諸侯的威權。

卿大夫的奪政掌權，使君主始終感到不安，於是不管是舊君主，或者是篡位成功的新君主，都不得不設法來壓制、消滅這些貴族世卿。春秋初期的

晉獻公，首先採取士蒍的建議，盡殺晉國諸公子，這是壓制世卿的第一次舉動。楚悼王以吳起為相，大事改革，其主要的對象就是世卿。他裁撤許多不必要的官職，廢除了與王室關係疏遠的公族，收回封君子孫的爵祿，強制貴族遷徙到荒地開墾以迫使他們離開權力中心，以改革之所得厚養戰士。雖然吳起最後被楚國貴戚所殺，但他的措施也使世卿氣燄大斂，並且使楚國國力大增，得以南平百越、北併陳蔡、卻三晉、西伐秦。

秦孝公用商鞅變法，其中一項規定，人民如要取得政治、社會的地位和財富，只有努力殺敵、建立軍功一途；即使是宗室世卿，如果不立軍功，也不得享有特權。韓昭侯用申不害為相進行改革，規定任官必須憑藉才能與功勞成就，不能因私而相授受。韓國在申不害任相期間，國家大治，使得諸侯不敢輕易來犯。

官僚制與俸祿制的形成

國君既要消滅世卿，因此在改革的過程中，其利益是與貴族相衝突的。此時，國君必須找出一套新的有效統治方式，用一批新人來協助處理政務，同時又能牢固的掌握這些臣下，這就是官僚制出現的背景。官僚制不同於封建貴族時代的世官制度，而是在國君統治之下，有一定任期、秩位的官人組成政府機構，與君主形成新的君臣關係。為了保證臣下能夠有效執行並貫徹國君的意志，國君對任官者通常有一套考核的辦法以作為獎懲的依據。每年年終時，地方官必須將當年的施政情況呈報給國君，這種制度後來稱為「上計」。國君則依上計內容加以審核，決定獎懲，這就是伴隨官僚制而出現的考課制度。

戰國以後，國君對新成立的官僚系統，還要求忠君重於孝親，即要求臣下絕對的忠誠。因此，隨著君權擴張及中央集權體制的出現，國君對臣下任官者還設有控制或監察的系統，以保證臣下的忠誠及施政品質。

總之，官僚制的成立，國君與臣下仍然保留了過去封建的主奴關係，只是從以往私的主奴關係，轉變為公的君臣關係。迨政權鞏固後，原本相對的君臣關係乃變為絕對化，時代愈往後，這種傾向愈是明顯。

世卿既已漸次消滅，也表示國君不必再分封土地給任官者作為報酬，而代之以糧食穀物，官吏也不再能夠以私有的土地人口作為對抗國君的資本，

這就是伴隨官僚制而出現的俸祿制。戰國時代，各國已普遍實行俸祿制，依官職的高下來決定不同的官俸等級。

官僚制與俸祿制出現的最大意義，是官吏由國君隨意任免升降，從此國君擺脫各種束縛，可以大刀闊斧地遂行意志及進行改革。於是，權力逐步集中在國君一人手中，一個以國君為首的中央集權新國家型態就此誕生。

郡縣制度的建立

西周時，理論上「溥天之下，莫非王土」，此時，各封國間的境域觀念並不明顯。春秋中晚期以後，各國的勢力已開始蹧撞，又因郡、縣行政制度的推展，國與國間的疆域也有了接觸，萌生明顯的國境觀念。為了爭奪土地資源與確立國境，列國的交相征伐遂不可避免。

國君不再把土地分封出去，新開闢或占領的土地多控制在中央手裡，國君可以任意使用新土地的資源。「縣」與「郡」已見於春秋時代，但二者間最初並無上下的統屬關係。到了戰國時代，郡與縣逐步制度化，除齊國外，各國都有了二級的地方行政制度，每一郡下統轄若干縣。最初，郡多為新征服的邊區，是帶有軍事性質的行政單位，所以其長官稱為「守」。而縣在戰國時已普及到各國內地，其長官稱作「令」。由於國君逐漸吞併貴族采邑，這些在封建時代尚保有若干自主性的「邑」，紛紛被改為「里」，成為地方行政的最基層組織，而且隸屬於代表國家權力的縣。在行政區的縣與自然聚落的里間，又設「鄉」以為中介。於是，郡、縣、鄉、里四級制日後成為秦漢地方行政制度的主要規模。

郡守、縣令一律由中央任免，受中央監察系統的控制。中央透過郡縣制度及戶籍管理確實掌控地方，國君的支配力量也經由此制度滲透到最底層，達於每戶、每個人，而過去地方割據、半獨立於中央的情況也就消失了。郡縣制建立的目的是要貫徹中央集權，使郡縣成為國家控制社會與地方的工具。

戶籍制度的建立與賦役制的實施

西周時期的土地制度，是所謂「井田」的集體耕作制度。當時，天下各地散布著大大小小的「城」，居住在城內的是統治者，城外住的是被統治者。城內稱為「國」，其居民稱作「國人」；城外泛稱為「野」，住的是

「野人」。國人的生活資源靠野人提供，野人是政治上的被支配者，經濟上的被剝削者，在此情況下，土地耕作者的耕作動機十分低落，單位面積生產量也不高。

到了春秋戰國，因為牛耕的普及、灌溉技術的發明與水利工程的普遍，以及鐵製農具的使用，於是「精耕細作」的農業成型。精耕細作的前提，除了較高的耕作技術外，農民必須要有極大的耕作動機以在土地上投入大量的勞動力，而最大的耕作動機自然是農民可以完全擁有耕作所得。於是，春秋以後，產生了大批擁有小片土地的自耕農，到了戰國時代，土地私有已是普遍的現象。土地私有、精耕細作，再配合上鼓勵開墾，直接造成國家稅收大增，國君權勢也得到進一步的伸展。

土地制度的改變，帶動了許多制度的出現，首先是戶籍制度的建立。西周時，各級貴族領有各自的采邑，互相不統屬，不但周天子沒有全中國的戶籍資料，各國的君主也不知道國內的人口數。春秋中期以後，各國逐步建立戶籍制度，人民以「戶」為單位編入戶籍中，稱作「編戶」。戰國中期以後，隨著君權的強化，理論上除國君一人外，所有人的身分都是平等的，是所謂「齊民」。國家透過戶籍制度來掌握人民，總稱為「編戶齊民」，這是日後建立皇帝制度的重要基礎。

隨著集體耕作制度的瓦解及土地私有制的出現，春秋中葉以後，出現了按畝課稅的辦法。這是指政府訂出每畝的稅額，依照農民實際耕作的面積來課稅，並要求成年男子每年必須服一定時間的力役（包括軍事任務），這就是「賦役制」。戰國初年以後，各國紛紛實施賦役制，成為此後中國人民的主要賦稅負擔。而賦役制能夠成立的前提，就是官僚制度、郡縣制度、戶籍制度的成立，國君透過這些制度，將統治權力貫徹到每一位百姓身上，形成所謂的「個別人身統治」，這是日後皇帝制度的重要特徵之一。

總之，從世卿的消滅，官僚制、俸祿制、郡縣制的建立，到土地制度的改變，在在顯示一個新的天下秩序正在形成。這種種轉變，傳統學者概括稱為「從封建到郡縣」，不僅是中國歷史上的一大變革，也是秦、漢大一統政府出現的先聲。

二 從百家爭鳴到法家終獲採用

百家爭鳴的時代

百家爭鳴，是封建瓦解、禮壞樂崩以來的新景象，而春秋戰國也成為中國學術思想史上最輝煌的時代。

王官之學散為百家之言

西周的封建貴族有一套講求禮、樂、射、御、書、數的教育方式，稱作「六藝」。因為這一套文武兼修的課程屬於貴族專利，所以被稱為「王官之學」。春秋以後，原屬貴族壟斷的知識逐漸下及民間。由於思想上失去了大家共同接受的規範，加上每人對知識的理解不同，各得其一偏，因此異說馳騁，產生不同的思想體系，王官之學遂散而為「百家之言」。在此過程中，士階層取代了封建貴族，成為中國文化的傳承者。

百家共同面對封建體制的崩潰，都希望在亂世中建構合理的人間秩序，其最終目的都是為了要「為治」與「淑世」，只是所提出的主張有所分別而已。

進化與退化的歷史觀

人間秩序的追求，百家學說的理論基礎各異，其歷史觀也各不相同。有的嚮往三代聖王之制，以堯舜及夏商周三王為張本，並特別推崇西周舊有的封建秩序，這是儒家。有的同樣推崇堯舜三王，但是選擇夏朝之道作為學習與懷念的對象，這是墨家。有的則鄙夷三代的權力政治，排斥制禮作樂，認為制度本身就是亂源，因而遙想更遠古伏羲、神農之世的自然無為，追求人的純真生命，所謂「鄰國相望，雞犬相聞，民至老死不相往來」，這便是道家的理想社會。

以上三家，儘管所推崇的時代並不相同，但都有一共同特色，就是認為歷史是退化的，時間愈往後，人類社會就愈退步。相反地，法家則主張時移世變，古代聖王並不足法，而要因應新時代，創造有利的時機與制度以追向未來，所以「今王」才是足以取式者。這種看法明顯與儒、墨、道不同，可

以說是一種進化的歷史觀。這些面對歷史所採取的不同態度，都是對現實不滿所做出的反應。

個人與群體的不同傾向

對人間秩序不同的安排，往往表現出諸子百家的社會價值觀。孟子曾說：「天下之言，不歸楊，即歸墨。」（《孟子·滕文公下》）楊是楊朱，主張「拔一毛以利天下而不為」；墨是主張兼愛、非攻、節用的墨子。楊朱重視個人生命的自由舒展，反對因外在政治秩序的干預而傷害生命的本然純真，與嚮往上古自然無為時代的道家屬於同一思路，都傾向於獨善其身的個人主義。墨子主張兼愛，企圖打破宗族倫理的界線，以建立超越倫理的集體意識。

楊朱忽視君臣倫理所建構的政治秩序，墨子則排除宗族倫理所支撐的社會秩序。一個「無君」，一個「無父」，恰是對儒家強調「君臣之義」、「父子之親」倫理核心的最大挑戰，因此孟子起而悍衛孔子之道，排拒楊、墨的「邪說淫辭」。

法家終獲採用的原因

諸子百家各自提出了為治方案後，必須奔走各國推銷自己的理念，最後還必須得到國君的支持，才有實踐的可能。然而歷經春秋戰國數百年的紛亂，一方面封建崩潰導致君權不斷集中，另方面人民也期待強而有力的君主出現，以重建人間秩序，於是法家的思想乃應運而生。法家最終獲得君主的採用，大致上有下列兩個原因：

強調尊君與集權

法家的政治主張源自於對人性的認識。他們相信人性本惡，而且愚昧的人民缺少求知的能力，必須由統治者指導人民獲得真正利益的道路。因此法家認定國君的支配控制實屬必要與正當。根據這種理論，法家主張，必須賦予君主絕對的權力，以便他能推動政務。尊君與集權的目的，是要打破不合時宜的封建秩序。封建秩序強調私人的關係，最主要是指血緣關係，如同族、同宗等。私人關係只符合少數上層人士的利益，不符合國家的整體利

益，不但無助於富國強兵，同時也妨礙國君推動改革。法家學說之所以強調法，正是要打破封建宗法的私人關係，建立起政治領域中的公共規範。為了要讓法能夠順利執行，所以要建立起國君的絕對權威，以便施行有效的行政制度與穩定的國家秩序。

建立秩序的手段符合時代需求

　　法家的根本用意，原是以尊君為手段，重新建立井然的上下秩序，這本是儒家精神，因此早期的法家與儒者頗有淵源，如李克是子夏之弟子、吳起是曾子之弟子。不過儒家認為人性本善，重建秩序必須以禮及仁義道德為基礎；法家則認為講求仁義道德陳義過高，而且緩不濟急。

　　總之，法家尊君與集權的主張符合時代的需求，因此大受國君歡迎，獲得採用。在時代潮流的推移下，列國均一步步推動變法與改革，迎向新的局面，也宣示了大一統政府的時代已經不遠。

 法家思想的缺點

　　在理論上，法家雖也主張君主必須守法，君主只能代表自己的職位、代表法律，不能有私心。但如果君主不遵守自己所規定的法律時，應如何處理，這一點法家並沒有答案。這是法家思想中的一大缺點。

三 秦的崛起與速亡

　　秦朝與後來的隋朝一樣，都是短命王朝。秦朝立國雖短，但秦朝總結春秋、戰國以來歷史發展的趨勢，在政治制度、文化思想、經濟型態上，都使中國出現亙古未有的新局面，也奠定二千年來統治的基礎。

 秦的崛起與統一中國

　　秦國本是偏處西方的小國，但其所處的關中地區資源豐富，其西北方的草原也提供足夠的牛馬，以供作戰所需，後來又取得號稱「天府」的四川地區，實力已不容小覷。秦的國勢從秦孝公開始壯大，他任用商鞅，積極變法。商鞅變法的內容包括以下數項：⑴將秦國新占領地區編成三十一縣，由

中央政府直接派遣縣令、縣丞管理；(2)實施「什伍之制」，即連坐法；(3)行「分異之法」，禁止已婚男子繼續與父親同居，以獎勵生產；(4)就地承認百姓開墾新土地的結果，按畝課稅；(5)提倡軍功，創設「軍功爵」，授與在戰場上英勇建功的人。在商鞅改革後，秦國日益強大，其軍隊強大，各國望風披靡。後來，大儒荀子曾到秦國遊歷，盛讚秦國民俗淳樸，官吏敬業守法，軍隊賞罰嚴明，具有改革成功國家的新氣象。

戰國晚期，諸國之中，只有秦、趙二國可以左右天下局勢。到秦昭襄王（前306～前251在位）時，秦國大舉侵略東方諸國。著名的「長平之役」（前260，長平在今山西高平縣西北），趙國的四十萬大軍為秦兵所殺，趙國勢力瓦解，秦在東方可說已無強敵。周赧王五十九年（前256），秦進兵滅周，東周至此結束。長平之役後，秦國因繼承人問題引發政爭，延遲了統一中國的時間。西元前二四七年，秦王政即位，即後來的秦始皇。他在李斯的協助下，展開統一中國的事業，在西元前二三〇年首先滅韓，九年間，秦國以迅雷之勢，先後消滅了趙、魏、楚、燕、齊五國。西元前二二一年，秦王政二十六年，中國統一，秦始皇也建立了皇帝制度。

秦朝的貢獻及其速亡

秦朝從始皇統一六國，到秦二世三年，總共只有十五年的時間（前221～前206），其貢獻主要完成於秦始皇在位期間，不可抹滅：

統一幣制及度量衡

戰國時代，各國貨幣之輕重、大小、形制都不一致，價值不等，換算困難。且各國器械異制，對工商業往來及政府徵收錢糧布帛造成極大的不便。始皇因此頒布統一度量衡詔書，一切以秦制為準；又規定盡去六國舊幣，亦以秦制為準。幣制與度量衡的統一，克服過去在使用、換算上的困難，既便於政府徵收賦稅，也有利於商品交換與經濟交流。而秦代圓錢方孔的形式，也在中國沿用了二千多年。

車同軌，書同文

始皇規定統一的車軌為廣六尺（一尺合今23公分），略同於近代車輛的

標準規格，實在是社會上極大的改革。他又統一列國差異極大的文字形式，規定以秦的小篆及民間通行的隸書為統一字體，使之規範化。規範的原則是：每字所用的偏旁固定為一種，偏旁的位置固定，每字書寫的筆數及筆順基本固定。這種經過整理後的字體，比起六國文字更為易認、易懂。始皇統一文字，使幅員遼闊、各地方言風俗不一的中國，有了全國通行的字體，對文化、政治的發展有極深遠的影響。

確立中央及地方政府的組織

秦始皇建立皇帝制度，以丞相、太尉、御史大夫，負責行政、監察、軍事政務；以廷尉、治粟內史、典客、少府、宗正、奉常、衛尉、郎中令、太僕等九卿，掌理分行政務。地方制度，採行郡縣制，上從朝廷，下至郡、縣、鄉、亭、里，構成嚴密靈活的統治體系，而由皇帝集中所有權力。一切官僚都由皇帝任免或調動，食國家俸祿，按時考課，不得世襲。這樣構成嚴密的中央統治體系，開後世二千年中央集權政制之先河。

確立中國版圖的基礎

秦統一事業的完成，一方面可以集中全國之力阻止北方匈奴入侵，另方面對東南及南方邊徼地區也產生巨大的開拓作用，奠定二千年來中國版圖的基礎。

總之，秦統一事業的完成，總結了春秋戰國以來歷史發展的趨勢，在政治、文化思想、經濟、版圖上，都使中國出現前所未有的新局面。

至於秦朝的速亡，原因大約如下：

過度役使民力

秦始皇統一之後，短期間內大興土木、大動干戈，人民無法休息養生。他接連修治長城、馳道，興作阿房宮與驪山陵墓，北擊匈奴，南伐南越。這些作為，每年動用兩百萬以上的人力，超過總人口數的十分之一，其賦稅也增加到農民全年收入的三分之二。役使人力過度的結果，人民「常衣牛馬之衣，而食犬彘之食」（《漢書·食貨志》引董仲舒語），其生活之艱苦，田園之荒蕪，概可想見。

刑罰殘酷

　　秦朝一方面為了鎮壓各地的反抗，另方面也為了統制思想，其刑罰的適用異常嚴苛，天下變成一面大刑獄的密網。加上人民生活困苦，所以百姓紛紛亡逃山林，淪為盜賊。

二世殘暴，趙高用事

　　秦始皇儘管嚴苛，但他統一幣制、劃一度量衡，書同文、車同軌，建立從上到下的政治制度與秩序，不失為順應時代潮流的進步規劃，其個人的功過不可一概而論。不幸的是，繼位者二世皇帝胡亥，不僅沒有如此的規模與氣度，其暴戾的程度又有過之而無不及。他親信宦者趙高，大興法網，盡除忠良，上下百官不敢言諫，噤若寒蟬；他又獨居深宮，豢養無數的狗馬禽獸，縱情享樂，弄得首都附近三百里內的人民無糧可吃。二世的昏暴導致各地叛亂蠭起，不數年而天下崩解。

第三節　皇帝制度的建立

一　皇帝尊號的確立與皇權的來源

 皇帝尊號的確立

　　商、周的君主，稱「王」或稱「天子」，當時的天下，只有一個王，所以有「天無二日，土無二王」的說法。戰國時代，列國新君紛紛僭稱為王。後來爭霸諸國覺得「王」號已不夠響亮，於是又有齊、秦、趙先後稱「帝」的舉動，但均維持不久，仍只稱王。

　　秦王政統一中國，隨即令官員討論帝號。最後秦王政採用「皇帝」稱呼，是為始皇帝，其繼立者為二世、三世，以至於萬世，傳之無窮。「皇」原本是偉大、光輝、美麗的意思；「帝」原是神的尊稱，指天帝、上帝，是宇宙萬物至高的主宰神，用以稱人君，顯然有神格化人君的用意。「皇帝」

連稱，意即「皇天上帝」或「煌煌上帝」，一方面表示「德兼三皇，功過五帝」，另一方面則表示人君不只是人間的統治者，也是偉大的宇宙主宰者。秦王政以皇帝為號，是用以昭告天下，自己乃具有神性的統治者，比過去的王更神聖、更偉大，其地位與權威有如上帝一般。

接著，秦始皇又追尊其父莊襄王為「太上皇」，並且不准後人對他議立謚號。之所以追尊其父為太上皇而不稱「太上皇帝」，是因為帝具有神性，其父雖尊貴，仍是「人臣」，不合以帝稱之。之所以不用謚，是因為謚乃後人對君主的評價，始皇帝既已無上尊貴，臣子當然沒有資格加以論列。這是故意提高君權的另一做法。

皇權的來源

皇權的來源，主要有二：一是天命，一是祖靈。

天　命

秦始皇所設計的神格性皇帝位號，既然位比上帝，其權力來源自然是來自天命，這可視為古代神權政治所留下來的觀念。例如，秦始皇的玉璽上有「受命于天，既壽永昌」的文字，這方玉璽在秦亡後為劉邦所得，成為漢代的傳國璽。所以劉邦臨終前說：「吾以布衣提三尺劍取天下，此非天命乎？」司馬遷在《史記‧秦楚之際月表》中，說劉邦之得帝位是「豈非天哉！豈非天哉！」漢初的陸賈也說劉邦平定海內，「此非人力，天之所建也」。這些都說明皇權來自於天命。後來中國的皇帝，幾乎無不製造奉受天命的神話與事蹟來神化自己，以宣示政權的合法性與正當性。

祖　靈

其次是祖靈。始皇帝相信秦之所以能兼併六國，是有賴於祖先神靈的護佑。他命群臣議帝號時提及：「賴宗廟之靈，六王咸伏其辜，天下大定。」後來議封建時又說：「天下共苦戰鬥不休，以有侯王，賴宗廟，天下初定。」說明他相信，祖先神靈是統一天下的一大要因。

此外，李斯在反對封建時說：「今海內賴陛下神靈統一，皆為郡縣。」後來僕射周青臣也說：「賴陛下神靈明聖，平定海內。」所謂「神靈」，是

「神」（上帝、天神）與「靈」（祖靈）的合稱，更指示了皇權的淵源所在，是天命與祖靈兩大要素。

天命、祖靈的具體化

始皇帝為了進一步將天命、祖靈具體化，在禮儀方面採取了下列三項主要措施：

仿天宮形制建築宮殿

宗廟是祭祀祖先之所在，因此始皇帝於稱帝之次年（前220），在渭水南岸建「極廟」作為祖廟，象徵北極星，為天神所居。後來他又認為咸陽舊有的宮殿太小，另於渭水南岸上林苑中興建「朝宮」（正殿）。先建阿房宮作為前殿，有天橋直達南山，又建另一天橋渡過渭水，通到咸陽。這樣的設計其實是模仿天宮，象徵從北極星橫渡天河，抵達上帝所在。其目的不外昭示天下，自己是人間的上帝。

行封禪之禮

西元前二一九年，始皇封禪於泰山，以祀上帝之禮來封泰山。封泰山之後，並刻石頌德。封，是在泰山之上築土為壇祭天，以示助天之高；禪，是於泰山下除地祀地主，以示增廣地極。始皇封禪的詳細禮儀如何，現在已無法得知，然據後代學者解釋，封禪的目的是增天之高、擴地之廣，用以昭告天下，皇帝得有天命，現在已一統天下，為人間上帝，因此必須封禪，並刻石記功，普天同慶。

改革宗廟制度

秦在統一以前，已有一套完整的宗廟系統，但不一定符合古代禮制。戰國時，各國君王之墓只稱為「陵」。始皇即位之初，就開始營建陵園（即墳墓），其特色是在墓側建造大規模的寢殿，是為「陵寢」。並將陵寢稱為「山」，定名為酈山。這表示皇帝的陵墓等級，高過於以前君王。其次，始皇又從極廟建通道達酈山，讓二者連成一體，表示要將陵墓中的靈魂引至廟中接受祭祀。而極廟也尊為「帝者祖廟」，即定為建立皇帝制度以來的祖

廟。由於極廟與陵寢都在渭南，由天子單獨祭祀，地位極尊，與平時由朝臣獻祭的渭北先王諸朝有所區別。這種體制，顯然刻意把皇帝提升為超人，甚至是神的位階。

總之，秦所建立的皇帝制度，來源自天命與祖靈。其具體做法，則是極力表現皇權是絕對的，具有神性的。所謂「帝者天號」，有別於「王者人稱」，在制度上，以皇帝為獨尊、獨貴，遠遠高於百官及天下萬民。

二 漢代皇帝制度的演變

秦的國祚僅十五年（前221～前206）即覆亡。經過數年的楚漢相爭後，劉邦在西元前二○六年即皇帝位，國號漢，是為漢高祖。漢朝建制雖然多沿襲秦制，但仍有不少變革。就皇帝制度而言，最大的變化是從法家思想逐漸轉為儒家思想。這個變化，最少可以由以下兩方面說明。

皇帝由神格性、絕對性轉為人格性、相對性

由神格到人格

項羽敗亡後，諸侯將相要尊漢王劉邦為皇帝時，劉邦說：「吾聞：帝，賢者有也……吾不敢當帝位。」劉邦的意思是，有賢德之人，才夠資格擁有帝號；也就是稱帝號者，必須是賢德之人。這種看法，正是儒、墨兩家的賢人政治論。如此說來，漢以後的皇帝，明顯已經人格化，而非神格。

由絕對到相對

其次，戰國晚期以來，陰陽五行學說盛行。到了漢初，董仲舒提出天人災異說，將天命、德、人主結合起來，主張天命無常，德之有無、人主之賢愚，經常由災異、禎祥、陰陽變化來顯現。有德之君，可受命符，因此陰陽協調；無德之君，災異變作，陰陽乖戾。君主有德無德，又在於他是否以民為貴。這種看法，在漢以後相當受到重視。董仲舒的見解，實際上是藉著天命、德、人民百姓以制君。君權既受到制約，其權力已由絕對性變為相對性。

劉邦去世後，群臣上諡號曰「高皇帝」，此後歷朝的皇帝，大多都有諡

號。諡法的意義，是子可議父，臣可議君，以善諡或惡諡來評論人主功過，作為後世勸誡之用。秦始皇不許子議父、臣議君，而廢除諡法，漢代以後卻恢復了。透過諡法可以議君，表示從此以後，皇帝位號再也不是絕對性，而是相對性。

大體而言，漢代以後的皇帝，不再是以上帝的身分統治人間，而是以「天子」的身分君臨天下。所以皇帝只是天的代理人，仍然必須接受天的規範。而且皇帝的權力也繼承自祖先，所以也必須受到祖先的訓示。在儒、墨、陰陽學說的影響下，承受天命及祖靈的皇帝，必須是一位有德者。若有不德，會受到上天的處罰，天命會轉移到他姓身上，所以皇帝必須兢兢業業、修德備身，再也不是絕對神格化的君主。經過改變後的漢代皇帝制度，才成為此後二千多年中國皇帝制度的張本。

建立儲君，封爵皇室，實現家天下

秦代皇帝的尊榮，僅止於皇帝本人，其子弟均為匹夫，與萬民無異。所以，秦朝並未建立皇太子繼承制度，也沒有對功臣、子弟的分封。劉邦即皇帝位後，立皇子劉盈為皇太子，就是後來的漢惠帝。從此以後，中國歷朝除外族政權外，都有預立太子的制度，皇太子成為皇帝的法定繼承人，通常由嫡長子冊立，這是政權得以維持穩定的重要原因。

除此之外，漢代對皇室成員封以王侯以下爵位。漢初以功臣身分封王的異性有七位，後來劉邦設法除去此七位諸侯王，改以劉家子弟出任，並訂立「非劉氏而王者，天下共擊之」的「白馬之誓」。此後，皇室以王、侯二種爵位建立封爵制，並建立擬血緣制的賜姓制度，使漢家擴及於異姓。以劉家子弟封王、封侯，這是古代「家天下」思想的復活；而賜姓制度的建立，則是家天下的擴大。

秦朝的皇帝制度雖也傳子，但因子弟皆為匹夫，與庶民無異，所強調的無非是皇帝本人的絕對權威及神性而已。漢代則強調漢家，這個「家」指的就不只是皇帝本人，並包含了皇室成員，以及非皇室的賜姓者。如此，一方面提高了皇家的身分，皇室成員因此而特殊化、特權化；但另一方面，皇帝必須與皇家共享天下，皇帝本人也就不再如秦代一般絕對化了。

三 皇權的性質與運作

皇權的性質

　　雖然皇帝受到天命及祖靈的規範，但他在人間的權力仍是至高無上的，這就是清初黃宗羲在《明夷待訪錄》中所說的「以為天下利害之權，皆出於我」。秦始皇在位時，「天下之事無小大，皆決於上」。往後並不是每位皇帝都能做到如此專斷，但就制度而言，皇帝仍具有最高最後的決定權。

　　秦朝因實施法家政治，所以皇權內涵中，只有皇帝的絕對性，強調「無不臣者」。漢朝以後，滲入儒家觀念，回復了部分的封建倫理觀，於是皇帝除了是上天之子以外，又是百姓的父母。《漢書·鮑宣傳》中說：「天下乃皇天之天下也，陛下上為皇天子，下為黎庶父母，為天牧養元元。」所謂「元元」，就是百姓。所以漢以後的皇帝，除了天子的權威外，還有家父長的權威，成為君（公）、父（私）雙重性質的君主。皇權的這種性質，從此定型，延續到清末。

　　漢代以後的皇權，因為兼具雙重性質，所以視天下有如一家，復活了封建的天下一家觀念。當然，就皇位的傳承而言，天下仍是屬於一姓的，而且通常集中在父子關係內；不過，若就權力的行使對象及行使方式而言，皇帝既是天子，又是父母，海內均視為一家。這種天下一家的觀念，都適用於往後各朝代。

　　在天下一家中，皇權仍是最高的。關於這一點，最好的說明，無過於與皇帝制度相關的宮室、輿服、宗廟、陵寢和禮儀制度。這些制度，都是用來顯示和維護皇帝至高無上的權威和形象。

皇權的運作

對本國而言

　　皇帝只是一人，無法包辦天下所有事務，於是在一般狀況下，皇權的運作有賴於各項制度來完成。最主要的有官僚制、郡縣制、賦役制三者。

官僚是由封建貴族時代的家臣奴僕等演化而來,所以與君主間的原始意義是私的主僕關係,再演變為公的新君臣關係。在皇帝制度漸次成立的過程中,臣僚一般對皇帝只有下對上的關係,因此,「忠」是官僚制中的新道德。當然,皇帝制度建立以前,臣下對主上不是沒有忠的觀念,但當時忠君的觀念是相對而非絕對的。孔子就說:「君使臣以禮,臣事君以忠。」(《論語‧八佾篇》)可見「禮」與「忠」應相互而行,臣下並無絕對服從的義務。春秋戰國之交,知氏家臣豫讓與主上的關係就是相對的。豫讓為知伯報仇時說:「臣事范、中行氏,范、中行氏皆常人遇我,我故常人報之。至於智伯,國士遇我,我故國士報之。」很明顯地,豫讓視本身與主上的關係來決定他回報的行為,上下關係也不是絕對的。「君使臣以禮」是封建時代一般的習慣,而這種習慣造成君臣關係的接近。

但在皇帝制度下,君上要求臣下對他絕對效忠,不能有絲毫二心或不盡心。甚至人主或有失德,臣下也不能批評,不能不忠。由於君臣地位愈相懸殊,上下名份觀念愈加深入,忠君死國遂成為臣下絕對而非相對的義務,最後造成「君臣之義,無所逃於天地之間」觀念的流行。這是新君臣關係中產生的新道德觀,以保證皇帝的意志能夠貫徹。

郡縣制的建置,是國君具體掌握土地的工具。漢以後,雖然也有王國的建立,但王國境內仍設有郡(州)或縣等地方行政單位,王國諸侯不能視為私有。歷代地方行政制度容或頗有變遷,但縣一級則相當穩定,成為地方行政的基本單位。皇帝權力的末端代表則是縣令,且縣令如同皇帝位號,被視為父母官,貫徹皇帝的命令。

郡縣制和官僚制,用以具體實現「溥天之下,莫非王土;率土之濱,莫非王臣」的觀念。這兩者有如一車之兩輪,不可或缺,但終究屬於個別的制度;將此二制連結,使它滾動的主軸,則是賦役制。

賦役制,就是對百姓、土地、工商行業抽取稅收,也包括對人身力役的徵用。戰國以來的新賦役制所呈現的皇權統治原理,就是按人頭計數,所以賦役制的實施,是皇權有效達到每一個人身上的證明。對本國的權力行使而言,皇帝透過官僚制、郡縣制、賦役制,來掌握天下萬民的每一個體,因此,學者稱這種統治原理為「個別人身統治」,也就是人頭統治。

對他族而言

　　對於外族地區，通常行之於國內的郡縣制、賦役制並無實施於該地，但並非表示皇帝權力無法完全到達該地。皇帝雖不直接統治外族，但運用官僚制的統治原理，皇帝的權力也可間接到達。也就是任命外族君長以爵稱或官稱，透過他轉達天子的德化，教化於其民，使其國家納入中國的天下秩序之中。這種對外族的統治方式，學者稱為「君長人身統治」，有別於對國內的「個別人身統治」。也就是只統治他國的君長，而不直接統治其百姓。

四 皇權的約束力量

　　如前所述，漢以後的皇權是最高、最後的，但並非絕對，因為它還要受到若干要素的約束。所謂皇權的約束力，並非來自一紙的規定，而是從秦漢以來具體實施的過程中所歸納出來的結論。這些約束力，包括天命、祖訓、君道以及臣職四項。

天　命

　　皇權既來自於天命，則天命自然可以約束皇權。因為天命無常，或以祥瑞顯其端，或以災異示其跡，都可以成為皇帝有德、無德的象徵。荀子即認為：「天行有常，不為堯存，不為桀亡，應之以治則吉，應之以亂則凶。」已經提出了人間治亂與天的相應關係。漢初的陸賈則進一步說：「堯舜不易日月而興，桀紂不易星辰而亡，天道不改而人道易也……世衰道亡，非天所為也，乃國君者有所取之也。」更直接指出國君若因敗德而致亂亡，是咎由自取。董仲舒根據這看法，提出有名的「天人災異」說，更詳細說明災異是上天懲罰皇帝不德的結果，此時皇帝必須做反省，力求改善現狀，始可消弭災禍。西漢諸帝的確常因災異而下詔罪己，這就是皇權受到天命約束的最好證明。

　　其實，秦因受陰陽家思想的影響，規定為水德時代，其萬世一姓的理念，無形中已經打破。可說在皇權絕對化的同時，秦又承認了天命對皇權的制約。漢朝則是儒與陰陽兩家共襄盛舉，刻意把這種理論更加深化而已。

祖　訓

　　祖訓，就是前朝君主所建立的規制對後來君主所產生的約束力，尤其是開國君主所建立的一代規模。這個力量，來自祖靈。例如秦二世皇帝沿襲始皇帝的規制，漢惠帝沿襲漢高祖的規制；更有名的則是漢高祖所立的「白馬之誓」、漢武帝的罷戍輪臺等。從歷史上看，雖然祖訓經常被後君所更改或破壞，但多半是因為後君的失德或情勢改觀所致，祖訓仍當是約束皇權的重要力量。

君　道

　　主要是指儒家思想中的為君之道。在儒者看來，三代是以聖為王，所以言必稱堯舜。聖王或聖君，於是成為君道的指標、皇帝的典範。所謂「聖王之制，施德行禮」，意即皇帝若要成為理想中的聖王，必須布德於天下，行動施為也要合乎禮的規定，否則不但無法為後代子孫立典範，還可能遭到譏評。前面提到，秦始皇玉璽上的璽文為：「受命于天，既壽永昌。」這方玉璽到南北朝時已不知去向。唐太宗製傳國寶（璽）時，其文為：「皇天景命，有德者昌。」國君是否有德，已成為受天命的要件之一。由此看來，君道自然也是制約皇權的要素之一。

臣　職

　　臣職，指臣下個人以及整個官僚制度克盡職責時，所產生的理性作用。這種理性作用，也可以達到制君的效果。例如兩漢代表百官的宰相，其主要任務在調理陰陽，可以與皇權取得某種程度的平衡。尤其透過宰相為首的公卿朝議制度，可以給君權予相當程度的約束。

　　漢以後，宰相公卿有議政權，皇帝在提出新的政策、措施和用人方案時，會徵求百官的意見，而且對於大臣的意見，皇帝通常會給予尊重。《漢書・刑法志》記載：漢文帝想廢除一人犯法、家屬連坐的法律，於是詔見丞相、太尉、御史等討論。當時宰相周勃等反對改革，文帝堅持己見，卻不馬上決定是否廢除該律，又把他們找來當面討論，最後周勃等理解文帝的用意，遂表示奉詔。如果文帝堅持「一國之事本之一人」的想法，在第一次召

見丞相等人後，大可自行決斷，不必再找他們討論。可見臣僚對於皇帝的施政，有參與意見之權。

又如《漢書·酷吏傳》記載：漢武帝想任用某官名寧成者為郡守，御史大夫公孫弘表示，寧成治民「如狼牧羊」，不可為郡守，於是武帝改拜寧成為不治民的都尉。更有名的例子，見於《史記·張丞相列傳》（《漢書·周昌傳》也載此事）。原來漢高祖想廢太子（呂后之子，後來的惠帝），立趙王如意（戚夫人所生），御史大夫周昌大為反對，他在高祖前面折廷爭。但周昌有口吃，不善言說，在情急之下，他說：「臣口不能言，然臣期期知其不可。陛下雖欲廢太子，臣期期不奉詔。」期期者，口吃之模樣也。這個故事，很生動地說明了大臣有強烈表達反對意見的權利，甚至敢於「不奉詔」。最後，因為其他大臣的相繼護持，高祖也改變了初衷，太子得以不廢。此外，百官中的諫官直言、史官直筆，都當視為官僚制的理性成分，可為皇帝帶來戒懼作用，以減少或限制皇帝的錯誤政策。

約束皇權的要素，可以藉漢武帝元封元年（前110）登封泰山的辭書來做說明。辭曰：「事天以禮，立身以義。事親以孝，育民以仁。」此段話一方面說明皇帝的統治原理，另一方面也提示制君原理所在。如以禮事天、以孝事親，就是天命和祖靈的規範原理；以義立身、以仁育民，就是君道的規範原理。而此四者能夠發揮，則有賴於官僚制度的運作。

以上四要素的實踐，常透過帝王的教育來發揮，漢以後乃有「帝王學」的實施，但並非絕對有效。因為它們終究缺乏具體、有形的制裁力量，所謂制君云者，當然也非絕對。所以，皇權還是最高、最後的，這就是傳統中國皇帝制度的特質所在。

第四節　西漢的建制與改革

一文、景時代的革新論

 文、景時代的國家難題

漢初的無為政策並非毫無缺點。大致說來，隨著時間的推移，西漢文、景時代的政治面臨了四大難題：

北方匈奴的威脅

楚漢相爭，中國疲於兵甲，北鄰匈奴乘勢而起，控弦三十餘萬。漢初高祖親征匈奴，卻反被包圍，僅以身免。呂后時，匈奴冒頓單于來書，甚為傲慢無禮，漢室實力不足與之相敵，外交上採取「和親」政策，軍事上採取守勢，盡量不與之產生衝突。即使如此，匈奴仍常藉漢人降將或叛將之力寇邊，其威脅始終存在，有待解決。

諸侯王驕縱

高祖大封同姓宗室子弟以鎮撫天下，這就是「諸王國」；此外又繼承秦的「二十等爵制」，封了一百四十餘個功臣為侯，皆封邑食稅，大小相當於縣，雜側於各王國之間，此則為「諸侯國」。因此，漢的地方行政制度，便是所謂的「郡國並行制度」。

漢初社會經濟殘破，需要休養生息，中央與王國之間得以相安無事。惠帝以降，諸王國逐漸成為嚴重的問題。王國的組織，從宮室、百官、名謂、儀制，無不與漢中央體制相同；而且又可以自置相國以下諸官，在封域內擁有行政、司法、兵役、賦稅等權力，幾乎與皇帝是同等並列的國家。漢中央只擁有前秦故地的十五個郡，除了長安有強大的南北軍之外，政權實際上存在極大的局限性。

文帝入繼大統後，對原來與他地位相同的諸王不敢過分約束，更助長了

諸上的驕恣不法，甚至有篡奪帝位的野心。如梁孝王延攬四方豪傑之士，荒淫逾制擬於天子，府庫珠寶玉器多於京師；淮南王劉長擅殺大臣，自作法令，公然與朝廷對抗；吳王劉濞招納天下亡命，煮鹽鑄錢，攻山取銅，訓練精兵，密謀不軌。此類行為，文帝都曲予優容，卻無助於消除潛在的危機。諸王的驕恣，升高了中央與諸王國之間的緊張對立關係，儼然是戰國末年秦與六國形勢的重演，終在景帝時爆發了「七國之亂」。

豪強、富商與游俠問題嚴重

在皇帝制度下，理論上所有人都為編戶齊民。但實際上，自漢初以來，社會上布滿了六國的殘餘貴族，他們名號雖喪，私有財富及社會地位仍具有相當的影響力，是為強宗大族。在大族之下，又有大小的鄉里豪強，他們擁有大量奴婢與土地，藉著「買爵贖罪制」、「買復制」，可以出財免死及免除徭役，更藉著納貲為官的門路，攫取了政治特權，因此可以武斷鄉曲，驕縱自恣。又因漢初採無為之治，商人階層因而興起，他們經營長利，周流天下，取得經濟上的優越地位，然後藉財富役貧買奴，其勢力亦不下於豪強。

此外，社會上出現了不事生產的勇力之士，以及四處流動而頑強的閭里細民，他們常能輕生死、重然諾，以義氣肝膽、收匿亡命互相標榜，其流弊則為作姦犯科，目無法紀，個人觀念重於國家觀念；他們自成一個特殊的社會力量，常在某些名俠的領導下，匯集為一大勢力，連官府往往也不敢攖其鋒芒。

豪強大族與富商經常結合在一起，進一步壟斷了冶鐵、煮鹽、鑄錢的三大利源，然後收納足以「力折公侯」的游俠為其賣命，作為武斷姦偽、謀取暴利的助力。此三者的結合，形成一股強大的社會力量，經常公然挑戰國家的政治力量。漢初以來，雖然曾經有過剪除豪強、富商及游俠的努力，不過成效不彰，他們的根基反而愈來愈穩固。

土地兼併，農民生活困苦

朝廷既無法壓制豪強與富商的勢力，因此高祖以來所推動的重農經濟政策，在休養民生方面，呈現出變質與扭曲的現象。本來政府減輕田租是用來鼓勵生產、改善農民生活，但是由於土地不斷兼併到豪強及富商手中，農民實際上享受不到減租的好處，他們必須替地主耕種，繳納超過一半的田租，

國賦很輕，私租卻很重，地主只要繳納給政府三十分之一的稅，就可以坐取暴利，而農民卻在土地兼併下苟延殘喘。所謂「文景之治」，表面上社會經濟上是繁榮了，但這有一大部分是屬於財富極端不平均分配下的假象，許多農民忍受著失去土地後的百般痛苦。

革新論的出現

文帝與景帝二朝，分別由賈誼、晁錯二人，提出針對時弊、規模宏遠的革新主張。

賈誼的〈治安策〉

蓋世聰明的洛陽少年賈誼，二十餘歲即徵為朝廷博士，一年內又超遷至太中大夫。任內，他曾建議改正朔、易服色、法制度、定官名、興禮樂，將法家制度盡行改革為儒家制度。文帝極為賞識他，但對他的建議則認為時機尚未成熟。後來在梁王太傅任內，賈誼針對文帝時代的各種病象，提出了一套規模弘遠的革新計畫，這就是著名的〈治安策〉。其中所討論的重點，主要可歸納為六項：

1. 對於諸侯王的驕縱不法，他主張「眾建諸侯」，將大國分化為小國，使其力量不足以威逼天子，便可保國家平安無事。
2. 關於匈奴問題，他痛心和親的恥辱，強調應主動求戰，確保大漢天子之尊。
3. 對於豪強、游俠，他強力主張應嚴加裁抑。
4. 對於以侈靡相競的風俗，他建議以禮義廉恥的道德教養來糾正社會上崇尚勢力的頹風，遏止農民棄農從商、捨本逐末的潮流。
5. 法律方面，他主張盡去專務深刻的暴秦酷法，將德教注入法律，成為以禮為主、以法為輔的王道治術。
6. 君臣關係方面，他認為高祖不甚禮遇大臣，以致臣下苟免無恥，故他建議君臣間應講究禮節，天子應優禮大臣，以砥礪其節操，並且應注意太子教育，以便將來在德行上作為臣民的表率。

賈誼全盤革新的藍圖，因朝廷中的黃老思想及守舊勢力的反對而無機會施展，最後他甚至遭到排擠，抑鬱以終。

晁錯的革新論

繼賈誼之後的革新論者，是雜揉儒法之學的晁錯。不過他為人峭直深刻，法家性格極為強烈，行事作風與賈誼大不相同。他在文帝時曾論列漢、匈雙方戰術的長短，主張以選擇良將，改變戰術，以眾擊寡來對付匈奴，其見解精闢，甚受文帝嘉賞。繼而他又建議守備邊塞，勸農力本，創出「徙民實邊」的弘論，獲得文帝的採納。

景帝時，他位任御史大夫，為徹底解決諸侯王問題，主張放棄溫和的「眾建」辦法，改採強硬的「削地」政策。其主要目標，就是當時富甲天下、尾大不掉的吳國，結果引發了「七國之亂」。亂平之前，他就殉身於自己的政治理想，但他死後不久，諸侯王的問題也大體獲得解決。

賈誼與晁錯兩人所倡導的革新運動，雖然都遭到反對勢力的打擊，但也震撼了漢初以來因循放任的政治氣氛，其理想終於在武帝時代獲得實現。

二 漢武帝的改革

漢武帝即位時，國家內外的情勢已到達衝突求變的邊緣。武帝是賈誼革新論的實踐者，也是一位絕對君權主義者。在漫長的御宇期間（前140～前87），不斷實施多方面的改革新政，國家從此開始整個做了一番調整和重組，已與之前的「漢承秦制」大不相同。

擴大政權的社會基礎

高祖用功臣之力得天下，故漢初朝廷之重要官員幾乎全是功臣列侯及其子孫。除功臣外，朝廷用人主要以蔭任、貲選登進，吸收的人才大多局限於原已加入政權者，對於從全國普遍地吸收新血則缺乏制度化的途徑。武帝採用董仲舒的建議，下令郡國「察孝舉廉」各一人，推薦到中央，以後則每歲孝廉各舉二人，成為定制，稱作「常舉」。除孝廉外，武帝又不定期的下詔求才，稱作「詔舉」，其科目極多，有所謂「賢良」、「方正」、「直言」、「極諫」、「明政術」、「達古今」等，凡是在政治、軍事、外交、文學、雜技等方面有特殊才幹或專門知識的人，都可以應詔上書。

　　這種在社會基層做廣泛人才選拔的制度，配合設置博士弟子員，作為培養人才的儲訓機機構，兩種措施雙管齊下，使武帝時的中央政權型態有了巨大的改變，由功臣集團的壟斷，進入了文治政府的時代。武帝勇於破除舊傳統，求才若渴，用人不拘一格，吸收各社會上各階層的人進入政府，其中也包括寒微之士。只要有用於國家，武帝都隨興任用，升降極為靈活。於是形成了一個以皇權為中心的官僚政治集團，支持武帝一生轟轟烈烈的改革與發展。

　　武帝用人不拘一格的政策，不僅加強各地對中央的向心力，政府官員也得以新陳代謝，擴大政權的社會基礎。官吏的來源擴大而各地平均，國家根基日漸深植於社會之中，所以能成就漢家四百年的天下。

 ## 思想同質化

罷黜百家，獨尊儒術

　　武帝在當太子時，即醉心於儒學的文德並茂。這是因為儒家豐富的知識及王道的政治理想，頗合於這位好大喜功君主的心胸懷抱，而且儒家所奉行的政治制度，也遠較其他學說來得完備，可作為其革新改制的參考。武帝即位之初，董仲舒對著名的〈天人三策〉，從大一統的原則出發，推衍出整套嚴密的政治理論，建議必須改變無為的態度，實行大有為的政治。武帝閱罷讚嘆不已，於是設置《易》、《詩》、《尚書》、《禮》、《春秋》五經博士，以示表彰儒術（《詩》、《春秋》兩家，文、景已置）。但礙於祖母竇太后是黃老信徒，武帝的雄心一時未能施展。直到竇太崩殂，武帝才將朝廷的非儒學博士，一概遣散，儒學從此才取得學術思想的正統地位。「罷黜百家，獨尊儒術」，代表對漢初以來對黃老思想的一大反動，也是武帝所有改革的起點及理論基礎。

　　後來，武帝又採公孫弘的建議，為五經博士置弟子員，此後非專於五經者不得為博士，五經於是成為官學。以前博士所掌是「通古今」，至此急劇轉為「作經師」，於是天下學子皆讀五經，儒家經典大為流行，郡國學校也紛紛設置，推廣儒學教育。

　　博士弟子就是太學生，太學成為學術的中心。後來太學生的人數迭有增加，元帝時多至千人，成帝時增至三千人，因此儒家漸登仕版，愈來愈盛，

儒學從此成為中國學術的主流。

儒法兼用，陽儒陰法

　　不過，儒學拘泥的作風，與這位好大喜功君主的性格實在大相逕庭；而儒者保守平和的宗旨，又妨礙其雄心壯志的發展。因此，武帝的尊儒與表彰六經，是因為儒學高談唐虞三代，禮樂教化，極具盛世之憧憬，武帝本人其實「內多欲而外施仁義」，儒學中的某些價值觀的確方便他滿足「君尊臣卑」的統治欲望，所以儒學對他來說只是統治的裝飾而已。

　　武帝是一個絕對君權論者，他真正信守的是法家精神。因此，武帝時的政治是「陽儒陰法」，表面上看來是文德並茂，實質上是刻薄嚴厲。所以像董仲舒之流的儒者，終生都被尊而不用，不能得志於朝廷。但是因為秦以尚法暴亡，造成大亂，人人諱言法術，所以武帝不能公開提倡法家政治，最好的辦法，就是以法為主，而緣飾以儒術。真正為武帝所親任、替他執行政策的，是言功利、任刑罰的法家，如張湯、桑弘羊、趙禹、杜周、東郭咸陽、孔僅等人。這些法家為武帝所負的主要任務有二：一是裁抑反動勢力，防止叛亂；二是開發利源，以供國用。

裁抑王國列侯

　　經過七國之亂，王國勢力威脅朝廷的問題基本已經解決。武帝則更進一步，採行「推恩分封」，允許諸侯王請求以其國土之一部分分封其子弟為列侯；但王國之內不得再有侯國，所以新封之王子侯國必須分離而出，成為漢郡之一縣。同時，他又限制劉氏宗親及王國官員入仕中央，這樣，王國宗親在中央就不能取得政治權力。推恩分封並無強迫性，所以無人反抗，其進展雖慢而效果顯著；出仕於王國的人也沒有政治前途，結果多捨王國而趨向於中央。西漢朝廷的政令從此真正達於全國，皇帝威權大增，中央的權力由是更趨穩固，武帝成了獨一無二的最高地主兼統治者。

摧殘游俠與豪強

　　游俠有廣大的社會勢力，他們以武犯禁，與強調絕對君權的武帝絕不相容。例如關東大俠郭解，家中雖貧，卻為四方豪傑傾服推尊，天下少年均傾

驀其風行。有一次，朝廷遷徙富豪於茂陵（陝西興平縣東北），關中大吏公卿等人為郭解送行者多達萬餘人，可見其影響力之龐大，竟不下於天子。於是武帝斷然將他斬首，誅三族，給予游俠致命的打擊，從此游俠之風漸斂。

對於豪強，武帝採兩種方式加以剪除。一是遷徙分化，將各地豪強富戶強迫遷徙到京師附近監視，並禁止他們族居，以免形成集團勢力。二是加以殺戮族滅，武帝特派繡衣御史巡行郡國，搏擊豪強，許多法家酷吏如王溫舒、咸寧、義縱等人，都是誅殺強宗豪右的能手，迫使漢初以來的奸滑豪民瀕於破滅。

 ## 改革經濟

漢初以來，自由放任的思想使得財富不當集中，土地兼併嚴重。武帝於是改自由放任為管制經濟，其措施主要有以下四項：

鹽、鐵、酒專賣

煮鹽、冶鐵與鑄幣，是豪民及巨商壟斷的三大利業，武帝先將煮鹽、冶鐵及其販賣的營業全歸政府經辦，在各地設立鹽官、鐵官，禁止私人經營，又進一步將各郡縣的鹽、鐵、酒專賣統一直屬於大司農。於是，由政府直接經營的工業活動奪取了往日豪民工商業者的利潤，舊有的工商業者盡皆沒落。

改革貨幣

漢初私鑄錢幣的風氣極盛，品質極差，導致幣制紊亂，豪民富賈游滑其間謀圖巨利，不僅影響國家賦稅收入、破壞經濟，而且郡國王侯操有造幣之權，富埒天子，威脅中央。武帝首先廢止了郡國鑄幣制度，由國家統一鑄幣；其次提高鑄幣技巧，使新鑄的「五銖錢」分量及形制都合乎標準。因此，國家的幣值得以穩定，五銖錢也成了民眾歡迎的標準貨幣，歷朝皆行用，一直風行了六、七百年，直到隋朝才有所改變。

徵收工商資產稅

土地兼併問題，自漢初以來一直都找不到好辦法解決。武帝首先規定商人及其家屬都不得購買田地，以利農耕，如有違反，田地財貨一併充公。其

次，對於富商巨賈的暴利，武帝則徵收其「舟車稅」及「資產稅」，二者合稱「緡錢」，依其所從事行業的不同而有不同的稅率。工商業者必須自己據實申報，否則沒收全部財產，並且戍邊一年。

令下之後，商人感覺抽稅太多，大多隱匿資產的數量。於是武帝採行鼓勵告發的手段，告發屬實者，舉告者可得被告者財產總額的一大部分，是所謂「告緡」。當時負責此事的楊可遍行天下，而杜周負責治獄，前後動用了十萬餘官吏，把全國商賈中家以上，大多告發治罪，不僅許多豪商巨賈因此破敗，國家也獲得巨大的額外收入。

置均輸、平準

這是兩套壟斷全國商業、增加政府收入的辦法。「均輸」行之於郡國，將各地上貢中央的物品轉運到行情最高的地方賣出，得錢交給中央，既可以減少遠方運輸的不便，政府又可得到更多的財富。「平準」行之於京師，在長安設平準官，專管蒐羅各地的貨物，賤買貴賣。當時這種辦法，名義上是要平抑物價，實際上卻是抑制大商人的政策。也就是由國家來做最大的商人，將大利歸諸政府，以充實財政。

以上武帝的財經政策，大部分是由洛陽商人之子桑弘羊所規劃的，他主持財政數十年，以武帝的大肆揮霍、炫耀威勢，居然能使財源不絕、物價不漲，貢獻甚大。桑弘羊所創造的財政結構與規模，也為後世君主奉為圭臬，對此後中國財政的影響，可說既深且廣。

三 秦皇、漢武的比較

秦皇、漢武二人雖處異代，然其所作所為，實有極高之相似性。首先，秦皇焚書坑儒，以吏為師，禁天下以古非今；漢武則表彰六藝，高慕堯舜，以希古法先王為務。二者所處雖為兩極，但同樣都是在求思想之同質化。其次，秦皇北討匈奴、南征百越，漢武則絕漠遠征、開西域、通西南夷、征朝鮮，二人皆思欲有為，建立天下秩序。漢武遣方士、求神仙、行封禪、造曆推德，事事與秦皇如出一轍。總之，二人都是絕對君權的信仰者與皇帝制度的維護者。

　　不過，秦皇化費鉅億，不顧民生，秦國因而短祚；漢武則雖大啟疆宇，其所用度，取之於百姓的則不多。綜觀武帝盡力開源的財政措施，主要是針對奪取商人豪強的利益，一般百姓只增加了口賦三錢而已。再者，武帝雖然嚴刑酷罰，但他的任法是一種政治手段，並非純任法術；而且他用刑的對象，主要是約束官吏與豪強不法之徒，對於民政，仍算和緩；他能夠容納多方面的人才，接受各種意見，這一點尤其難能可貴。所以武帝的政治是恩威並用，儒法兼施的型態，與秦皇的暴政並不相同。

　　此外，秦始皇晚年雖天下不亂，但短時間內耗費民力過度，內外緊繃，已達危機重重的地步，二世變本加厲，以致迅速瓦解。漢武帝長年南征北討，造成農村破產，社會秩序解體，其晚年之國家社會危機，恐比秦始皇時更為嚴重。但武帝經「巫蠱之獄」（征和二年，前 92）後，最終能及時痛悟，族滅奸臣江充，悉罷方士不用，並罷西域輪臺屯戍，以示與民休息。經此起死回生的一著，終能下開昭、宣時代的盛世。武帝因自明而自救，是漢朝有衰象而終不覆亡的最大原因。

四　王莽的篡漢與新政

 ### 西漢中衰與讓賢論的興起

　　宣帝以後，歷經元、成、哀、平、孺子嬰五帝，共五十五年（前48～7），而後被外戚王莽所篡。這段期間，漢廷的政治及社會結構變化相當劇烈，最重要的特點有四個：(1)因武帝晚年的國家亂象，民間乃有漢德已衰之論，後來主張此說的儒者政治權位急速高張，朝廷成為儒家集團獨占的局面，法家思想及法家集團急速瓦解。(2)諸帝大多柔弱無能，大權旁落。元帝時，宦官石顯弄權，成帝以後，政權逐漸由外戚王氏一門所掌握，他們藉環環相扣的婚姻關係而成為實際政治的主宰。(3)豪強與商賈階層再度興起，控制了地方吏治及社會經濟，並與中央官僚集團密切合作，在民間壟斷富利、兼併土地，財富集中於少數人的情況，比漢初更有過之而無不及。(4)儒家提倡改制運動，摻雜入陰陽五行學說，推演天變災異的現象，高唱王朝德衰、禪國讓賢的理論。

王莽篡漢

上述四項特點綜合起來，使漢天子實際上失去了強而有力的統治條件。再加上當時地方的劉姓王國已然削弱，中央則功臣列侯亦去除殆盡，西漢初年立國的兩大基礎勢力均已沒落，天子遂陷於孤立無援的處境。後來，外戚王莽因勢而起，利用百姓渴望新統治者安定社會的心態，結合普遍為人們所接受的災異、符瑞、讖緯、禪讓學說，一步一步將西漢王朝篡奪於自己手中。最後，王莽取代孺子嬰，自立為帝，改國號為「新」，西漢滅亡。

王莽可以說是西漢後期政治、社會、思想變動結果的收割者，也是西漢儒家改制運動成果的接收人。

儒家改制運動

西漢的儒者多好採陰陽家言以說經，認為天道人事互相影響，因此常以自然現象來附會人事的禍福，武帝時代的董仲舒就是推廣此說的大儒。由於皇帝的位號與權力可謂獨一無二，無人可制，因此西漢中葉以後，一批儒者力倡「屈民伸君，屈君伸天」的主張，想藉天人感應與五行災異之學來規範幾無限制的君權。

儒家的改制運動，在制度方面，鼓吹「法周制」，恢復先王制度。到成帝時，中央如三公，地方如刺史，都依儒家之說改為舊制。如中央的丞相、太尉、御史大夫，更名為司徒、司馬、司空，此後變成坐而論道，位極尊榮卻無權責；又如刺史本是中央派出的監察官，位輕權重，而儒者以為以卑位監察二千石的郡守，失位次之序，於是奏罷刺史，改置州牧。

在經學方面，成帝以降，又有劉向、劉歆父子領導的古文學派，支持禪讓學說，對於當時的土地兼併、工商壟斷問題，也主張支持以王莽為中心的改革運動。儒家改制運動的最後結果，就是王莽篡漢。他的步驟，無一不是根據儒家禪讓學說的程序來進行，即「王朝德衰，天降災異──禪國讓賢──聖人受命──天降符瑞──推德定制──封禪告成功」。其中，改革派學者及官僚的擁護，扮演極為重要的角色。

王莽託古改制

　　王莽是位儒學的信奉者及實踐家，以新的聖人自居，想將秦漢以來二百餘年的傳統成規全部改變，回復到儒者所倡言的三代盛世。其改制的內容，上從國家的宗廟社稷、宮室、封國、刑罰、禮儀，下到人民的養生、嫁娶、奴婢、田宅等，都依《周禮》改定。從規模上看來，王莽改革的勇氣並不輸於秦皇、漢武，實際上王莽也勤於理政，有心成為聖王。例如，財政改革中的「五均」、「賒貸」、「六管」，類似於國家社會主義政策的推行，宗旨極為正大。「五均」是一種國營平價貿易，類似於武帝的「平準」；「賒貸」是救濟貧民的國營放款事業；「六管」則是將武帝的專賣制度加以推廣，除鹽、鐵、酒外，還包括銅冶及名山大澤的資源開發，目的是為了抑制兼併，平均人民財富。又如，他將所有的土地都收歸國有，稱為「王田」，想依上古井田制度的辦法，分配給實際耕作的農民，這是針對土地過度集中於少數人的弊病而發，其立意不可謂不善。

　　可是王莽的改革多數不通情理，更不理會現實的需要，可說空有理想卻毫無手段，導致百姓困乏潦倒；再加上所用非人，政策的執行者到處和郡縣官吏勾結，以變法為名榨取百姓，貧富更加不均，社會經濟更加崩壞。

　　再者，王莽依《周官》「五服」之說，以為漢代四夷君長稱「王」，實在有違經典及大一統之道，因此將四夷君長皆降號為「侯」，引起各君長先後起兵反叛。

　　由於王莽改革失敗，加上全國連年發生旱災、蝗災，國內遂爆發了大規模的變亂，在災情最慘重的青（今山東省南部）、徐（今江蘇省北部）、荊（今兩湖的大部及河南省南部）三州，憤怒的饑民與遊民從四處游掠變為有組織的暴動集團。荊州的集團因聚集於綠林山，故號為「綠林」；青、徐二州的集團，因將眉毛染紅，故號為「赤眉」。其後饑民團體愈集愈多，四處竄掠，總合達數百萬人。此時王莽不敢面對改革失敗的現實，又為了防制臣下反側，不許州郡發兵剿賊，一味粉飾太平，終至群雄並起，新朝歷祚十五年，終於滅亡（9～23）。

第五節　東漢的興衰

　　王莽末年，除盜賊外，也出現各方群雄割據的局面，其中以自稱漢朝宗室之後的劉氏為最多。最初得勢的是更始將軍劉玄，他首先進入長安，消滅王莽而稱帝。不久，劉玄又遭赤眉軍所殺。西元二十五年，原屬劉玄勢力的劉秀進入河北，自立為漢皇帝，改元建武，是為光武帝。然後西征，先降服赤眉軍的勢力，攻入洛陽，並定都於此。接著他一步步平定割據四方的獨立政權，經過長年的征戰，終在建武十三年（37）統一天下。

　　東漢共歷十四帝，一百九十五年（25～220），其帝系如下：

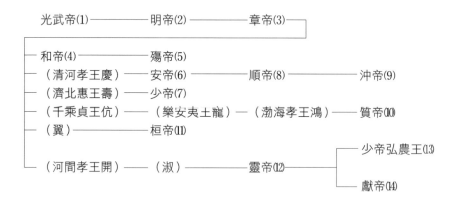

一　光武帝的政治與制度變革

　　光武帝初統一天下的局面，恰與漢高祖的時代相同。由於王莽政策失當，據說當時戶口減半、社會亂象叢生，再加上十多年的戰爭，百姓疲弊至極。因此，光武帝對內也採用與民休養的政策，大力整頓吏治，安定民生，鼓勵生產；對外也竭力避免戰爭，甚至不惜放棄了西域的控制權。這項政策使殘破的社會經濟得以恢復，且為東漢王朝的發展奠定穩固的基礎，史稱「光武中興」。

　　光武帝一生的事業，完全是從極艱苦的環境中奮鬥出來的。因此，他對於治國不敢稍存驕縱之心，全力恢復國家的正常秩序。他以「興復漢室」、「光復舊物」為號召，開始時，其制度多依西漢之舊，未有太多的改變。他的治道雜揉了西漢政治的三大原則，在政治上呈現崇儒氣象、在行政上屬行法治、在精神上則遵守黃老之道，可說是儒法兼用、清靜休息的政風。

　　光武帝穩健保守的政治作風，確實完成一段中興之治的嘉績。但是正因過度保守，就顯得開拓的規模不足。整體而言，東漢的開國氣象，遠不如西漢初年來得恢宏，尤其是部分措施更為國家伏下了無窮的隱憂。

 ## 定都洛陽的退守性

　　光武因長安遭赤眉軍破壞，重建不易，加上他的從龍之士「南陽功臣集團」都是山東（今華山、函谷關以東）的豪族大姓，其地域觀念特強，認為關中不足重視，因而定都洛陽。這個決定對東漢王朝的興衰，有極大的影響。洛陽形勢不廣，北阻黃河，三面環山，並無開拓的遠景，加上交通不便，也不適於控制全國。

　　定都洛陽後，山東集政治、軍事、經濟為一體，而山西則淪為一軍事營衛地區。東西的界線日益分明，人口密度極不平均，山西邊郡日漸殘破落後，山東則經濟繁盛。兩地民風相違，文化偏枯，山西得不到山東經濟的支持及文化的滋潤，日趨衰落。東漢末年，山西成為風暴中心，憑藉胡兵興起的山西軍閥董卓的跋扈變叛，以及日後魏晉南朝胡騎進據中原，都與此一輕視西北、保守不進取的策略有關。

 ## 人才選拔單一化

　　西漢各色人才平流競進，用人不分地域或階層，無論是明經文學之士、材武勇猛之人或財吏法掾者流，都能以功績獲致高位。光武所重用者則概為儒生，其繼位者也都尊崇儒行，以文治國。在上尊儒，在下風行，民間儒業普遍發展，入仕人才專歸儒者一途，西漢鄉舉里選的美意喪失殆盡，造成豪門壟斷仕途，一般士人也競事浮華，務求虛名，無力肆應突如其來的洪流巨變與禍亂。

國家武力弱質化

西漢行徵兵制，制度完善。光武鑑於西漢末年群雄並起，為了預防反側、瓦解地方武裝力量起見，將內郡專管武備兵役的都尉罷除，又下詔罷除郡國的輕車、騎士、材官、樓船等兵種，於是地方上的兵備及兵役行政乃陷於停擺，士兵素質明顯降低。

因此，東漢朝廷所依賴的兵力為「屯兵」，即職業軍人。每遇國家有事，即臨時募兵，國家的常備兵力愈來愈少。加上儒學倡盛，人民既厭惡從軍，後來連募兵的數目都不足，只好招募近塞或塞內的胡人為兵。政府用這些降胡從事對外戰爭，變成中國軍隊的主力，充分顯示出漢人尚武精神的墜落，伏下日後國家亂亡的危機。

 ## 尚書權重，三公備員

西漢丞相、太尉、御史大夫為三公，位在九卿之上。三公皆有龐大的府衙，府中掾吏分曹辦事。尤其是丞相，為中央政府最高級之官員，其職掌是輔助皇帝制定決策，並領導監督百官，執行皇帝之命令。御史大夫則為丞相之副，本是皇帝之祕書長，地位亦高。漢武帝時，國家多事，為了便於指揮，遂開始重用內朝的尚書官，皇帝祕書之職漸為尚書所取代。

光武帝為了防止大臣擅權，進一步把大權集中於內朝的尚書，於是相權更形低落。光武不但摧抑三公實權，並且將尚書增為六曹衙署辦事，尚書臺成為實際上最高的行政機關，直接聽從皇帝的指揮，可說比西漢的制度更進一步集權於皇帝。

這個制度上改變的最大流弊，就是天底下的官吏都只對天子一人負責，而無行政、監察之分職分權。因此，一代的盛衰成敗都以君主一人為關鍵，一旦君主大權旁落，就不免步入主昏臣瞶的衰敗命運。

 ## 地方制度設計不良

光武全力預防叛逆，故提高地方刺史與郡守的防衛權力。一方面，刺史不再只是監察官，賦予刺史固定的治所和逐漸龐大的幕僚組織，同時也讓郡國守相兼有軍事的權力。這種軍政民政合併於地方官長的體制，形成到後來

只要邊州有事，大抵皆以刺史太守主兵的現象。加上日後叛亂迭起，刺史太守的主兵權遂由邊州及於內郡。到了漢末，刺史太守既握有軍、民、財政諸權，中央權力已無法加以制約，遂形成刺史、守相、州牧專兵擅權而割據的局面。

豪族勢力急速發展

西漢地方上的豪強，經過儒學與察舉制度的洗禮，成為一批有文化教養的豪族。隨著時間的演進，豪族的政治、社會、經濟勢力日益強大。東漢光武帝其實就是南陽（今河南省西南部南陽盆地）的大豪族，其建立政權，主要也是得力於南陽地區與河北地區豪族的支持。這些為光武爭城奪地者，或以富厚稱雄，或為強宗大族，或者賓客盈門，他們都是當時社會上的上流階級，政治經濟權力的操握者。

由此可以看出，西漢與東漢建立政權的重大差別之一，是在於高祖獲得農民的支持，是平民皇帝，光武帝則因豪族的支持而取得天下。西漢中期以後的土地過度集中於少數人，其實大部分就是這些豪族所為。他們不僅集中土地，同時也隱匿戶口，擁有大批的部曲與奴婢，這對國家力役的徵集及稅收自然造成極大的影響。

然而，光武帝既得力於這批人，樹立政權後，自不敢對他們過分要求。有一次，光武帝下詔清查戰爭中地主乘機強占的無主田地，這等於是要豪族們交出侵占的農田及農戶，結果造成豪族大姓利用農民在各地叛變，光武帝只好收手，與豪族妥協。如此作為，與西漢武帝的積極抑制豪商巨族，其政治顯得格外軟弱無力。

經此之後，東漢豪族彼此之間相互串連，其勢力更是深入基層社會，這種發展，對國家政治權力而言，是極大的危機。西漢在郡縣長官的任命上是以「本籍迴避」為原則，即長官皆由外籍人士擔任，但其次級官員則例用本地人。如此的做法，使中央的政治力與地方上的社會力不但可以配合，而且可以得到一個平衡點。但到了東漢，透過選舉制度，地方的次級長官多由豪族所把持。這些豪族更左右了地方社會的輿論，稱作「鄉論」。鄉論一方面回過頭來控制選舉，另一方面則制衡中央的國家權力，同時也建立地方社會的自主性。

　　郡、縣本是中央皇權統治地方的行政單位，卻漸成為豪族的勢力範圍，進而與中央抗衡。這種由豪族、門閥領導控制地方的社會型態，到東漢末年，成為「門第社會」或「門閥社會」。豪族的發展，使得以皇帝為頂點的國家統治由一元化變為二重化，皇權經常不能對豪族加以約束，東漢末年的大亂與危機，與此一發展也有極大的關係。豪宗大族肆無忌憚的兼併土地，嚴重造成財富集中，農民破產而至與土地分離，於是興起了種種暴動，其中最著名的就是「黃巾之亂」。

二 明章之治

 ## 明帝的政風

　　光武以後，明帝（58～75在位）、章帝（76～88在位）相繼即位，共三十一年。此二人都頗具政治才幹，這段期間，無論文治武功，都有相當的成就。明帝繼承父業，但性情較為暴躁，好以苛察為明，因此政風嚴切，群臣苛刻成俗，用法遠較前代嚴酷。明帝雖有上述缺點，但他也頗為尊重儒術。他親赴太學（「辟雍」），主持「大射」、「養老」等禮，並開講經書一章，為空前的創舉。他又敕令皇太子、諸侯及外戚功臣子弟、宮廷衛士，都要修讀經書，朝廷內外充滿了學術的氣氛。明帝又堅持光武帝不許外戚預政的遺訓，因此他的皇后馬氏雖是大族，卻從不過問政事。他又通渠修堤，平息了歷時數十年的黃河、汴水大水患，功效甚廣。

　　此外，明帝的對外經營也有成績。首先是西羌與烏桓曾一度入寇，明帝遣將平之。繼而北匈奴跟著騷動，明帝決心萬里興師，予以重創。他派遣竇固、耿忠四路出擊，大敗北匈奴，一直攻至現在的天山，北匈奴從此遠遁。同時西域自王莽之後，與中國斷絕六十餘年，明帝遣班超出使，且命將出擊不聽命的車師，最後車師降服，西域道路復通，這是明帝時代外交史上的一件大事。

 ## 章帝的治術

　　章帝繼位，聽從尚書陳寵的建議，一改明帝苛刻的政風，簡省刑罰，政

事務從寬厚。同時輕徭薄賦，因此民生益臻豐裕。他對儒術的崇敬，較之明帝更有過之。他曾親赴闕里祭祀孔子，出巡東郡時，先備弟子之禮，持經請舊日之師講解《尚書》。他又召集當世名儒，集合於京師的白虎觀，討論群經異同，蔚為曠世盛典。此外，他最能敦行孝道，不僅在宮廷之內恭事馬太后，並在朝廷上提倡孝行，政府用人務以孝者為先，一時間風氣蔚然，孝子輩出。由此可知，章帝的行事作為，充滿了儒學的思想與教化，風行草偃，西漢以來的法家思想及人物至此徹底衰微，盡皆儒化。

　　總之，明、章二帝的政風一緊一寬，恰與西漢的宣、元之世頗有雷同之處，是東漢最輝煌的時期。

　　不過，章帝文治雖隆，卻也顯露出各種弊害。其中最直接影響後代的，莫過於他失於仁弱，又未以嚴法濟之，遂至貴戚驕橫，目無法紀。例如外戚竇憲曾以賤價奪取沁水公主之田園，章帝卻無力制裁。光武、明帝兩朝所培養的些許法治精神，至此再度廢弛。其後皇后竇氏專寵用事，朝廷政事也漸為后家竇氏兄弟所把持，祖宗禁止外戚預政的教訓至此破壞，留下後患無窮。章帝崩後，年僅十歲的和帝即位，外戚竇憲以侍中之位，內聞機密、外宣詔命，開始了外戚專政的時代。東漢皇權由是旁落，國運乃由盛轉衰。

三　東漢的衰頹與傾覆

　　東漢自章帝之後，歷經和、殤、安、順、沖、質、桓、靈諸帝，約一百年間（89～188），國政日漸紊亂，始終為兩個問題所糾纏，無法解決。首先是外戚、宦官循環亂政。

外戚、宦官更迭專政

外戚專政

　　東漢諸帝從和帝開始，大多幼小即位，並且皇統屢絕，因此皇位的繼承多以外藩入繼。於是母后與天子間、外戚與皇帝間，都談不上什麼親情。外戚亟欲久專國政，大多援立幼童以便控制，然天子稍長後卻想收回大權，二者間難免有所衝突。天子欲誅除布滿外朝的專政外戚，只好與閹宦密謀於禁

中，一旦大功告成，宦官自然得勢。因此，東漢自和帝以後的政治，簡直就是一部外戚與宦官相互奪權、循環專政的歷史，每次母后的崩殂、皇帝的更易，必定發生流血慘劇，東漢的后族除了前期的陰、郭、馬三家外，其餘都因與君權對立而盡遭誅戮。

東漢的外戚，在才能方面遠遜於西漢，其專橫驕奢則遠過之。他們奢侈靡爛，縱誕不法，侵凌弱民，紊亂吏治，強取豪奪，逼良為奴，交遊無恥，陷退忠良。一言以蔽之，他們把持巨大的政治、社會、經濟勢力，作為上抗君權、下保榮華的條件，因此加速了政治的腐敗與經濟的崩潰。他們因母后或皇帝的更換而相繼興起，彼此之間並不和諧。

從和帝到質帝，是皇權與外戚、外戚與外戚間相互衝突最激烈的時代。其中尤以順、沖、質三朝把持國政的梁冀最為跋扈，與皇權的衝突也達到空前的高峰。梁冀的貪暴可說史無前例，他被誅殺後，牽連在內的同黨數目驚人，朝廷幾乎為之一空，而所抄沒的財產，幾可減少天下一半的租稅，可見梁冀的專橫與勢力之龐大。

桓帝以後，外戚勢力再也不敵皇權與宦官，於是轉而與外朝名士結合，共同對付宦官。

宦官亂政

東漢後半葉，與外戚亂政相為表裡的，是宦官之禍。宦官興盛的主因，緣於誅除外戚。他們比外戚更有利的一點是，外戚常隨人主或母后此起彼落，而宦官則彼此凝聚力強，形成一個集團，互相奧援，故能長保權柄，其權位較外戚穩固。在與外戚長達百年的衝突中，看來都是宦官得勝。

宦官權勢是一步一步坐大的。東漢從和帝以後，皇帝多是幼年繼位，因此政權握於臨朝稱制的太后。太后不便面接朝中大臣，於是參與帷幄者，除外戚外，就只有宮掖中的宦官。本來宦官應是無後之人，但是和帝時，鄭眾封鄛鄉侯，開啟宦官封侯的先聲。安帝初年，鄭眾死後，其養子及養孫又繼嗣侯位，從此宦官取得政治上詔封世襲的合法資格。桓帝時，宦官獲得了「三年喪服制」的權力。世襲制度是豪門世族所以確立的政治保證，三年喪服制則是豪門社會地位的禮法標誌，這表示宦官至此也擠入豪門之林，更加深了其與外戚兩大壁壘的仇恨。桓帝、靈帝之際，宦官又破壞了閹人子弟不

得任地方官的典制；後來又取得了主管禁兵的權力，練置「西園八校尉」，作為私屬的武力。

由於宦官大多生長於深宮之中，讀書既不多，又未嘗交結士類，缺少氣節風骨，一旦當權，就只知貪惡橫肆，其政經勢力之龐大、為惡程度之嚴重，更是過於外戚。他們在朝廷中專事排擊異己，屢興大獄。例如桓帝時，破羌有功的皇甫規因拒賄宦官而下獄；大儒趙岐譏貶宦官，遭致滿門殘殺的慘禍；名士襄楷詣闕上書，請求約束宦官，結果卻以論罪而終。這些事例，說明漢末宦官與士大夫間的嚴重矛盾，以致後來各走極端，爆發了「黨錮之獄」。

 ## 士風與黨錮

東漢的士風

光武帝以來，提倡經學、獎勵士節，逐漸在社會上形成一種名教觀念。當時屬於「清流」的士人，視個人的名節重於富貴，為權勢所不能移。他們經常堅持久喪、推財、讓爵、避聘、報恩、清廉等操守，其中有部分人以澄清天下政局為己任，相互激揚名聲，共同標榜，評品公卿人物，是為「清議派」。

和帝以來，他們就不畏權勢，與外戚產生衝突，其忠直的氣節經常震動朝野。桓帝以後，其批評的對象則集中在宦官及士人中巴結權貴的「濁流」份子。這批清流士大夫主張恢復已遭破壞的鄉舉里選制度，認為國家官僚必須由有道德教養的士人出任，反對宦官把持選舉、操弄國政。這種批評行為以洛陽的太學生為首，可稱作「清流運動」。

黨錮事件

這個運動在西元一六六及一六九年遭到宦官的反撲，也就是兩次「黨錮事件」。清流士人遭到禁錮，終生不得出仕。尤其是第二次黨錮事件，官僚中的清流勢力全數遭清除。他們多數離開洛陽，回到鄉里，與政權漸行漸遠。

黨錮事件對國家與社會都有重大影響。前面說過，西漢武帝以來，國家的社會基礎是透過地方社會的鄉舉里選而穩固的。如今各地的士大夫紛紛離

開政府，表示國家無法得到地方社會的支持，也意味著漢王朝的統治基礎宣告破滅。國家的危亡，近在目前。

　　另一方面，對士大夫而言，黨錮事件促使各地的士人結合成為一個團體，他們已對中央失望，也無意再仕進，但在社會上仍有巨大的影響力，他們不僅是地域上的領袖，也是全國性大社會的領袖。在魏晉南北朝大動亂時期，他們成為安定地方的重要社會力量。

西羌熾盛

　　另一個糾纏東漢中期以來的大題，厥為外患西羌。

　　外戚宦官更迭為禍，使漢天子的威權掃地，國家內外政事敗壞不堪，以致連實力遠不如匈奴堅強的羌人叛亂，朝廷都無力迅速敉平。光武帝時，軍事家馬援平定諸羌，安置於關中和西北，從此羌人內屬者甚多。安帝以後，朝政黑暗，內屬的羌人常受官吏豪右驅使奴役，積怨頗深，終致大舉發動暴亂。安、順、桓、靈四朝，諸羌數度大舉叛亂，自今河北以西到寧夏、青海的黃河流域，都飽受羌人寇擾。朝廷歷經六十餘年、大小一百八十餘戰，費了九牛二虎之力，才勉強平定羌亂。

　　羌亂雖平，但國力已大為耗損，兵荒馬亂後的旱蝗饑荒又繼踵而至，其中國境的西北地區，社會脫序與經濟崩潰的程度最為嚴重。靈帝中平元年（184），羌人又叛，隴西群盜也乘機倡亂，與羌人攻掠州郡，入寇關中三輔地區。漢廷先後以皇甫嵩、張溫、董卓等人擊之，雖曾大破其眾，但終不能將其徹底消滅。而西北長期用兵的結果，不但使得民窮財盡，更把董卓培養成首屈一指的大軍閥，以致朝廷不久後就輕易地落入軍閥手中。軍閥擁兵自重，挾天子以令諸侯，東漢的少帝與獻帝，其實都只是軍閥的傀儡，東漢王朝至此已經名存而實亡。

民變與東漢王朝的崩潰

太平道與黃巾

　　東漢以來，道教在民間流行，形成大大小小的教團。這些教團是互助性的組織，經常安定流離失所的人，並給予精神上的關懷。從安帝到靈帝的七

十餘年間，在暴政與天災兵禍下，國家的整個疆域內幾乎無一地無盜賊亂事，因此流民人數大量增加。流民增加，教團規模也日益擴大，其中最有名的是張角的「太平道」。太平道的教團極有組織，積極從事推翻漢朝的工作。

太平道原本預定在西元一八四年農曆三月十五日起事，因為這一天是甲子年甲子月甲子日，是干支的開始，表示從這一天起，天地都要更新，人間重新開始。起事者頭戴黃巾，所以當時稱為「黃巾賊」。由於事蹟敗露，黃巾黨人提前在二月起事，包括七州、二十八郡的地方同時發動，可見起事規模的龐大。

後來黃巾主力雖遭朝廷軍隊擊潰，然其波動的地區盜賊蠭起，黃巾餘黨也散成小股的游擊方式而蔓延不已，總計達百萬人之多，無法肅清。同時，非黃巾系統的民亂，胡、漢民族都有，正如野火燎原，至此，國家已呈瓦解的形勢。

地方私兵的形成

由於漢中央的衰弱，各地必須自動武裝與盜賊作戰。地方上的豪族也利用這個機會擴張自己的勢力，於是各擁私兵，乘機坐大。同時，前面提過，東漢漸以刺史為地方長官，靈帝又正式定「州」為大行政區，選九卿尚書出任州牧，從此地方行政上，州牧擁有行政、軍事重權，中央無力控制。而且，不管是州牧、刺史或地方豪強，在民變的影響下，其劃分勢力範圍及軍隊私屬的觀念開始萌生，不久就演變成軍閥割據的局面，為中國的大分裂埋下伏筆。

三國期間的主要人物，大多在黃巾戰爭中就已登場，著名的如曹操、孫堅、劉備、袁紹、劉表、劉焉等人皆是。除曹操外，他們大都是地方上具有勢力的大族。如袁紹本是汝南四世三公的大族，累世貴寵，素具威望。靈帝崩殂後，任司隸校尉的袁紹領兵入宮，殺宦官二千餘人，是當時的一大勢力。

當各地方官長及豪族自組軍隊時，朝廷也籌建一支中央軍，以宦官為統帥，防衛京師。但此舉引起朝中官員的不滿，調來西北防邊的董卓軍隊以鎮壓宦官。董卓強大的西北軍開進洛陽，屠盡宦官，而朝政也為董卓所把持。袁紹於是離開洛陽，在冀州（治所在今河北臨漳縣西南）憑藉舊日的勢力，招兵聚糧，以地方獨立的姿態與董卓對抗。地方豪族與州郡長官對董卓之跋

扈行徑盡皆不滿，於是紛紛收編流民與流兵為自己的軍隊，以袁紹為盟主，起兵反對董卓。東漢政權就在眾多軍閥、豪族的大混戰中進入尾聲。西元二二〇年，曹操之子曹丕，終於演出禪代之劇，獻帝遜位，東漢滅亡。

問題討論

1. 學者將春秋戰國的變局歸納為「從封建到郡縣」，請敘述此一變局的主要內容。
2. 漢代以後，約束皇權的力量有哪些？
3. 西漢文、景時代，國家的政治面臨了哪些難題？
4. 王莽篡漢建立「新」朝的背景何在？
5. 東漢和帝以後，中央的政治特色為何？

參考書目

1. 刑義田〈中國皇帝制度的建立與發展〉，收入刑義田《秦漢史論稿》，臺北：東大圖書公司，1987 年。
2. 余英時〈君尊臣卑下的君權與相權〉，收入余英時《歷史與思想》，臺北：聯經出版公司，1976 年。
3. 林劍鳴《秦漢史》，上海：上海人民出版社，1989 年。
4. 高明士《中國傳統政治與教育》，臺北：文津出版社，2003 年。
5. 高明士〈論漢武帝、武則天晚年的自救措施──兼論王朝衰而不亡的原理〉，《傅樂成教授紀念論文集：中國史新論》，臺北：臺灣學生書局，1985 年。
6. 徐復觀《兩漢思想史》卷一、卷二，臺北：臺灣學生書局，1976 年。
7. 傅樂成〈漢法與漢儒〉，收入傅樂成《漢唐史論集》，臺北：聯經出版公司，1977 年。
8. 齊思和〈戰國制度考〉，《燕京學報》24 期，1938 年。
9. 錢穆《秦漢史》，臺北：東大圖書公司，1987 年。
10. 蕭公權《中國政治思想史》，臺北：中國文化大學出版部，1982 年。

第四章

魏晉南北朝的分裂與統一

第一節　導　言

　　魏晉南北朝時代（220～589），起自東漢建安二十五年獻帝遜位，魏王曹丕即位為魏皇帝，至南朝禎明二年隋師入建康，陳後主投降，總計三百六十九年。這個時期，史家有時候又稱為「六朝」，這是因為，三國的東吳、東晉，南朝的宋、齊、梁、陳，這六個王朝都奠都於建康（今江蘇南京）。雖然自東吳滅亡到東晉南遷到建康之前，有將近四十年的時間並不建都於建康，不能相續，但時間上大致也能涵蓋這個時代，廣義上也包括北方的政權（五胡十六國及北朝）在內。

一　三國分立

　　所謂「三國」，是指東漢末年，各地擁兵自重者所建立的魏、蜀、吳三大政權。西元一八九年，漢靈帝崩，董卓以武力把持國政，廢少帝改立獻帝，東漢名存實亡。此後，各方群雄並起，割裂天下。羅貫中在《三國演義》的開卷語中說：「天下合久必分，分久必合。」雖然這是小說家的感觸，不能視為嚴肅的歷史反省，但分合不定的情形，的確可以用來描述魏晉南北朝（六朝）到隋唐統一前的中國政局。

　　漢末以袁紹為首的反董卓陣營壯大後，董卓挾持漢獻帝離開洛陽，駐守長安。獻帝乘機逃離董卓的勢力，接受曹操保護。曹操「挾天子以令諸侯」，成為漢朝廷實際的掌權者。董卓死後，黃河中下游南北岸分屬於曹操與董卓

的勢力範圍，華北成為曹操與袁紹對決的局面。官渡（河南中牟）之戰（200），曹操以寡擊眾，大敗袁紹，不但贏了戰爭，還贏了戰場，大致平定了華北。

曹操成為華北的霸主後，揮軍進入長江流域，無奈為長江天險所阻。曹軍多是北方人，不習水戰，且遠道跋涉，軍中發生時疫，其大軍在赤壁（湖北嘉魚）一役，為孫、劉聯軍所敗，士卒損失大半，史稱「赤壁之戰」（208）。赤壁戰後，曹操因巨創深痛，從此不敢輕易南征。而劉備則乘機攻占荊州南部四郡（今洞庭湖以南地區），且進取蜀地，鞏固了自立的地盤，與曹、孫鼎立。這場戰役，是曹操前所未有的大挫敗，不僅粉碎其統一天下的夢想，也是孫、劉二氏興亡的關鍵，開創了天下三分的局面。曹操之魏控制華北，劉備之蜀以四川為基地，孫權之吳則以長江中下游為根據地。

曹操死後，其子曹丕廢掉早是傀儡的漢獻帝，自立為帝，建立魏朝，時為西元二二〇年。後來，劉備與孫權，也分別在西元二二二、二二九年自立為帝，三國正式成立。

蜀漢在西元二六三年為曹魏所滅，華北的曹魏政權取得四川盆地後，在當時的三大經濟區已得其二，統一的局面已然成熟。兩年以後（265），曹魏政權為司馬炎所篡，建國號為晉，是為晉武帝，史稱西晉。晉武帝太康元年（280），孫吳為晉所滅。

從漢末董卓進入洛陽（189），導致群雄並起開始，經過將近一百年，中國終於在晉武帝時完成統一，並重新以洛陽為首都。

二　西晉的短暫統一

西晉共歷四帝五十二年而覆滅（265～316），其帝系及諸王世系表如下：

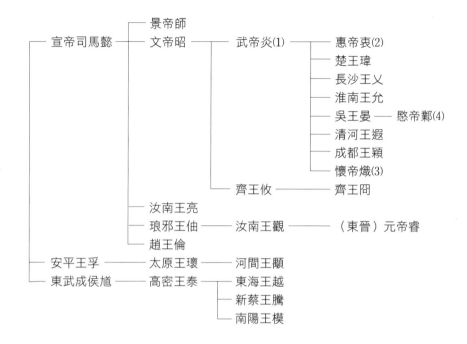

 ## 西晉的頹風

　　晉武帝平吳統一中國後，按理國家應有一番新的作為與氣象，事實上卻大謬不然，舉國沈浸在奢侈腐敗的暮氣中。

　　首先是武帝本人才具不高，耽於逸樂，親貴用事，政風極為敗壞。其二，曹魏以來用法術治國，用人但求治術，不問品德，於是政府上下多尚功利而無操守，阿依苟合，賄賂公行。其三，曹魏以來，皇室都以豪奢著名，到西晉，其風更盛，無論公卿貴族，甚至皇室本身，莫不以奢侈相尚，更助長貪縱聚斂、收賄不法的風氣。其四，少數志行高潔的有志之士，面對如此的政治感到灰心，轉而致力於老莊之學，談論玄理，以逃避現實，形成所謂「清談」之風；而在朝的士大夫則群起仿效，一方面置身於功名利祿之中，一方面又故作姿態，大談玄學，造就出清高與卑污鎔於一爐的政治社會怪象，國家更無作為。其五，晉武帝鑑於曹魏王室孤立，無宗族輔佐，而為權臣所取代，因此大封宗室為王，諸王除了封國之外，並出鎮為地方都督軍事，使封國與軍鎮合為一，諸王於是擁有強大的民政與軍權，地方上除諸王之外，更無其他可以制衡諸王的力量。

總之，西晉承漢末曹魏之弊，武帝本身又不能改革頹風，加上措置失當，因此政局積重難返。而當時沿邊胡族日益強大，與晉室君臣的暮氣成一強烈對比。結果種種紛亂在武帝身後（290）爆發成「八王之亂」，幾乎把國家斷送。

八王之亂

所謂八王，是指：汝南王亮、楚王瑋、趙王倫、齊王冏、長沙王乂、成都王穎、河間王顒、東海王越。八王之亂最直接的肇因，是與惠帝皇后賈氏的亂政有關。武帝死，愚闇的惠帝即位，由太傅楊駿輔政。楊駿非常專斷，而皇后賈氏是一個精明又善妒之人，於是二者之間的衝突遂不可免。

賈后首先詔汝南王亮誅楊駿，再使楚王瑋殺汝南王亮，繼而再殺楚王瑋，得到專權的機會。賈氏無子，惠帝與別妃謝夫人所生太子遹少有令名，遭到賈后之忌，於是賈后經巧妙布置，廢死太子（300）。太子無罪被廢，朝野憤怒。原是賈后之黨的趙王倫（武帝之叔）藉口起兵，諸王為爭奪朝廷的控制權，骨肉相殘又經數年。最後惠帝被毒死，皇太弟司馬熾被立為懷帝，東海王越以太傅輔政，戰事始告一段落。總計這場同姓相殘慘劇的演出，前後達十六年之久（291～306），晉室早已疲憊不堪。懷帝即位後，諸王的爭兵雖然停止，但胡族的侵逼又接踵而來，晉室終在十年之後，被異民族趕到南方。

「永嘉之亂」與西晉的覆滅

晉惠帝末年，胡族大舉叛亂，傳統史家名之為「五胡亂華」。所謂五胡，是指匈奴、羯、鮮卑、氐、羌等族，從西漢以來陸續遷入中國，是當時胡族的主要種類。不過，牽動當時整個中國政治社會的，並非只限於這五個種族，還包括烏桓、高車、山越、巴蠻，甚至是漢人等。這些族群原都降順於中國，中國政府為便於保護管理，遷之於邊境。其後中國內衰，漸向內地擴張。當西晉諸王兵鋒相向時，上述少數族群乘機而起。在混戰過程中，諸王曾利用若干游牧民族作戰。這些族群投入中原戰場，眼見西晉政權日益衰敗，便紛紛起兵自立建國。

西元三○四年，匈奴酋長劉淵自立稱漢王，氐人李雄也據蜀稱成都王。

劉淵部將羯人石勒，隨同漢人王彌橫行關東諸州，而晉室仍在內戰之中，無暇顧及此事，晉都洛陽危在旦夕。懷帝永嘉五年（311），石勒殲滅晉軍十萬人，劉淵子劉聰乘機陷洛陽，俘擄懷帝，愍帝即位於長安，史稱「永嘉之亂」。西元三一六年，劉聰部將劉曜二次攻陷長安，愍帝出降，西晉滅亡。

三 南北大分裂

「永嘉之亂」造成華北人民大規模逃往江南，也促成中國史上一次大規模的人口移動。從北方來的士族，擁護司馬氏皇室成員的司馬睿，在建康（南京）建立政權，史稱「東晉」；而北方則由胡族陸續建立了許多國家，通稱為五胡國家，也是歷史上的「五胡十六國」時代。

五胡十六國的混戰

華北胡族政權的建國過程備極艱辛。雖然晉室南渡，但北方漢人的勢力並未完全消退，五胡政權必須同時與漢人以及其他胡族做生存鬥爭。未南遷的漢人大族，出來領導地方上的人民，胡族政權並沒有能力消滅這些漢人的社會勢力。

胡族在中原建立國家後，所面臨的另一致命傷，是部族領導成員彼此間嚴重的內訌。通常胡族在建國後，一旦掌握了龐大的人力與物力，幾乎無法避免發生權力鬥爭，因而減弱同族的團結，讓其他政權有機可乘。因此，五胡政權多屬短命王朝，政權不斷地更迭。

永嘉亂後，匈奴首先擅場北中國，其中石勒所建立的後趙（319～351），是匈奴勢力最強大的時期，其領域囊括華北的大部分。後趙垮臺後，華北又陷入了各族間的對抗，鮮卑的勢力開始崛起，在今天的遼東半島與華北的東部建立政權，其中最重要的是慕容氏所建的前燕（337～370）。

繼後趙之後，五胡國家中第二度實現華北統一大業的是前秦（351～394）。前秦是氐族政權，當雄主苻堅在位時（357～385），其國勢達到頂點，也是五胡政權中最安定富足的時期。西元三八三年，前秦與東晉發生了「淝水之戰」，前秦慘敗於東晉的「北府兵」，中國南北對峙之局因而確立。

這一役擊碎了苻堅統一中國的夢想，也促使前秦瓦解。前秦境內的其他

部族乘機自立，華北再度陷入分裂與紛擾的時期。當時群雄並起，合西晉末期各胡族建立的國家，共約二十餘，而重要者有十六國，因此稱「五胡十六國」。不過，這個說法只是概稱，並不精確，至少在所謂的十六國之中，前涼、西涼、北燕為漢人所建，並非胡族。華北的第三度統一，要等到北魏政權的出現。

 ## 東晉南朝的偏安

東晉共歷十一帝，一百零四年（317～420），其帝系如下：

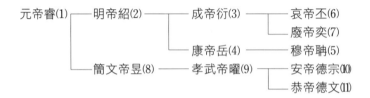

王與馬，共天下

東晉元帝司馬睿移鎮建康初期，一切仰賴北來琅邪王氏的支撐，才能在南方苟延殘喘。時以大士族王導總領內政，其從兄王敦專任征討，因此有「王與馬，共天下」的說法。由北南來的士族，稱作「僑姓」，以「王謝袁蕭」為大。其實，這些外來的北方士族並無能力控制南方的政局，還必須與地方上的豪族妥協，承認其在地勢力，才有可能穩住政情。南方士族稱作「吳姓」，其中最有名的如「顧陸朱張」四姓，都是三國時孫吳政權下的大族，擁有強大的社會經濟實力。他們願意支持司馬氏所代表的北人士族政權，是東晉得以立國的關鍵因素。

不過，南北士人的合作並非沒有矛盾。吳姓的「顧陸朱張」，是江南士族中較為崇尚儒雅的文化士族，在東晉政權中也較受禮遇；但義興的周、沈、錢氏，則屬於地方上的強宗，具有雄厚的武力與財力，受到中央的疑憚。北方士族於是採取分化離間的方式，削奪強宗豪族的力量，也因此使東晉政權忙於內耗，無法專心對付北方的胡族。

東晉的內耗與覆亡

淝水戰後，北方混亂，原是晉人恢復中原的大好時機。然東晉內部不穩，竟然無法把握。除了南北士人的矛盾外，主要是出現了所謂「荊揚之爭」。東晉的經濟重心集中在荊、揚二州，司馬睿過江後，以長江下游的揚州為京畿，長江中游的為荊州軍事重鎮。荊州具有強大的軍事力與經濟力，常挾其優勢以威逼中央，造成政局的變動。「荊揚之爭」即中央與地方的矛盾，是東晉乃至於南朝的普遍課題。

以東晉而言，其政權開始是由北方移民到東吳地區的北人所支撐的，稱作「揚州集團」。永嘉亂後，另一批北方士族遷到長江中游，以荊州為中心，稱作「荊州集團」，他們不斷挑戰揚州集團的控制權，兩陣營之間戰爭不斷。換個角度看，兩集團的鬥爭就是中央與地方之爭。當時多數人莫不希望盡早復中原，他們普遍認為，誰能驅逐胡虜，誰就有資格稱帝。

這種想法在東晉中後期尤為顯著。因此，若干擁有武力的野心家，都想北伐立功，以求名正言順地稱帝。於是晉室中央的揚州集團漸視北伐為畏途，對荊州集團的北伐不但不加支持，反而處處掣肘，既防其外戰，又防其內亂。因為就晉室中央的立場而言，兩者其實是一回事。如晉元帝時王敦叛變（322）、簡文帝時桓溫叛變（371）、安帝時桓玄叛變（402），都是荊、揚之爭的例子。這些叛變雖都弭平，但荊州集團勢力日益坐大，於是建康政權不得不啟用長江下游徐州的北來寒人，組成較有戰力的「北府兵」，用以對付荊州集團，而這支軍隊也成為東晉後期的主要武力。

綜觀東晉政權，中央與地方相制相剋的局面一直存在。有大好機會恢復中原卻無法把握，主要原因是國力都消耗於內鬥，這一點值得研讀歷史的我們深刻反省。

東晉安帝時，反叛的農民四起，是所謂「孫恩之亂」與「盧循之亂」（399～411）。北府兵剿叛有功，其勢力也愈來愈大。戰事結束後，北府兵的領袖劉裕，也實際掌握政權，終至篡位，建國號為宋（420），這也是歷史上「南朝」（宋、齊、梁、陳）的開端。

南朝的更迭（420～589）

宋武帝劉裕起自田間，為人剛毅簡樸。在當北府兵領袖時，趁北方胡族混戰，曾數度北伐，最後還擊破羌族姚氏所建立的後秦，攻入長安（416）。劉裕雖有心經營北方，無奈南方北府親信突然死亡，軍心動搖，劉裕不得不回，長安得而復失。為鎮壓起見，劉裕便行篡位，後三年死去。

北伐規復中原，一直是南方有志之士的夙願。無奈經東晉的內鬥，鮮卑拓跋氏漸次敉平諸部族，華北的政治秩序隱然建立，北方混亂、南方收復故土的大好時機不復存在。宋文帝劉義隆在位期間（424～453），年號元嘉，是南朝初期的盛世，史稱「元嘉之治」。然元嘉年間，宋文帝曾三度北伐，均為統一北方的北魏所敗。此後南朝武力不振，北強南弱之勢已然形成，南朝各王朝僅能自保而已。

宋文帝以後諸君多昏暴，宗室自相殘殺，終為權臣蕭道成所取代，改國號為齊，是為齊高帝。然而蕭齊諸帝多行為放蕩，政乏可述，且其宗室相殘之風一如劉宋，最終亦為權臣蕭衍所篡。

蕭衍篡齊後，改國號為梁，是為梁武帝。武帝在位四十八年（502～549），勤政愛民，獎勵學術，是南朝的極盛時期。此時恰逢北方政權分裂為東、西魏，國勢衰微，武帝有意北伐。然因南方晏安已久，兵力不振，謀用東魏降將侯景，結果弄巧成拙，侯景反而舉兵攻入建康，武帝竟為侯景活活餓死，史稱「侯景之亂」。侯景最後雖被始興（廣東曲江）太守陳霸先所討平，梁國也為陳霸先所篡。

陳霸先篡位後，改國號為陳，是為陳武帝。陳朝的武、文、宣帝皆為盛世，相繼討平國內各割據勢力，且曾乘北方北齊政權衰微，興師北伐，收回江北諸郡。及北齊為北周所滅，陳師欲規取徐、兗諸地，卻被北周軍隊所敗。從此，陳朝僅能畫江自守，朝不保夕。

北朝的統一與分裂

史書上南北朝的名稱從《南史》、《北史》而來。《北史》起自北魏道武帝登國元年（386），至隋恭帝義寧二年（618），其中有北魏統一，與東魏北齊、西魏北周分裂，及隋朝再度統一的不同局面。

北魏共歷十二帝，一百四十九年（386～534）。其根據地原在今天的山西北部，當時稱作「代北」。北魏的開國君主道武帝拓跋珪以平城（山西大同）為首都，國號魏，史稱北魏、後魏、拓跋魏，並積極展開對華北的進攻，華北政局出現新的局面。二傳至太武帝拓跋燾，相繼剪滅夏、北燕、北涼諸國，於宋元嘉十六年（493）統一北方，與江東的劉宋政權對抗，五胡十六國時代已告終結，南北朝對峙的局面形成。

北魏的帝系如下：

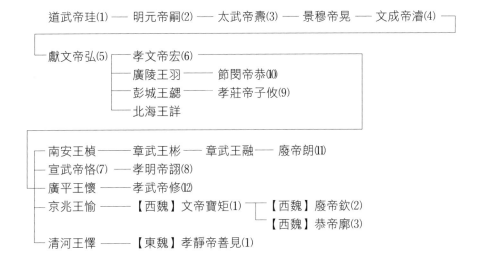

北魏統一華北後，由於種種因素，平城已不適合作為國都。於是在孝文帝拓跋宏時，便決定遷都洛陽，並展開大規模的華化改革運動。孝文帝的華化政策規模宏遠，但整體來說不能算是成功；而遷都洛陽，更在孝明帝時，引起原本留守北方以防備柔然的六大軍鎮大規模叛亂，史稱「六鎮之亂」。

「六鎮之亂」的戰火蔓延整個華北，結果是平亂有功的六鎮首領爾朱榮在孝莊帝時掌握朝廷，北魏至此已名存實亡。其後，爾朱榮的兩名部將高歡、宇文泰，分別割據華北的東西部，建立起東魏、西魏政權，名義上仍保留魏的名號，並自認為魏的正統。到高歡與宇文泰之子繼位後，則廢魏帝而自立，各建立歷史上的北齊（550～577）、北周（557～581）政權。史學家稱東魏北齊／西魏北周，與南方的梁、陳鼎立的局面，是為「後三國」。

經過長期而艱苦的對抗，北周武帝宇文邕在建德六年（577）滅北齊，

統一華北，此時中國統一的局勢已然出現。然而北周武帝英年早逝，留下北周紛擾的內鬥。結果北周政權為外戚楊堅所篡，改國號為隋，是為隋文帝。隋文帝開皇九年（589），隋軍兵臨建康城下，陳後主俯首投降。從西元一八九年，漢末董卓率軍進入洛陽，漢朝土崩瓦解，天下分裂四百年後，中國終於復歸統一。

第二節　魏晉南朝門閥社會的形成與皇權

大致而言，三代時期，代表政治力的王權，依存於代表社會力的貴族。因此春秋以降的歷史變動，其最具體的表徵，就是各國卿大夫的勢力凌駕在國君之上，諸國的政治實權不斷轉移到卿大夫，再集中於少數大家族之手，最後產生新的君主。戰國到秦漢，王權雖有強化，但政治力仍無法擺脫地方豪強的羈絆，必須與深入基層的社會力妥協。漢朝「察舉」制度的施行，即是皇權政治力承認地方社會勢力對人才評選的表現，國家藉此方式擁有社會的支持。一方面可說政治力與社會力相互妥協，另方面也有效解除了國家與社會的隔閡。

士族的形成

戰國以來，社會上出現一批統治階級，泛稱為「豪族」。豪族的來源有二：一是小農當中，因經營農商成功而升級為地主者；二是先秦以來，仍擁有巨大社會經濟勢力的舊貴族。漢武帝獨尊儒術後，儒學漸成士人必備的教養，這批豪族一方面為大土地所有者，一方面擁有較佳的讀書環境，因此容易世代成為官員。東漢更加提倡儒術，豪族勢力也更加深入基層社會，透過「鄉論」，豪族一則制衡中央的國家權力，同時也建立地方社會的自主性。原本是皇權統治單位的地方郡縣，漸成為豪族的勢力範圍。豪族在地方上的力量增大的同時，他們也逐漸成為全國性的階級，構成全國性的「士大夫社會」。漢末的「黨錮事件」迫使士大夫離開政府，表示國家無法得到地方社會的支持，也意味漢朝的實質滅亡。

　　漢朝的滅亡，只是政治力的崩解，卻無損於社會力的繼續茁壯發展。曹魏時的司馬氏出身河內地區的大士族，在獲得許多士族的支持後，逐漸掌權。因此，西晉的建國可視為士族建立起自己的政權。從此以後，六朝政治社會的基本格局，就是大小士族在政治、社會上與皇權既合作又對抗的過程。

　　如上所述，六朝士族的形成，可上推至兩漢。而其形成的經過，又可從以下兩大方面來理解：

儒學文化素養

　　西漢中期以後，豪族可以透過包括察舉在內的種種選舉制度而進入中央政府，或成為地方政府的次級官員，這就是所謂的「鄉舉里選」。察舉制度的評選標準是候選人的文化教養（儒學修養），許多豪族為求進入政府，開始接受儒學教育，或培養其子弟成為儒生。當時教育不能普及，學術往往為少數人所有，有其家法與師承。如西漢的伏氏，世傳經學，歷兩漢四百年而不衰；又如東漢的桓氏，自明帝時的桓榮以下，一家三代，五度成為帝王之師。東漢又較西漢更為崇尚儒術與重視教育，有經學教養的家族，透過選舉制度而代代為官。因此，「累世經學」便能造就「累世公卿」，久而久之，就成為世家門第。

　　這批有文化素養的豪族，也可稱為「士族」或「世族」、「門第」、「門閥」等。他們在皇帝制度下，未必有政治特權，但憑藉其自身的實力，卻擁有巨大的社會經濟勢力，經常連皇權都無法撼動其地位。

察舉制度的流弊

　　漢代察舉人才重視「鄉論」，而察舉之權在地方首長。東漢時期，這些左右鄉論的位子多由豪族所把持。加上東漢重視父老與子弟的關係，也就是儒家倫理中的孝悌，因此故舊報恩之風盛行。世宦之家的周圍聚結若干家族或個人，是為門生、故吏，可以充當世家的羽翼，增長其聲勢。因此，凡是歷任要職的達官顯宦及其家族，因門生故吏數量之多，造成力量之大，也就可想而知。

　　所謂故吏者，就是凡為某官的僚吏，或為某官所辟舉徵召，無論是否就職，都因此與故主發生隸屬關係。門生故吏有對舊師長及其家族報恩的義

份，有朝一日本身宦達，也必定對其故主家族加以提攜。如此一來，一個家族之中，世官的人數愈多，依附的人也就愈眾，這一家族的聲勢就愈大。由於權門請託，或故舊報恩，使察舉為少數門第所壟斷，這些世宦者彼此串聯，久而久之，就形成權傾數代的士族。

二 魏晉南朝士族的發展

漢魏之際，士族有了新的發展，這種新的發展，仍脫離不了政治力與社會力相互妥協的格局。不過，隨著時代的演進，六朝時期的士族表現出並不完全一致的個別面貌。

 ## 九品官人法的創立與魏晉士族政權

九品官人法的創立

東漢末葉，士庶流離轉徙，脫離鄉里，士人的出身爵里、道德才能均難以稽考，鄉舉里選無法舉行；而且，選舉之權操於州郡，流於權門請託，察舉制度自然無法選拔到真正的人才。

在此情況下，魏文帝曹丕時為了吸收人才，採納陳群的建議，創立了「九品官人法」，或稱為「九品中正制度」。它繼承漢代鄉舉里選的理想，即政治必須與道德結合，國家的官員必須由有教養的士人出任。至於士人教養的程度，則交給地方社會去評論，即所謂「鄉論」。東漢末年以來，士大夫之間社交活動頻繁，經常定期舉行評品人物的聚會，稱作「月旦評」。當時，清流士大夫評論人物兼臧否時事的議論，也被稱為「清議」。

九品官人法配合評品人物與清議的風氣，設立「中正」官，將天下人物分為上下九品，政府選用官吏，必須根據中正的評論，不能另立標準。中正官則負責根據鄉論，推舉人才與評定士人等級。這種等級，稱作「鄉品」。士人在獲得鄉品後，即可進入政府任職。鄉品愈高者，其初任的「官品」就愈高，遷升的機會自然也就愈大。漢末第二次黨錮事件後，士大夫紛紛脫離國家，直到九品官人法建立，士大夫又可以依循正規的管道進入國家。

九品官人法的實施原本立意甚佳，但這個制度要能夠成功運作，必須有

賴於中正官盡職地反映鄉里社會的意見。可是就此制度的本身而言，其實含有不少與世家大族妥協的意味。因此一開始，中正官就為士族所把持，這個制度很快就成為士族謀求自身利益的工具。士族同類相引的結果，中央級的士族占據上品，非此集團的人就只好屈居下品。九品官人法的本意是要選拔有教養的人才，結果選拔人才的權力卻由少數公卿權貴所把持，於是世家大族的政治勢力更加坐大。

魏晉士族政權與門閥社會

曹魏時，長期把持朝政的司馬懿是仕宦三代的元老重臣，也是一等一的大族。相較於曹氏出身地方性的豪族，司馬氏家族的社會地位顯然高貴許多，文化水準也屬上流。魏明帝曹叡病逝後（239），齊王曹芳繼位，同時受詔輔政的司馬懿與宗室曹爽展開長期政爭。這場政爭，說穿了就是世家大族的代表司馬氏，與門第不高的皇室所展開的權力之爭。支持曹爽者，多半具有曹氏姻親、宗室或同鄉的背景，是曹氏政權的新貴，在政治上傾向於集權中央。而擁戴司馬懿者，則多為世家大族之後，主張教化與人治。二者的出身背景不同，導致政治理念不同，在對選舉制度的看法上就有極大的分歧。

魏明帝及齊王曹芳時，對九品官人法的流弊相當重視，加強考課，以作為吏部銓敘的依據，並削弱中正的影響力，把選舉權轉移到中央的吏部。相對於皇室強化吏部（中央）、壓制中正（士族）的做法，司馬懿採取攏絡地方望族的政策，建議在郡中正上，加置州大中正。此舉表示，司馬懿仍認為人才的選舉必須基於地方的輿論，也就是必須尊重地方望族的意見。因此，州大中正的設置就是保障世家大族在人事選舉上的主導權。

司馬懿的做法果然獲得大批士族的支持，遂成功發動政變（249），剷除曹爽及其黨人，掌握軍政大權。此後司馬懿之子司馬師、司馬昭繼續執政，最後司馬炎篡位稱帝。因此，魏晉政權的禪替，與兩方爭奪選舉權有關，也是皇權與世家大族社會力之爭，士族之影響力可見一斑。此後，士族的政治利益獲得明確保障，其勢力更加穩固，門閥社會因此日益定型。

到了西晉，少數的統治家族長期霸占中央的高位，形成洛陽公卿集團。西晉末年，批判九品官人法的呼聲高漲，最有名的就是「上品無寒門，下品無勢族」。所謂「寒門」，指的是可能擁有相當規模社會經濟實力的家族，

但並非一流的高門，更不屬於洛陽公卿集團，所以一直無法順利晉身高級官員與上流社會。因此，一般士人對於西晉政權的失望可想而知。西晉的「八王之亂」，除了反映司馬家族皇室內部的爭權奪力之外，許多地方上的士大夫也加入諸王反叛的勢力，向洛陽公卿集團宣戰，這也是造成亂事一發即不可收拾的主要原因之一。

除此之外，西晉政府還頒定「戶調式」，規定官員可按官品占田、蔭族、蔭客，在法制上正式承認士族的地位。占田，是官僚可按官品高低，占有為數不等的田地；蔭，是庇蔭，各級官吏也可以蔭及本族與所依附的「食客」、「佃客」。因此，「戶調式」的基本精神，在於保障各級官僚貴族的經濟特權，更加壯士族的經濟實力，這也是西晉權貴陸續發展為門閥的原因之一。

總之，從曹魏末年到西晉，士族已成為政治及社會、經濟上的特殊階級，其地位已無可撼動，其勢力亦足以決定政權的興亡。

東晉士族的發展

東晉士族的權位

西晉時代的士族多存在於中原地區，八王之亂後，東晉政權的建立有賴於士族的擁戴，士族政治也因而擴展至江東地區。大致說來，東漢著名的宗族，特點是「世」和「大」，亦即世代承襲和聚族而居。他們在地方上有實力，不論居官與否，社會影響力都甚為強大。不過，居官者即使是累世公卿，在朝廷也不一定有很大的實權。而魏晉士族，其特點則是世居顯位，以其社會身分鞏固權位。當然，士族權位的輕重也因時而異。魏及西晉，士族身分再高，仍必須依附於皇權；而東晉居於高位的士族，其權勢甚至得以與皇權平行，或者超越皇權之上。

東晉元帝過江時，隨其南來的士族，大多是八王之亂後期，東海王越與成都王穎對峙時屬於東海王陣營的名士。這些南渡的士族，原本在北方多半還沒有發展到根深柢固、枝繁葉茂的地步，可賴以雄據一方的宗族勢力也還不算太強大，可溯的世系還不長久。他們之所以南來，主要是看出除了自身在文化上的優越性之外，可以依中央政府為根據地，以保障本族的權位。

　　所以東晉政權草創後，渡江而來的僑姓士族就陸續展開占山護澤的競逐。同時，從北方逃難而來的許多流民，為了免除沈重的賦役，也紛紛投靠到士族的門下，成為衣食客、佃客或部曲。士族更靠依附的人力，開發更多的山澤田園，建立起跨越州郡的大莊園。這些莊園依擁有土地及依附人口的多寡，可分成大、中、小三種類型，大者有田萬頃、奴婢數千人，園內糧食、果蔬、燃料、桑麻蠶絲、陶器磚瓦等均能自給自足，儼如獨立的小王國。這些莊園的發展，把北方先進的農業技術推廣到南方，使廣袤的土地大量開發，並促使中國的經濟重心有往南發展的趨勢。

　　晉元帝司馬睿在晉室諸王中既無威望，又無實力，更無功勞，如果不借助於士族的扶持，根本沒有在江左立足的餘地。過江之初，西晉愍帝所奉晉室的正朔仍在北方的長安，此時，只有依賴跟隨而來的士族，才能增加其政治分量。因而在政治、經濟上，東晉王室更給予士族更大的特權與方便。除了王導兄弟追隨江左外，其他原本屬於東海王司馬越府掾屬的眾多士族名士，也紛紛渡江。在此，代表政治力的皇權，與代表社會力的士族，二者相互依存與妥協的關係，又遠比曹魏西晉時更為明顯。

　　司馬睿固然需要南渡士族的支持，南渡士族也需要司馬睿政權的保障。兩晉之際，胡羯交侵，南渡士族既是晉室臣民，只有擁護晉室名號，才是保全自己家族利益的最好辦法。也就是說，渡江的士族也為東晉王朝提供了立足的籌碼，東晉的偏安政治格局才能水到渠成。這樣就形成了皇權與士族更加緊密結合的形勢，因此，有學者逕稱東晉的政治為「門閥政治」。

「門第二品」階層的確立

　　如上所述，東晉政權得力於士族的支持，如北來的琅邪王氏、太原王氏、潁川荀氏、鄢陵庾氏，以及東吳舊地的顧、陸、朱、張等大族。對於這些士族，東晉政府給予許多政治、經濟上的特權，如州郡中正多由上述家族出任，使他們輕易取得中正二品的等第，並出任六品以上的清官。這種以門第為主、不重才德的選舉風氣，終於塑造出「門第二品」的社會階層。

　　魏末晉初，除少數宗室、公侯子弟外，一般士族子弟即便再優秀，也只能獲得鄉品三品，其起家官（初任官）也多為公府的掾屬。鄉品二品，只有少數特例者獲得。到了東晉，不論是南徙的北方士族，或本地的吳姓士族子

弟，幾乎都取得鄉品二品的資格，其起家官則為六品的祕書郎、佐著作郎、奉朝請等清官。所謂「清官」，是指具有位望而職閒，或名譽高而升遷快的職官。如三品以上的尚書僕射、尚書令、中書監、中書令、侍中等三省長官，由於是政務官，可以參與國家決策，自然是清官；此外如五品的中書侍郎、散騎侍郎、給事黃門侍郎、太子中庶子，六品的祕書郎、著作郎，七品的太子洗馬、太子舍人，由於職在近侍，或掌文翰，易於獲得皇帝或太子賞識，任職者往往快速遷升，因此也是清官。相對地，四品的御史中丞、五品的給事中、六品的尚書臺郎（吏部郎除外）等，由於職務繁重，或職屬監察，易於招怨，升遷不快，屬於「濁官」。

曹魏西晉，門閥勢力雖已成型，但官制上還沒有明顯的清、濁之分，而且職官的清濁，與門第的高下也沒有必然的關係。東晉以後，一流名家的子弟，多從清著作郎、祕書郎起家，一路循清官系統遷轉，濁官則是下層士人的出路。高門子弟對於與身分不符的職務多半不屑一顧，加以拒絕。如出身琅邪王氏的王坦之，吏部選任為尚書郎，他認為這是第二流以下士人的官職，回絕了這項任命。由此可見，東晉門第意識之高漲，以及門第與官制的緊密結合。

九品官人法發展到此，只是用來保障少數特權家族的地位，其選才標準，只論出身一項。所謂出身高貴，就是指這些人的祖先是魏晉之際的權貴。如果祖先不屬於此團體，則不論如何優秀，都無法躋身高層官員與上流社會之列。於是這群士族，就形成一個「門第二品」的特權階級與封閉集團，皇帝的政治力無法改變其社會性的高門身分。

南朝士族的衰落與寒人的興起

士族的衰落

西晉的門閥社會已經成立，而嚴格社會秩序的確立則在東晉以後。

曹魏正始年間（204～254），曹氏和司馬氏兩大政治集團政爭，許多名士，如何晏、夏侯玄、嵇康等，相繼被殺，於是一些苟全祿位的士族以「清談」為事。清談指的是對「玄學」（《老子》、《莊子》、《周易》）的研究與解說。到後來，清談玄學成為士族有閒階級的點綴，他們有的虛浮誇誕、

故作姿態，有的故弄玄虛、釣取功名祿位。以致掌理國政的士族，以清談為務，不理朝政。西晉著名的例子是琅邪大族王衍，被石勒俘擄將死之際，才領悟「祖尚浮虛」之非，被譏為「清談誤國」。

永嘉亂後，南渡的士族仍醉心於清談玄學，雖有反對此風的人如陶侃、王羲之等，畢竟屬於少數。東晉的士族高門，在政治上受九品官人法的保障，年滿二十歲就可就任「職閒廩重」的清官；在經濟上擁有大片莊園的享受，因此生活優裕，有錢又有閒。其反映在生活上，就顯得多采多姿。除清談外，他們喜好琴棋書畫等藝術活動，也喜歡建造宏麗奢華的林園，甚至著華服、重容止，講究在臉施朱傅粉；他們體質羸弱，走路時還穿著高齒的木屐，需要旁人攙扶，並以手的膚色白皙如玉為榮。

由於士族出生之後就注定高官厚祿，因此不求上進，以致文化程度低落。顏之推（531～591）在《顏氏家訓》中記載，蕭梁末年，有些士族甚至腐敗到只會寫自己的名字。一旦士族墮落到連文化教養的優越性都喪失之後，他們失去特權的時間也就指日可待。

寒人的興起與掌權

士族（門閥）政治發展到東晉末年，已進入窮途末路的階段。一方面，如前所述，士族已經成為一個封閉的集團。他們以文化教養及門第自矜，自命清高，不屑從事行政工作，更不用說是領兵作戰。到了南朝，政府的行政、軍事權力，漸漸落到寒門人士的手中。一由於選舉制度的保障，士族可以平流進取，坐享公卿，多半不願從事戎旅；二由於如果擁有武力，易遭君主猜忌，士族也多半不樂武職。而擔任武職的寒門，便以軍功作為晉身之階。南朝政權的創建者都出身寒門，憑藉個人武力建立王朝。可見，門閥政治下，士族放棄武職，正是寒門武人晉身的機會；反過來說，武力是寒門突破門第界限的主要力量。

另一方面，隨著江南經濟的開發，寒人也掌握了可觀的經濟力量。可是這批寒人卻始終被摒斥於政治體制之外，無法循著九品官人法的管道上升。士族面對這批新興勢力威脅時，就只能利用政治特權，嚴格要求士庶之別，加強士族階層的封閉性。例如士族為誇耀自己的門第身分，不齒與寒人同坐；對於門第不相當者，也不屑與之婚配，以免混淆門第階層；對於皇室，

礙於政治現實，雖不得不妥協聯姻，也不覺得有什麼光彩。如果「婚宦失類」，就會受到同一階層人士的非議。梁武帝時，侯景初降，武帝對他極力攏絡，所求從未拒絕。唯獨對侯景求婚於王、謝之家，無法答應，請侯景「於朱、張以下訪之」。這可以看出南朝士族對門當戶對的重視，連皇帝也無法為寒門說婚。但這樣子的自抬身價，只是士族地位日薄西山的自我陶醉與困獸之鬥，終究抵擋不住其逐漸衰落的大勢所趨。

梁武帝在天監年間（502～519），曾企圖改革士族政治，史家稱之為「天監改革」。其目的是希望能革除「門第二品」的弊端，使真正有才學的人居於重要官位，以淘汰不堪任事的士族。其方法是在用人時，增加考試一項。武帝的改革，開啟隋唐科舉制度的先聲，是僵化門閥制度下的一線生機。天監改革雖想對症下藥，但士族政治已無法起死回生。梁武帝之所以改革，主要是因為梁朝的士族已明顯頹朽，無法再為朝廷所用。相對地，南朝時期，寒人如果有心向上，可以透過學校教育，使其文化程度大幅提升，一有機會即取代士族，掌握相當的資源與權力。

如上所述，士族與寒門雖同屬於士人階級，但兩者之間卻有極森嚴的界限。寒士總是受到士族的壓制歧視，久懷鬱憤，因此雙方在政治上經常處於對立的地位。這種現象，尤其以南朝為甚。

南朝的君主，大都提攜寒士，以抵制士族。這是因為，南朝的君主頗多出身寒族。如劉宋開國君主劉裕，出身「田舍翁」，幼年時曾以伐荻為生計；齊、梁開國者蕭道成、蕭衍二人，雖同是望族，但與王、謝諸大姓相較，仍屬寒素；陳朝的陳霸先則出身於小吏，更談不上門第。這些國君初起之時，士族對他們並不擁戴，例如劉裕北伐，除其舊屬劉穆之外，朝中大臣無心腹可託，劉穆之一死，劉裕為防後方有變，不得不立即趕回以安定局勢，而無法從容經略北方。

除了軍勳之外，寒人崛起的另一途徑是典掌機要。南朝君主為了強化君權、削奪士族權力，多以寒人典掌中書舍人、制局監、典籤等官小而權大的要職。中書舍人類似皇帝的祕書，制局監掌管武官的人事與刑法，典籤則在地方督府中監視諸王或方鎮。這些任職小吏而擅權的寒士，位小權重，被士族目為「恩倖」，每每加以輕視，而寒士也常串聯與之相抗。但士族的暮氣已深，在政治上僅成擺設而已。

南朝君主雖然提攜寒門，但寒士終不能取代士族的社會地位與聲望。而且，南朝君主雖然裁抑士族，但其本身對政治並無新的理想和辦法，其家族更未學習到士族的家法與門風，皇室子弟教育不良，昏主迭出，使南朝的政治益趨惡化。而所謂的「恩倖」之輩，多無品格，其玩法弄權經常較士族有過之而無不及，因此，南朝的政治始終敗壞，這自然是寒士的學養平均不及士族所致。

梁末發生的「侯景之亂」（548～552），除了摧毀梁政權外，士族階級也隨之陪葬。侯景攻入建康，揚州地區的士族死傷慘重，士族集團的勢力也隨之瓦解。當長江下游的建康政權失敗後，荊州也遭受到北方西魏政權攻陷（554），荊州集團也被消滅。至此，南朝士族政權已無起死回生的可能。後來，梁的軍事將領陳霸先收拾侯景亂後的殘局，建立陳朝。在其任內，北人的軍事集團，無論是士族或寒人都已崩潰，只好重用南方的土豪酋帥，南方土著因此開始登上歷史的舞臺。

第三節　北魏政權的建立與華北的新秩序

華北在「五胡亂華」後，社會經濟殘破。直到北魏平定華北的政局，才開始重建社會經濟的秩序。經過好幾世代的努力，北方胡人所建立的政權，開展出與南朝不同氣象的新秩序，為後來的隋唐盛世奠定根基。

一　太武帝的征伐與統治

華北的統一

北魏太武帝拓跋燾初即位時（424），十六國中，僅存北魏西鄰的夏、東鄰的北燕，以及在夏之西的西秦、北涼政權。此外，南朝的劉宋政權，以及北方草原上的柔然，也對北魏構成威脅。西邊的夏、北邊的柔然，加上南方的南朝政權，對北魏正好形成包圍之勢。尤其柔然與南朝時有連繫，使北魏長期處於腹背受敵的狀況。

面對這種情勢，拓跋燾採取積極主戰的態度。西元四二四年，柔然得知北魏明元帝（拓跋燾之父）去世，政情不穩，乃以六萬騎南侵北魏，攻入北魏舊都雲中盛樂（綏遠省和林格爾北）。拓跋燾親自率軍趕至雲中，與柔然激戰，柔然撤兵。此後，拓跋燾又兩次親征柔然。當時群臣多主張，南方有劉宋的威脅，不宜興師北伐。唯有拓跋燾與漢人大臣崔浩認為，劉宋政權是虛張聲勢，難為大患；而柔然屢次侵擾北境，若不加以痛擊，使其坐大，將來必定腹背受敵。於是拓跋燾親率大軍，深入柔然境內，攻其不備，擊潰柔然主力，部眾四散。並將前後降附北魏的高車部落，安置在漠南地區，在北魏的北方構成一條防護帶。不過，北方的柔然機動力極強，始終是北魏的大患。

而西邊的強敵夏政權，也曾遣使與劉宋聯絡，擬合兵攻魏，但未能真正合作。夏政權在英主赫連勃勃死後，諸子內爭，給予北魏可乘之機。拓跋燾也兩度親自率軍進向關中，終於在西元四三一年擊滅赫連夏。五年後，北魏又遣將攻滅北燕。再三年，太武帝又依崔浩之意見，力排眾議，興兵消滅北涼，五胡十六國的時代結束，華北統一於北魏之下。

太武帝的統治

太武帝統治期間，除統一華北外，另還有三件事情值得注意。

一是滅佛。中國歷史上，佛教曾遭到三次大規模壓制，分別發生在北魏太武帝、北周武帝、唐武宗時期，中國佛教史籍習慣稱之為「三武之禍」。太武帝滅佛的原因，過去都認為與佛、道之爭有關。崔浩是道教信徒，敬重道士寇謙之，常在太武帝面前詆毀佛教，太武帝於是設道壇，年號也改為「太平真君」。後來北魏發生「蓋吳之亂」，太武帝征討時，意外發現某寺廟中藏有許多兵器，一怒之下，下令各地銷毀佛像，誅殺僧侶。其實，太武帝下令毀佛，主要是因為佛教盛行，僧侶日多，逃避賦稅，對國家經濟及統治秩序造成影響。後來又經蓋吳之亂的刺激，才發展為全面性的禁佛。

二是崔浩被殺事件。崔浩是漢人大族，久受太武帝信任，卻因負責纂修國史的內容引起爭議，導致崔浩家族及修史人員皆被誅殺。崔浩被殺事件的原因是多方面的，首先修史事件自然是導火線，二是與胡、漢民族及文化衝突有關，三是與佛、道之爭有關。但更重要的原因，則是與政治權力鬥爭有

關。亦即崔浩與包括北系貴戚在內的許多人有過衝突，後來北系貴戚反撲，崔浩才會遭到誅殺。

三是北魏境內的民族關係有了轉變。北魏早在道武帝拓跋珪之前，除了拓跋本部外，吸納許多不同的部落與種族，如鮮卑、匈奴、烏桓、高車等族系，共同組合成更大的為部落聯盟團體，所以能得到源源不斷的人員馬匹補充，與外在的其他集團競爭，這是北魏能夠逐步併吞華北的重要因素。因此，拓跋氏在發展之初，對主動歸附或被擊敗的其他部族都予以善待，並無歧視之意，各部落大人的意見也都受到相當程度的尊重。不過，到拓跋燾統一華北之際，北魏的根基已經穩固，其內部的統治階層已趨飽和，對新加入的種落已不再禮遇，這是後來并州、關隴地區變亂頻傳的重要原因，也是北魏內部的隱憂之一。

二 北魏體制的變革

太武帝採行漢式的繼承制度，排除鮮卑原有的部落推選制，立長子拓跋晃為太子。不過此舉後來引發朝廷的政爭，不僅太子憂死，太武帝本人也為宦官宗愛所殺，宗愛自行議立繼承人選，權傾一時。幸賴大臣與禁軍合作，才誅除宗愛等人，擁立拓跋晃之長子拓跋濬為帝，是為北魏文成帝。

這一連串的事件，顯示北魏的君權有了進一步的發展，統治者的權力益趨絕對化，各部落大人的勢力已大不如前，臣子們已沒有多少可商量的餘地。因為君權絕對化，君主的宮廷與處理朝政的大臣間有相當程度的隔絕，所以內庭的宗愛才能上下其手，另立新君。在此君權相對偏高的背景下，到了後來主政的文明太后與孝文帝時代，北魏的體制有了相當大的轉變。

文明太后與太和改制

文成帝拓跋濬在位十四年，為政大體以與民休息為主，使得從太武帝以來因經略四方而擾動的社會，得到調整養息的機會。拓跋濬死，太子拓跋弘繼立為獻文帝，年僅十二，朝政被權臣乙渾所把持。文成帝之后馮氏祕密籌畫，誅除乙渾，臨朝聽政。不久因孝文帝拓跋宏出生，太后親自撫養，還政於獻文帝，史稱「文明太后」。西元四七六年，獻文帝死，文明太后二度臨

朝稱制，從此一直到孝文帝太和十四（490）年，北魏朝政一直由文明太后操控。

史稱文明太后個性嚴明，富於智略，性情猜忍。但在她主政時期，連續頒布了許多重要的改革詔令，這些改革，奠定了其後隋唐統一與中央集權的基礎。

班俸制的實施

北魏初期，政府官員並無俸祿。這是因為部落時期，領袖及豪門通常都有自己的部眾及產業，國家（政府）與社會、公與私之間，並無明顯的區分，因征伐所得戰利品，就是最好的財富分享，所以薪俸之有無並不那麼重要。可是這終非常態。官員清廉者，經常家無恆產，生活清苦；而不法者則漁民百姓，侵吞稅捐，或與富商串通，利用職權謀取高利。官員私家利益與其職權糾結不清的現象，到了君權上升、官員性質朝向受聘於政府的階段，就顯得極為不當。

太和八年（484），文明太后頒下了制祿之詔，增收人民稅收，以作為官員薪俸。但同時也規定，俸祿制實行後，官員若有貪贓，「滿一匹者死」，嚴格處罰官員對百姓的非法侵擾。

班俸制的施行，配合法令的嚴格執行，使官員不得枉法以滿足其私欲，同時在經濟社會上，使政府與庶民兩蒙其利。在政治上，則表示北魏的體制，從部落的舊俗走向傳統中國的官僚制，國君擺脫舊有部落勢力的束縛，君權於是更加高漲，可以遂行其意志，並大刀闊斧地進行改革。

均田法的推行

太和九年（485），因李安世的建議，北魏推行均田制度。所謂均田法，是政府按戶計口，授與人民一定的土地，其原則大體上是「一夫百畝」，也就是一個小家庭種植一百畝的田地，並以此為課稅之標準。十六國以來，由於長期戰亂，人民一次又一次地遷徙，無法定著在土地上，自然也就無法創造一定的農業生產，政府也無法掌握固定的勞動力。早在道武帝拓跋珪時，北魏就曾大量遷徙吏民到平城地區，同時給予耕牛，計口授田，但當時並未拓展至其他廣大的區域。

直到北魏統一華北，國家擁有相當固定且空閒的土地時，就必須盡量利用勞動力耕作土地，才能創造出收穫，以供國家所需。這是太和年間普遍推行均田制度的背景。從均田之「均」可以知道，這項制度的確有避免少數人占有太多土地的用意。不過，細究當時推行均田的詔令內容，此制最大的用意則不在平均土地。當時社會問題的關鍵不是土地兼併，而是北方人口大量遷移，土地荒廢。有土地的人缺乏勞動力，有勞動力的人卻沒有土地。於是，均田法由國家有計畫地將勞動力與土地結合起來。對於一般百姓，國家設法保障其一定程度內的收穫權益；對於強勢者，則承認其部分既得利益，但限制其漫無邊際地擴展勢力。大致說來，這是一個以國家為中心，兼顧各方利益的做法，國家則透過此方式謀求其本身最大的財富及利益。

均田法的實施，有賴兩個條件：一是國家擁有足夠的土地可供分配；二是政治清明，政府有足夠的控制力，以避免豪強的社會勢力侵凌弱勢民眾。到北魏末年，政治敗壞，均田法也隨之破壞。但這種辦法仍受肯定，北齊、北周、隋、唐均有類似的措施。

三長制的設立

北魏平定華北後，社會經濟的亂象主要有二：一是小農流離失所，成為流民；二是地方豪強各據一方，被稱為「宗主」。許多人民依賴宗主庇護，形成「宗主督護制」。大量人民依賴宗主以逃避國家賦役，使國家權力無法貫徹到社會基層。

太和十年（486），北魏在隴西人李沖建議下，開始清查境內的人口與土地，定立「三長制」，以取代宗主督護制。三長制將基層社會劃分為鄰、里、黨三個行政區，各設其長。其主要目的，是將原先附屬於豪族戶籍內的家族檢刮出來，使他們恢復為以夫婦為中心的國家編籍農戶，並使國家權力可以透過鄉里黨等基層組織，達到個別的農戶身上，防止蔭附等鑽漏洞的行為，重建一個「編戶齊民」的社會。

均田法的實施，配合三長制的戶籍管理，北魏既掌握了勞動力，又增加了農業生產，不但重建了北方的小農社會，國家的稅收也隨之大增。由於俸祿制、均田法、三長制在三年內連續推行，且在北魏孝文帝親政之前的文明太后執政時期，因此，北魏體制的轉變，文明太后可說是改革的關鍵人物，

其重要性不容忽略。

 ## 孝文帝的改革

文明太后逝世於太和十四年（490），但北魏體制的轉變，並未因此而停止。在孝文帝拓跋宏的主導下，北魏陸續發展出新的面貌。其中，以遷都洛陽、漢化政策、詳定姓族三項，最受史家重視。

改革的背景

拓跋魏以草原民族自北方進入漢人的領域，自然受到漢文化的影響，其君主或貴戚大臣都具相當程度的漢學素養。另一方面，明元帝以下，多位皇后如杜氏、馮氏、李氏等皆是漢人女子，而太和三大改革的推動者又多與漢臣有關，由此可見，漢文化對北魏的確有很深的影響。孝文帝由文明太后馮氏撫養長大，自然也受到涵染，對漢文化的了解與嚮往，影響了其改革的決策。

其次，北魏建國之初，為防備機動力強的柔然，於是以盛樂、平城為核心地區，對北境的國防一直不敢掉以輕心。但孝文帝親政前後，原屬柔然控制的高車副伏羅部叛離柔然，至今新疆一帶自立為王，並與北魏聯絡，計畫共同對付柔然，柔然遭到腹背受敵的困擾。為了與高車爭戰，柔然必須將相當大的軍力置於西方，因此北魏來自北境的壓力大為減少。

第三，北魏統一華北之後，南邊漫長的疆界與南朝接壤，中間已無緩衝。在數次與南朝的戰爭中，北魏奪得淮北之地。北方的後患既告消弭，對南朝的戰爭又屢占優勢，整體的環境，對北魏相當有利。此時，孝文帝不僅想向南發展，甚至有一統中國的信心。

遷都洛陽

太和十八年（494），孝文帝自平城遷都洛陽。遷都的原因，就經濟而言，平城位置偏北，氣候寒冷乾燥，較不利農業生產。而洛陽糧產較豐，漕運便給，較能供應國家所需。

就政治而言，隨著北魏領域的向南擴張，大一統帝國之再創似乎漸有眉目，在南方另選一居於樞紐之地作為政治核心，正是國家順利發展之需要。

就**軍事**而言，過去北魏的大患來自北邊的柔然，平城的地理位置對於柔然的入侵能夠做比較快速的反應。但柔然勢力衰退後，北魏的軍力大部分用於對付南朝。在此情勢下，在南方選擇一個南向的基地，對用兵南朝自然較為便利。

就文化而言，洛陽自古即為中原文化重鎮，要揉合北系官民於漢文化之中，營造大一統政權的環境，洛陽自有其優越性。此時的孝文帝已經以中國文化的繼承者自居，平城已不是理想的都城，洛陽在各方面，成了更佳的京師所在。

然而遷都是一件大事。孝文帝大一統的理想，國家內部未必人人都了解，也未必人人都同意，當時反對遷都的勳臣貴戚不在少數。他們或習慣於原有的風俗習慣，或認為南方濕熱，或以無事南遷，勞民傷財為由，大表反對。

孝文帝在決定遷都前，已預見可能的反對意見及困難，為了減少阻力，孝文帝藉南伐蕭齊為名，率眾離開平城。到了洛陽之後，又利用群臣不願繼續南伐的心理，半要脅性地讓眾人不反對遷都。即使如此，反對的力量仍讓孝文帝多所顧忌。例如，洛陽在營建宮室期間，孝文帝仍未回到平城，以免立刻面對壓力；他先暫居鄴城，派遣親信先返平城勸服眾人，自己才回平城就遷都之事與群臣討論。

為了安撫群情，孝文帝讓不願遷徙者先行留守，並准許眾人於暑熱季節返回北方居住，自己也多次北返巡行各地，對戍守北方邊鎮的貧困人民予以救濟。即使如此，孝文帝仍舊無法完消除南遷者與留守者的對立。太子拓跋恂就不能適應洛陽的暑熱，終於發生擬私自奔返平城的事件。拓跋恂因而被廢，其後又遭賜死；而貴戚陸叡、穆泰等人又涉入叛變事件，使孝文帝備感困擾。孝文帝的漢化、遷都理想，不但造成了自身家庭的不幸，在北魏統治集團的內部也造成極大的裂痕。

推行漢化

孝文的遷都與漢化，實同為一事。其目的在於讓北魏政權逐漸擺脫過去比較邊緣的角色，融入占多數的漢人社會與占優勢的漢人文化中，如此則拓跋帝室才可以進而成為大一統國家的統治者。南遷之後，孝文帝便對制度與

風俗進行一連串如火如荼的改革，其內容大致包括數項：

一是郊祀宗廟禮儀的調整。孝文帝將創建北魏政權的拓跋珪，由「烈祖」改奉為「太祖」，強調其國家創始人的地位。同時，相關國家祭祀的禮儀，也由部落習俗改為漢式王朝的習慣；過去由宗族十姓子弟參與祀典的習慣，也改為由執政的官吏參加。這些，都具有由原本重視血緣的部落組織，朝向漢文化王朝設官分職的意味。

二是改革官制。南遷之前與南遷之後，孝文帝兩次公布新的官制，由南朝來降的漢人王肅負責，模仿兩晉、南朝的官制及軍號等。改制之後，北魏政權的組織系統、職官名稱，與兩晉、南朝已沒有太大的差別。

三是新定冠服制度。北方部落民習於短衣，著褲，婦女則夾領小袖。孝文帝要求改為漢人服裝。此舉曾引起北人不滿，但孝文帝依然堅持，並頒賜漢式冠服給群臣，表示改革的決心。

四是定漢語為官方語言。規定三十歲以下的官員，處理公務上必須使用漢語，透過獎懲的方式，漸進地推動政府機構乃至日常生活的習慣漢語。

五是姓氏籍貫的改變。孝文帝下詔，遷居洛陽的人，死後不得歸葬北方，使洛陽成為家鄉，以融入新的環境。同時，孝文帝將帝室之「拓跋」改為「元」氏，功臣舊族之複姓者，也都必須改為漢姓。經此改制，南遷的部落民，在姓氏與籍貫上幾乎與漢人無異。

詳定姓族

孝文帝採行漢人的門第制度，制定姓族，史稱「詳定姓族」。這是將重要的胡漢家族，依一定的標準重新劃分等級，制度化為胡族八姓與漢族四姓。胡族八姓多出身鮮卑貴族的成員，漢人四姓則是魏晉以來華北的主要士族，這些都依等級區分為華腴、甲姓、乙姓、丙姓、丁姓等。凡列入八姓、四姓的成員，可以享有任官的特殊待遇。這項改革兼顧一個家族過去的政治、社會地位，以及當代的表現，並以國家的權力，使之與政權的利益結合在一起。

這項制度的推動，相較於兩晉南朝士族地位的約定俗成模式，無疑大有不同。孝文帝的意圖很明顯，他是要將門第制度具體法制化，門第的高低不由地方社會公論，而由國家制定，展現孝文帝提攜胡人勳貴成為士族，並且

強化君權的決心。同時，孝文帝透過這項改革，企圖打破胡人的部落傳統，將原本二元的胡漢統治集團，融為一元的門閥貴族體系，而國君則是統治的頂點。

由此可見，南北朝雖然都有士族，但其性質頗有不同。南朝士族子弟少年即可任職，但每視政事為俗務，又雅好清談，因此生活舒適懶散，不太措意政事。北朝士族則不同，有「國姓」與「郡姓」之分。國姓即鮮卑士族，以元、長孫、宇文、于、陸、源、竇為最高。郡姓即留居北方未南渡的漢人士族，又可分為關東、關中二區。關東以崔、盧、李、鄭為大，關中以韋、裴、柳、薛、楊、杜為貴。漢人士族為與胡姓區別，每於姓氏上冠以地方郡名，更講究郡望，故有郡姓之稱。

北朝漢人士族因處於胡族統治下，常能團結互助，極重同姓之情誼，稱之為骨肉。他們必須與胡人鬥爭，許多士族或地方豪族出來領導人民，小農也依附其下，因而華北出現許多「塢堡」，不但是生活上自給自足的單位，也是一種自衛性的聚落，東晉陶淵明所描寫的「桃花源」可能就是塢堡生活的寫照。胡族政權始終無法消滅這些漢人的社會勢力。

北朝漢人士族對於遠來投靠者，莫不加以幫助，故其社會組織趨向於大家庭制，甚至有二、三千家聚居於一地者，因此士族與寒門間的仇視遠不如南朝為烈，而胡族政權亦不敢加以輕侮。更由於身為被統治者，北朝士族莫不以經術為重，力爭上游，不像南朝士族般精神萎靡。而北朝的君主又多能利用漢姓士族為其釐定制度、進行改革或穩固政權，如崔浩、李沖、李安世、王肅等皆是。因此，北朝士族多較進取，也較南朝士族有更多的實際作為。

三 六鎮之亂

孝文帝遷都之後，積極展開南征蕭齊的行動。數年之內，三度南征，奪得淮河以南五郡之地。但孝文帝死於南遷之後的第五年（499），無法完成其一統中國的心願，漢化政策也未竟全功。加上後繼者開創性不足，北魏的國勢開始步入衰途，最後造成北魏分裂的大動亂，史稱「六鎮之亂」。

太武帝時，將降附的高車族幾十萬部落民安置在漠南地區，東起今河北

東北部，西至今內蒙包頭附近，構成一條防護帶。其後又擇其要地，設置軍鎮，重要者有六，故稱六鎮。在北魏中後期，此六鎮所指為懷荒（河北張北縣）、柔玄（綏遠興和縣）、撫冥（綏遠陶林）、武川（綏遠武川）、懷朔（綏遠固陽）、沃野（綏遠五原東北）。

最初，北魏因防備柔然，極為重視這些軍鎮，刻意由核心集團份子率領高門子弟，鎮守這些軍鎮，並給予鎮民免除賦役、做官升遷的優待。於是北邊軍鎮成為寬廣的仕途，也是眾人思欲立功的大好機會。但柔然勢衰後，為防柔然而設的北鎮，其重要性大減，自然也不再如過去般受到關注。

其次，北魏南遷以後，洛陽有利於國家社會經濟及文化的發展，但對武人的仕途則變成一種阻礙。鎮守六鎮的武人已離開政權的核心，其地位遠不如南遷的洛陽公卿集團。因為長期受到忽視，使得鎮民變得與犯罪謫戍者同等境遇，再加上中央政府官員的層層剝削，其心中的不滿日益加深。

孝文帝採用漢族社會的門閥制度，以之作為統治胡漢兩世界的原則。在門閥主義之下，原本支持政權的邊鎮鎮民地位下降，以致發生變亂。因此，六鎮之亂可以說是對國家體制轉變的一種反抗。

西元五二四年，在天災及柔然的劫掠下，北鎮鎮民和高車部落民生活困苦，於是舉兵起事，並迅速蔓延，連北魏派出的平亂軍也被打敗。此後數年內，北魏疆域的北、西、東區全都陷入了混亂之中。

受命平亂的地方豪雄爾朱榮，乘六鎮之亂崛起，以功績而握有軍權。同時，北魏中央也陷入內爭。西元五二八年，孝明帝元詡突然去世，爾朱榮以孝明帝遭到毒殺為由，揮軍進向洛陽，殺戮王公卿士二千餘人，另立宗室元子攸為帝，是為孝莊帝，北魏政權實際掌握在爾朱榮手中。

第四節　北朝後期的東西對抗

六鎮變亂後，北魏已名存實亡。只是新崛起的掌權者仍奉北魏之名作為號召，形成由高歡所主導的東魏政權，以及宇文泰所主導的西魏政權。二者皆以正統自居，互相攻伐，形成北朝後期的東西對抗局面。其後高歡之子高洋篡奪東魏建立北齊政權，宇文泰之子宇文覺篡奪西魏建立北周政權，仍維

持對峙之局。

一東、西魏政權的成立

　　高歡出身於北魏懷朔鎮，任爾朱榮部將，才華出眾，漸受重用。永安三年（530），爾朱榮被孝莊帝所殺，爾朱兆自晉陽（今山西大同）引兵向洛陽。此時六鎮兵民流入并州一帶者二十餘萬，被爾朱氏族人凌暴，於是高歡率領這批兵民前往山東，從爾朱氏的勢力底下脫離，收編這批六鎮兵民，成為日後高歡起兵稱霸的基本武力。

　　爾朱氏掌握北魏政局，勢力龐大，各地受其欺凌，皆有反叛的意圖。而高歡則努力在山東、河北一帶收買人心，暗中集結反爾朱氏的力量，尤其得到山東、河北豪族與士人的支持。六鎮兵民與漢人豪族結合，使高歡在西元五三二年攻下爾朱氏的根據地晉陽，爾朱氏的勢力瓦解。同時，高歡入洛陽立元修為帝，是為北魏孝武帝，自任為大丞相，掌握朝政。

　　孝武帝不甘充當傀儡，乃扶植在關隴（今河南西部、山西、陝西與甘肅東部）的宇文泰與高歡對抗。西元五三四年，孝武帝企圖襲擊高歡於晉陽，高歡知情後，以二十萬大軍南下圍洛陽，孝武帝匆匆赴關中投奔宇文泰。高歡另立年僅十一的元善見為帝（孝靜帝），並遷都於鄴城（河北臨漳西南）。遷都於鄴城後的魏朝，史稱東魏。

　　宇文泰出身武川鎮，六鎮亂後，隨同族人南奔，最後也被收入爾朱氏底下。當時，關隴地區也響應六鎮兵民，北魏朝廷數次派兵討伐，宇文泰則在討亂過程中屢建軍功，最後掌握關中的實權。孝武帝奔關中，宇文泰派軍迎接，奉帝於長安。其後孝武帝又不堪宇文泰的專政，與其發生衝突。宇文泰遂弒孝武帝，另立元寶炬為帝，史稱西魏文帝。

二東魏北齊的政治

 高歡時代的政局

　　高歡遷都於鄴，目的是使孝靜帝遠離北魏的傳統勢力，以自己的心腹控

制政權。另一方面,則是盡量利用山東、河北地區的漢人豪族力量,擁有大批武裝部曲者如渤海高氏、封氏及趙郡李氏,都受到高歡的重用。然而,在東魏政權趨於穩固後,高歡則開始削弱漢族武裝豪族的勢力,自己居於晉陽霸府,控制軍政,並派長子高澄赴鄴城掌理朝政,以嚴懲北鎮鮮卑勳貴的貪贓枉法行為,培植另一批以文才見長的漢族士人,以便高澄能順利繼承其地位。

　　高歡對北鎮鮮卑勳貴的整肅,的確贏得不少民心,並為高澄樹立威望,但也得罪不少勳貴武將,結果在高歡死後,引起大將侯景的反叛(546)。

高洋篡東魏與北齊的政治

高洋篡東魏

　　侯景的反叛很快就敉平,侯景投奔蕭梁而去。高澄繼位後,也到晉陽霸府掌管軍政大權,以其弟高洋留守鄴城,一如高歡時代的統治方式。不久,高澄幽禁孝靜帝,大殺官員,東魏元氏的勢力遭剷除殆盡。高澄死,高洋繼續掌權,於西元五五〇年篡東魏,國號齊,即北齊文宣帝。

　　高洋即帝位,勵精圖治,其重大政績,包括修訂律法、練置「百保鮮卑」及揀選華人勇士、設立九等之戶、改革幣制、修築長城以防突厥等,使北齊的國力達到鼎盛。不過高洋在位的後半期,性情狂暴,誅殺大臣的事件層出不窮。這是因為高洋初掌大權時,為爭取鮮卑勳貴的支持,曾刻意壓抑漢人文官,但當其欲篡位時,卻又遭到鮮卑勳貴的反對,高洋於是又轉而重用漢人文官以加強其帝權,壓制鮮卑勳貴。因此,高洋始終覺得其帝位不夠穩固,其所誅殺者,也都以東魏元氏子孫、鮮卑勳貴、宗室兄弟為多。

北齊的政治格局

　　高洋於西元五五九年暴卒,太子高殷年幼繼位,史稱廢帝。尚書令楊愔、領軍大將軍高歸彥、侍中燕子獻、黃門侍郎鄭頤四人受遺詔輔政。四人之中,除高歸彥為鮮卑武將外,其餘皆為漢族文官。尤其是楊愔,歷受高歡、高澄、高洋的重用,儼然是漢人士大夫的領袖。高洋死後,鮮卑勳貴勢力反撲,胡漢兩個集團的對立激化。

西元五六〇年，高洋堂弟高演聯合鮮卑武將發動政變，楊愔、鄭頤、燕子獻皆被殺，高演廢高殷，自立為帝，並重用參與政變的鮮卑勳貴武將，漢人文官勢力大退。高演在位僅一年而卒，其弟高湛繼位，因猜忌高氏宗室及勳貴們功高震主，因此又大加殺戮。到後來，高湛所引用的是史書上稱為「恩倖」的人物，如高元海、和士開、祖珽等人。這些人無才又得勢，使得北齊吏治大壞。

值得注意的是，恩倖人物的興起，與北齊君主欲鞏固其帝位有關。如高湛以二十九歲壯年之齡，即禪位於十歲的皇太子高緯，自稱太上皇帝，仍舊掌握軍政大權。此一做法，是祖珽與和士開兩人鑑於高澄、高洋、高演之子俱不得立的教訓，認為應先傳位於太子，早定君臣關係以利將來之傳承。可見當時君位的鞏固與傳承是統治者最關心的問題。

祖珽等人得勢後，為助長自己的勢力，又引進大批漢人，再一次招致鮮卑勢力的反感，釀成下一波更大的胡漢衝突。總之，北齊時代的胡漢衝突與恩倖政治，始終與君權問題糾結在一起，這是北齊王朝內部最大的隱憂。統治階層圍繞著這些問題而鬥爭不斷，政治黑暗，人心惶惶，終至走向衰亡。就此而言，東魏北齊因無法克服其內部衝突而敗亡，可說具有深刻的歷史意義，值得我們仔細反省。

三 西魏北周的政治

在南北朝後期鼎立的三國之中，西魏北周僻處關隴之地，面臨東魏北齊強大的威脅，朝不保夕。然而歷經數十年的發展，關隴政權利用侯景亂梁之際攻取四川、漢中，使國土增加一倍；更利用北齊內部的矛盾內鬥，一舉殲滅北齊，終於為隋唐帝國所繼承。

 ### 宇文泰的新政

宇文泰立元寶炬為帝後，於華州（陝西華縣）另開霸府，實際掌握西魏的大權。當時政權可分為三大勢力：一是由宇文泰所統率，從北鎮南下關中的鮮卑將帥士卒；二是原本就居於關隴、河南、河東的地方豪族；三是追隨孝武帝奔入關中的文武官員。這三股勢力在面臨東魏北齊強大的威脅下，唯

有緊密地團結在一起才能自保。其間雖有宇文泰毒弒孝武帝的事件，但彼此亦不得不有所節制、互相妥協。更重要的是，宇文泰勵行革新，為西魏北周打下良好的根基。

　　宇文泰在大統元年（535），以漢人士族蘇綽為謀主，推行政治革新。其主要內容是裁減官員、改北魏三長制為二長制、置屯田以資軍國所需，又奏行有名的「六條詔書」。六條詔書的綱目為：先治心、敦教化、盡地利、擢賢良、恤獄訟、均賦役。對於這些措施，宇文泰很認真地執行，下令官員必須熟背六條詔書的內容，否則就得去官。六條詔書最重要的精神，是一改北魏孝文帝的門閥主義，而充分表現出賢才主義的精神，即用人不太考慮門第，只問是否才德兼具。

　　此外，蘇綽也一改魏晉以來的政府體制，仿《周禮》所記述的周代官制，把政府分為天、地、春、夏、秋、冬六官府，各置長官而直轄於皇帝。這套官制在蘇綽死後由另一漢人士族盧辯完成，於西魏後期及北周付諸施行。

　　軍制方面，宇文泰最初以北鎮鮮卑化將帥為骨幹，吸收關隴地區的豪族鄉兵，總數不過數萬人。大統九年（543）與東魏的「邙山之役」後，這批軍隊折損極大。於是廣募關隴豪右，任命各地的望族豪強為「鄉帥」，令其集結地方自衛武力的「鄉兵」，將胡漢各族軍隊混合編為八柱國、十二大將軍、二十四開府的二十四軍體系，這就是後代所謂的「府兵」。宇文泰透過二十四軍的建制，不但補充了兵源，更把胡漢各種社會勢力納入此軍事體制中，這是政治力與社會力的完美結合，頗有全國總動員的精神，也象徵胡漢兩個世界的統合。西魏能夠一再抵抗東魏的進攻，常得力於這套軍事體制。

 ## 魏周革命與北周初期政局

　　拉攏各方勢力、維持和諧，是西魏初年宇文泰的策略。在政權逐漸穩固之後，以宇文泰為首的北鎮集團就開始擴張勢力。宇文泰利用魏帝人物的凋謝，以北鎮人物把持朝廷，並使之擔任各方的軍政要職。大統十六年（550）的府兵八柱國大將軍中，除廣陵王元欣為帝室象徵而實際並不領兵外，其餘七人，包括宇文泰自己，都是北鎮集團人物。

　　大約與此同時，西魏頒布詔書，下令在孝文帝漢化政策下改胡姓為漢姓者皆恢復使用胡姓，並且對於漢族也屢屢賜予胡姓。此一措施，除了是要混

合漢人與胡人，加強團結外，其實也是北鎮勢力已完全掌握局面，北鎮人物強化其胡族色彩的表現。

西魏恭帝三年（556），宇文泰病重，使姪兒宇文護接班執政。次年，宇文護擁立宇文泰嫡長子宇文覺即天王位，改國號為周，是為北周孝閔帝。此時北鎮元老趙貴、獨孤信密謀政變，失敗被殺，宇文護掌握北周的實權。由於宇文護的專權，使之與北周帝室對立，原宇文泰親信集團遂分裂為親宇文護、親周帝兩大派別，政界人物紛紛捲入此一政治漩渦中。宇文護不久廢孝閔帝，另立宇文泰庶長子宇文毓，是為北周明帝。

此時宇文護仍極力促進政局的和諧，卻並未放鬆自己的專權。明帝行事謹慎，不正面與宇文護衝突，暗中伺機行動，一邊鞏固自己的權力，一邊逼得宇文護束手無策，最後採取毒弒明帝的手段。明帝臨終前遺詔，立親弟宇文邕繼位，是為北周武帝。

武帝宇文邕個性深沈有遠見，在兩位兄長皆被弒的教訓下，先對宇文護百依百順，整天談玄論儒，不過問政事。直到在位的第十二年（572），才乘機誅殺宇文護，一舉剪除其黨羽，重拾帝室的威權。

北周武帝時代

武帝親政後，展現其非凡的決心與魄力，推動一系列富國強兵的政策，終於併滅北齊。

首先，武帝樹立一元化的領導中心。西魏時，宇文泰在華州建立霸府，魏帝則在長安，形成二元權力狀態。北周篡立後，宇文護久居同州（今陝西大荔縣），以都督中外諸軍事掌府握有全國最高軍權，仍是二元權力形式。武帝廢除了都督中外諸軍事掌府，建立一元化的領導中心。

其次，武帝積極整頓軍隊，包括加強訓練，並強化軍隊對皇帝的效忠，改府兵軍士為「侍官」，編入皇帝直轄的中央禁軍體系中，提高其榮譽感，也將地方的軍府隸屬於中央禁軍的諸衛府。如此一來，府兵的性質轉變為中央的禁軍，於是府兵也負有到京師駐屯的任務，稱作「番上」。武帝又進一步擴軍，使府兵擴大化、平民化，並使軍民分籍，免除兵士的租庸調和雜徭。這些措施，使北周軍隊戰鬥力提升，數量也大為擴充。

第三，武帝本身世儉樸耐勞，積極厚植國力，包括節約民財、救災害、

勸農業、釋放官奴婢等。更重要的是,武帝在建德三年(574)詔罷佛、道二教,括出大量隱匿在寺院道觀的人口,既增加兵源,又增加國家稅收。

在一系列富國強兵的措施下,北周國力達於頂盛。武帝遂於建德五年(576)親率大軍伐齊,次年(577),周軍攻入鄴城,擒高緯,短短三、四個月內,武帝消滅了相持四十餘年的強敵北齊。

在伐齊的同時,南朝陳宣帝欲乘機略取淮北河南之地,武帝又遣將討伐。宣政元年(578),周軍大破陳師,俘斬三萬人,並乘勢攻取陳朝江北之地。此時,中國一統的局勢已經出現,然而武帝卻英年早逝,留下北周紛擾的內鬥。

四 東西對壘的歷史意義

六鎮亂後,鮮卑族或鮮卑化的邊鎮鎮民對漢族士大夫與人民充滿仇恨與歧視,胡漢種族的衝突激烈化。爾朱榮在洛陽大殺朝士,即所謂「河陰之禍」,其中難免有胡族對漢族的仇恨情緒在內。高歡在舉兵之前,曾與六鎮兵民相約「不得欺漢兒」,這反映出當時胡漢衝突的普遍事實。

東西魏時代,被孝文帝禁行的鮮卑語又大為盛行,成為官方語言。西魏則不但把以往胡姓改漢姓者又恢復為胡姓,甚至大量賜予漢人胡姓。這些事例都可看出,東西魏時期與北魏洛陽時期的時代性格有很大的轉變。因此有些學者認為,東西魏時期是鮮卑文化對漢文化大反撲的時代。

然而,胡漢人民經過數百年的接觸,又經過北魏百餘年的穩定統治,雙方已有不少和平相處的經驗。北魏孝文帝勵行的漢化政策激起胡族的反彈,轉為六鎮之亂。但如果過度提倡鮮卑化,或過度壓抑漢人,恐怕也難以長治久安。更何況,在東西魏創建的過程中,都有漢人武裝豪族及士大夫的支持,自然也無法忽視漢族的力量。因此,東西魏時代,可以說是在摸索孝文帝漢化政策之外的其他路線,如何重新調整胡漢關係,是這個時代所面臨的重要課題。東魏北齊始終無法有效解決胡漢衝突問題,而西魏北周則透過府兵二十四軍及鄉兵的建制,將胡漢各種勢力融合於國家體制中,成為一生命共同體,以團結的力量扭轉東強西弱的局勢,在東西對壘中取得最後的勝利。

第五節　邁向再統一之路

一天下均勢的變動

地理均勢的形成與維持

　　魏晉南北朝的中國，依政治、經濟形勢可分為四大地理區域：一是以長安、洛陽為中心的西北區域，二是今河北、山東的東北區域，三是長江下游三角洲的荊、揚地區，四是今四川、漢中盆地的西南地區。以三國形勢論之，大致上是曹魏擁有北方兩大區域，而孫吳、蜀漢各據東南、西南地區。因此，吳、蜀聯合抗魏，才能達到三國鼎立的均衡狀態。後來蜀漢先為曹魏所滅，西晉對吳形成三面包圍的形勢，均衡狀態已經破壞，其結果就是西晉的統一。

　　永嘉亂後，此四大地理區域的重要性依然不減。待北方拓跋魏興起，收拾十六國殘局，南方劉裕篡稱宋，形成南北朝對立，大致上仍維持南北各保有兩大地理區域而造成均勢，因此南北雙方長期抗衡。

　　六鎮亂後，華北陷入動盪，分裂為東西兩政權。此時論國力，應是以南朝的蕭梁較占優勢，但梁武帝篤信佛法，堅持息境安民的政策，對北方不構成威脅。東魏則因接收北魏大部分的資源，且擁有大部分六鎮南下的軍隊，所以較為強大；西魏則偏處關隴，最為弱小，僅靠地形險要及團結各種勢力，勉強維持鼎立的局面。

　　然而，六世紀中葉，侯景之亂與塞北突厥的興起，使上述的均衡關係發生重大變化。

侯景之亂：中國內部均勢的破壞

　　侯景是東魏統治河南地區十餘年的大將，高歡病死，侯景遂以兵叛（547）。東魏遣軍討伐，侯景求救於蕭梁，梁武帝納之。不料東魏軍到，連破侯景與梁軍，梁與東魏講和，有意送還侯景，侯景遂轉而起兵叛梁，攻

入建康，梁武帝被幽餓死，江南的富庶之區遭到空前的破壞。梁朝宗室起兵勤王，卻演變成骨肉相殘的皇位爭奪戰。西元五五二年，侯景為梁湘東王蕭繹手下的王僧辯、陳霸先所平定，但梁朝已經殘破。西元五五四年，西魏乘機南侵，攻陷江陵。陳霸先最後才收拾江南殘局，建立陳朝（557）。

　　侯景之亂所帶來的影響極為深遠。在經濟上，兩漢以來，江南一直是北方動亂的避難所。數百年間，除孫恩、盧循之亂（399～411）外，江南未有過如此的大動亂。侯景之亂所掀起江南十餘年的大動盪，使最富庶的三吳地區遭到空前的摧殘，莊園殘破，人民流離失所，南朝國力已大不如前。

　　地理形勢上，北齊政權趁侯景之亂攻占長江以北，北周也伺機取得漢中、四川盆地的富庶之區。在前述四個地理區域中，南朝不但失去了西南之地，甚至連東南地區也失去江淮之間的富庶地帶，不論從生產或戰略來說，南朝都已大不如前。因此，繼起的陳朝無論如何努力，先天上都已是南朝國力最弱的王朝。

　　另一方面，侯景之亂使北齊掠取淮南江北之地，使其國力達於頂盛；西魏北周得到四川、漢中，版圖擴張一倍以上，完全擺脫先前僻處關隴一隅的窘境，為北周後來的的富強奠立基礎。這種南北形勢的變化，使得長期以來的均勢平衡趨於崩壞，北方即使仍在兩大陣營對壘之中，其國力也強於南方的陳朝，而其關鍵即在於侯景之亂梁。

突厥的興起

　　柔然長期稱霸塞北草原，一直是北魏最大的邊患。東西魏時代，東西兩陣營都曾示好於柔然，後來柔然屢次侵寇西魏邊境。此外，東魏多半與南朝保持良好的關係，又透過柔然連結西魏南方的吐谷渾，使得西魏陷入四面的包圍之中，這是西魏處境最孤絕無援的黯淡時代。

　　此時，西魏積極尋找外援，遣使聯絡西方新興起的突厥。西元五五五年，突厥消滅柔然，稱霸塞北。西魏因此打破先前四面受圍的窘境，反過來使北齊受到突厥強大的威脅。為了防備突厥，北齊展開自秦始皇、漢武帝以來最大規模的長城建築運動，十餘年間，消耗國力無計，可見突厥興起對北齊所造成的威脅。北齊的滅亡，固然有其內在的歷史困境，但突厥的興起與威脅也是不可忽視的外部因素。

　　侯景之亂與突厥興起，使當時的中國內部政局及外部情勢發生重大變化。南朝因此趨於衰落，北朝則由北齊強盛轉成北周富強，不僅為北周併滅北齊創造有利的環境，同時也使南北朝長期的均衡局勢趨於崩解，這是後來隋朝政權得以形成的有利條件。

二 周隋政權的轉移

北周的衰弱

　　周武帝死，皇太子宇文贇嗣位，是為北周宣帝，年二十歲。次年（579），宣帝傳位年僅七歲的皇太子宇文衍（即北周靜帝），自稱天元皇帝，仍掌大權。

　　宣帝掌政期間，北周政治轉為陰沈恐怖，陸續殺害功業彪炳的宗室及親信大臣。大象二年（580）五月，宣帝暴崩，外戚隋國公楊堅矯詔執政，三年（581）二月，楊堅篡位，北周滅亡。歷來史家視宣帝為典型的暴君，以為北周之速亡乃宣帝暴政所致。不過，從賢君武帝死至北周滅亡，其間不到三年，除了宣帝暴政外，應有更深遠的背景。

　　從西魏中期以後，西魏北周政權歷經數次變局，權力結構一再重整，不少政治、社會上的勢力原在權力結構之中，隨即又被排除於核心之外，政權基礎有日漸窄化的現象。加上統治階層屢次明爭暗鬥，北周王朝逐漸失去對人民的號召力。周武帝雖然整軍經武，勵行富國強兵，但未著力於文治，其激烈的廢佛措施也大失民心。此外，北周過度中央集權化的體制，以及年輕的宣帝濫用權力，造成內外恐懼，也使楊堅有可乘之機。

　　總之，北周在強盛的外表下，同時也隱藏著危機。不過，北周政權的危機與其國力的富強是兩回事，楊堅篡位之後，仍然是靠北周培植的國力才能統一天下。

楊堅的崛起與篡周

　　楊堅為武川鎮軍人之後，其父楊忠是西魏大統十六年的府兵十二大將軍之一。宇文護專權時代，楊忠、楊堅父子每每受到排斥。武帝親政後，聘楊

堅長女為太子妃,楊堅才漸受親重。宣帝即位,為鞏固政權,前後拜楊堅為上柱國、大司馬、大前疑等官,楊堅成為宣帝時的新貴。但宣帝喜怒無常,楊堅其實和許多大臣一樣,遭受猜疑,朝不保夕。

宣帝暴崩,近臣鄭譯、劉昉矯詔引楊堅入總朝政,都督內外諸軍事。楊堅密不發喪,迅速組成自己的親信班底,藉口趙王宇文招將嫁女於突厥為詞,將各藩國的宗室諸王召回京師,以便就近控制。一切布署完成之後,楊堅自任為左大丞相總攬朝政,然後對外發喪,並發布命令,修改宣帝時代的苛法,以廣收民心。

北周元老重臣相州總管尉遲迥不滿楊堅挾幼主掌權,以匡復周室為號召,引數十萬人起兵。各地響應者甚眾,楊堅僅能掌握關中地區。楊堅命韋孝寬為行軍元帥,統領關中兵馬討平尉遲迥,關東悉平。這場戰役楊堅能夠勝利的關鍵,是由於得到北周重臣李穆、于翼、竇熾等人的支持。李穆任并州總管、于翼任幽州總管,都擁有重兵,使尉遲迥有後顧之憂而行軍作戰遲疑。

尉遲迥死,其支持者如司馬消難、王謙等人也相繼敗亡。楊堅在數月之內剷平各地反對勢力,遂於西元五八一年受禪,改國號為隋,年號開皇,是為隋文帝。

三 統治階層的變動

楊堅自出任大丞相總攬朝政,以至踐祚為帝,前後僅十個月,為當時人所始料未及。清代學者趙翼曾說:「古來得天下之易,未有如隋文帝者。」楊堅之所以能夠如此,其原因大致如下:

第一,北周武帝親政後強化中央集權,宣帝又大誅宗室諸王,使楊堅能輕易掌握中央大權、支配文官武將,處於一種主動優勢的地位。

第二,楊堅充分利用不滿情緒,收買民心。宇文氏政權漸失民心,武帝為富國強兵而採取激烈的廢佛、道二教措施,遭到社會各界的不滿;宣帝又實行嚴苛刑法,造成民怨。楊堅則利用這種情勢,在執政後宣布復行佛、道二教,又修改苛法,由是受到人民的支持。

第三,楊堅手下有一批積極的支持者,他們是西魏北周權力結構演變過

程中被排斥的勢力，以及北齊遺民的勢力。

如前所述，西魏北周由北鎮勢力、關隴土著勢力、追隨魏帝勢力所結合，具有命運共同體的性質。在西魏逐漸擺脫東魏的威脅之後，北鎮勢力急速擴張，其他勢力被排除於權力核心之外。宇文護專政造成宇文泰親信集團分裂，宇文氏家族陷於骨肉相殘；武帝親政後，勵行中央集權，宇文宗室多居權力核心；至宣帝時肆行誅殺宗室，宇文政權已無磐石之固。由此可見，西魏北周的中央政治，乃一權力基礎日益狹窄化的過程，原本命運共同體的性質已然喪失。在此一過程中，被排除在外的勢力蓄勢待發，尋求翻身的機會，楊堅的執政就是這批人的大好時機。

京兆的蘇氏家族就是一個明顯的例子。為宇文泰規劃新政的蘇綽，時為關中首望，但西魏中期以後，蘇氏人物甚少在政府任要職。蘇綽之子蘇威，在北周時期甚至過著幾近隱退的生活，直到楊堅執政，蘇威受到重用，積極襄助楊堅，成為隋初的「四貴」之一。

又如弘農楊氏，世為望族。楊寬是魏孝武帝的親信，孝武帝被弒後，楊寬就仕途不順。其孫楊素因父有軍功未受撫恤，上表申理，還差點被周武帝所殺。楊素本人雖屢建軍功，始終只是中下級的軍官，其他楊氏族人也未有居於要職者。楊堅執政後，拜楊素為大將軍，甚為器重。後來楊素領兵討伐尉遲迥，進位柱國，也成為楊隋政壇上的新貴。

高熲，其父高賓本仕東

圖 4-1　隋文帝

此圖左上方有「挾智任術，徼幸得位；明敏儉約，精勤政治」字樣，顯示後人對文帝得天下之速，以及其勵精圖治的評價。

魏，西魏初年來降，但高氏一直受到北周的壓抑。高熲於北周末年任內史下大夫，與楊堅甚為熟稔。楊堅執政後，高熲竭誠為其籌畫，討平尉遲迥之役，多得力於高熲的謀略，才能化解危機而致勝，可說是楊堅的首要功臣。

京兆韋氏，也是三輔著姓。西魏初年，韋孝寬是名將，曾抗拒高歡的大軍，致高歡退兵病死，建有大功。但他的仕途並不順利，一直到北周末年，以七十歲高齡才升為上柱國。楊堅執政，韋孝寬受命討平尉遲迥，也立有大功，因此韋氏家族人物在隋初有不少歷任要職者。

以上數例，都是在西魏北周不得志，於周隋革命之際，轉而積極協助楊堅者，而且他們都是漢人。李德林、楊惠、皇甫績、蘇威、高熲、柳裘、崔仲方等翼之於內，韋孝寬、楊素、崔弘度、李詢等助之於外，使楊堅能輕易地篡周為帝。

四　隋文帝的統治與改革

隋文帝即位之初，所面對的仍是一個分裂的中國。由於楊堅一面收買人心，一面大刀闊斧地改革，終於結束魏晉以來的諸多亂象，為後來統一國家的政治制度奠定規模。

恩威並重的統治策略

隋文帝楊堅為穩固政權，採取恩威並重的手段。一方面盡誅宇文氏子孫，使其永無再起之力，並斷絕反對者擁戴的對象。另一方面，文帝拉攏、安撫北周的舊勢力，任命北周重臣李穆為太師、竇熾為太傅、于翼為太尉，其實都位高而無權，真正的大權則掌握在身邊的親信手中。

此外，為安撫東方舊齊之地的民心，除了任命原仕北齊的李德林為內史令外，又頒布詔書，令山東諸州刺史推舉人才，並詔徵山東馬榮伯等六位大儒。其目的都在統合各方社會勢力，擴大政權的社會基礎。

文帝即位之初，大臣屢次上奏平陳之策，文帝都答以政道未洽，不宜先窮武事。的確，擺在楊堅面前有許多篡周之後整頓內部的工作，在內部問題尚未妥善處理之前，文帝並不急於出兵江南。

開皇年間的改革

經過西魏北周的努力，將關隴地區的胡漢人民凝固為一體，逐漸形成所謂的「關隴集團」，此一集團也從北朝末年開始，長期宰制了中國的政治社會核心。但隨著統一局勢的來臨，隋文帝為尋求政權更大的社會基礎，也逐步開放官僚體系，接納關隴集團之外的人士。在重大法令與政策的制定過程中，都細心安排關隴、山東與江南的人物參與。

在其執政的第一年，隋文帝廢止了北周的官職名稱，宣示「復漢魏之舊」，以顯示隋是一個全中國的政權。所謂「漢魏」，是指東晉、南朝承襲自漢魏的文化價值與典章制度，以及北魏孝文帝漢化後的各項制度而為北齊所繼承者。也就是隋朝在立國精神上，宣示繼承中國的正統。此後，隋文帝又展開了一連串大刀闊斧的改革，其方向大致有三：(1)落實文化認同政策，回歸漢魏所代表的正統中國文化；(2)建立以皇帝為頂點的中央集權體制，以及天子所象徵的天下秩序；(3)依法（律令）為治。

依漢魏之舊，落實文化認同政策——編修禮樂律令

隋文帝在開皇元年（581）即位後，便下令「易周氏官儀，依漢、魏之舊」，也就是廢棄北周以《周禮》為藍本的六官舊制，宣告隋朝的立國精神是繼承漢魏以來的中原正統文化。就立國原則而言，這是以漢魏文化的認同作為立國的先決條件。因此，文帝首先在「王者功成作樂，治定制禮」（《禮記‧樂記》）的理念下，展開編修律令與禮樂的工作，以落實其文化認同政策。

就律令而言，西晉泰始律令（頒布於268年）成立後，「律」與「令」成為國家的成文法典，其後又有「格」與「式」二種法典作為律令的補充。由於律令格式的法典形式完成於隋唐時期，故學者習稱晉唐之間的法制為「律令制」。

隋文帝即位後，即著手修訂法制，於開皇元年完成律，次年完成令、格、式。開皇三年（583），鑑於律典過於嚴苛，重新定律，此即後代所稱的「開皇律」。開皇律已經散亡，不復見其原貌，但流傳至今天的唐律，大體即繼承開皇律。

開皇律最主要的精神是在於保護名教，即正確的人倫規範，並確保由士大夫所建立起來的道德原則及文明。此類的人倫規範中，主要集中在忠與孝的原則。因此，開皇律中所謂的「十惡」罪，即在懲罰不忠與不孝，處罰違反君臣原理與家族秩序者。開皇律的立法精神在確立名教，這也是傳統中國律法的特色。

就禮典的編修而言，西晉武帝太康年間（291～299），國家第一次頒布禮典，是為「晉禮」。此後，歷朝都致力於禮典的編修，成為中國中古史的一項特色。文帝即位後，命大臣學者根據南梁與北齊的儀注，編定新的禮典，於開皇五年（585）頒布，此即「開皇禮」。不過，這部禮典完成於平陳之前；平陳之後，面對中國統一的新局勢，文帝又於仁壽二年（602）重修。從重修學者的名單中可以看出，這部新的禮典是想反映中國各地士大夫的見解與主張，尤其是新征服南方學者的意見。由此可知，隋文帝想包容各種文化於一體，在精神上與實質上，成為全中國統治者的強烈企圖心。

就「作樂」而言，隋文帝努力想去除胡樂，建立華夏正聲，即所謂「雅樂」。隋平陳之前，北方缺乏建立雅樂的人才。平陳之後，得到南方的學者與樂工，才在開皇十四年（594）建立雅樂之制，成為中國的正聲。

重頒均田令

北魏以來的均田法，其主要目的不在平均土地，而是有計畫的結合勞動力與土地，重建以自耕農為主的小農社會。其原理為：⑴由國家分配土地，土地不得任意買賣，農民也必須定著在土地上，不得任意遷徙。⑵政府規定農民所須種植的物種，以求地盡其利、物盡其用，符合國家最大的利益。因此，均田法反映出濃厚的管制經濟思想，特別是嚴格控制勞動力的意圖。

隋文帝於開皇二年（582）重頒的均田令，主要承襲北齊的河清令（564年），規定成年的男丁可獲授田百畝，其中八十畝為露田，必須歸還政府，二十畝為永業田，不須歸還；已婚的婦人，則可受田四十畝。就精神而言，這仍是「依漢魏之舊」，認同漢魏中原正統文化的措施之一。

不過，文帝在位期間，已出現授田不足的現象，尤其是人口較稠密的「狹鄉」，甚至每丁只受田二十畝，是法令規定的五分之一。揆其原因，主要是人口增加，而土地開發的速度遠有不及所致。

賦役制度的強化

隋朝的賦役制度稱為「租庸調」。租是穀物收成之稅，凡受田的農家（以一對夫妻為單位），必須每年納粟（當時北方的主食）三石；調是受田農家所須繳納的定額絹、布或麻、棉等，依土地性質所種物種而異；庸是丁男每年須為國家服勞動的日期，其時間長短屢有變動。賦役制度奠定於開皇二年（582），是重頒均田令的相應措施。究其內容，大致上也沿襲自六朝，隋文帝只是將其進一步制度化，並推行到全國。

重建中央集權

1.改革地方行政體系

六朝地方官制的弊端主要表現在兩方面。第一是濫設州縣以酬庸政治人物，以致地方行政體系疊床架屋，政府官員的人數也惡性膨脹，增加政府的負擔。第二是地方政府出現二套體系：一是繼承漢制的「州官」，或稱「鄉官」；一是軍府體系，稱為「府官」。州官由長官辟召，長期以來多由地方豪族所壟斷；府官形式上由中央任命，實際上仍是由軍府長官辟召。隋文帝於開皇三年（583）開始對地方行政體系展開改革，其內容約可分為以下幾項：

首先是將六朝以來的州郡縣三級制改為州縣二級制，調整行政區，廢掉五百餘郡，使地方官員減少約三分之一，節省了六朝以來巨大的人事費用，也減輕了民眾沈重的負擔。

其次，文帝將原有的「府官」與「州官」二個體系併為一個體系，即歷史上著名的「廢鄉官、存府官」措施，使得地方行政制度回歸單一系統。漢末大亂以來，府官的任命不限於當地人，且由中央政府除授；而州官（鄉官）例由地方長官辟召，長期以來多由地方豪族壟斷。此次改革後，地方長官喪失僚屬的辟召權，所有官員皆由中央任命，且回復漢朝「本籍迴避」的原則。這項原則，一直延續到清朝末年「地方自治」主張的興起。隋文帝這改革地方行政體系的主要用意，正在於中央集權。一則避免地方勢力的坐大，使地方的人事命令權收歸中央所有，減弱六朝時期地方大族對地方的控制力量；二則裁撤大量冗員，節撙政府的人事負擔，其影響極

為深遠。

2. 戶籍與鄉里制度的革新

漢末大亂以來，中國的戶籍管理制度出現二大弊端：一是民政系統軍政化，許多人民因戰爭需要，由民籍轉為世襲的軍籍（軍戶）；二是因豪族盤據地方，許多人成為隱戶，不在國家的戶籍之中。隋文帝於是力圖將六朝的軍政體系轉變為民政體系，重建郡縣治民與「編戶齊民」的理念。

首先，隋文帝再度確立戶口管理制度。自秦漢皇帝制度以來，國家支配人民的原理是植基於編戶人口的管理，尤其是成年男子的勞動力，所以歷代政權都注重對男子的戶籍管理。北齊河清三年（564）令，人口分為丁、中、老、小之制確立，稱為「丁中制」。開皇二年定令，繼承了北齊的河清令，只是增加了「黃」這個等級，指三歲以下的小孩。丁中制的設計是與賦役制、均田制相配合的，丁男是主要的賦役負擔者。隋文帝定令再度確立丁中制，並延遲成年年齡與提早老年的規定，被史家視為是皇帝的德政。

其次，隋文帝展開大規模的戶口調查工作，搜括出大量隱匿的人口，此即所謂「大索貌閱」。單是開皇五年（585），就在北方括出了一百六十餘萬人。

第三，隋文帝乘著平定江南的威勢，廢止北魏以來的三長制及二長制，改採魏晉的「鄉里制」。三長制或二長制，是國家透過黨長、里長的私人關係間接掌握人民，這是因應地方豪族勢力龐大而不得不然的措施。但這與秦漢皇帝制度確立的統治原理，亦即對編戶人民勞動力的直接控制，顯然有所衝突。於是隋文帝透過均田制的規劃，以田地的授還與賦役的催徵為手段，制定以一百戶為里、五百戶為鄉的戶籍管理制度，直接控制基層人民。

第四，隋文帝於開皇十年（590），即平陳統一後的第二年，下詔廢止軍人的軍籍制度，令所有人民均回歸民籍，由地方行政體系管理，這也等於廢止了六朝時期的軍戶制度，並使六朝所出現各種防、鎮、戍、府等軍事駐屯城市，全部納入民政體系之中。

均田法的實施，使人民願意脫離豪族而成為國家的編戶，也使地方社會勢力無法再與中央爭奪勞動力，配合戶籍與鄉里制度的改革，就使中央政府

更有能力掌握基層人民，實現以皇帝為頂點的中央集權。

3.整理貨幣制度

隨著戰亂的破壞，漢代實行的統一貨幣制度也在六朝崩潰。開皇元年（581），文帝重鑄漢代的五銖錢，並禁止其他非法定貨幣的通行。統一貨幣制度所反映的，與其說是商品經濟發達的水準，不如說是中央集權的程度。統一的貨幣可使全國有統一的價值尺度與計算標準，便利於稅收制度的建立、刑罰等第的計算、防止官員貪污及促進經濟發展等。

4.九品官人法的廢止與科舉制度的初步實施

九品官人法不重視實際的教養與能力，只論候選人的出身與家世，使南北朝政權的參與者日益窄化，變成一個封閉的特權集團。開皇七年（587），隋文帝廢止九品官人法，同時也創立貢士制度，設秀才、明經、賓貢三科，以考試取人。這是梁武帝天監改革的繼承，也是中國選舉制度上的一大創舉。文帝創新之處，在於允許士人自行報名參加考試，所謂「投牒自進」、「懷牒自列」，而非過去由地方長官推薦。

就動機而言，文帝此舉不能視為欲廢止門閥制度，只能說是修正與改良。因為門閥子弟人數過多，政府並沒有那麼多的職位可供占用，因此必須制定一套門閥出身入仕的客觀標準，以解決士族的圈內競爭問題。就結果而言，貢舉也提供了中下層士人進入高級官僚層的管道，使政權的社會基礎大為擴增，不再局限於出身高的門第階層。

5.府兵制的變革

北周武帝在兵制改革中，除廣募在地漢人為兵外，也讓軍民分籍，軍人不屬民政體系的州縣，並將府兵編入皇帝直轄的中央禁軍體系。隋朝的府兵制大致承襲北周的規模，在指揮系統上並沒有改變，但在府兵的身分上，則做出重大變革。其中最重要的，是隋文帝於開皇十年，下令廢止軍人的軍籍制度，回歸民籍。在此之前，府兵可以看成是一種身分兵制，是一種具有特殊身分的人民，隸屬於軍籍。開皇十年的改革中，軍人回歸民籍，從此，府兵指的不再是一種具有特殊身分的人民，而成為編戶人民眾多的賦役項目之一。這項改革，可視為「編戶齊民」理念的進一步實現。

隋文帝諸項制度的改革，不論是議禮樂、修律令、頒均田、行科舉、改革地方行政體系與鄉里制度等，都以落實漢魏中原正統文化為精神，以重建

呈帝中央集權制度為目標，其手段則是依法（律令）爲治。此三項原則與特質，其實就是隋朝初年的立國政策，其中大部分也為後來的隋煬帝所繼承。總之，隋文帝的改革，結束了魏晉以來的許多亂象，為當時及後來統一國家的政治制度奠定規模，也奠定其開創隋唐王朝的歷史地位。

問題討論

1. 請說明六朝士族形成的背景。
2. 請分析西晉「八王之亂」的原因與影響。
3. 東晉為何始終無法規復中原？
4. 南朝士族衰落、寒人興起的原因為何？
5. 試說明北魏孝文帝推行漢化政策的原因及其影響。
6. 隋文帝如何落實回歸漢魏中原正統的文化認同政策，並重建以皇帝為頂點的中央集權體制？

參考書目

1. 川勝義雄《六朝貴族制社會の研究》，東京：岩波書店，1982 年。
2. 王伊同《五朝門第》，香港：中文大學出版社，1978 年重刊本。
3. 田餘慶《東晉門閥政治》，北京：北京大學出版，1989 年。
4. 谷川道雄《隋唐帝國形成史論》，東京：筑摩書房，1971 年。
5. 何啟民《中古門第論集》，臺北：臺灣學生書局，1978 年。
6. 高明士〈從律令制度論隋代的立國政策〉，《唐代文化研討會論文集》，臺北：文史哲出版社，1991 年。
7. 高明士〈隋代中國的統一——兼述歷史發展的必然性與偶然性〉，《中國歷史上的分與合學術研討會論文集》，臺北：聯合報系文化基金會，1995 年。
8. 宮崎市定《九品官人法の研究》，京都：同朋舍，1977 年，第 3 版。
9. 唐長孺《魏晉南北朝史論叢》，北京：三聯書店，1955 年。
10. 唐長孺《魏晉南北朝史論叢續編》，北京：三聯書店，1959 年。
11. 陳寅恪《魏晉南北朝史講演錄》，萬繩楠整理，中和：雲龍出版社，1995 年。

12.逯耀東《從平城到洛陽》，臺北：聯經出版事業公司，1979年。

13.傅樂成《漢唐史論集》，臺北：聯經出版事業公司，1977年。

14.蒙思明〈六朝世族形成的經過〉，《文史雜誌》1卷9期，1935年。

15.薩孟武《中國社會政治史（二）》，臺北：三民書局，1975年。

16.嚴耕望《中國地方行政制度史（乙部）：魏晉南北朝地方行政制度》，臺北：中央研究院歷史語言研究所，1990年，第3版。

第五章

統一帝國再現──隋唐時期

第一節　導　言

一　隋代興亡

　　中國自西晉永嘉之亂（307）起，南北分裂近三百年，至隋開皇九年（589）再度統一。隋朝經過文帝楊堅、煬帝楊廣統治之後，天下大亂，終至亡國，是一個立國僅三十八年（581～618）的短命王朝。雖是如此，隋在平定南方陳朝，統一天下不久之後，國力達到中國史上少見的富強地步，直到煬帝即位的大業初年，達於高峰。所謂「富」，指戶口殷盛，庫藏皆滿；所謂「強」，指除平服突厥外，四夷亦綏服，其中高句麗雖未臣服，但並無內犯。

　　隋文帝楊堅跟他的皇后獨孤氏生有五子，長子楊勇原被立為太子，個性喜愛奢華，不被文帝與獨孤后所愛。次子楊廣善於矯飾，故作儉樸而為雙親所喜。隋文帝晚年，楊廣結好權臣楊素，圖謀廢太子奪權，開皇二十年（600），太子被廢而改立楊廣為太子。文帝仁壽三年（603），四弟蜀王秀不滿楊廣被立為太子，而被貶為庶民，幽禁終身。仁壽四年（604），隋文帝去世，楊廣即位，是為煬帝，年號大業，楊勇隨即被殺。楊廣一登位帝位，五弟漢王諒舉兵反，當時漢王諒是并州總管，掌控山西精兵，後失敗被廢為庶民，幽禁終身。顯然隋煬帝是在肅清骨肉之中獲致帝位。

　　隋煬帝在易儲的宮庭鬥爭中，雖然獲得勝利，將擁護舊太子楊勇的朝臣處決或流竄，又在平定漢王諒的叛亂後，將地方上的總管制度廢除，收軍權於中央之手。總總作為引發關隴集團權貴對於煬帝的疑懼，形成統治集團內

部的分裂。這些不滿煬帝做法的關隴門閥，後來成為隋朝亂亡的主要助力。

煬帝大業五年（609）以後，帝國由盛轉衰，關鍵的導因固然是由於征伐高句麗的連串失利，但是煬帝內外措施失當，接踵而至，百姓不堪負荷而終生叛亂。大業七年（611），由山東、河北地區首度揭竿而起，煬帝受近臣蒙蔽，政府應付失當，以屠殺、掃蕩農民反抗軍，導致情勢不可收拾，反抗勢力如燎火之原，熊熊燃起。叛亂的群眾也由單純的農民，加入地方上土豪（地方軍府的軍官）、富農，最後連隋朝政權支柱的關隴門閥也加入叛亂軍行列。

隋煬帝在奪嫡取皇位的宮廷鬥爭中，與統治集團的關隴門閥發生齟齬，因此即位之後，繼續強化推行文帝以來「復漢魏之舊」，以皇帝為頂點的中央集權政策。此一政策顯現在煬帝人事安排上，就是拔擢江南士人，以抑制關隴集團。所以在隋末農民叛亂擴大時，關隴權貴加入，統整農民、土豪勢力，成為主導隋末叛亂的主力。

大業十二年（616），全國各地出現「盜賊」，煬帝竟以尋求遷都江都自保，大業十四年（618）為身邊出身關中的軍人所弒，隋朝滅亡。

二 唐代前期

安史之亂（755～763）是唐朝興衰的分水嶺，甚至可說是傳統中國史承先啟後的重大轉型事件。唐朝建國到安史亂前，是唐朝前朝（618～755）；安史亂起到唐亡，是唐朝後期（756～907）。

隋末人民叛亂中，同是關隴集團權貴的李淵，起兵太原。七年之間，李淵與次子李世民，平定群雄，統一天下，建立唐朝。唐朝國祚二百九十年（618～907），經歷二十位皇帝，是中國史上有名的盛世。就唐代前期而言，從太宗貞觀初，中間經歷高宗、武則天、中宗、睿宗諸帝，到玄宗天寶晚期，國家呈現欣欣向榮的景象，有學者稱此一百二十餘年為「盛唐」。唐代後期自安史亂起（756），到朱全忠篡唐建梁（907）為止，共有一百多年的時間，唐朝在這段時期，內困於藩鎮割據、宦官干政，外擾於吐蕃、回紇侵凌，漸由衰敗走向敗亡。

李淵統一全國後，皇室中央爆發皇位繼承權的衝突，李世民發動玄武門兵變，殺太子建成與四弟元吉，繼承皇位，是為太宗，年號貞觀。唐太宗在

位二十三年，開創中國歷史上有名治世「貞觀之治」，奠定唐帝國繁榮的基礎。

　　貞觀二十三年（649），唐太宗駕崩之後，高宗繼位。高宗個性仁慈軟弱，才能平庸，主政初期得太宗舊臣長孫無忌、褚遂良等輔佐，國強民富，有「貞觀之治」遺風。中期以後，更易皇后，改立武則天為后。高宗的皇后武則天，個性果決，敏慧多智，趁著高宗為疾病所苦，參與政事，漸漸掌控政權，時與高宗一同垂廉聽政，大臣們稱高宗「天皇」，武則天稱「天后」，當時號為「二聖」。高宗死後，武則天數易太子，最後篡唐建周，以一介女子成為帝王。在帝制中國的三百多位皇帝中，武則天是唯一的女皇帝。

　　武則天晚年，在立子與立姪為後嗣的困境中結束政權，李唐再興，是為中宗。中宗的皇后韋后、女兒安樂公主，以及妹妹太平公主等人，先後效法武則天，謀求帝位，中央政局因而有將近十年（705～713）的動盪傾軋，發生數次宮廷政變，最後政權落於李隆基之手。

　　唐玄宗李隆基是武則天的孫子，年二十八，登基為帝，改元開元，即位之後，勵精圖治，對內任賢納諫，關心吏事，整頓經濟，再造「開元盛世」。盛世的重要成就之一，就是完成東亞文化圈，中國的漢字、律令、儒學、佛教與科技等，成為新羅、日本等地的共通文化要素。

三 唐代後期

　　唐初承繼隋代的「律令體制」，經過百餘年的演變，到了玄宗盛唐時期，已跟不上時代的潮流，玄宗銳意革新卻沒有真正解決問題，加以玄宗晚期怠於政事，專寵楊貴妃，奸相李林甫、楊國忠乘機專權，排除異己，朝政日壞，因而給予胡將安祿山覬覦機會。

　　玄宗天寶十四載（755），安祿山於河北地區的范陽（今北京西南）起兵叛亂，領軍南下，以野火燎原之勢，陷洛陽、入關中，最後占領長安，國家陷入內亂。玄宗倉惶間逃往四川避難，太子李亨北上於靈武（今寧夏靈武西南），繼位稱帝，是為肅宗。肅宗重整各方力量，進行反攻。政府軍與叛軍纏鬥八年，到了代宗廣德元年（763），亂事平定。由於叛軍領袖是安祿山與史思明，所以史家稱此次叛亂為「安史之亂」。

安史亂後，唐朝維持一百餘年的基業，歷經肅、代、德、順、憲宗等共十四帝，但是全國遍布藩鎮，形成「藩鎮體制」，中央朝廷則是宦官政治與黨爭不休，最後黃巢亂起，全國陷入動亂，終至於黃巢叛將朱全忠手中被滅亡。

唐玄宗以來，為防禦北方邊境外族侵擾，沿邊設置節度使，給予管轄區域內的軍事、行政與財政權。安史亂後，唐中央在全國各地廣設節度使，在州府之上有節度使轄區，形成「藩鎮體制」，除亂前胡化較深的河北地區「河北三鎮」外，其餘藩鎮基本上都受中央的節制。唐中央對於河北三鎮（成德、盧龍、魏博），僅保有形式上的統治權，藩帥任命人選都須由該區領導者出任，常常父死子繼，賦稅不入中央，形成國中之國。雖然憲宗元和時期曾短暫取得對於這個區域的控制權，旋即失去。

至於其他地區的藩鎮，西北邊區的藩鎮向來掌控在中央手中，用來抵禦吐蕃的入侵；中原地區的藩鎮，是中央與河北強藩鎮的緩衝地區，用於捍衛唐中央，或保障大運河的暢通，雖曾有過如同河北三鎮的情形，不過大致上服從中央；南方是唐中央經濟命脈所在，政府財賦大都出自此區，節度使多由文官出任，稱為「儒帥」，此處兵力寡、藩帥更易繁，相較他區，中央的控制力最強。僖宗黃巢之亂以後，各地藩鎮趨於自立化，不聽中央號令，形成割劇局面，彼此攻擊，唐中央在就在這種局勢中走向滅亡。

唐代宦官干政始於玄宗時的高力士，然其知守本分，尚無弄權之弊。安史亂起，肅宗繼位，宦官李輔國居功厥偉，既有擁立之功，復又掌管中央軍隊的禁軍，權傾一時。代宗時解除宦官兵權，但是到了德宗時期，因為藩鎮的叛亂，設置神策軍的中央禁軍，由宦官典軍，自此以降，宦官就掌控了中央軍隊。其次，代宗時曾設置樞密使，由宦官出任，職司承受表奏、代宣聖旨，隨後，宦官就利用這個職權，干涉朝政，假傳王命，漸漸掌控中央實權。

宦官透過掌管禁軍、任樞密，乘機獲致監軍、出使之權，漸漸取得中央的實權，復又採行「假子制」（收養義子）來延續權力，代代相傳，勢力因而鞏固不可動搖。其結果是，安史亂後唐室諸帝，憲宗、敬宗被宦官弒殺，穆、文、武、宣、懿、僖及昭帝等皆為宦官所擁立，真可說唐朝後期的政治是「宦官政治」。

中唐時期「牛」僧孺與「李」德裕的牛李黨爭，是唐代朋黨之爭中，規

模最大、歷時最久的。牛李黨爭起於憲宗元和年間，到文宗時，彼此互有升降。武宗時李黨當權，牛黨盡斥；宣宗之際，轉為牛黨執政，李黨散諸地方。宣宗以後，黨爭漸息。

傾軋四十餘年的牛李黨爭，起因主要是雙方爭競朝廷祿位，而不是如同現今的政黨政治是因於政治理念或路線的爭議。此外，出身與習尚迥異，也造成了雙方在朝廷上針鋒相對，水火不容。李黨旗下者，率多出自北朝以的山東士族，崇尚經學，保有舊有家學風尚；相對於此，牛黨諸公，大多屬武后以後經由科舉進士晉身，行事浮浪、文采華麗的新興階級。因此雙方的爭鬥常常流於意氣用事，甚至不惜與宦官相互勾結，形成牛李二黨各自有「後臺」宦官，循至牛李二黨升降，反映內廷宦官黨派鬥爭的結果。等到宣宗以後，宦官團結一致對外，外廷朝臣轉而與藩鎮結合，誅盡宦官，中央武力潰散，藩鎮獨強，唐朝也因此走向滅亡。

唐朝晚期，流民問題日益嚴重。這些由農民中被析出的流民，有的成為土豪莊園中的客戶佃農，有的由國家、藩鎮吸納為兵，有的就淪為盜賊。這些盜賊常常在江淮地區的新興「草市」劫掠。再者，唐朝中葉以後，隨著貨幣經濟的勃興，茶、鹽等商品利潤驚人，國家列入專賣以求厚利，與此並進是江淮地區的盜賊也從事茶、鹽的走私販賣。被稱為「江賊」的他們，大多是武裝的集團，以搶掠的財富為資本，在江南向政府買茶、鹽，再轉售江北，以牟取暴利。王仙芝、黃巢就是這類集團的領袖。

唐懿宗以後，關東地區水旱為災，國內動亂迭起。僖宗乾符元年（874），水旱災又起，饑民遍野，王仙芝率眾舉兵反，黃巢旋加入反叛陣營，於是流民與江賊合流。三年後王仙芝敗亡，黃巢繼續率眾反叛，故史稱此一動亂為「黃巢之亂」（874～884）。

在這十年動亂，全國有五分之四地區遭受戰亂的蹂躪，首都長安兩次為黃巢攻陷，兵禍摧殘下，滿目瘡痍，所謂「內庫燒為錦繡灰，天街踏盡公卿骨」（韋莊〈秦婦吟〉）是也。面對黃巢之亂，諸藩鎮不是與黃巢集團妥協，置身事外，就是藉機擴張勢力。岌岌可危的唐中央，不得不徵召代北節度使李克用的沙陀軍入內平亂。黃巢遭到強悍沙陀軍圍剿，節節敗退，雪上加霜的是，他的部下朱溫（朱全忠）又投降唐室，終至失敗自殺。

戰亂平息之後，帝國已走向末日，中央政令不出京畿，不聽號令的藩鎮

遍布全國，藩鎮之間攻戰不時上演。其中以當時兩股最強的勢力對國局最慘烈，一為河東節度使的李克用沙陀軍集團，一為宣武節度使的朱全忠河南流民集團，結果由朱全忠控制唐廷，盡誅宦官與朝臣。朱全忠後來篡位自立，國號為梁，史稱後梁，唐朝滅亡（907）。

第二節　隋代的富強與速亡

中國歷史上，隋朝以富強與快速敗亡著稱。本節主要說明隋朝富強的盛況，與速亡的過程，其中特別著重於檢討隋朝富強、速亡的原因。

一 隋代的富強

 富強的盛況

隋文帝楊堅建立隋朝之後，勵精圖治，勤政愛民，國勢蒸蒸日上，奠定有隋一代富強的基礎。煬帝即位，承文帝之餘蔭，內則戶口殷盛、倉廩府庫充盈，外則聲威遠播、四鄰來朝。大業五年（609），帝國聲勢達於頂點，此時帝國的疆域，東西九千三百里，南北一萬四千八百多里，有郡一百九十個、縣一千二百餘。

隋帝國的富足，可由人口、墾田面積變化看到。根據《隋書・地理志》的統計，後周禪隋的開皇元年（581），戶數尚不足四百萬戶，統一南方的開皇九年（589），有四百六十萬戶，到了煬帝大業五年（609），戶數達到八百九十餘萬戶，也就說，從隋初到大業初期短短二十餘年，戶數竟增長一倍多。全國墾田面積在平陳之際（589），有一千九百四十餘萬頃，到了大業五年，增加到五千五百八十餘萬頃，墾田面積成長數倍。戶口與田地的激增，政府財政由是富饒。

再者，從政府不斷減免人民的賦稅看來，也可想見帝國的富裕。開皇九年平陳，南方免除賦稅十年，其他州縣免除當年租稅。開皇十年（590），年紀五十歲以上的百姓，輸庸停役。開皇十二年（592），因為庫藏皆滿，

河北、河東地區，減收當年的田租三分之一等。到了煬帝即位，府庫盈溢，於是免除婦人及奴婢、部曲的賦稅。此外，隋初實行設倉儲糧政策，分為供養官員的官倉，與備荒救災的義倉。到了文帝末年，國家官倉的儲備糧食，竟可供政府五、六十年之用，而煬帝大業初年興建的洛口倉、回洛倉二倉，積米二千多萬石，隋末起義的李密，利用開倉賑糧來號召群眾，就食百姓就有百萬之多。所謂「古今稱國計之富者莫如隋」（《文獻通考・歷代田賦之制二》），誠非虛言。

隋帝國的強盛，一則見於北鄰強敵突厥的臣服，次則西域、吐谷渾、南方及海外諸國的綏服或來朝，雖然位居東北的高句麗並未順服，但無犯邊之舉。以下舉突厥的臣服經過，說明隋朝的強大。

南北朝末期，突厥崛起於塞北，北周、北齊二國對峙時期，二國爭相向突厥示好，以得援助。到周滅齊之後，突厥與周交好，周妻宗室女千金公主予突厥。楊堅篡周，突厥入寇，隋於沿邊設防，屯兵守禦。不久，隋文帝採用長孫晟的獻計，以突厥內部不和，採用離間政策對付突厥，突厥因而分為東西二國，雙方戰爭不休。於是，隋朝乘此形勢，進攻東突厥，使其向隋屈服，願為藩屬，時為開皇五年（585）。之後，在隋文帝離間和懷柔策略交叉運用下，隋數次向東西突厥發動進攻，將東突厥勢力逐出內蒙古沙漠，西突厥也發生內亂，勢力分散。仁壽三年（603），受到隋朝扶持而內附的啟民可汗，重回塞外，成為東突厥可汗，啟民因隋而立，所以臣服隋朝。到了煬帝大業前期，啟民可汗死，子始畢可汗立，對隋仍忠誠，直到煬帝後期，突厥始叛。

富強的原因

隋朝的富強，因於客觀的條件，即中國和平安定已有一段時日。周滅齊、隋平陳，都是很快就結束戰爭，加上隋朝統一中國之後，戰爭的威脅解除，政府、人民可以戮力建設，農業生產不再會受到戰爭破壞而停頓、倒退。

除此之外，隋文帝個人節儉務實，勤於政事，也是重要的因素。據史書說，隋文帝平常所食肉不超過一盤，朝中器物略有破損，還是繼續使用，宮中日常用品也常常出現不足的窘況，可貴的是，完成中國統一之後，文帝能夠力排眾議，不行封禪。而且宮人稍有奢侈之舉，即受到文帝斥誡，甚至下

令官員平日不得穿金戴銀、穿著昂貴綠袍等。文帝的作止，宣示政府禁奢華、節用度的立場，對於官員有警示作用，官府剝削、擾民的情形會有所節制。有關隋文帝的勤政，史書記載的生動而詳實，文曰：「（文帝）每旦聽朝，日昃忘倦……自強不息，朝夕孜孜。」（《隋書·高祖紀下》），他的臣子柳彧也說他：「日昃忘食，夜分未寢。」隋文帝勤奮的態度，帶給新政權一種任事認真的新氣象。

在政局平穩、社會安定的前題下，隋文帝又勤政愛民，實行諸項合宜政策，促使帝國迅速會走向富強坦途。隋文帝的施政，主要有四方面，一是與均田制相配合的輕稅之法，二是強化戶口的管理，三是設倉儲糧，四是地方行政革新。這些施政中的部分內容，在前一章隋文帝的改革中已有論述，此處不再贅言，僅就其成效詳加說明。

輕稅之法

隋朝建立，實行輕稅政策，首先是國家所定稅額，輕於北齊、北周時期，因而提供依附在豪族下的農民，轉向成為國家編戶的誘因。之後隨著均田法的推行（開皇二年），政府又採行一系列減輕人民賦稅的作為。開皇三年（583），政府減免戶調，由一匹（四丈）減為二丈、延遲成丁年紀（十八歲改為二十一歲）、減少每年服力役的日數（十二番的三十六日，改為二十日），同時，解除鹽酒專賣之禁。開皇十年（590）、十二年（592），如同前述，人民賦稅再降。租稅的減免，使得農民生產所得的比例增加；力役的減輕，降低農時的干擾；二者均利於均田農民的提高生產意願，使地能盡其用、人能盡其利。

均田農民增產而導致財富增加，除有助農村社會的安定外，更重要的是，促成原先受豪族保護的農民自願脫離豪族而為國家編民。這些「浮客」脫私戶、歸公家的情形，清楚反映在隋代人口數的驚人成長上，前面提及隋朝人口成長，不到三十年就成長一倍餘，此種非自然的人口增長，即是國家爭取到原本非屬國家編戶的農民而來。政府的輕徭薄賦，配合均田法的實施，短期間雖造成國家稅收減少，但是，很快地經由農民的增產及新附編戶的大增，國家的稅基因而擴大，反促成國家收入大增，財政富足。輕稅之法的推行，實是隋朝富強的重要原因。

強化戶口的管理

　　前一章提到隋文帝繼承北齊的戶口管理制度，即是丁中制。丁中制輔以鄉里制度，與均田法、輕稅政策的配合，國家得以直接控制基層人民，而基層人民的掌控，正是隋朝富強的基礎。其中對於強化戶口的管理，隋朝還有兩項措施，使政府能更全面的控制基層人民。

　　隋朝的這兩項措施，一是廢軍籍為民籍，一是清查戶口。廢除軍人軍籍，令回歸民籍，使得原本在國家編戶齊民之外的軍人，重新成為國家的編戶。清查戶口主要是在新領土的關東、江南地區進行，這兩個地區由於戶口逃漏嚴重，因此隋朝乘戰勝餘威，下令戶口普查、檢括逃戶。前者在隋文帝開皇三年（583）實行，據說政府出現新附人口一百六十餘萬餘人；後者在隋煬帝大業五年（609）展開，著籍人口也有六十餘萬人。總之，隋朝由二地獲致二百餘萬的戶口，而戶口的增加，不僅裨益政府稅收，也充實兵源。

設倉儲糧

　　傳統中國是官僚統治、自耕小農經濟為主體的國家，因此官員俸祿支出往往成為國家財政的沈重負擔，而以小家庭為單位的農家，生產與生活常受到外力的左右，諸如治安良窳、荒饑天災的發生等，嚴重的話，甚至引發農村的騷亂。所以，隋文帝聽從臣下的建議，設倉儲糧，來解決龐大官僚的民生需要，並由政府扮演農村社會救濟的角色。

　　隋朝分別設立官倉與義倉，官倉儲存供養官員的食糧，義倉儲糧用於饑荒時賑濟災民。開皇三年（583），官倉設於洛、陝、華諸州的黃河沿岸，將關東的糧食分段、集中運輸到這些倉中，然後再由黃河及廣通渠運到京師，來供應關中眾多官員、軍隊所需，其後煬帝又增設巨大官倉於河南附近。官倉儲糧成效之驚人，已見前述，而像隋朝這般富裕的政府，在國史上也屬罕見。

　　義倉，又名社倉，設於開皇五年（585），由各州人民依照貧富等差，繳交一定比例的收成糧食，存放當地社倉裡，由「社司」管理帳目、儲存事宜。一旦遭遇荒年，由該地的義倉儲糧賑濟饑民。政府督管的義倉，對於人民的生活，提供有限的保障，例如開皇十八年（598），山東大水，政府開

倉救濟災民，就用穀五百餘萬石。藉由義倉的設立，政府承擔部分的社會救濟功能，對於安定農村秩序，發揮一定的效用，而農村社會的安定與否，恰是王朝盛衰的重要原因。

地方行政革新

隋代國計之富饒，除開源方面（例如戶口數的上升）造成收入大增外，在節流方面，也因於地方行政改革有良好成績，政府支出大幅減少。政府賦稅增加而支出減少，國家自然而然走向富國之途。

如同前章所言，隋文帝時代，裁撤合併地方政府，節撙鉅額的地方人事經費，而大量冗員的淘汰，反有益於中央與地方行政管道的暢達。煬帝時期，繼續推行革新地方行政，廢止總管府、更加精簡地方官員員額，結果使得隋煬帝時期的地方官員人數（八至十萬左右），是南北朝時期（約有三、四十萬）的四分之一。兩相比較之下，隋帝國會出現富強盛景，是可想而知的。

二 隋代的速亡

隋代的速亡是中國史上引人深思的課題之一。帝國在達到頂峰的大業五年（609）之後，不及十年（隋亡於大業十四年）就土崩瓦解，速度之快令人目眩神迷，何以致之？孰令至此？

對於上述問題，普遍的看法大致是這樣，帝國的敗亡，先是導因是於隋文帝晚年的失政，及煬帝帝位爭奪戰中所埋下統治集團不和的因子。煬帝即位之後，內外措施的不當，接二連三的過度役使民力，尤其是發動對於高句麗的戰爭，終於民怨沸騰，蜂起反叛，隋朝就在農民反叛軍的衝擊下，迅速滅亡。

文帝晚年的失政

隋文帝雖然勤政愛民，事功赫赫，奠定了隋代富強的基礎，但是他個性刻薄猜疑，所以功臣大多下場淒涼，如當年策動楊堅篡周建隋的大臣劉昉、鄭譯，一被誅，一被削官奪爵。又如隋初幫助文帝平定反叛的梁士彥、元

圖 5-1　隋煬帝圖像

諧、工誼等將領，皆難逃被殺的命運。也因於隋文帝的猜忌性格，而且喜怒無常，所以不能得到臣下盡心竭詞，君臣關係較為疏淡，文帝因而不信任大臣，事事躬親，並且採行嚴刑峻法來防範臣民反叛。

隋文帝的這種性格傾向，到了晚期更加明顯，影響所及，一是用法更加嚴酷與浮濫，一是造成佞臣圍繞，如楊素諸人，引而變易儲位，種下國亡的種子。依據史書所載，隋律曾規定，凡盜糧一合以上者處死、盜錢一錢以上者棄市，而且冤獄四起，造成囚犯受刑時，常常途中呼枉，仰天哭冤。文帝的濫刑，造成舉國陷入惶恐不安的氣氛之中。

隋文帝晚年，易儲另立太子的決定，促成隋朝速亡的重要原因。隋文帝會更易儲君，固然是因於楊廣的善於矯飾，但是楊廣結納重臣楊素，透過受到文帝和獨孤皇后所信任的楊素之口，屢次譖說太子楊勇的缺失，甚至誣奏太子有異謀，終使文帝廢太子勇，改立楊廣為太子。結果楊廣登位，恣意妄為，斷送隋的帝業。

有關煬帝在皇位繼承鬥爭中及其後與關隴集團權貴的齟齬，導言已述，此處不再論說。

煬帝的過度役使民力

隋煬帝即位之後，不斷興建大型工程，不停徵調大量人民服役，不僅影響到農業的生產、社會的安定，更是損耗人民的生命財產，終於造成整個農村社會的崩壞。

以下舉數項煬帝興建的大型工程：

宮殿的興修

　　十二年間營建東都洛陽、興修顯仁宮等多所宮殿。估計單是營建洛陽東都，每月役使民伕近二百萬人，達十個月之久，營建洛陽城時的男丁中，死亡人數比例將近一半。

運河的開鑿

　　開鑿通濟渠、邗溝、江南河與永濟渠。根據記載，所開運河共四千多里，單是通濟渠就使用民伕百餘萬人，所以推測大概開鑿運河徵用民力就有三百多萬人，其中死其事的民伕大概也近百餘萬人。

修馳道與築長城

　　煬帝北巡時，曾發河北十餘郡民伕鑿太行山以通馳道；並發百餘萬民伕修築長城等。

　　其次，煬帝喜好巡幸與生活奢華，也造成人民極大的痛苦。煬帝在位十五年間，前面的十三年，每年都有大規模的出遊巡幸，每次巡幸都是耗費民脂民膏。例如大業元年（605）的遊江都，單是岸邊挽船民伕就有八萬多人，船隻達數千艘，則其所耗人力物力之多，大概是可以想像的。

征高麗之役

　　最後，煬帝為重建以中國天子為中心的天下秩序，多次出兵高麗，懲罰不向中國奉表朝貢，有不臣之心、失人臣之禮的高麗國王。

　　煬帝親自征伐高麗總計三次，第一次為大業八年（612），包括軍士與補給人員，有三百多萬人，結果隋軍慘敗，攻打高麗首都平壤的三十餘萬隋軍，僅有二千多人生還。第二次是大業九年（613），隋軍再度進攻，高麗據遼東城堅守，相拒二十餘日，雙方死傷均重，這個時候，國內發生楊玄感造反，事態緊急，煬帝匆忙班師回國平亂。大業十年（614），煬帝再度出兵高麗，高麗由於連年戰事，國疲兵倦，其王表明願意入朝朝貢，雙方罷兵，隋師回國。事後高麗王並未行承諾，煬帝準備再行討伐高麗，可是此時國內叛亂四起，結果未能實現。

　　煬帝為了征討高麗，徵調無以數計的民伕服役，造成大量人民失業破產、無家可歸，尤其是東征軍隊行軍路線所經的河北、山東地帶，被政府徵調最頻繁，受到衝擊最大，農民群起反叛政府，成為帝國亂亡的先導。結果，煬帝應對失當，反使亂事漸漸擴大，終至舉國皆叛的局面。隋帝國就在群雄並叛下結束。

第三節　李唐建國與貞觀之治

　　本節簡述李淵建立唐朝的經過，詳論中國治世典範「貞觀之治」。

一 李唐建國

　　唐高祖李淵，是北周關隴集團權貴「八柱國」李虎之孫，七歲喪父，襲爵唐國公。隋代周，因姨母獨孤氏是隋文帝皇后，所以累任要職。隋大業十二年（616），煬帝以李淵能平賊亂和防禦突厥之能，任命他為太原留守兼晉陽宮監。李淵到達晉陽後，密謀起義，他一方面廣招亡命，延攬英豪，一方面藉機殺掉太原副留守高君雅、太原郡丞王威，這二人受煬帝之命，就近監視李淵舉動。

　　大業十三年（617），李淵舉兵太原，渡過汾水，南下關中，年底即克長安城。李淵迎立十三歲的煬帝孫子代王侑為帝，稱為恭帝，改元義寧，遙尊遠在江都的煬帝為太上皇。恭帝進封李淵為唐王，總理內外軍國機務。義寧二年（618），煬帝在江南為近從宇文化及等人所弒，不久，恭帝禪位於李淵。李淵即帝位，改國號為唐，改元武德，是為唐高祖。

　　唐高祖稱帝後，占有的領土僅有山西太原以南和關中之地，在當時起兵的雄豪中，聲勢並非最壯，領土也非最大。但是李淵即位之後，採行先除

圖 5-2　唐高祖李淵

後顧之憂的西邊擊滅敵國政策，平定西邊薛舉的秦國、李軌的涼國，接著消滅北邊受到突厥扶持的劉武周。唐高祖取得帝國西邊的控制權後，東出關中，與王世充、李密、竇建德、杜伏威、蕭銑諸雄一爭天下，依次收降李密、王世充，擒斬竇建德、建德舊部的劉黑闥，最後南向招降蕭銑。

　　總之，李淵自太原起義到天下初定，不出十年，他能成功的關鍵，一是戰略上的正確，取得關中之地，所謂以「居高屋建瓴」之勢，進可攻退可守，立於有利地位；一是軍隊紀律嚴明，占領之地未大肆剽掠，所以獲得人民的支持。

　　李淵即帝位後，除致力於平定群雄的統一大業外，也推行不少內政革新，諸如制定官制，設三公、六省、九寺及一臺一監等；頒訂新律令，依次完成寬簡為尚的武德律令格式。又如制定均田制與租庸調法，及新鑄「開元通寶」錢，以取代隋末充斥惡錢的五銖錢等。這些施政使唐的開國呈現新的氣象，為日後帝國的發展奠定初基。

　　唐太宗，姓李名世民，是關隴集團權貴李淵的次子。李淵建立唐朝、平定國內群雄之後，傳位給世民，是唐朝的第二代皇帝。李世民繼位，年號貞觀（627～649）。在貞觀的二十三年間，唐太宗建立唐朝的第一個盛世，也為其後的唐帝國奠定富強的根基，因此太宗的治世就被稱為「貞觀之治」。

　　對於唐太宗的評價，北宋歐陽修編纂的《新唐書》，讚美他：「除隋之亂，比跡湯、武；致治之美，庶幾成、康。自古功德兼隆，由漢以來未之有也。」顯然歐陽修認為唐太宗是自漢朝以來的皇帝中，唯一一位武功與文治兼俱的君王。他將唐朝能夠建國的功勳，歸美於太宗；又視太宗的文治，比擬周朝的成康之治。

二 玄武門之變

　　這樣一位結束隋末亂局、開創唐朝盛世的君主，他的帝位卻是來自於一場兄弟相殘的宮廷政變。

　　唐朝建立者唐高祖李淵，他與皇后竇氏一共生有四子一女，分別為長子建成、次子世民、三子元霸、四子元吉，其中元霸早歿；女兒為平陽公主，下嫁柴紹。隋大業十三年（617）高祖起兵時，兄弟尚能同心協力，致力逐

鹿中原。隔年李淵在長安稱帝，建國號唐，年號武德，立建成為太子，封世民為秦王、元吉為齊王。

此後數年間，秦王李世民率軍，西征北伐，進兵中原，廣納英豪於麾下，軍功赫赫。相較於此，身為太子的建成，居於帝都，不能多臨戰場，自是無法同秦王李世民有「勳業克隆、威震四海」的聲望。秦王由於功勳昭著，乃生奪嫡之心，釀成太子建成的不安，雙方廣結謀士猛將，明爭暗鬥，漸至水火不容。

太子建成結合齊王元吉，一同來對付秦王世民。他的策略主要有如下幾項：首先曲意聯絡高祖妃嬪，尤其最受高祖寵幸的張婕妤與尹德妃，以為內助。其次，建成聽從謀臣魏徵建策，於北邊劉黑闥再度反叛時，請命親征，建制軍功，以分秦王之勢。第三項策略則是一方面募壯士二千人為東宮衛士，強化己身軍力，一方面收買、排擠秦王部下，以此謀弱化世民力量。例如建成曾以物賄賂世民手下尉遲敬德、段玄志未果；又透過向高祖建言，將秦王的重要謀士房玄齡、杜如晦等人逐出秦王府，出世民驍將程知節為地方刺史。

建成的策略顯然是成功的，高祖由不喜建成，漸漸改變對建成的觀感，又藉由擒斬劉黑闥，乘勝滅徐圓朗等，建成軍功卓著，所以儲君地位日益鞏固。與此同時，秦王李世民則是日漸蹇蹇，謀士被逐，驍將出之，顯然留在京城非屬上策，於是乃謀東出洛陽，經營東方勢力，以資對抗建成。他先是派出親信張亮到洛陽，暗中厚結山東豪傑以待變，但因齊王元吉告發張亮有異謀，使得張亮被捕送回長安審訊。其後不久，高祖命世民出鎮洛陽，又因建成、元吉反對而未能成行。

也就是說，世民東行發展受阻，在京又日益困阨。秦王府謀臣如妻舅長孫無忌、房玄齡、杜如晦等，都力勸世民應先發制人、發動政變、誅殺建成及元吉。秦王李世民終於接受府僚的獻策，以武力對付自己的哥哥與弟弟。

武德九年（626）六月四日清晨，李世民和他的部下埋伏在玄武門，射殺要到宮中入朝的建成、元吉，史稱「玄武門之變」。三日後，高祖立世民為太子，軍國庶事一切由太子處決。兩個月後，高祖傳位給太子世民，被尊為太上皇。李世民即位，是為唐太宗，年二十九歲。

玄武門之變的影響有多項，其中對於唐代政局的影響是太子地位不安

定。太宗的始作俑造成太子不一定由長子繼承，立為太子者未必能確定繼承帝位，因此唐代皇位繼承引發的骨肉互殘，為諸王朝之冠。

三 貞觀之治

治世成就

太宗繼承的帝國，國家雖然是統一，但是經濟民生凋弊，就如《新唐書·食貨志》所言：「貞觀初，戶不及三百萬，絹一匹，易米一斗。」又如貞觀名臣魏徵所見帝國東部情形：「灌莽巨澤，蒼茫千里，人煙斷絕，雞犬不聞。」

到了貞觀四年（630）以後，《新唐書·食貨志》又載：「米斗四五錢，外戶不閉者數月，馬牛被野，人行數千里不齎糧，民物蕃息，四夷降附者百二十萬人，是歲天下斷獄，死罪者二十九人，號稱太平。」顯然經過太宗與其臣子群策群力，對內經濟情形改善，民生富裕起來，國內吏治清明，社會秩序恢復，國家呈現欣欣向榮的遠景。對外則是四夷外族降附達一百二十萬人，號稱為太平之世。

致治原因

何以唐太宗能夠臻治？綜合各家學者看法，約略由兩方面因素促成。其一是隋朝滅亡的警惕；其二是太宗個人的優點。

唐太宗生於隋朝極盛之際，年少之時目睹隋帝國在煬帝手中由盛而亂，與父親李淵起兵，鏖戰群雄，東征西討，歷盡艱辛。尤其是太宗才性酷似煬帝，父親李淵鑑於隋文帝易儲的後果，眼見世民雖有大功，仍立嫡以長，終使太宗以非常手段得位。

這一連串的人生經歷，青春年少親身體驗隋末動亂，使得他胸中充溢著憂患意識，因為以隋煬時的帝國鼎盛，傾刻間竟是煙消灰滅，特別是他類同隋煬，致使皇位是踐踏手足之血方成。凡此種種，都使新上任的青年皇帝，兢兢業業，不敢有絲毫懈怠，努力以「理想人君」自期，時時以隋煬帝為殷鑑，盡心除隋末之弊，來顯示自己堪當帝業大任。換句話說，隋煬失敗原

因，就是唐太宗必須克服的障礙。

隋煬帝的失去帝國，除個性上缺失——「恃其俊才，驕於自用」（張玄素語）外，大致而論尚有二點。首先是民力過度役使，造成人民忍無可忍，鋌而走險，起來叛變。第二點則是失去統治的關隴集團支持。煬帝的諸種作為引發集團內部不滿與分裂，進而加速他們與反叛勢力結合，從內部瓦解隋帝國。因此太宗的貞觀之治，即是從上述隋煬三缺失改正著手，與同時期同經歷的文臣武將攜手，開創唐代第一個盛世。

隋煬帝其人，就如同前面張玄素所論，才能過人，然剛愎自用，無法虛己納人、廣聽臣子諍諫，其結果是人臣畏君主之威，又不敢諫人君之誤，國家只有走向敗亡之途。唐太宗以此為惕厲，廣開言路，鼓勵臣下諫諍。例如大臣張玄素在貞觀四年（630），曾經上書勸誡太宗停建洛陽宮的巡幸工事，他就以唐初國家財力不比隋代，而太宗竟然效法前隋，大耗人力於帝王的巡遊，豈非暴虐甚於煬帝。太宗聽到自己被等同煬帝，氣極脫口說出：「朕不如煬帝，那比夏桀、商紂又將如何？」張玄素竟然回答說：「如果此一工事不止，終將亂起。」最後太宗讓步，下令停建工程，還賞玄素綵二百匹。由此事例可知，太宗確有容納直諫之氣度與胸懷，而被比擬為同於隋煬，是太宗所深切引以為戒的。

太宗朝臣勇諫者比比皆是，甚至連在隋煬稱倖臣的裴矩，入唐之後，也在朝堂上據理力爭，諫太宗使人行賄是入人於罪，法不當行。裴矩行事在二朝之所以如此迥異，原因就在隋煬愎諫而太宗容諫之故。當然貞觀朝臣中，魏徵最是善諫聞名，前後諫諍二百餘次，雖也曾發生魏徵過於直言不諱，唐太宗廷上顏面無光，下朝之後怒氣沸騰，咬牙切齒要殺此田舍翁（即魏徵）的重話，不過大抵上，太宗都虛心接受魏徵的建議。

諫諍風氣盛行因而是貞觀時期的特色，一直到貞觀十八年（644），太宗還要求大臣正詞直諫，大臣雖是犯龍顏、忤聖旨，也不可妄加誅責。所以史書所載太宗贊語：「聽斷不惑，從善如流，千載可稱，一人而已！」（《舊唐書·太宗本紀》），誠非虛言。

太宗曾讀隋煬帝詩文，感嘆如此賢俊有才帝王，會成為暴虐之君，乃在自恃聰明才智高於他人，政務事事躬親，不肯任事群臣。煬帝所用臣下，因是承顏順旨，不逆帝意，終至不可收拾之局面。李世民記取這個教訓，以煬

帝用人為殷鑑，用人唯才，也就是說「賢能」是他任用官人的主要標準。登基之後第二個月，太宗論功行賞眾功臣，有不服者可以申訴，諸將爭相申訴他們功賞不及刀筆之吏的文臣。諸將中的太宗叔父淮安王李神通說：「義軍初起，我們為唐軍出生入死，為何我們的功勞比不上後來的文士房玄齡、杜如晦等人？」太宗向諸將解釋房、杜運籌帷幄，安定社稷的功勞有多大，所以應無私心地論功行賞，叔父雖是唐室至親，也不可徇自己私情。諸將這才心服口服。

同樣問題也出現在秦王府舊部，因為他們官位很多都低於建成、元吉舊屬，房玄齡代替大家向太宗抱怨，太宗是這樣回答：「君王要讓天下老百姓歸心，必須大公無私心，君王與官員衣食也是取自於民，國家設立官職，參與政事，不就是為了人民衣食無缺，所以君王任用官人應以賢能與否為標準，新臣舊臣不該是決定官階的標準。」顯見太宗是以人民利益為尚的至公心態治理國政，以用人唯才作為官人任用準則，所以能拋棄個人感情好惡來選賢與能，使官人感嘆敬佩，願意為太宗竭盡其力。

唐太宗個人的優點，寬宏大度、虛心納諫，又能用人無私、唯才是舉，不僅促成貞觀之治，而且貞觀朝君臣感情融洽，更是後世理想君臣關係的典範。

四 致治施政

兼容並蓄的統治集團

前面提到統治集團的分裂與煬帝失去統治集團的支持，是隋末覆亡的主要因素，所以太宗即位之後，致力凝聚統治集團的向心力與團結。

當時主要的人才，就地域而言，約分為太宗所出的關隴舊族、山東反隋起義的豪傑與長江以南的江南賢才；就來源而論，則除太宗自己秦王府的班底外，尚有唐高祖李淵的舊臣、太子建成的東宮屬僚與齊王元吉部下，以及反隋群雄的人馬。太宗的做法是在「賢能」原則下採行兼容並蓄的用人政策，來強化各方勢力對於新政權的認同。

因而太宗朝大臣，包羅萬象，既有原秦府僚屬，又有隋代、唐高祖舊

臣，乃至建成、元吉部下。對於山東反隋的豪傑，太宗也是一心結納，朝中名臣就有不少是出身於此。當然，太宗秦王府的謀士房玄齡、杜如晦，與妻兄長孫無忌是他主要班底，受到重用無須置疑，房玄齡、杜如晦先後出任宰相，長孫無忌還是太宗遺詔的顧命大臣。原投身在群雄，敗後歸順唐朝成為貞觀名臣就有程知節、李勣、秦叔寶（原為李密部下）、尉遲敬德（原屬劉武周勢力）、戴胄、張公謹（原為王世充集團）、岑文本（原是蕭銑部下）、褚亮及子褚遂良（原為太宗仇敵薛舉集團）、溫彥博（原是羅藝部屬）等。曾出任宰相的封德彝是隋朝降臣，名書法家虞世南、引前裴矩等，也是由隋入唐。大軍事家李靖曾與高祖為仇，世民也不計前嫌重用，終雪北敵突厥之恥。可稱為高祖舊臣的唐儉、劉政會等，貞觀朝也有一番作為。

　　最為太宗本人與後代史家推崇的莫如前述的魏徵。魏徵原是東宮太子建成的重要幕僚，曾勸建成早日剪除秦王，以免養癰成患，並籌策計謀以助建成。玄武門事變之後，太宗召魏徵責備他離間君王兄弟情感，引發禍端。魏徵神情自若地回答說：「假如先太子早聽我的意見，就不會有今日的玄武門之禍。」太宗服其膽識與才具，引為心腹。與魏徵同樣是太子建成腹心的王珪，也因其才而受到唐太宗的重用，擔任到宰相的職位，並不因他曾是建成的舊屬而受到排斥。太宗這種重用仇敵的胸襟，不僅使魏、王捐棄前嫌，竭誠效力，連帶的也收編建成既有的舊屬勢力。

　　揆之於貞觀朝其後成就，太宗的此項用人原則，顯然是對症下藥。因為經由太宗較為公正無私、兼容並立的「賢能」選官標準，地域之間的對立與衝突減輕，地方上的社會力也由此途與中央的政治力達成某種程度的縮合；更因為太宗朝臣所出身的社會階級也是五花八門，促使新政權更能體認社會各階層的心聲，制定出符合人民需求的政策。換句話說，當太宗啟動以能力指標、兼容各方的人才政策之時，就已經為貞觀之治鋪陳了康莊大道的路基，使得

圖 5-3　唐太宗李世民

往後的各項措政朝向康莊大道邁進。

農村社會的恢復

　　其次，隋煬帝使役民力過度，農村經濟破敗，農民流竄，群聚為盜，造成農村社會的解體，也是隋朝速亡的主因。因此，恢復殘破農村，重建政府與農民的良好信任關係，就變成太宗即位後的首要任務。太宗採用群臣的建議，以「輕徭薄賦、不奪農時」與「體恤民情、講求吏治」二大主軸來解決問題。因為太宗深刻體會到農民之流為盜賊乃是賦繁役重、官吏貪求，在饑寒交迫下，鋌而走險。若政府輕徭薄賦，選用廉吏，百姓衣食有餘，自然不入為盜，復業歸農，農村社會得以重建，恢復安定秩序。這種農村社會的重建，非徒以嚴格法律就可強制農民回歸鄉里的。

輕徭薄賦、不奪農時

　　這個政策目的是復甦農村經濟，使農民回流鄉里，重新建立農村社會，以達成社會安定。

　　太宗首先繼續推行均田制，以使農民重新回到土地上，恢復生產。均田制是太宗父親李淵在政權穩固後的武德七年（624）就著手實施。唐代的均田制，承北朝、隋代的做法，以小農之家（五口之家）為授田單位，國家授給農民之田分為兩種，一種是永業田，約為農民所受之田的十分之二，農民身亡之後可以傳給家人，國家不收回，以種植桑、榆等樹為主；另一種是口分田，約為農民所受之田的十分之八，農民身故或老年免役之後，由國家收回，以種植農作物為主。

　　唐代均田制不同於隋制的地方，在於對基層農村社會中無力謀生或貧苦無依者，諸如鰥寡、孤獨、貧窮、老疾之人，政府授田給他們，而他們不必負擔賦役。這些人的田地由其近親或鄰人代耕，收穫穀物一部分歸耕種者，一部分屬於所有人，以此維生。如此一來，鄉里社會的安定可獲相當的保障，因而有學者指出，此種具有社會救濟的均田制度，是太宗貞觀時期基層農村安定、風尚淳樸的原因之一。

　　唐初實施均田制，也繼承隋代的賦役制度，以「租庸調」制向人民徵收賦役。不過唐代「租庸調」內容有些部分不同於隋代，其一是在於租調數額

的減輕。唐代納租二石，比起隋代少一石；調的部分則是唐代調絹二丈、棉三兩，或調布二丈半、麻三斤，這部分比隋調絹一匹、棉三兩，或調布一端、麻三斤也為輕。其二是唐代放寬人民服役限制。人民服役不再限年齡、役種，以庸代役範圍也擴大了。對於人民的賦役負擔，隋初的賦稅已算得上是輕稅，唐人杜佑認為隋代前期實行輕稅政策是隋初富強的原因（《杜佑·通典》），而唐代「租庸調」制又輕於隋，所以唐初的「租庸調」制，提供農民生產誘因，農業生產力因而上升。再者，唐代「租庸調」制，也記取隋末使役民力過度的後果，擴大以庸代役，使廣大農民的農業活動較不受干擾，落實「不奪農時」主張，也是農村經濟快速復甦的因素。

　　經歷隋末大亂，唐初是土地荒蕪、人口銳減，政府以均田制來為民治產，在鼓勵人口回歸農村從事生產，發揮積極作用。不過若僅及於此，不輔以「輕徭薄賦、不奪農時」的租稅徭役政策，貞觀之治恐怕不會那麼快就到來。

體恤民情、講求吏治

　　此政策目的在重建人民對於政府的信任，緩和隋末以來人民對政府的敵視與對立情緒。

　　貞觀初，連續三年，關中、關東發生天災，百姓流離，太宗體恤民瘼，下詔開糧倉賑民，並以皇家府庫財物，贖回災民鬻賣的兒女，使親人團聚。為能確實體察民情，命令在京城五品以上官員輪值宿居中書省，以便隨時探詢民間疾苦。又數派大員到地方各處巡察，了解地方實情，遇有劣吏，即行黜陟。貞觀二年（628），長安附近蝗害，太宗巡視災區時，甚至演出吃蝗蟲的矯情劇碼，姑且不論太宗所言：「我寧願你們這些蝗蟲吃掉我的肺，來保存人民糧食的穀物」是否為真心話，但是就百姓眼中所見，統治者體察民瘼的心意是存在的，在在減緩人民對政府的敵意與疏離。

　　對於吏治的重視，太宗尤為講求地方官的選任，他將地方父母官的都督、刺史名字寫在屏風上，隨時記錄他們的政績好壞，以作為升降其位的標準。太宗一遇到好的地方小吏，也會不次拔擢，唐代名將劉仁軌即是一例。仁軌原先是洛陽附近縣丞，太宗到此地打獵，仁軌向太宗陳述狩獵擾民，獲太宗嘉許，旋即調升為縣令。

　　太宗除注意地方官吏的良窳外，深惡官吏貪濁，如有枉法受賄者，不管

權貴故舊，不論皇親國戚，必無赦免。在太宗雷厲風行之下，史書記錄當時的情形如下：「官吏多自清謹……王公妃主之家，大姓豪猾之伍，皆畏威屏跡，無敢侵侮細人。」貞觀一朝吏治清明，體恤民瘼，所以在改善官民關係上，做出較大的貢獻。官民關係的良好，使政令易於推行，讓唐初統治者迅速掌控鄉里基層社會，政治力因而與社會力產生良好的互動與連結。

政治制度律令化

唐太宗貞觀之治的重要成就，就是政治制度的律令化。

唐初繼承隋朝律令格式的國家法典，以「律令體制」為立國政策，循隋初的「寬簡」原則，於高祖武德七年（624）完成武德律令，初步建制唐代重要的典章制度。太宗貞觀元年（627），同樣循著「寬簡」原則，續修武德律令，以補正其不足與缺隙，歷時十年，在貞觀十一年（637）完成貞觀律令。貞觀律令的完成，代表著重大歷史意義，即是從西晉以來努力朝向國家政制的成文法制化，學者稱為「律令制」，終於在貞觀朝達成。

國家的政制成文法制化，不僅代表著政府的組織、運作都必須「依法而治」，政府與人民的關係，也是「依法而行」，上下因而易於遵循，甚至連承受天命、對天命負責的皇帝，仍應守法。太宗皇帝在這方面的努力，是貞觀時期政治上軌道的重要原因。例如唐太宗對於党仁弘事件，雖因群臣之諫，將貪贓百萬罪當死的党仁弘，改黜為庶人，但是他說：「法者，人君所受於天，不可以私而失信。今朕私党仁弘而欲赦之，是亂其法，上負於天。」（《資治通鑑》卷一九六）太宗處置態度應是「依法而治」的最佳說明。

貞觀朝律令制的特點是「依法而治」，而法制的根基是「以禮為本」，即以儒家禮教規範作為法制的根本，實行德主刑輔、身分等差秩序的儒家特色法制。因而律令制的二大範圍，「律」主尊長綱紀，涵蓋親親的私家、刑國到尊尊的國君，所以刑罰為主的「律」，首重保障皇帝及皇帝代表物，舉凡皇帝自身、皇家、乘輿、宗廟、宮闕，乃至執行皇命的官僚；其次重視家族關係。這部分的情形可見於唐律的十惡諸律文（謀反、謀大逆、謀叛、惡逆、不道、大不敬、不孝、不睦、不義、內亂），及官人與其家人的議、請、減、贖等刑罰優遇規定。律令制中的「令」制，主在養民教民，教化人民首在足衣足食，所以唐令中「戶令、田令」即是對這部分制度的規定。人民衣

食足而後教育之，因此唐令中「學令、貢士令、祠令」的內涵即是針對此而制定。

雖然貞觀律令受隋制影響，將官品、職員、考課等相關官僚制度諸令置於篇首，顯示出在尊君之下的保民、教民制度，但是貞觀君臣努力落實「依法而治」的律令制用心是值得肯定的。

 ## 重建四夷關係

太宗在國內安定之後，承繼隋代以來，中國天子為天下君父的「天下秩序觀」，視四夷君王為中國天子外臣，須向中國朝貢。太宗以這種理念，重建與四鄰關係，致力於天下秩序的一元化。這部分在中亞、北亞獲致相當成績，唐太宗「天可汗」稱號，代表著唐帝國皇帝也是北方諸族的最高君長；在東亞方面，太宗二次伐高麗，無功而返，直到高宗時代消滅高麗，完成東亞的天下秩序。以下述說經過。

唐初主要外患是北方的突厥，唐太宗初即位，就發生突厥入侵進逼長安之事，史稱「渭水之恥」。此後，太宗積極備戰，三年後乘著突厥勢力的衰退，大敗突厥。由於唐朝勝利，原在中亞地區臣服於突厥的各部落民族，紛紛轉向唐室臣服，並在貞觀四年（630）上「天可汗」尊號給太宗，唐朝勢力進入中亞、北亞。對於這些地區，唐朝實行州縣羈縻體制，來降的每一部落設置一都督府，其下設中國式州縣，並任命該部落酋長為中國式的都督、刺史長官。為了便於監督這些督府州，於其上設置都護府，由中央派官人出任。

在今日西藏地區，唐代稱為吐蕃（音撥），其王稱為贊普。唐代以前與中國沒有往來，唐初吐蕃崛起，到了貞觀時期，勢力甚為強盛。貞觀八年（634），吐蕃王棄宗弄贊遣使向唐朝貢，又向唐室求婚，要求迎娶唐室公主，唐太宗不許，吐蕃乃多次興兵犯邊。貞觀十二年（638），吐蕃兵敗，棄宗弄贊遣使謝罪，再度請婚，太宗允婚。貞觀十四年（640），唐以宗女文成公主下嫁。隨著文成公主的入藏，將漢族的農耕、紡織、養蠶、製紙等技術傳授給藏人，吐蕃漸漸吸納漢族文化。一直到太宗去世，唐朝與吐蕃之間都維持友好關係。

太宗貞觀時期，位於東北的契丹、奚、靺鞨等族，都在羈縻體制之下。

朝鮮半島的高麗，也遣使來朝，稱臣納貢。

太宗貞觀十六年（642），高麗權臣泉蓋蘇文弒其君後，聯合朝鮮半島上的百濟，侵略新羅，唐朝勸阻不聽。太宗乃於貞觀十九年（645）出兵征高麗，無功而還。隔年，高麗遣使謝罪，此時，太宗因高麗奉表多不實，反覆詭詐，下令不許高麗朝貢，準備再征高麗。貞觀二十一年（647），唐軍再征高麗，仍無大功，但是高麗也元氣大傷。貞觀二十二年（648），唐太宗謀議翌年再出兵高麗，不幸太宗於貞觀二十三年（649）駕崩，征伐高麗戰事停止。

治世評析

對於「貞觀之治」，除多見傳統史家的盛讚外，現今學者大致上有如下的見解：

其一是主張貞觀之治盛況不如太宗曾孫玄宗「開元之治」。因為貞觀時期雖是經濟復甦、社會安定，然物質基礎尚不豐富，到貞觀末，官方統計的戶數三百多萬戶，僅及開元盛世時戶數九百多萬戶的三分之一。而開元時期經濟發達、社會繁榮景象，也非貞觀時期可以比擬。

其二是認為貞觀時期雖被譽為盛世典範，但是標準不能從經濟發展程度來看，因為貞觀盛世是建立在人民的低水平生活水準之上。在太宗君臣努力之下，迅速重建均田制下自耕小農為主體的社會，此種均田制小農社會，秩序安定固是，經濟尚停留在實物經濟的階段，人民生活水平是遠不如隨著商品經濟勃興的唐中期以後，即使唐代中葉以後政治動盪，社會混亂不安。

儘管「貞觀之治」有如上的瑕疵，但是作為唐朝第一個盛世，其意義並不在此，太宗治世之所以重要，乃在於開創中國第二個一統帝國得以長治久安的基礎。

雖說隋代建制已為統一的帝國開創方向、提供施策，貞觀君臣的施措不過是蕭規曹隨，略為修正隋制而已。不過隋帝國的暴起暴落，就如同往昔南北分裂時期的諸王朝，人民心中並不視統一帝國為常態，地域的分裂意識仍是濃厚的。然而經太宗一朝二十餘年的努力，緊接著是延續貞觀風尚的高宗永徽之治（650～655），國富民安。自李淵建唐（618）至此際（655）將近四十年，帝國根基已固，後雖有武后建周、韋后之亂，惟多限於宮闈之內，

影響民間社會較微，並沒有造成一統帝國的動搖。因此說，「貞觀之治」為大唐帝國的久治奠基，殆不為過。

第四節　女皇武則天

本節說明一代女皇武則天傳奇性的人生，與她的治績。

中國唯一女皇帝

入宮為才人

武則天，名照，并州文水人（今山西省文水縣）。父親武士彠，是一個販賣木材致富的商人，母親楊氏，是隋朝宗室女。隋末武士彠隨唐高祖李淵起兵，後官至工部尚書，掌管土木營繕等事。武士彠一族在當時重門第的社會裡是屬於出身微寒者。

武則天生於唐高祖武德七年（624），九歲喪父。十四歲時因美貌被太宗召入宮，受封為「才人」（才人為唐代後宮編制中的第五等級妃嬪），賜號「武媚」，人稱媚娘。當高宗為太子時，常隨侍父皇左右，見到媚娘而心生愛慕。貞觀二十三年（649），太宗駕崩，依宮中慣例，沒有生子的妃嬪出宮落髮為尼，當時二十六歲的武媚娘，隨眾入長安感業寺為尼。

才人到皇后

後來，新皇帝高宗召她入宮，受封為昭儀（昭儀為唐代後宮編制中第二等級「九嬪」的首位，地位僅次於四妃與皇后）。

有關武則天再度入宮經緯，眾說紛紜。一說是高宗在先皇忌日前往感業寺行香，見到武才人而舊情復燃。這個時候，出身名門太原王皇后失寵，而出身南方大族蕭淑妃得寵，王皇后無子，心不自安，於是暗中命令武氏蓄髮，鼓動高宗召武氏入宮，以奪蕭淑妃之寵。果不其然，武氏入宮，得帝后的寵信，封為「昭儀」。另一說則主張太宗駕崩，武氏並沒有隨眾出宮為

尼，而是移居宮外別館，因為當時武氏已經受高宗寵愛，但又為先帝太宗的宮嬪，所以出以此策來避人耳目，等到太宗喪事完竣後，不久高宗即召武氏入宮，拜為昭儀。

不管武氏是如何成為高宗的妃嬪，武才人成為武昭儀之後，先與王皇后聯手，詆毀蕭淑妃，使得蕭妃失寵；旋又誣陷王皇后，武氏將自己親生女嬰扼死，嫁禍王皇后，使得高宗有易后之心。終於在永徽六年（655），高宗受武昭儀慫惠，向元老大臣提出廢王皇后而改立武昭儀為后之事，然遭長孫無忌、褚遂良等重臣反對。他們認為王皇后出身名家，是先帝為高宗所擇之佳婦，而且皇后並無大過，而武氏出身低微，又曾經服侍先帝，立為皇后，恐留惡名於後世。朝中大臣韓瑗、來濟等也反對。

面對這種形勢，機敏有智的武昭儀積極挑撥高宗與長孫無忌、褚遂良的君臣互信情誼，同時結納其他朝臣，如李義府、許敬宗與崔義玄等。他們為武昭儀奔走，又是上書奏請冊立武氏為后，又是在朝中製造輿論，宣揚：「田舍翁多收十斛麥，都還想換婦，更何況貴為天子！」當此之際，另一元老重臣李勣對此事的發言就顯得格外重要。李勣對於易后之事，說：「此陛下家事，何必更問外人！」高宗乃由舉棋不定，堅定易后的決心。

永徽六年底，高宗以王皇后與蕭淑妃「謀行鴆毒」罪名，廢為庶人，改立武昭儀為后，當時武則天為三十二歲。不久之後，王皇后與蕭淑妃都遭武后殘害。在這場易后風波中，反對易后的褚遂良、長孫無忌、來濟、韓瑗等大臣，後來一個個遭到貶斥被殺的命運，其中高宗的母舅長孫長忌有擁立高宗繼位大功，卻遭誣陷謀反，被逼自縊身亡，最為世人所憐。史書載云：「無忌既有大功而死非其罪，天下至今（肅宗時期）哀之。」反觀投靠武則天的李義府、許敬宗諸人，則自此平步青雲，躍升宰相。

武后之所以得立，除因其掌握高宗優勢外，更重要的是得到新興官僚集團的鼎力支持。在武后以前，中央政府的官員主要以唐初的功臣為主，這些功臣中雖經太宗皇帝的廣納各方人才，不過基本班底是以關隴權貴與舊有門閥為主。以長孫無忌為首的他們反對冊立武氏為后，提供新興官僚晉升的機會，如李義府、許敬宗等人，透過與武則天聯手，終於在這次政爭中獲得勝利。

皇后到女皇

貞觀二十三年（649），太宗崩逝，由太子李治即位，是為高宗。高宗之得位，並非他才能出眾或身為嫡長，而是因於皇儲鬥爭中，英勇類似太宗的四子濮王泰，與嫡長皇太子承乾形同水火，就好像以前太宗與建成一般，結果終於導致廢太子承乾為庶人的結局。太宗為了能夠保全承乾與濮王泰，只好改立個性懦弱、才具平庸的三子晉王治為太子。

高宗前期由長孫無忌、褚遂良等輔政，有貞觀之治遺風，世稱「永徽之治」。永徽六年（655），高宗冊立武氏為后之後，元輔重臣接連遭受貶斥，武后逐漸形成自己的勢力集團。顯慶五年（660）以後，高宗因身體虛弱，又苦於風眩之病，無法親理政務，因此政權漸轉到武后手中。武后不僅參與政務，藉機專權，甚至演為同高宗一起垂簾聽政，在實質上代行皇帝之權。到了上元元年（674），朝政完全由武后把持，高宗形似傀儡，卻因性格怯懦，無可奈何。

隨著武后地位與名望的抬頭，多病的高宗曾有廢后念頭，祕令朝臣上官儀草詔，卻又畏懼武后而未行，反造成廢太子忠、上官儀冤死，以及諸多朝臣流貶。既然廢后不可行，高宗乃謀將帝位傳給太子李弘。武后與高宗生有四子，長子李弘、次子李賢、三子李顯、四子李旦。太子性情寬厚，處事與武后意見常相左，結果在上元二年（675）為武后所毒殺。高宗於是立次子李賢為太子，賢頗有才幹，獲得高宗讚賞，卻受到武后嫉視。永隆元年（680）年，武后藉端再廢太子為庶人，改立三子李顯為太子。

三年後，高宗病逝，太子繼位，是為中宗。中宗遵守高宗遺詔，尊武后為皇太后，一切軍國大事皆由太后取決。過了五十五日，中宗因欲立岳父韋玄貞、乳母子為高官，與朝臣爭執，武后乘機廢中宗為盧陵王，改立對於政治沒有興趣的四子李旦，是為睿宗，時為嗣聖元年（684）。睿宗居於別殿，不問朝政，所有政務完全交由太后裁決，這個時期被稱為「太后稱制」時代，當時武則天六十一歲。

不久，武后派人強迫廢太子李賢自殺，又將盧陵王遷到房州（今湖北房縣）。另一方面，她重用武氏家人，特別是她的姪兒武承嗣、武三思，同時又追封祖先為王，暴露武后稱帝的野心。於是乎，唐朝宗室與舊臣起兵反

武，先是李勣孫子李敬業起兵於揚州，募車十餘萬人，聲勢浩大，惜二個月就被敉平；後有唐朝宗室越王貞（太宗子）等的起事，也告失敗。此後，武后大肆誅殺李唐宗室及其親戚之家，並及於忠於唐室之大臣。

隨著李唐宗室與忠唐舊臣被殺殆盡，武后稱帝阻力殆盡，乃準備稱帝事宜。她一方面大幅增加京官俸祿，尋求中央官員的支持，一方面改易喪制，母亡而父在時，母親喪服由一年改為三年，提高母親的地位到與父等同，來為女帝出現鋪路，自加尊號為「聖母神皇」，自名為「曌」，又易曆法，變詔書為制等。最後在載初元年（690），她巧妙結合佛教《大雲經》女帝即位與彌勒佛降生之說，由僧法明倡言：「武則天乃彌勒佛下生，當代唐為閻浮提主（人世間君王）」，來合理化她的稱帝，並唆使官員、百姓、帝室宗戚、四夷酋長等勸進，終於在該年九月，武后即帝位於洛陽，稱神聖皇帝，改國號為周，以睿宗為皇嗣，賜姓武氏。

武則天自三十二歲被立為后，歷經三十餘年的苦心經營，終於在六十七歲高齡，取唐建周，成為名副其實的皇帝，也是自古以來的第一位女帝。

李唐再起

成為皇帝的武則天，與以往的皇帝並無不同，她冠冕臨朝，面對面與朝臣處理國政，也在後宮設立「控鶴監」，蓄養無數男妾。顯然在武則天的心中，她並沒有強烈的身為女性自覺，反倒自認是帝王之尊，就應踐行帝王之道。

武則天稱帝之後，除繼續重用武氏子姪的武承嗣、武三思外，還免天下武姓租賦，改水文縣為武興縣，追封武氏祖先，為武氏立七廟等作為，顯然武則天有傳位給武氏的想法，尤其是她的姪兒武承嗣。不過，朝臣之中不乏棄周復唐之士，乃至武則天所拔擢的宰相狄仁傑亦是列名其中。狄仁傑向武則天動之以情、說之以理，終使徘徊在立子或立姪猶豫不決的武則天，下定決心，派人到房州迎回盧陵王，立為太子，改封睿宗相王。狄仁傑這段有名的說詞是這樣的：「姑姪與母子，哪一方比較親近呢？陛下若是立兒子盧陵王為太子，千秋萬歲之後，可享兒孫的祭祀；若是立姪兒為太子，姪子有為姑母立廟奉祀的嗎？」

武周政權存續了十五年，到了神龍元年（705），由狄仁傑推薦的張柬

之任為宰相，張柬之乘武則天臥病，結合李多祚、薛思行等將領，發動宮廷政變，以兵力迫使武則天退位，迎立中宗。退位後不久武則天崩逝，享年八十二歲，被尊為「則天大聖皇帝」，後人因而稱她「武則天」。

二 武則天治績

下啟開元盛世

　　武則天自永徽六年（655）冊立為后，開始參與國政。麟德元年（664），垂廉聽政，專擅朝政。上元元年（674），與高宗並稱二聖（天皇、天后），大權獨攬。載初元年（690），篡唐建周。神龍元年（705），退位去世。總計她掌控中央政權達四十六年，其中皇后干政有二十四年，太后稱制有七年，稱帝有十五年。

　　武則天執掌國政近半個世紀，在這比唐朝任何一位皇帝都長的悠久歲月中，除中央高層出現權力鬥爭外，大體上政局是穩定的，經濟富庶、社會安定，人口由三百多萬增長為六百多萬，帝國也維持廣大的版圖。因此，學者都主張武則天應具有過人的政治長才，她的施策或因傳統史家受到儒家女性不應干政的思潮影響而載記簡略，所以無法盡得其詳。但是如果她沒有良好的政治措施或重要革新，她以後的玄宗「開元之治」也無法順利形成。換言之，一代女皇武則天，上承太宗貞觀之治的餘緒，下奠玄宗「開元之治」之基。

武則天的施政

　　有關武則天施政的資料相當缺乏，依據學者研究，武則天的施政大致有以下幾項：拔擢新興統治集團、諸項改制、尊崇佛教，以及獎勵告密與任用酷吏等。

　　先是高宗冊立武則天為后時，遭到關隴集團為首的唐初功臣反對，所以武后大權獨攬之後，除盡力壓制舊有功臣集團外，同時極力培植新的政治勢力，廣招有才之士。由於唐初功臣成員除關隴集團外，尚包含門閥士族，而士族受到儒家禮教思想的薰陶，較難接受女主掌政，所以武則天所拔擢的官

員，以「進士科」出身為多。

　　唐初人才的登進有三，一是來自學校的學生，稱為生徒，學生來源大多屬官宦子弟，所學以經學為主；一是來自鄉貢，一般人皆可自由向州縣政府報名，經州縣考試錄取後，與生徒一同參加中央政府的考試，考試科目繁多，主要以秀才、明經與進士諸科為主，稱為貢舉；一是來自制舉，由皇帝下詔舉才，不定期舉行。在武后專權以前，政府取才多以習業經學的學校學生為主，尤其是出身高官與士族門閥的子弟。武后擅權之後，不願再見反對她的舊有官員勢力尚存，於是特別從科舉考試中的「進士科」選拔人才，因為進士科側重詩文，非擅長經學的學館生徒所敵，加以武后本身也好文墨，藉由此途可將舊有功臣勢力排擠殆盡，同時扶持新的政治精英為其效力。

　　漸漸地「進士科」成為政府任用官員來源的主要途徑，史稱高宗永隆（680）以後，進士科開始成為考試取士的主要科目，到了弘道元年（683），武則天以太后稱制時，中央政府的主要官員大多是以進士出身，舉國形成喜好文墨的風氣，此一風氣持續到唐朝滅亡為止。唐代在文學史上以詩歌風華著稱，武則天推波助瀾，功不可沒。經由武則天的人才登進之策，忠於她的新興科舉官僚集團崛起，打破了關隴集團與士族門閥壟斷政治的現象，隨著時間的愈晚，科舉出身的官僚逐漸成為中國官僚集團的中堅，形成中國近世以後官僚政治的特點。

　　武則天除以文科選士外，晚年又增設「武舉」，招攬武藝拔卓之士，以充武官。此外，又令臣民「自舉」，復派使者到各方蒐羅人才，務必廣集人才於座下。也因此當時的朝堂之上，文臣武將輩出，其中屬於科舉官僚出身而名著者就有宰相李昭德、狄仁傑、張柬之等，魏元忠、婁師德、杜景儉諸人也是赫赫有名，就連玄宗時代的名相姚崇、宋璟也是應進士舉而受武則天提拔；武將中的黑齒常之、李多祚、郭元振等，也樂為武天所用。武則天有賴這些賢能之士輔政，所以才能成就女帝的一番功業。武則天的廣擇人才，更替以後玄宗的開元盛世奠定良好基礎，唐中葉的憲宗朝名相李絳說：「天后朝命官猥多，當時車載斗量之語，及開元中，致朝廷赫赫，有名望事蹟者，多是天后所進之人。」一語道出了武則天下啟玄宗開元盛世的功勳。

　　雖說武則天以利祿之位來收取天下人才，致使如同李絳所言，天后朝的官員冗多且猥濫，有所謂「補闕連車載，拾遺用斗量」的諷語，補闕、拾遺

都是武則天時代增設的諫官，沒有固定的員額，這些官員的數量竟然多到可以用車載、以斗量，其濫猥之狀不可言喻。雖是如此，但是「明察善斷」、「知人善任」的武則天，對於不稱職官員，也會毫不留情地罷斥、誅殺。

武則天得勢後，到她去世駕崩之前，推行許多的改制：改正朔、易服色、改官制、改首都、改文字、改曆法、改年號、改尊號、改人名、改地名、改封號、改外國國名……等，以下舉其犖犖著者。

其一是改正朔、易服色。武后宗周朝，所以以永昌元年（689）十一月，為載初元年正月；改易服色，色尚赤。

其二是改洛陽為神都。唐初首都長安因於漕運困難的緣故，帝王常須就食洛陽。高宗顯慶二年（657），改洛陽宮為東都，以洛陽為常設的第二首都，後來高宗崩逝於東都之後，隔年武則天改東都為神都，即長期駐蹕於此。正式稱帝之後不久，將關中的十萬戶民遷居洛陽，以榮繁首都。

其三是官制。武則天將重要官名改稱，例如中央三省及其長官，中書省更名為鳳閣，長官由中書令改稱為鳳閣內史；門下省改稱鸞臺，長官由門下侍中改稱為鸞臺納言；尚書省改稱文昌臺，其長官左右僕射改稱為文昌左右相。又將尚書省轄下吏、戶、禮、兵、刑、工六部，改稱為天、地、春、夏、秋、冬六官。復又更御史臺為肅政院，其餘省寺監率等諸關機名稱亦有所更易。

其四是文字。武則天改造新字的原因並不清楚，不過據學者研究今日尚存的武則天新字有十餘字，見於現存碑刻、敦煌文書，乃至日本國文書。以下舉列數字：

〇（星）、曌（照）、圀（國）、𡕀（載）、埊（地）

其餘諸如，將倭國改為日本國的更改外國國名、將木芍藥改為牡丹、改婦女之跪為拜、子女於父在母亡的喪服由一年改為三年等。

李唐王室因其姓而尊崇道教，自認是道教始祖李耳的後代，所以唐初對於興盛的佛、道二教，採取道先於佛的政策，在官方正式場合，道士列於僧尼之前。武則天掌握政治大權之後，由於她的家庭背景，武則天受到母親楊氏崇佛的影響，本身也是佛教徒，加上佛教的部分經典教義有助於女性稱帝，如前引僧法明倡揚《大雲經》中女帝說，所以重興佛法。她曾命令兩京

諸州皆設大雲寺，頒行《大雲經》於全國，柵帝俊吏倡言，釋教開革命之
階，令釋教在道教之上，僧尼處於道士女冠之上，佛教的聲勢因而扶搖直
上，喧赫一時。

　　傳統史家對於武則天的惡評，除前述濫賞官爵、蓄養男寵外，大多集中
在她實行恐怖統治上。武則天由於得位非經正途，在李敬業謀反後，深恐天
下人謀己，所以採行告密與酷吏並行的恐怖政策，來對付異己與潛在敵人。

　　她於京城置設告密的銅軌（類同於今日檢舉箱），下詔全國州縣，凡欲
入京告密者，州縣盡速送其來京，不得詰問其告密內容。凡告密者，不限身
分尊卑貴賤，全部接見，經查屬實則賞，非實者不問。如此一來，各方告密
者蜂擁而至。緊接著，武則天網羅索元禮、周興、來俊臣等酷吏，使用慘無
人道的刑罰、種種羅織方法，來對付反對武則天的勢力，其結果是造成冤獄
無數，人民無辜受戮。後來因於酷吏陷害皇嗣、梗直大臣切諫，以及諸武也
揭發酷吏之弊，終使武則天醒悟，這批酷吏也落得被誅殺的命運。

　　宋人在撰述唐代歷史時，甚至認為武后任用酷吏，大興刑戮，誅殺忠於
唐室的大臣與宗室，連帶使臣民陷入惶惶終日、汲汲自保的情境，是武則天
得以稱帝順利，臣民無暇得以叛亂之因，所謂：「武后因之坐移唐鼎，天綱
一舉，而卒籠八荒。」

　　就以上所論的武則天施政，雖有其黑暗之處，但是就如同前述，其拔擢
人才後進，一方面以成其孫玄宗「開元之治」的階梯，另一方面經由科舉重
進士，出現非屬關隴權貴與門閥舊族的新興科舉官僚集團，為帝國官員來源
注入新血，促使帝國政治力更深入各地，與基層社會力產生更緊密的連結。

第五節　開元之治與東亞文化圈的形成

　　武周政權結束之後，近十年間，相繼出現婦女干政的「女主餘波」，一
直到唐玄宗繼位，此風方息。玄宗李隆基，勵精為治，革弊興政，唐朝出現
第二個盛世「開元之治」，國勢達於頂峰，其中開元的盛況之一，就是形成
東亞文化圈。

一　女主餘波

前面提到武則天退位，由她的三子李顯繼任，是為中宗。中宗被武后流放到房州的十幾年間（686～698），朝不保夕，唯賴其妻韋后相互扶持，二人情愛彌篤，因而繼位之後，極端寵幸韋后。韋后效法武則天，干預朝政，先是與武后家人聯合，譖誹擁立中宗的張柬之諸人，遠貶他州，謀害致死。再來是嫉視輕侮非韋后所生的太子重俊，使得太子地位飽受威脅的重俊在忍無可忍之下，鋌而走險發動政變，失敗被殺。

此後，韋后氣燄高張，日益專權，以韋氏子弟、親人掌管京城武力，又引進婦女參政，如其女安樂公主、妹妹戚國夫人等，她們賣官鬻爵，朝廷充斥冗員。韋后諸種作為引發中宗的不悅，韋后乃與女兒安樂公主合謀，毒殺中宗，時為景龍四年（710），上距中宗復位僅五年的時光。中宗崩逝後，韋后立非己出的中宗四子重茂為少帝，自己以皇太后身分臨朝稱制。同年六月，韋后仿效武則天，密謀稱帝，但是卻受到相王旦之子李隆基與太平公主發動宮廷政變而告失敗，韋后一黨被誅殺。少帝乃傳位給相王旦，是為睿宗。

睿宗立李隆基為太子，不久，太子與他的姑姑太平公主爆發衝突。太平公主是武則天愛女，有乃母之風，在韋后專權期間，與韋后女安樂公主對立，因而參與李隆基肅清韋后的祕謀，立有大功。睿宗繼位之後，太平公主權勢大增，為久擅大權，太平公主力勸睿宗更換英斷多才的太子李隆基，引起李隆基的反擊，於是朝廷中大臣也分成兩股勢力，彼此明爭暗鬥。太極元年（712），睿宗退位，傳位給太子，稱為玄宗，改元先天（712年），睿宗被尊為太上皇，可是，太平公主藉太上皇勢力，仍擅大權，宰相七人中有五人出自其門。終於在傳出太平公主有意毒害玄宗時，玄宗先下手為強，於先天二年（713），靠著宮廷侍衛軍武力，誅除太平公主及其勢力，至此玄宗完全掌控中央政權。

二　開元之治

玄宗從險惡的宮廷鬥爭中勝出，以二十八歲的英年獲得政治實權，改元

開元（713年）。他所繼承的帝國在經歷武則天、韋后專政上風波後，雖在對外方面沒有嚴重外患，但是在內政方面，政治上相當腐敗，除了崇尚奢華、官員貪縱成風，引發財政困窘外，官員過多，尤其是龐大的員額編制外官員，以及官員素質日益低落，更是當時政治的主要難題。

面對這些問題，首要之計在於能夠任用賢相來消除弊端，因此玄宗在肅清太平公主亂政後，拔擢同州刺史姚崇為相。姚崇是玄宗與太平公主對抗期間擁太子派的大將，曾得罪太平公主而被貶為外州刺史。

姚崇針對時弊提出政治革新十事，作為改革武周以來政治亂象之方，其內容大致是這樣：(1)政治要崇尚仁恕，(2)不可窮兵黷武，(3)法律先於皇帝私人的親貴近臣，(4)宦臣不許干政，(5)除租賦外，內外朝臣不可向皇帝奉獻以求恩寵，(6)宗室不可任御史臺和三省官職，(7)皇帝須待大臣以禮，(8)群臣可向皇帝諍諫，皇帝應不以為忤，(9)停止營建佛寺道觀，(10)禁止外戚執政。玄宗接受姚崇的建議。姚崇在任內，敏於治事，公正廉明，去任之後，薦宋璟為相。宋璟蕭規曹隨姚崇的政策主張，守法持正，直言諍諫，朝政在二人主持之下，國家走向治世之途。除姚、宋之外，其後繼任的張嘉貞以吏治著稱，李元紘與杜暹以儉德知名，韓休與張九齡以正直聞名。玄宗能任用這些賢能君子相輔為國，因而開創唐朝的第二個盛世「開元之治」。

「開元之治」能夠出現，玄宗的任賢納諫固是主因，但是依學者的看法，尚有以下幾項施政促成。

抑止奢華政風

玄宗好學尊儒，崇尚節儉，促使官民奢華風氣稍息。

澄清吏治

面對冗官充斥，玄宗整頓官僚機構，選官唯才，裁汰冗員；嚴懲不法官吏，永不錄用贓吏和前朝酷吏及其子孫。尤其注重外官人選，曾規定京官有才識者外放為都督、刺史，都督、刺史有政績者調任為京官，謀求改變政治上輕外官、重京官的風氣，可惜效果有限。

此外，恢復貞觀時舊制，中書、門下的宰相及三品官入奏時，諫官、史官隨從，有失則匡正，美惡皆載記。同時禁止外戚、宦官的干政。

修訂禮律、改革制度

　　玄宗開元時代的重要成就之一，就是重修律令，完成禮典。高宗永徽年間完成的今傳《唐律疏議》，在玄宗開元時期，重新補正；其次屬於制度典章的《大唐六典》、折衷貞觀禮與顯慶禮的新禮《大唐開元禮》，也都在開元時代完成。這三部著作，影響所及非僅往後中國諸王朝，更廣遍於東亞地區。

　　在改革制度方面，政治上將群相共同議政的所在政事堂改為中書門下，使得議事場所成為正式而獨立的行政機構，相權逐漸移於中書令一人之手，原先唐初多相的制度虛位化，形成獨相專擅的局面。

　　在兵制上則因於府兵制的惡化，府兵逃亡，素質漸劣，又因不當役使而遭到歧視，導致漸漸無兵可用。因此，玄宗招募「長從宿衛」十二萬人，後改為「彍騎」，來宿衛京師。後來在邊防地區，許由當地諸軍召募「長征健兒」。到了天寶時期，沿邊成立十大兵鎮，設立節度使統轄。唐代兵制由府兵制轉為募兵制，於玄宗時代完成。

　　貢舉上則將貢舉之權由吏部權輕的考功員外郎，移由權重的禮部侍郎。禮部選士由玄宗朝開始，直到清末科舉制度廢止。

 解決財經問題

　　玄宗採行如下數項施策來因應財經困難：(1)獎勵農耕。(2)改善漕運，使江南租米可直接運輸到京城。(3)處理逃戶問題，以檢核全國戶籍和田地數量的方法，將隱匿逃戶檢出，然後讓逃戶在當地入籍，免其數年租調。如此一來，不僅賦稅增加，而且可將人口由私人莊園主移轉到政府。(4)和糴與迴造納布，實行結果使國用充裕。和糴實施於西北，其法是收購當地農產品來就近補給京師；迴造納布是指租調賦稅可由米粟改繳為布帛，乃至日常用品，以減少漕運沈重租米船舶翻船機率，提高政府賦稅收入。(5)嚴法禁斷惡錢。

 尊崇道教

　　先是整頓打壓武則天以來大力提倡的佛教，淘汰偽濫僧尼二萬多人，禁止村野坊市私鑄佛像。同時詔令五嶽大山建道教的老君廟，各州建置老君

廟，百姓家中必存藏《老子》一書。為了提倡道教，首次設立道教學校，並將《老子》一書列入貢舉科目中，玄宗尊崇道教真是不遺餘力。

　　有關「開元之治」，指的是開元六、七年（718、719）以後，到開元二十四、十五年（736、737）為止的時間。在這段時期，玄宗勤於聽政，國內政治清明，社會安定，經濟繁榮，四方豐稔，府庫財貨山積，物價低廉，百姓樂業，唐朝人口在這個時代達到頂峰，官方的統計數字有九百多萬戶、五千三百多萬人。史書中載記這個時代盛況的文字充斥，其中「詩聖」杜甫的詩〈憶昔〉描寫極是貼切，最常被引用，詩云：「憶昔開元全盛日，小邑猶藏萬家室。稻米流脂粟米白，公私倉廩俱豐實。九州道路無豺虎，遠行不勞吉日出。齊紈魯縞車班班，男耕女織不相失。」詩人用淺顯易懂的文字，將玄宗開元盛世人民衣食住行的富裕景像描繪在眼前。

　　唐朝當時並無強大外患，與四鄰的相處尚屬和平，疆域雖比高宗前期略為縮小，但整體而論，作為唐朝第二個盛世的「開元之治」，在民生富利，乃至文化傳布上，其興盛程度是遠非貞觀、永徽之治可比擬的。

三　東亞文化圈的形成

　　開元盛世的重要成績，就是在文化傳布上完成東亞文化圈。所謂「東亞文化圈」，指的是在中國本土、朝鮮半島、日本及十世紀以後獨立的越南（獨立前屬於中國州郡之一）等地區，於八世紀的前半，即玄宗開元時期，形塑完成一個以中國文化為核心的文化共同體，所以學者又稱為「中國文化圈」、「漢字文化圈」。在這個區域中，漢字、律令（法制）、儒學、佛教與科技是共通的文化要素，又是當地文化的主要成分。

　　東亞文化圈的形成，是經由長時期的文化交流而來，其中扮演重要推手的是教育事業，各國主動藉由教育手段來達成。所以在唐末五代之後，中國政治上的天下秩序，因緣於周邊民族的崛起而有起落，但是東亞的中國文化圈，一直到近代西方勢力東進之後才逐漸崩潰。

漢　字

　　唐朝後期，日僧圓仁隨日本遣唐使節團來到中國求法禮佛。圓仁初入中

土，語言不通，但這並不妨礙他與中國人交談往來，圓仁藉由「筆言」，即用筆書寫漢字來表達其意。圓仁的例子透露出漢字是當時東亞地區人物交流的媒介，在當時的東亞地區，舉凡官方、民間的往來文書，乃至誦讀的教本，大多以漢字書寫，因此透過漢字，東亞地區形成一個可以相互溝通的區域，其間的人物、文化、制度的交流，都經由漢字而成。漢字的流通於東亞地區，可以說是「中國文化圈」得以立的重要因成素。

有關漢字的傳入日本與朝鮮半島，確切的時間並不清楚，不過大致在西元前後，漢朝的國威遠播，漢字隨之流布。在此之際，漢字代表的時代意義，依據學者的主張，約有以下五項：(1)漢字是中國天下地區在公場合的通行文字；(2)漢字在公共場合作為識字標的；(3)精通漢字象徵有教養；(4)透過習熟漢字而理解中國內、外典；(5)透過漢文文獻來規範國家、社會組織及其秩序等。同樣屬於農耕國家的東亞諸國，很快地藉由漢字吸取中土文化。近來的考古資料顯示，在朝鮮半島、日本等地，陸續出土三、四世紀以後的銅鏡、金石文字及木簡等，昭告著世人漢字流通於此區的實態。

有關漢文的流通於越南的演變，由於自秦漢以來即將越南北部劃入中土，所以漢字隨著中國的統治流傳於該地。雖然十世紀以後，越南獨立，也發明字喃，但是漢字在此區的流通與權威地位依然存在。同樣的情形發生在日本與朝鮮半島，日本後來發明表音文字與萬葉假名，朝鮮半島出現諺文吏讀等，但是漢文仍是上層知識份子教養的表徵。

儒　學

所謂「儒學」，指的是中國儒家經典成為東亞地區國家統治原理或個人行為指導。儒家經典流傳東亞地區的方法，開始是由官方獲得中國政府或受到中國文化影響鄰國的賞賜，或是私人以民間管道購自中國。這些儒家的經典流入東亞地區之後，經由官學、私學，乃至寺僧的寺學等教育機構的推動，使儒學生根落實。

儒學在朝鮮半島的傳播

中國西漢時代設郡縣於此區，武帝曾令全國郡縣皆立學校，或言儒學傳播於朝鮮當在此時。到了西元三七二年，高句麗也設太學；百濟設置學校，

據學者推測約在西元三四六至三七五年之間；新羅則在四元八八二年始設學校。有關朝鮮官學儒學內容，近人專研的學者以新羅國學情形說明是這樣的：教材主要有《周易》、《尚書》、《毛詩》、《禮記》、《春秋左氏傳》、《文選》等，以分組方式選讀，其中不論選讀哪一組，《孝經》與《論語》都必讀科目。

儒學在日本的傳播

通說以五世紀初，百濟博士王仁帶著《論語》、《千字文》到日本，為日本儒學流傳之始。在七世紀後期，日本開始設立學校，八世紀初學校完備。八世紀初的儒學內容，教材有必修的《孝經》、《論語》與《公私禮》、《吉凶禮》，及《周易》、《尚書》、《周禮》、《儀禮》、《禮記》、《毛詩》、《春秋左氏傳》等。

儒學在越南的傳播

應是在中國漢武帝實行郡縣設學以來，就有儒學的傳入，只是尚無史料可供佐證。東漢末中國大亂，不少士人移居越南。東吳建國之後，因士燮擔任交州首長，文風大盛。其後，此地的受中國儒學影響程度，因出任官吏的重視狀況而有好壞之別。十世紀以後，獨立的越南，儒學以明經為主，仍實行中國式科舉考試，尚存中國式官學。

律令制度

律令制度，指的是在法典中規範政府的組織、運作及秩序的維護。中國在隋唐時代的律令制度是以律、令、格、式為中心，東亞諸國將中國的律令制度引入，加以修正符合本國國情，先後成為律令制的國家。

西元三七三年，朝鮮半島的高句麗頒行律令，新羅則在西元五二○年也實行律令。王氏高麗時代，頒行的律令編目與條文雷同於唐律，後來歸屬於元朝，實行至正條格。李氏朝鮮時代，則以明律、明會典為本，實行法律與法典的編纂。日本成為律令制國家，是以唐朝的高宗永徽、玄宗開元七年（719）律令為藍本，於西元七○一年頒布大寶律令、西元七五七年公布養老律令的時期。至於越南，在中國統治時期，實行中國的律令法制；十世紀

獨立以後，受到中國唐律影響，於西元一〇四二年撰有《刑書》三卷，西元一二三〇年制定國朝刑律。黎朝聖宗洪德年間（1470～1496）制定《刑律六卷》，也深受唐、明律的影響。

 ## 佛　教

起源於印度的佛教，東傳入中國之後，轉變為以大乘佛教為主的中國式佛教，各種宗派勃興，佛藏翻譯為漢文大為盛行，其中以漢譯《大藏經》為主要經典。相較於印度的小乘佛教，中國式的佛教與政治關係較密切，甚至受到國家力量的保護。因此，當朝鮮半島、日本的僧侶到唐朝禮佛時，可以直接經由漢字與唐僧、儒者筆談，超越語言上的隔閡，使雙方的交流更加順暢與廣泛。以下舉新羅高僧圓光、慈藏與日僧空海、圓仁來說明。

新羅名僧圓光，在新羅先是修習玄學、儒學與文史等。後來到了南朝陳朝的都城金陵（今日南京）學佛，學成之後，受到隋唐中國政府禮待。慈藏於唐初來中國求法，學成載譽歸國，大興佛法，倡言新羅服唐朝衣冠，奉其正朔，大大地促進兩國的文化交流。西元八〇四年，日僧空海入唐習佛，善真言宗。西元八〇六年返回日本之後，創建日本真言宗，以詩文、書道聞名於世。日僧圓仁在唐代晚期入唐求法巡禮，在唐十年，巧遇唐武宗滅佛，因而他在唐土的求法紀錄《入唐求法巡禮行記》，成為探求武宗滅佛事蹟的第一手資料。

科　技

所謂「科技」，不是指今日的應用科學，而是指中國文化中的天文、曆法、算學、醫學、陰陽學等學術。這些科技傳播於東亞地區的方式，就如同儒學一般，是經由當地官學傳播。

東北亞方面，西元六八二年，朝鮮半島的新羅創設國學，學校中就有算學教育，西元六九二年設醫學，西元七四九年設置天文等方面博士。王氏高麗王朝的科舉考試，科目中就有醫、卜、算、地理學等。日本在倭國時期，曾經邀請精通中國醫卜曆算諸學的百濟專家，協助襄贊處理朝政，同時建立博士輪番制度。西元六九二年，日本設有陰陽博士。到了八世紀以後，由大寶、養老諸令規定，日本在陰陽寮之下，設置博士教授學生天文、曆、陰陽

諸科，並且行用唐代曆法；在典藥寮之下，設有醫、針、按摩、咒禁諸科，並設置博士教授學生；在大學寮之下，也設有算學一科。東南亞的越南，在屬於中國時期（交州），應是同於唐制，州學中有醫學。十世紀以後的李朝仁宗時代，仍施行中國的天文、曆法與陰陽之學，國家考試中也有醫學考試，甚至在吏員考試有書、算、刑、律學諸科。

第六節　唐宋間變革

所謂「唐宋間的歷史變革」，時間上起於安史之亂（755～763）以後，到宋朝初年間的歷史變化。因此本節的主題，一是有關變革背景的安史亂後唐朝發展，尤其是安史亂後唐朝不亡原因的探討，一是唐宋之間歷史變革內容。

一　安史亂後唐朝不亡的原因

安史亂起之因

玄宗開元時期，唐朝國威達於頂峰，此後隨著安史之亂的爆發，唐朝由盛轉衰，分析這場大動亂的原因，有遠因的制度性因素，也有近因的玄宗朝經營問題。

在遠因方面，因緣於唐初立國的「律令體制」，在經過百餘年的承平發展，已無法符合盛唐的時代需求。玄宗雖然實行改革，但昧於新局，仍以舊制格局施為，故僅救一時之弊，沒能真正解決問題，埋下日後安史亂起的因子。律令體制中的均田、租庸調，乃至府兵等制，都是以「人必土著」為前提才可貫徹。所謂「人必土著」，指的是人民必須居住於登錄的戶籍所在，不可移住他地，一旦人不土著，即出現人口逃亡他鄉的現象時，上述制度必定走向崩潰之路。但是玄宗開元初，人口繁衍眾多，生產力發達，土地兼併盛行，社會經濟型態已從實物經濟走向商品貨幣經濟。「律令體制」中適用於實物經濟的均田、租庸調，乃至府兵等制，已無法適應帝國的新形勢，如

均田制下耕地不足授田、府兵制下偏遠地區府兵兵役負擔過重等問題，凡此種種都造成戶口的逃亡，戶口逃亡的影響是租賦的嚴重不足。

　　玄宗與其大臣們面對這些問題，並沒有深刻體悟時代的變遷，結果改革流於治標，無法全面汰舊換新、與時並進，終至失敗。試看玄宗對於逃戶問題的解決措施，是採行逃戶就地合法，然後再就地課稅，這種處置仍在均田制、調庸調制的框架內處理戶口逃亡問題。然而逃戶就地合法後，政府為求確實徵稅，培養新的財計官吏反而在地方形成擾民。此外，地方官面對轄內逃亡戶口所留下的稅收缺口，因怕受上級懲處，影響考績，所以虛報戶口，讓未逃亡的戶口，代繳逃戶的賦稅，形成額外的沈重負擔，轉而被迫逃亡。惡性循環之下，逃戶問題日趨嚴重，加速基層農村社會的動搖，一旦亂起，地方望風解體。

　　律令體制動搖下，府兵制漸至潰壞，邊境上出現募兵的蕃兵人數漸多，而唐初重科舉的後果，朝野逐漸養成重文輕武的風氣，因而到了玄宗開元末，不得不大量啟用蕃將，由他們帶領蕃兵來防守邊境。結果安史之亂前，邊境防衛的節度使大多是蕃將，安史之亂的領袖安祿山即是其中之一。

　　玄宗朝面臨這種外重內輕的軍事形勢，受限於唐代前期外敵來自西北突厥、吐蕃的思考模式，依舊維持重西北、輕東北的「關中本位」政策，致使山東的河北地區長期受到忽視，出現急速胡化現象，與中央的關係相當疏離。然而此區外敵契丹、奚仍威脅帝國，所以給了負責此區防衛重任，當時身兼范陽、平盧、河東三道節度使的安祿山反叛機會。

　　安史之亂的近因，除安祿山陰蓄反叛之志外，玄宗主政後期的怠政更是主因。玄宗在歷經開元時期的富強太平後，開元晚期漸趨懈倦，後來專寵楊貴妃，沈溺於歌舞逸樂，而怠於政事，奸相李林甫乘機專權，排除異己，朝政日壞。接續李林甫相位的是楊國忠，他因楊貴妃得寵而顯貴，生活驕靡，身兼四十餘使，大權更是獨攬，朝中竟成無諫諍之臣的局面，政風江河日下。由於他與安祿山不和，曾二次向玄宗進言安祿山必反無疑，反逼得安祿山提前舉事。

安史亂後唐朝不亡之因

　　安史亂後，風雨飄搖的唐政權卻能延續一百五十年的國運，道理安在？

這是相當耐人尋味的課題，在帝制中國的二千多年歷史中，王朝內部一旦發生大規模、接續數年的大動亂，緊臨的命運就是急速走向衰亡。何以安史亂後的唐朝沒有迅速滅亡？以下從中央與地方的均勢兩層面分析，特別探討唐政府面對安史亂後困局，能夠迅速認清現狀，靈活運用中央、地方既有的條件，尋求中央威權於不墜，約制地方勢力擴張的努力。

唐中央與地方藩鎮

首先是唐中央與藩鎮的關係，唐中央靈活運用藩鎮體制矛盾，維持中央政府的威信。安史亂後的政治結構是「藩鎮體制」，藩鎮軍隊的組成是職業軍人與地方自衛武力，所以藩鎮體制意味著武人勢力抬頭，地方的軍事化。

唐代後期，武人大量出現，部分是因於流民的轉為軍人而來。安史亂後，商品貨幣經濟日見勃興，土地兼併盛行，不斷地有農民失去土地成為流民，有些流民參加盜賊集團，掠奪基層鄉里，造成社會的動盪。唐中央召募流民為兵，一來解決此一社會難題，二則作為補充府兵崩壞後中央正規軍的兵源，三可免於流民匯聚藩鎮而擴張藩鎮的兵力。面對中央的廣募流民為兵，藩鎮為求自保，也隨之起舞，例如河北的魏博，在田承嗣為藩帥時，即徵召境內壯丁為兵，作為藩鎮軍的主力軍隊，藩鎮的主力軍常被稱為「牙軍」。

如上所述，部分的流民轉為盜賊，劫掠地方，這種情形在唐代中期以後愈演愈烈，地方上安居農民為求自保，紛紛組成自衛軍的情形也隨之增多。這些自衛軍也納入藩鎮體制之中，形成藩鎮軍的一部分，農民自衛軍的領袖被稱為「土豪」，土豪的自主性較強，與藩帥的關係疏遠。這類軍隊非藩鎮的主力軍，外駐於藩鎮附屬州郡縣，負責維持該地的治安、稅收、戶口稽查等事宜，漸漸地土豪控制了基層鄉里。

這樣一來，隨著時代愈後，流民現象愈熾，職業軍人愈多，於是乎武人成為一股強大勢力。這些武人，無論是藩鎮主力的牙軍，或是土豪為領袖的自衛軍，不一定與藩鎮鎮帥的利益一致，當雙方利益衝突時，藩帥反受到鉗制，甚至遭到驅離或誅殺的下場，致使藩帥轉而尋求唐中央的支持。易言之，在藩鎮體制下，中央政府無力掌控藩帥，藩帥無力支配屬下軍人，在中央、藩帥、藩鎮軍人之間，形成一種恐怖的平衡。也因於三者間的恐怖平

衡，唐朝政權才能再維持百餘年的國祚，一旦平衡消失則唐朝政權危矣。

唐中央的政經革新

其次，唐中央革新政經制度，適度地解決當時的危機。政治制度方面，律令體制已隨安史之亂走入歷史，中央三省制的運作形同具文，為能有效掌控急遽變化的局勢，新的中央政治制度形成，取代原先的三省制，即是翰林學士掌草詔，樞密使掌出令，中書門下掌執行。此外，諸多使職出現，尤其攸關財政大計的三司使（度支、戶部、鹽鐵轉運），擁有財經決策、執行一條鞭貫徹之權，又統轄分布各地的龐大業務機構，使物資、財稅得快速徵集，以應瞬息萬變的新局。

至於財經制度本身的變革，首推兩稅法的實施。由於均田制崩壞，逃戶不止，依附均田制的調庸調法也隨之瓦解，政府財政窘狀百出，然而被稱為「客戶」的眾多逃戶依附在他鄉的莊園地主、富農之下，成為私有佃農。政府稅收嚴重匱乏、稅基不公，卻很難向多數「客戶」徵稅。這樣的現象說明舊有體制的賦稅以人口稅為主，政府藉此掌握每個人民的統治原理已然無法適用於商品貨幣經濟新潮流。

安史亂後，唐中央能正視現實處境，順應時代潮流，承認莊園地主、富農與佃戶的私隸屬關係，放棄掌握每個個人的統治原理，轉而以掌控土地為主的統治原理。於是在德宗建中元年（780），改行以田賦為主的「兩稅法」。兩稅法的重點有：(1)徵稅的對象由原先的個別男丁改為以戶為單位。(2)每戶以資產多寡為納稅標準，資產以土地為大宗，故稱為田賦。(3)客戶在現居地有資產者也必須納稅，即納稅不分戶籍所在地居住的主戶，或是沒有居住在戶籍地的客戶。(4)每年分兩次納稅，夏稅在六月，秋稅在十一月，其他賦稅一律取消，故稱此一賦稅制度稱為「兩稅法」。

再者，長江以南的江南地區，六朝以後經濟快速成長，在唐玄宗時期已是政府重要財賦所在。安史亂後，位居西北的唐朝中央政府，失去掌控華北的優勢，經濟上更加依賴江南地區，於是不斷改善連接兩京與江南的大運河漕運，強化江南的經營，以江南的財賦來支持唐中央，形成西北政治中心與江南經濟重心結合，來抗衡東北軍事中心的局面。

唐中央的重整地方鄉里

最後，唐中央重整地方鄉里。安史亂後的地方鄉里出現大大小小不等的自衛隊，這些由當地農民組成的保衛鄉里軍事組織，領袖大多由當地土豪、富農出任，形成新的基層力量。唐朝中央將這些勢力收編在藩鎮體制之中，由土豪、富農肩負基層鄉里治安、徵稅等事務，因而在形式上保有地方的統轄權。此外，唐代中葉以後，出現許多稱為「鎮」、「草市」的新型城市，這些城市一類來自於藩鎮軍隊屯駐之所，被稱為「鎮」，因軍隊集結的生活所需，吸引工商業者群聚而形成；另一類則是鄉村的定期市集，或州縣城廓外的臨時市集發展而來，被稱為「草市」，草市大多分布在黃河流域、大運河沿線、江淮一帶的經濟發達之區。上述因工商業而起的新興市鎮，無如同既有州縣治所城市有中央政府派駐的官員與軍隊，但是隨著市鎮的規模與數量日漸擴展，以及地方治安日漸惡化，富庶市鎮苦於盜賊劫掠，唐中央趁此進入市鎮，建立行政體系，再次掌握地方基層。

總而言之，安史亂後的唐朝中央，面對舊有體制不合時宜，能夠快速認清現實，不拘泥於傳統，改弦更張，以反映現實需求的政策、制度來面對問題，應是唐朝在安史亂後能夠再存續一百五十年的重要因素。

二 唐宋間的變革

自從中唐到宋初的二百餘年，中國在政治、社會、經濟與學術文化等方面，產生顯著變化，一個新的局面出現在宋代。這種時代變化學者稱為「唐宋間歷史變革」，隋唐時代的承先啟後地位，於此顯露無疑。以下說明這些歷史變化。

 ### 政治方面

唐宋之間在政治方面的轉變，政治體制是由專制走向獨裁，君權大大地強化；統治原理由個別人身（人頭）統治，走向戶別統治；政治中心由國土西北的長安，轉而朝向東半部的運河沿線地區。

所謂專制政體，指的是皇權尚未達到絕對權力的程度，皇帝必須與少數

近臣結為權力核心來實行統治。此種情形見於唐代前期，當時權力核心是以皇帝為中心及少數近臣來運作，但皇權仍是最高、最後。唐代前期由於帝王的自制，政治較清明，政府運作較能依法而行。唐代後期的皇權漸趨獨制，到了宋代以後，皇帝一人獨裁形成制度化，走向皇權獨斷的政治體制。

唐朝前半葉，政府組織在中央主要是三省六部，地方是州縣二級制，政事的運作是依循禮律等成文法典的規定。依據此種制度的設計，唐朝有走向依法而治的法制化可能。可是因於君權專制的性質，一方面《唐律》賦予皇帝法源，君主在特殊狀況下，「非常之斷，人主專之」，所以唐太宗可以用「同中書門下三品」加銜，增加宰相人數，從制度上破壞三省長官為宰相之制，相權失去制衡君權的作用。另一方面，被視為制衡君權的門下省封駁權，能否實行也是端看君王意願，武則天時代的宰相劉禕之事件即是一例。劉禕之事件經緯，在於武則天發布「敕」（皇帝書面命令）沒有經過中書、門下的法定手續，宰相劉禕之因而拒受敕書，結果劉禕之反被判以「拒捍制使」罪，賜死家中。劉禕之事件說明君權凌駕相權的事實。

唐朝後半期，政治日趨獨裁，開其先河則是在玄宗時代。玄宗開元時期將「中書門下」改為「政事堂」，加重中書令權力，唐初群相政議轉為獨相專擅，失去三省制的平衡原則。中葉以後，原為帝王祕書性質的翰林學士，變為「內相」，侵奪相權。再加上玄宗以來各種體制外專使的任命，舉其大者如鹽鐵使、轉運使、樞密使等，即奪相權又干涉地方事務。安史之亂後，律令體制崩潰，地方藩鎮割據。面對危機的唐朝中央，一方面廣設諸使，搜括地方財源，雖暫解燃眉的財政困難，但是相權受到更多侵奪；另一方面強化皇權、集權中央，信用家奴宦官來對抗地方分裂。唐朝中央的施策，反助長地方分離主義，對中央日益疏離與不滿，終致唐末亂亡。五代十國則是唐末藩鎮割據的延長。

北宋初立，鑑於唐末五代以來武人政治、地方分裂主義之弊，實行削弱地方、集權中央的政策。中央方面，實施相權分散，由中書掌行政，樞密院掌管軍事，二者並稱為「二府」，另外財政歸於三司（戶部、鹽鐵、度支三使），相權遠不如唐朝。削弱地方方面，於地方政府之內實行分權，使事權不由一人獨攬，並且大幅縮小地方政府組織，地方長官以中央官名義兼任等。這些施策強化了中央集權的皇權，助長皇權走向獨裁。

　　唐代中期以前，國家實行個別人身統治。政府與調分配土地給人民，輔以賦役制度，直接掌控每個人民。中唐以後，因於人口增加，商品經濟發達，土地兼併盛行，莊園地主出現，農民流為私人佃農，人口流動頻繁等因素，國家無力掌握每個個別人民。因此國家轉而以掌握土地為主，賦稅原理改以擁有土地多寡為標準，接受地主與佃農的關係。於是國家徵稅的對象從以個人為單位轉為以戶為單位。這種國家統治原理的變動，具體呈現在唐代中葉德宗時代實行的兩稅法。兩稅法的主要原則：「戶無土客，以見居為簿；人無丁中，以貧富為差」，即是以戶為徵稅單位，以土地財富多寡為徵稅標的。戶別統治成為往後中國主要的國家統治原理。

　　中國的政治中心，即是首都所在之地區。自秦帝國建立到唐朝為止的千年間，中國都城多建立在偏居西北的長安，北宋王朝以開封為都，位居中國東半部的大運河轉運點，往後諸王朝或都東南的臨安、南京，或都偏東北的北京，均是位居中國的東半部的大運河畔，以中國西北為帝都的時代，隨著唐朝滅亡而終止。政治中心的南移與東遷，顯現出的唐宋變革的歷史意義，學者稱為是中國自然地理優勢時代結束，運河時代來臨。

 ## 社會方面

　　唐宋之間在社會方面的演變，大體而言，呈現在兩方面，一是由門閥社會走向庶民社會，一是人民地位的上升。

由門閥社會走向庶民社會

　　自漢末以來逐漸形成的門閥社會，綿延數百年，一直到唐宋五代的動亂，方告解體；進入宋代，社會形成以科舉官僚為主體的庶民社會。

　　門閥社會的特點是社會上存在許多傳世久遠的世家大族，這些世家大族除家大族盛外，他們大都屬於士族，擁有廣大土地，其下庇護數量相當多不受政府管轄的農民。一旦遭遇戰事，士族將農民組成軍隊來抗敵，或以「鄉兵」集團防衛地方。因此門閥士族是掌控學術、經濟與軍事諸權力的集團，平日享有免徭役、壟斷官位的特權。門閥士族身分的取得，基本上是血緣紐帶的結合，特重婚姻制度，力倡門當戶對以保有其特權。因此其身分是自來於家世背景，藉由內婚制的實行，地位得以世襲，同時也維持特殊的家風與

家學。此等士族形同貴族（代表社會力），與皇權（代表政治力）形成共存共榮關係，彼此具有妥協性。

宋代以後，士族沒落，領導社會的人物轉為科舉官僚為主的士人，稱之為士紳。士紳身分的取得來自於科舉考試，他的身分是由政府賦予，及身而止，不能世襲，因此士紳在地方上無法如同士族擁有鄉里勢力做後盾，士紳與皇權形成依附寄生的關係。由於士紳身分來自科舉考試，僅止一身，因而社會流動相對而言較為快速，社會階層的升降較為頻繁，社會上較不能可出現傳世數百年的士族閥閱。所以有學者稱宋代以後的社會，是平鋪、沙散般的社會。

士族門閥社會是身分制嚴格的社會，士庶之別有如天隔，所以是不平等社會；科舉官僚的庶民社會，社會流動自由，是比較平等社會。宋代以前的門閥士族可與皇權抗衡，國家較不易走向君主獨裁局面；士族能夠組織軍隊來抵禦胡族，雖不能救國卻可保衛家鄉，六朝胡人政權迫而與士族合作，方得統治。宋代以後，科舉士紳的寄生性質，無力抗衡皇權，政治走向獨裁；社會力鬆散，士紳與地方民眾之間組織薄弱，因而政權敗亡、外族入侵時，社會即土崩瓦解，望風披靡，這也是為何宋代以後中國會兩次亡於外族。

人民地位的上升

唐朝前半期實行均田制、租庸調法，人民雖可獲得國家授田，但必須居住在本籍，無遷徙與置產自由。唐中葉以後，私人莊園盛行，兩稅法取消本籍原則，改採見居為籍做法，顯然政府承認人民有置產與遷徙自由。加上宋代以後的科舉考試，對於應考者資格並沒有太大限制，人人皆可自由報考，一旦金榜提名，即可入朝為官，成為統治階級，政府將參政權擴大到一般平民。上述這些變化反映出人民地位上升是無庸置疑的。

經濟方面

唐宋間在經濟方面的改變，簡言之，就是從實物經濟走向商品貨幣經濟的過程。這些過程具體呈現在田制、賦稅，乃至貨幣制度等方面。

田 制

均田制崩潰，土地私有化的莊園興起。

唐朝繼承北朝以來實行的均田制。唐朝均田制有以下諸特點，土地由國家規劃並授與人民，人民因而不可隨意買賣土地；由國家規定農民生產內容，如植桑或種粟等；鼓勵勞動力投入生產，並照顧及於貧弱，所以寡婦與廢疾之人皆有授田。均田制是建立在農民自給自足的社會基礎上，賦稅制度與田制相配合，繳納稅物皆為米粟布帛等實物。這種社會經濟型態，隨著農作技術改良、水利興修等因素，使農業生產力大幅躍升，自給自足的經濟型態漸漸不符農民的需求。例如，華北地區的農民在小麥生產量大增之後，將小麥在市場上販售可得較高利潤，因此不願政府過度干涉他們的生產內容。

另一方面，由於土地兼併盛行，出現私有莊園，部分均田農民淪為地主、富農的佃農，形成均田制危機。這種趨勢隨著安史之亂的爆發，及其後中央政府積弱、地方藩鎮割據的發展，愈演愈烈。揆其原因，一在於朝廷衰弱之下，戶口無法徹底調查，土地無法詳實登記，因而計口授田、土地還授移轉等皆不能執行；一在於人口成長之下，耕地面積無法相對性地增長，使均田制有名無實，走向崩潰之路，形成土地私有莊園的盛行。唐朝中葉以後，莊園盛行，不僅豪強勢家擁有莊園，寺院僧徒也有莊園，甚至連藩鎮武人也控有莊園。

賦 稅

由繳納實物的租庸調制轉變為繳納錢幣的兩稅法。

唐代前朝實行租庸調法，此制與均田制實行相配合，租庸調制主要徵收實物粟米與布帛。中唐以後，隨著均田制崩潰，私有莊園遍布，造成租庸調制窒礙難行，連帶影響國家的財稅收入。因而德宗時代，廢止租庸調制，改行兩稅法。兩稅法的錢納原則，後雖因於錢幣供給額不足，造成錢重物輕及仍有部分賦稅繳納實物的情形，不過經由兩稅之法的實行，確立貨幣經濟根基。此外，兩稅以外的專賣鹽鐵、茶稅、酒稅乃至商稅等，皆是以錢納稅，進一步促進商品貨幣經濟的勃興。

貨　幣

　　唐初發行銅錢，但是在實物經濟體系之下，行用流通畢竟有限。中唐以後，隨著兩稅諸法的錢納原則及市場經濟、商業快速發展，特別是長程貿易的興盛，促使貨幣的行用與流行大為增加。在銅錢供應始終不足的情形下，貨幣經濟形成多元化現象，金銀等貴金屬也加入貨幣流通的行列；唐代後期出現如同匯票性質的「飛錢」；北宋初年，西川地方商人發行「交子」，以取代笨重的金屬貨幣，是全世界最早行用紙幣的地方。南宋時期，紙幣流通日漸普及化，有「錢引」、「會子」、「關子」諸種名稱。到了元代，政府大量印行紙鈔為法定貨幣，造成通貨膨脹。明清時期，以銀銅錢幣為主要流通貨幣。

學術文化

　　唐宋間在學術文化上的轉變，就是由貴族文化轉向庶民文化。這些轉變出現在經學、文學、藝術與意識型態等方面尤為顯著。

經學方面

　　唐代以前，經書有極高的權威性，經書中有注（解）、有疏（義），但是注不可破經、疏不可破注。李唐建國初期，經學上的這種傳統依存，唐代中葉以後，隨著古文運動勃興，疑經之風飆起，學者漸轉向自我解經。到了宋代，疑經之風大盛，宰相王安石著述《三經新義》，暢言：「六經皆我注腳」，書中自釋經義，已不依循於漢晉唐儒的傳統解釋。像這樣對經書持著懷疑精神，自述新義的風氣，到宋代儼然成為一種新學派，被稱為「理學」、「道學」。晚近學者對於經學的這種轉變，解為「重視權威、形式，是貴族社會的特徵；否定權威，肯定自我，則是平民化社會的表現」，應是妥當之語。

文學方面

　　表現在文體的解放、裁材內容的庶民化，由強調對仗工整的四六體，轉向注重自由表現的散文體；詩、詞、曲等也從講求格律，轉向自由發揮。唐

代中葉韓愈、柳宗元等人提倡古文運動,主張文以載道,反對文章綺靡無
義,他們的文體風格就是表現出重自由的散文體。韓愈的〈圬者王承福傳〉、
柳宗元的〈種樹郭橐駝傳〉、〈工匠梓人傳〉,描寫以往受到忽略的下層庶
民。與韓柳古文運動相呼應的是傳奇小說大量出現,內容包羅萬象,除帝王
將相外,廣大的庶民群相也都入得書來,諸如商客、手工業者、俠盜、娼
妓、乞丐等。文學內容的庶民化,反映著商品貨幣經濟勃興,工商市鎮興
起,庶民地位漸漸上升的現象。

　　宋代以後,尚帶貴族氣息的傳奇文學衰微,取而代之是屬於民間文學的
話本、說書。宋代廣泛流行的話本、說書,風格是自由奔放、不受拘束,彰
顯庶民社會種種樣態。有關宋代話本、說書等,源自於唐朝後期的僧道俗講
說唱文學。說唱體作品是俗講的話本,除盛行寺院道觀外,民間社會也相當
風行,現存作品僅餘《敦煌石室遺書》。俗講內容取材廣泛,佛經道藏、民
間軼傳、歷史故事等。俗講的文字近似口語,說唱俱具,文字圖畫皆有,對
於人物的表情、動作、心理轉折等的描繪,也十分生動,開啟宋代話本、說
書,乃至元代以後章回小說的先河。

藝術方面

　　由人物為主體的壁畫、石窟藝術,轉向山水畫藝術。金碧輝煌的壁畫、
雄偉壯觀的石窟藝術能夠完成,需要雄厚財力、人力與廣大土地空間等,這
不是一般尋常百姓能力可及。唐中葉以後,門閥士族勢力衰退,庶民力量上
升,藝術創作重心產生質變,置於家中房間、人人皆可欣賞、可大可小的山
水畫漸漸取代特定地點的巨大壁畫、石窟佛雕。山水人物畫的蔚為風尚,起
於盛唐玄宗時代,名家吳道子、李思訓、昭道父子提倡,加以王維將詩情入
畫,去除山水畫中金碧輝煌的貴族氣息,對於往後中國文人畫的影響深遠。

意識型態方面

　　夷夏之防由淡薄漸趨嚴格,對於外族與外來文化,由包融、不排斥,轉
為輕鄙、仇視心態。影響所及是此後雖有元、清外族入主中國,但不再有大
規模的民族融合出現。宋代以後,對於外來文化,也多持狹隘本位至上態
度,難以持平、理性對待,甚至使得文化吸收幾近停滯。

　　學者分析從唐到宋夷夏之防變為嚴厲的原因，約略有二項，一是唐代安史之亂的影響，一是科舉制度實行的結果。唐代安史之亂，是以安祿山與史思明為主的胡族大叛亂，亂平之後，大唐盛世也一去不返，取而代之的是國內藩鎮割據，外敵吐蕃、南詔入侵，回紇的欺凌，引發唐人仇敵外族。接踵而來的五代割據政權，受到外族契丹強大威脅，入宋之後，武功不振，外患嚴重。這是唐末以後夷夏之防興起的外在因素。

　　相對於此，科舉制度盛行，從內部強化夷夏之防。漢族仇視外族，引發漢族民族自覺，漢族對於自我傳統文化的熱愛，即是這種漢族民族主義的表現。而在政策上推波漢族民族主義昂揚浪潮，就是科舉制度的實行。隋唐推行科舉制度以來，漸漸出現重文輕武現象，演而形成中國文化本位的觀念，自是輕鄙外族的尚武文化。所以唐代中葉以後，韓愈登高一呼，倡導復興儒學，力斥外來佛教，是自然而然的結果。韓愈汲汲於闡揚儒學正統地位與權威性，冒生命危險，觸犯當道，極諫朝廷崇奉佛教不當的勇氣，樹立宋代以後儒學復興與中國文化本位主義楷模。

　　到了宋代，朝廷鑑於唐末五代軍閥割據，力倡文人治國，崇尚科舉，儒學勃興。加上外患嚴重，更使漢族民族主義高漲，中國文化本位的意識高昂，益加卑視外族文化，表現在政治外交上，就是宋朝雖屢敗於外族，輒訂屈辱條約，但是卻未採行漢唐的和親外族政策。在學術上，宋人喜言《春秋》，宋儒朱熹寫《資治通鑑綱目》，以蜀漢為正統，全面否定北方外族政權的正當性與合法地位，更是中國本位文化表現的極致。

問題討論

1. 隋朝在中國史上以富強和速亡著稱，其中的關鍵人物是隋文帝。請你就書中文帝的作為說明之。
2. 唐太宗是中國史的名君典範，武則天是中國史上唯一的女皇帝，請分別比較他們二人成功的因素，並且說明二人對於唐朝的貢獻。
3. 唐朝在安史之亂以後，並沒有如同其他朝代一般，迅速滅亡或走向分裂。請解釋安史之亂以後，唐朝還能夠維持一百多年國祚的原因。
4. 唐朝在玄宗開元時期，國勢達到頂峰，而且在文化上完成「東亞文化圈」的成就。請說明「東亞文化圈」的內涵。

5.何謂「唐宋間的歷史變革」？

參考書目

1. 王壽南《隋唐史》，臺北：三民書局，1994 年。

2. 李樹桐《隋唐史別裁》，臺北：商務印書館，1995 年。

3. 高明士等《隋唐史》，臺北：國立空中大學，1997 年。

4. 松丸道雄、池田溫等《中國史 2 三國～唐》，東京：山川出版社，1996 年。

5. 高明士〈從天下秩序看古代的中韓關係〉，《中韓關係史論文集》，臺
　 北：韓國學會，1993 年。

6. 高明士《東亞教育圈形成史論》，上海：古籍出版社，2003 年。

7. 邱添生《唐宋變革期的政經與社會》，臺北：文津出版社，1999 年。

8. 張國剛《唐代藩鎮研究》，長沙：湖南教育出版社，1987 年。

9. 日野開三郎《唐代藩鎮の支配体制》，東京：三一書房，1980 年。

10. 胡戟《武則天本傳》，西安：陝西師範大學出版社，1988 年。

第六章

宋元明清時期

第一節　導　言

　　唐朝滅亡之後，五代十國相繼迭興，最後統於趙匡胤之手，是為宋朝。宋朝是中國歷史上積弱著稱，而文治大興的朝代，也是中國近世社會的起始。宋朝國國祚長達三百餘年，前為北宋，亡於金人，後為南宋，為蒙古人所滅。崛起於漠北的蒙古人，進入中國，建立元朝，是中國第一個由外族所建立的朝代。不及百年，中國政權再度回到漢族手中，朱元璋的明帝國維持二百多年之後，中國再度為外族滿族所統治，建立清朝。清朝是帝制中國的最後一個朝代，有二百多年的國運。

一　北宋的興亡

　　自從朱全忠篡唐立梁，中國進入五代十國時期（907～979）。在這個時期，北方歷經梁、唐、晉、漢、周等軍人政權，稱為「五代」；其他地區的藩鎮也紛紛自立為王，形成興滅不一的前蜀、吳、吳越、閩、楚、南漢、荊南、後蜀、南唐及北漢等十國，其中除北漢立國於北方的太原外，其餘諸國皆是南方軍人政權。五代十國是唐代藩鎮割據的延續，這些割據勢力，後來由出身河北職業軍人集團的趙匡胤、匡義兄弟統一，建立北宋。

　　北宋政權始立，實行「強幹弱枝」、「重文輕武」的立國政策。政府一方面逐步削減地方藩鎮權力，地方政府內實行分權，財政權歸於中央等；另一方面，提倡文人政府，革新科舉取士方法，確立科舉三層制（「鄉試」、

「省試」和「殿試」），積極重建士大夫的支配權。

宋初的立國政策，使得國家快速走出五代藩鎮割據陰影，但是矯枉過正的後果，造成宋朝長期積弱不振，尤其兵弱與財匱更是宋朝大問題。因此，先有仁宗慶曆年間，大臣范仲淹等人的革新，後有神宗熙寧年間，宰相王安石的變法。可惜的是，范仲淹的新政，改善冗官來解決財政困難，卻與官員的利益相衝突而草草結束；王安石的富國強兵政策，也因王安石過於躁進與執行不當，終告失敗。王安石的變法，連帶引發日後朝廷官員的新舊黨派之爭，凡是執行新法官員，稱為新黨，反對新法者稱為舊黨。神宗之後，新舊黨爭日趨激烈，終於導致北宋在黨派之爭下走向滅亡。

二 南宋的興亡

北宋時代的外患是遼國，其後東北地區出現另一強權，是為女真人所建立的金朝。金以反遼而立國，所以北宋君臣聯金以對付遼國。在宋金合作滅遼的過程中，北宋兵弱財匱的缺點暴露在金人之前，因此金人在滅遼之後，隨即引兵入侵大宋。宋欽宗靖康二年（1127），金兵擄宋徽宗、欽宗二帝及后妃、皇親國戚、大臣等三千餘人，並百姓十餘萬人北去，汴京被洗劫一空，史稱「靖康之恥」，北宋滅亡。

汴京陷落之際，宋欽宗之弟康王趙構即位於南京應天府，改靖康二年（1127）為建炎元年，是為高宗。高宗即位，任用主戰的李綱、宗澤諸人，聲勢頗壯，尋轉而重用主和的黃潛善、汪伯彥等人。金人聞高宗即位，立刻興兵南下，高宗倉惶越淮河、渡長河，入杭州，逃入海，金兵入海追擊，無功北返，渡江時受到宋將韓世忠阻擊，聲勢受挫。之後宋金雙方鏖戰，互有勝場，然高宗有偏安之心，終以臨安（杭州）為首都，偏安江左，是為南宋。南宋以背海立國形勢，國祚一百餘年，是中國歷史上偏安最久的政權。

南宋初立，高宗一心求和，於紹興十二年（1142），與金議和，簽訂對宋人極為屈辱的和約，埋下日後戰事再起，終亡於蒙古的悲劇。在和約中，宋金以淮水與陝西大散關為界，宋對金稱臣，金冊封宋主為帝，每年宋對金輸納銀絹各二十五萬匹。紹興和約訂立後近二十年，雙方戰事再起，先是金主完顏亮南侵未果，接著是宋孝宗的北伐失敗，雙方和議，其中兩國文書往

來由君臣之禮轉為國書形式，由是兩國處於平等地位，算是此和議中宋朝的收穫。此後經四十餘年，宋寧宗開禧年間，宋出兵伐金再度失敗，雙方議和。自此而往，宋國勢益衰弱，無力北伐，金也因蒙古的入侵，無暇南顧。

如同北宋滅亡歷史的重演，南宋為求收復河南故地，於是聯合蒙古以抗金。宋理宗端平元年（1234），金朝滅亡，南宋君臣一雪靖康之恥，但是蒙古隨即入侵南宋，祥興二年（1279），帝昺赴海死，南宋滅亡。蒙古的滅宋，是中國歷史上第一次由北方的草原民族統治全中國。

三　遼金興亡與二元統治

在八世紀的盛唐時期，東亞地區的民族受到中國文化影響，形成以中國文化為核心的東亞文化圈。十世紀初，隨著唐帝國的崩潰，吸收中國文化的周邊民族紛紛自立為國，其中以中國東北地區民族勢力的躍進最為顯目。這個地區的渤海、契丹、女真等草原民族，相繼建立渤海、遼與金等國。

五代初期，契丹英主耶律阿保機建國，東滅渤海，勢力坐大。其子耶律德光，趁著中國的動亂，取得中國河北、山西一帶的燕雲十六州。不久入侵中原，滅亡後晉，國號大遼，不久撤軍北返，耶律德光崩殂於途。此後遼國陷於內部紛爭，無暇南顧。南方宋太祖統一中國，揮軍伐遼，失敗而返，於是宋遼雙方互有爭戰，直到遼聖宗統和二十二年（1004），與宋真宗簽訂「澶淵之盟」，宋遼結為兄弟之邦，雙方維持一百二十年的和平。這段期間是遼朝的鼎盛時期，到了天祚帝時，朝政敗壞，邊政不修，促成女真崛起，興兵聯宋滅遼。遼亡，皇族遺緒耶律大石率眾西走中亞，建立西遼，延續命脈。

居住中國東北白山黑水地區的女真民族，原受渤海統治，遼滅渤海國，臣服於遼，向遼朝貢。遼天祚帝時，女真族領袖完顏阿骨打一統女真諸部。完顏阿骨打利用女真人不滿遼使貪縱淫暴、遼國索貢無度，加以窺知遼朝政權衰敗，起兵反遼，國號大金（1115）。十年之間，攻滅遼國，兩年之後，亡國北宋，在中國的華北地區，建立大金帝國。此後直到蒙古成吉思汗興起、出兵攻金前（1211），金朝維持在華北的霸主地位，其間的世宗、章宗時期，繁盛一時。金宣宗以後（1214），疲於蒙古入侵，至其子哀宗時亡於蒙古（1234）。

　　契丹族建立的遼國，轄下的土地與民族，主要有契丹與漢族。遼制初期，採行兩元統治，入主中國之後以漢制為主。所謂「兩元統治」，即是在原先遼國的領土，設立北面官，掌管宮帳、部族與屬國，沿用舊有的遼國游牧體制；對於新獲的中國領土，則設立南面官，治理漢人州縣、租賦與兵馬，實行漢人的農耕體制。遼國「兩元統治」體制，是草原游牧與定居農耕並行的統治方法，此法既能保有草原民族傳統騎射的優勢，又有定居國家的社會組織、都城政治中心，以及農耕經濟的穩定糧食，轉而成為威脅中國的強大外患，南下侵略中國。往後的女真、蒙古、滿族，建國之初皆師法遼國，實行「兩元統治」，迨建立金、元、清諸王朝時，始進行一元的統治。

四　遼金崛起的歷史意義

　　唐朝覆亡後，中國東北的契丹、女真等族崛起，建立遼、金等國家。這些國家受到中國民族意識昂揚的影響，激發強烈的民族自覺，採漢字形體，創造本國文字來記載本族歷史、保存己族文明，即可團結族人，又可延續草原游牧傳統，如此一來，才不會被文明深厚優美的農耕中國所吞滅。

　　在民族意識的驅使下，遼、金「兩元統治」體制的出現，代表著中國北方的草原民族，巧妙地融合農耕與游牧的優點，形成一股壓迫中國的新勢力。這股草原民族南侵的威力，使得遼長期占有中國北方戰略要地燕雲十六州，金國領有中國華北廣大土地，讓漢族王朝宋朝，簽訂迥異以往朝代的盟約，遼與北宋的和約（澶淵之盟），宋為兄、遼為弟的兄弟關係，兩國國書往來平等；金與南宋則演為宋向金稱臣（紹興和約）及叔姪關係（興隆和約）。見微知著，遼、金的興起，昭示著東亞世界的新變化，中國為中心的天下秩序為之變形，草原民族大放光芒時代的即將來臨。

　　所謂「天下秩序」，指的是在「天無二日，土無二王」的觀念下，中國的皇帝以君、父雙重身分，統治天下為臣為民的萬民。同時，藉由「封貢關係」，外國君長接受中國皇帝的封冊，成為中國臣子的身分，所以中國與外國不能有平等國交。但是，這種一元化的天下秩序，隨著北宋承認與遼國的平等國交關係，南宋皇帝竟然向異族君王金主稱臣納貢，漢族王朝不能再唯我獨尊，東亞世界中的草原民族漸漸嶄露頭角，契丹、女真、黨項、蒙古和

滿族，前仆後繼在東亞地區建立國家，與漢族中國爭雄，甚至兩次滅亡漢族王朝，蒙古與滿族先後君臨中國，繼續推動中國固有的天下秩序。

第二節 宋以後的「近世」特徵

從世界史的角度觀察，自宋以後，中國邁入「近世」時代，此後一直到民國以後，中國才躋身現代社會之林。本節主要說明近世中國的諸特徵，兼論所謂「資本主義萌芽」的爭論。

一君權高漲

所謂的「近世」歷史，政治上是君權日益高漲。中國在宋代以後，皇權獨裁政治體制日益強化，政治力日增。相對於此，代表社會力的士族由士紳或鄉紳取代，由於士紳大多出身科舉官僚，與皇權漸成寄生關係，其力量與權力日漸萎縮，形成強中央而弱地方的現象。

獨裁政治的發展

如同前節所述，趙宋王朝實行「強幹弱枝」政策，給予皇權走向獨裁的條件。兩宋之後，入主中國的蒙古人建立元朝，元朝在中央政府的大都地區，沿襲宋制，有總掌政務的中書省，長官為平章政事，形同宰相；御使臺司監察官員；掌軍事的樞密院。朱元璋將蒙古人趕出中國，建立明朝，號太祖。朝廷初設中書省，由宰相總理政事，明太祖洪武十三年（1380），藉口丞相胡惟庸謀反，廢除中書省，不設宰相，政事由吏、戶、禮、兵、刑、工六部分理，六部由皇帝直接統領。在軍事方面，設立衛所制度，全國軍隊編成衛所軍和京衛軍，統轄於五軍都督府。五軍都督府負責軍隊的管理和訓練，有戰事則由皇帝命令兵部調徵軍隊，派遣將帥出征。如此一來，使軍、政大權統轄於帝王一人之手，明太祖樹立皇帝獨裁體制。

但是廣土眾民的明帝國，實非皇帝一人足以應付，太祖之後，復又增設內閣大臣數人，協助襄贊政務。內閣大臣雖無宰相之名，而實有宰相之權。

明朝廢宰相復置內閣大臣，廢置之間，官員已有尊，某之州，幸他是州自公首，內閣大臣是皇帝個人幕僚，由此可見明朝的皇權獨裁特質。這些制度大致為清朝所沿襲，其中在清世宗時期，又因軍事需要設立軍機處，後來軍機處漸取代內閣，不過軍機大臣仍形同皇帝私人幕僚，皇權獨裁性質依存。

皇權獨裁政治發展，同時也造成地方政府的弱化。宋朝初立，因於地方藩鎮勢大，實行一系列削減地方勢力的做法。宋代的地方制度，最高為路，下設州（府、軍、監）、縣。首先由文官出任州的長官，稱為「知州」，取代原先的節度使。此外，又於諸州設置「通判」，由中央直接派任。通判不是知州的副手，也不是知州的下屬，可是有權與知州共掌州事，能夠替朝廷負責監督知州行事，全州公文須知州與通判共同簽署方具效力等，二者相互制衡。同時於路中設置轉運、提刑、提舉等使職，分掌財政、軍事、司法等權，並且各自向中央政府負責。於是，宋代實行地方分權的結果，造成地方上沒有總攬全責的長官，而且地方官彼此牽制，處處受到中央的節制。

其後的元、明、清諸王朝的發展，加速地方的弱化。

元朝在地方上建立行省制度，各地設立行中書省，長官為行中書省平章政事，代表中書省在地方行使職權。也就是說，行中書省形同中央政府在地方的辦事處，在性質上是中央駐在地方的統治機構。到了明太祖時代，首先廢除元朝的「行中書省」，將全國分為十三布政使司，設立布政司、按察司和都司的「三司」，三司分掌地方行政、監察與軍事，相互制約，以防地方專權，即是三司承擔原行中書省的職責，統屬於中央的中書省。經由明太祖的作為，各行省的權力由集於中央，進而集於皇帝一人。

然而地方過度分權的結果，反造成三司相互掣肘、推責諉過，政務推動困難，因而增置總督、巡撫，初為臨時派遣性質，隨著任期的延長，儼然成為總攬地方的長官。明代廢行省丞相復設總督、巡撫，以理地方，然而行省丞相是中央駐守地方的代表，總督、巡撫則是受皇帝派遣的地方長官，顯見君權擴張的結果，導致地方長官的矮化。明代的地方體制由清朝所繼承。

科舉官僚的局限

中國皇帝制度的運作，是在遍布小農的全國各地，推行中央集權的郡縣制度，由皇帝指派的官員，到地方上擔任官員，管理人民繳納賦稅和服役等

事務，郡縣長官不能世襲，考核與任期也由中央來決定。所以說皇權要能夠執行，必須依賴各級官員的協力與配合，這些官員所構成的官僚集團，成為皇帝治國不可缺少的行政機器。因此隨著皇帝制度成立，中國傳統政治社會的結構，就是皇權透過官僚統治、支配人民。

　　中國的官僚集團，宋代以後大多出身科舉考試的士人。但是科舉制度中的殿試之法，即是皇帝在最後親自面試舉子、欽定錄取名次，結果是造成科舉官僚皆為天子門生，強化了士大夫對於皇帝個人的效忠；加以士大夫的身分是由政權的國家或皇帝賦予，僅及一身而止，不可世襲；何況隨著科舉的盛行，明代以後應舉人數劇增，及第人數也日眾，然得以入朝為官者終究為少數，其中得以累代為官的家族更是稀少，因此無法出現傳世百年得以抗衡皇權的士族門閥，也無法如同隋唐士族有鄉里勢力為後盾，具有半自立性格。科舉官僚因而漸與皇權形成依附寄生的關係，士大夫與鄉里社會的連繫也變得鬆散而疏遠，所以明清時期，中國社會上的領袖，往往多是寄生在皇權下的科舉士紳。

　　由於科舉士紳的寄生皇權性質，他們在鄉里社會並沒有勢力基礎，與民眾之間的組織也十分薄弱，所以明朝中葉以後，雖然出現部分士紳體認到獨裁政治、中央集權的缺失，曾經帶領人民反抗政府橫徵暴斂的「抗糧」、「抗租」、「士變」事件。但是，作為鄉里社會領袖的士紳，長期依附在皇權之下，並無法武裝人民成為軍事力量來長期對抗官府，所以在中央強力鎮壓下，這些事件大多以失敗收場。科舉士紳無力抗衡中央強大君權，於此顯露無疑。

二　庶民地位的上升

　　平民勢力的抬頭，是近世社會的重要表徵。宋代以後，人民地位的上升，除表現在庶民可以經由科舉考試，獲得參政的機會，晉升為官僚階層外，庶民獲得較多的人身自由，以及庶民文化的興起，也是重要的內容。

庶民參政機會的擴大

　　唐末五代以後，士族沒落，此後中國再也無法出現少數特定家族壟占重

要官職的情形。取代士族成為國家的官僚，是宋代人力提倡文人政府　獎勵科舉考試為入仕之階後，科舉出身的士大夫統治集團。宋代以後，政府對於參加科舉應試者的資格，沒有太多的限制，因而提供廣大庶民入仕機會，舉凡中下階層的地主子弟、商人之子，乃至普通家庭的俊秀之士，皆可經由應科舉考試而成為上層官僚。明清時期，這種情形更加突顯，這些士大夫在明清時期又稱為鄉紳或士紳。

　　庶民參政機會的擴大，固然是因於科舉制度的發達，但是宋代以後，隨著活字版印刷日漸普及，書籍可以印得量多便宜又快速，加上科舉考試的內容漸漸標準化，《四書》、《五經》成為主要的命題範圍，明清時期，朱熹所注四書更成為標準本。書籍的廣泛流通，庶民容易取得；考試內容的狹隘化與標準化，降低平民應考的成本，這些發展促使更多的平民有機會參加科舉考試，成為統治者。

庶民人身自由的提升

　　前一章提到唐代中葉以後，隨著兩稅法實行，政府間接承認人民有遷徙和置產的自由，但是耕種於私人莊園的農民，許多還是附屬在士族莊園主之下的佃客。唐末五代動亂的結果，士族沒落，農民從束縛中解放出來，成為自耕農或是新興地主的佃農，佃農與地主以租佃契約的方式建立彼此的關係，即是租佃制，所以在法律上，佃農是屬於自由民。

　　宋代以後，這種租佃制發達起來，顯示出自由農民人數的增加，加以政府的力役制度，自北宋中期以後，由差役改為出錢代募人力的雇役，認可庶民的勞動自由。同時，隨著此後生產力的上升，人口漸增，農業規模日趨零細，演而佃戶的佃租攀升，佃農以極高利息向地主預借種子，苦於高利貸的壓迫，因此除耕種本業外，尚經營各種副業。而部分無力在農村謀生的農民，流入臨近的工商市鎮或都市，成為小商人、雇傭工人。往後在商品經濟興盛，與城市數量增多的推波助瀾下，城市中此類自由民人數日益增多，在在反映著庶民地位的上升。

庶民文化的蓬勃發展

　　宋代以後，人民地位的提高，促使中國文化由貴族文化走向庶民文化。

　　庶民文化的出現，與商品經濟勃興下，城市的興起有密切關係。宋代商業繁榮，使得城市出現大的變化，一方面政治城市的經濟功能日漸增加，坊市崩潰，夜市出現，商業活動滲入城中的各個角落。另一方面是大量工商市鎮的出現，這些工商市鎮成為附近農村的社交、文化中心。到了明清時期，城市數量頗多，人口十萬以上城市就有五十多個，清代則更多；市鎮的增長就更驚人，明代近萬，清末已有數萬。城市化的結果，造成龐大的市民階層，有官員、紳商、富豪、軍士及各種平民等。

　　市民階層品流繁雜，生活方式即不同於淳樸的鄉間農民，也與士大夫階級有異。一般而言，市民經濟較好，消費能力較高，因而針對他們的品味，出現許多通俗化、平民化的娛樂活動，聽說唱故事、看戲曲演出、逛集市、看百戲雜耍等，都十分受市民喜愛。

　　聽說唱故事，原先起於唐朝佛寺的俗講，即是佛寺主講人說佛經故事，宋代以後，說唱內容趨於反映庶民生活和願望，有專業的說話人與說唱的話本（類似今日廣播劇本）。宋人的說唱話本，以短篇「小說」與歷史故事「講史」最是流行，「小說」以市井人物的愛情為題材，或以懲處貪官和俠盜為主題，「講史」則以說三國最受歡迎。

　　說唱「講史」與「小說」內容幾經鋪陳，於是產生通俗小說。隨著宋元以後印刷術與書坊的發達，通俗小說大量刊行，著名的長篇《三國演義》、《水滸傳》等鉅著流通全國。晚明開始，通俗短篇小說廣為流行，如《警世通言》、《拍案驚奇》等。明清通俗小說內容大都貼近庶民生活的情狀，題材生活化，人物遍及各種市井之民，描寫的不外婚姻家庭、男女愛情，或是社會上欺詐拐騙、世態炎涼的現實，或是忠孝節義的故事。

　　說唱故事加上舞蹈、扮演，形成了戲曲，宋朝之後大為流行，成為庶民的主要娛樂。戲曲大盛首先出現在元朝，稱為元曲或雜劇，明朝之後，南方戲曲繼興，各地唱腔並起，其中以發源於蘇州附近的崑曲最受歡迎。崑曲的表演，主要是由私人豢養的家庭戲班和民間的職業戲班，家庭戲班於私人家中演出，而職業戲班則巡迴於各大城市，在廟會、節慶時演出。到了清朝，地方色彩的安徽戲班進入北京，形成京戲，連高官達人都成為戲迷。

　　庶民娛樂的戲曲，由城市興起，漸漸深入到鄉間的村落。每當農閒節慶之際，請來戲班搭臺演出十天半月，是農村常見的景象。

三 商品經濟的躍進

　　從宋代到明清，隨著江南的快速開發，商品經濟出現飛躍性成長，舉凡農作物的商品化、工商業的發達、工商市鎮的勃興、商人團體的興起，乃至全國性市場的形成等。這些變化所隱含的歷史意義，即是中國出現近代資本主義萌芽的特徵，以下說明這些變化。

工商業的發達

　　商品經濟的躍進，首見於工商業的發達。

　　中國的商業在宋代有了快速的成長，首先可見的是商業貿易的擴大，北宋首都開封的商行數目就比唐代洛陽的一百二十行多出四十多行，南宋的臨安城已多達四百多行。其次是商業活動地區的擴大，宋代以後，都市商業活動的熱絡，開店不再局限於市內，突破唐代坊與市分離的規定，不只是臨坊開店，甚至演為隨處開設店鋪，商店營業時間也延長，出現夜市乃至早市的情形；農村地區的集市、村市與廟市，州縣城外的草市與軍隊駐紮的軍鎮，商業貿易非常興盛。此外，隨著交通運輸的通暢，國內以大運河為幹線的南北遠程貿易、對外的海上貿易十分發達，市場上充斥著珠玉寶石、象牙、香料、鹽、鐵、茶等重要商品。

　　明清以後，大城市數量日增，工商市鎮比宋代更為普及，市場上流通的商品更是琳瑯滿目，應有盡有，舉凡珠玉、瓷器、生絲、棉花、紙張及各式各樣手工業品等。其中以米糧、棉布與絲織品等民生用品為主要商品的遠程貿易日漸增加，更是此一時期商業發展的突出現象。遠程貿易在兩宋時期就已相當興盛，到了明清時期，除商品數量大增之外，在質上也發生變化，民生用品取代奢侈品，顯見農業商品化與產業地區分工日漸加深，因而在明代後期形成全國性市場網絡，中國在此一期跨越各地區經濟區域的限制，全國形成一個「民族市場」。其中商貿的主要路線，以當時經濟重心所在的長江下游三角洲為頂點，北由京杭運河連接長江，南由江西贛江連接嶺南；西沿長江溯江而上，與華中形成貿易網；東南沿海一帶的對外海上貿易也欣欣向榮。

　　中國手工業的進展，宋代出現使用石炭（煤）為燃料的記載，冶鐵和煉鋼技術進步，使鐵製農具、武器品質提升，造船業也十分發達。手工業中最突出的成就是瓷器業，景德鎮成為北宋最著名的瓷器製造中心，產品行銷全國，甚至及於國外。此外在造紙、印刷、紡織部門也相當興盛。南宋的手工業則以火藥、武器製造與棉布的紡織最是有名。

　　民營手工業的大量出現，是明清時期商品經濟發展的突出特點。明代中葉後，中國「民族」市場的形成及手工業專業據點的出現，使得官方嚴控的冶鐵、製鹽、伐木等手工業，走向民營化發展，其中以紡織業、瓷器的情形最引人注目。民間絲織業、錦織業興盛於江南的蘇杭、松江地區，瓷器生產以江西景德鎮為著，這些地區出現大量的自由雇傭工人，例如蘇州僅是織工、染匠就各有數千工人，景德鎮的民窯雇工曾達每日不下數萬人之眾。

　　工商業的發達也表現在使用貨幣的變化上。北宋因於工商的繁盛，法定貨幣的銅錢使用量日增，形成銅錢流通量的嚴重不足，促使北宋四川地區出現商人發行「交子」等紙幣，代替原先流通的笨重銅錢，成為交易的媒介。南宋時期，紙幣的流廣地區日漸廣泛，因此到了元朝時期，成為法定貨幣「交鈔」，但是政府大量印鈔的結果，卻造成通貨膨脹問題。明初尚使用銅錢與紙幣，中葉以後，白銀廣泛行用為通貨，漸漸取代紙幣，成為主要貨幣，此後一直行用到晚清為止。由宋代到明清，中國的金屬貨幣的行用，由賤金屬的銅錢轉向貴金屬白銀為主，此一變化同於近代西方資本主義演變的軌跡，更重要的是，明代中葉以後，中國主要貨幣的美洲白銀，是隨著中西貿易的興盛，由中國對外輸出商品，向歐洲商人換取而來。白銀源源不絕流入中國，代表著中國進入以西方國家為主的世界經濟體系之中。

農作物的商品化

　　農作物的商品化，是近世工商業盛興的重要推手，也是商品經濟的主要特徵之一。

　　唐末以後，江南地區的廣泛開發，造成中國經濟重心由華北轉向江南，到了明清時期，農業墾植廣布在江南的平原、山坡及沼澤地帶。北宋引入的早熟稻「占城稻」後，明清時期的江南，已經是稻米年可二穫，福建、廣東一帶年可三穫的情形，糧食大增，餘糧輸出於其他地區。此外，玉米、番薯

的種植也很興盛。元朝開始，經濟作物的棉化日漸普及種值於江南，到了明清，棉花種植已由江南擴及中國其他地區，如北方的山東、河北、山西及至長江中上游的湖南、江西、四川諸省。在這些區域內，很多農民以栽棉取代種植糧食作物為生計主要來源。除了棉花外，其他經濟作物如桑麻、茶葉、煙草及果樹竹林等，皆有農家栽種，而且日趨普及化。清代中葉，隨著吸煙人口大增，煙草擴植於全國。

經濟作物栽植面積的擴大、種類的加多，一方面帶動商品經濟的滲入基層社會的農村，農民的生產與行銷經濟作物，造成農村與城市中的市場經濟緊密連結；另一方面由於糧食作物種植受到經濟作物排擠，產量不足供應本地需求，糧食必須購自外地，也促使糧食作物的商品化。也就是說，隨著經濟作物栽種的普及與糧食作物的商品化，使得農村更加捲入商品經濟的漩渦。

工商市鎮的勃興

前面提到宋代以後，由於「坊市制」崩潰，大都市內商店林立，都市外新興的草市、鎮市星羅散布，出現繁榮的經濟景象，而這種非行政中心的新型經濟市鎮大多分布在江南地區，宋代即有一千多個這種工商市鎮。

明清時期，工商市鎮的演變有如下二項特點，一是數量上的驟增，有明一代的工商市鎮已接近萬個，清代中期又朝三萬個邁進，清末工商市鎮數量幾乎近達四萬。這些工商市鎮以江南地區分布最密集，大多環繞都市外圍分布，或呈環狀，或如帶狀。另一項特點是專業市鎮的大量出現，除前述的江西景德鎮瓷器、蘇杭的絲織業、松江棉織業外，廣東佛山鎮的鐵器、雲南的礦銅業，乃至湖北漢口鎮的販運業等，都是人口數萬的專業市鎮。

這些工商市鎮常透過仲介的包買商、牙行與機戶，向鄰近農戶收購原料，市鎮與農村之間因而形成相連結的產銷關係。因此，從分布於農村的村市、中介市場，到各種工商市鎮，在江南地區的基層社會形成完整的市場經濟網絡。江南工商市鎮的勃興，除有助於商品經濟的進入於農村地區，加快農村商業化的速度外，也透過城鎮商人的經濟活動，進行江南與其他地域的工商產品與原料交易，提供打破中國區域經濟隔閡的助力，促成全國市場的形成。

商人團體的興起

唐朝時期，商人還受到政府嚴厲的管制，商人必須在政府規定的「市」內營業，營業時間限定在白晝，商品的種類與價格都受到政府的監督，乃至市內相同行業的商人，必須依照政府的規定，編成「行」的商業團體，以利政府收稅與掌控。

兩宋以後，隨著都市中商業活動突破坊市制的局限、城外工商市鎮的勃興、遠程與國外貿易的繁榮等因素，行的數目大增（唐代洛陽一百二十行，南宋臨安四百多行），也出現各自以貿易區域為範圍的商幫，北方為「北商」、四川為「蜀商」，以及南方的「南商」，在在顯示出商人勢力的茁壯。

明清時期，商品經濟取得空前的發展，產生許多同鄉結合的地域性商人團體，這些商人集團又稱為「商幫」，其中聲名遠播的有晉商、徽商等十大商幫。晉商即是山西商人，從事金融業的「山西票號」，並販運米糧、食鹽等商品；徽商即是安徽商人，又稱新安商人，以販鹽致富，同時經營遠程的米、棉貿易。明清的商幫採行股份制，以集團經營方法從事商貿，活動範圍遍及海內外，中國境內、國外的日本與東南亞等地都有他們的足跡遍布，因此在重要的工商市鎮、商業都市建立「會館」，作為相互支援的據點和商業的基點，將會館串連起來就可以形成全國的市場網絡。「會館」的商業團體，在清代稱為「公所」，是屬於自發性結社的商業團體，受到政府的承認。

明清以後，商人的地位上升，一方面是因為商幫以捐官、援引子弟謀取功名等方法，與官僚相結合，另一方面則因於士人棄儒從商現象的日漸普及，儒商日漸增多。加上商人參與地方慈善事業、社會救濟諸活動，商人形象由唯利是圖轉「賈而好義」。

四 有關「資本主義萌芽」論爭

中國「近世」社會開始於何時？出現資本主義萌芽現象是一個判斷的指標，考察「資本主義萌芽」問題，釐清「資本主義萌芽」的歷史，一方面有助從社會經濟面理解中國「近世」社會的起始問題，克服中國是停滯社會的看法；二方面則打破中國資本主義是外鑠論或移植論的說法。

「資本主義萌芽」

　　由於資本主義萌芽是一種社會經濟的現象，普遍來說，一地或一國出現「資本主義萌芽」，會出現如下的特徵：(1)是農業與手工業的快速發展；(2)商品經濟的興盛；(3)自由雇傭勞動者的日益增多，促使工場手工業的出現。因此，由上述這些新的社會經濟變化，有的學者指出中國在宋代已有明顯資本主義傾向；但是也有學者認為，中國在明末清初，約為十六、十七世紀之際，才出現資本主義萌芽契機。

　　中國在宋代有資本主義徵兆，首見於農業與手工業的發展。宋代出現中國第一次的農業革命，新品種稻米、圩田、梯田等農業技術的成功，使得農業產量大增，而大土地所有的莊園經濟，勃興於大運河沿線與江南地區，土地的使用，出現以土地為投資的現象，從事土地的生產、交易與賣買。手工業等產業的經營，也有商品化、專業化的情形，絲織業就是一個明顯例子。兩宋的絲織生產在農村不再是農戶自己養蠶、繅絲與織棉，而是將絲賣給專門的機戶，機戶織成成品後再商販出售，而除大規模的官營作坊外，私營作坊數量也不少。除絲織業外，在造船、陶器、釀酒、冶鐵及炭等手工業也出現商品化、專業化情形，以及合股經營、高溫燃煤使用等。至於兩宋時期，商品經濟的飛躍性成長，前面已有詳說；有關自由雇傭勞動者的情形，宋代莊園的生產，出現佃戶與雇傭者，手工業作坊也不乏專業工匠的情形。

　　此外，宋代生產技術的進步，特別是燃煤的使用，被視為是出現早期工業革命的徵兆。當時首都汴京居民，所謂「數百萬家，盡仰石炭（煤），無一家燃薪者」（莊季裕《雞肋篇‧中》）。那時的部分手工業如冶鐵業、陶瓷業等，也使用煤做燃料，使得手工業質量都大為提升，如燃煤的使用於冶鐵，提高冶煉時火力，因而使鐵製農具、武器更為精良。上述種種宋代經濟社會的實況，引發學者主張中國宋代就有資本主義的萌芽。

　　對於這種主張，反對的學者提出應在十六、十七世紀的明末清初，才出現資本主義的萌芽。因為宋代並沒有發展出近代資本主義的產業資本，而是以商業資本、高利貸資本為主，因為江南農村雖有出現零星全職的種桑養蠶農戶，城鎮作坊出現一些專業工匠，但是這類手工業大多數還是屬於家庭副業的性質，少見近代的工廠手工業經營形式；再者，莊園的佃戶雖可自由營

生，但身分仍屬於莊園主，並非自由農，顯見宋代的自由雇傭者的數量上是相當有限的。更何況宋代燃煤的使用，有其地區性的限制，煤礦主要產於山西地區，在交通運輸困難之下，無法大量生產來滿足工業化之需。

因此一般而論，十六、十七世紀中國的江南地區，包括現在的江蘇、浙江、安徽與江西的部分地區，稀疏地出現資本主義萌芽的現象，應是更貼近歷史的實況。就像前面所述，當時江南地區發生中國第二次的農業革命，農業生產力再次攀升，糧食商品化的情形加劇，手工業的發展也更趨於專業分工、商品化，例如當時蘇、杭、常、嘉、湖與江寧的絲綢、棉紡織品，景德鎮的瓷器與松江、蘇州的棉布等。同時商品經濟達到前所未有的盛況，工商市鎮的驟增，全國市場的形成，國外市場的開拓，白銀成為廣泛使用的通貨，商人團體活動熱絡等。另外，大量雇傭工人待價而沽，出現自由雇傭勞動者的市場，乃至雇傭工人獲得法律上「自然人」地位等等。顯然，明清時期的社會經濟發展規模已遠非宋代所能比擬，尤其是自由雇傭者在數量與性質上的變化，更是標示著資本主義萌芽的契機。以下舉絲織手工業來說明。

江南手工業中，絲織業在宋代就有專業的機戶。明代中葉以後，此類機戶數量大增，例如絲織業聞名的蘇州，就是「郡城之東，皆習機業」；江南絲織名鎮的盛澤、震澤、濮院、雙林等，鎮民大都是「以機為田，以梭為耒」。這些江南市鎮的人口少者五、六千人，多者萬餘人，機戶們彼此競爭的結果，有些機戶累積財富轉為手工場主，開設機房擁有織機，雇用織工從事生產，而多數人則淪為雇傭工人，因此出現大量的雇傭織工。這些織工或織手，通常以日工的形式受雇於手工場主的織戶，人數動輒數千人，而殷實織戶開設織房，已有工廠制經營手工業的傾向，所以說明代中期以後，中國江南地區出現資本主義的萌芽。除絲織業外，棉紡織業、製瓷業也都出現類似的發展。

到了清代前期，江南地區手工業的生產規模進一步擴大，如南京城絲織業的織工不下三萬人，蘇州織工人數也破萬人，連地方上的盛澤、震澤等鎮，單織機就有八千部，織工應有萬人之多。江西景德鎮的製瓷業，製陶工匠也由明代晚期的數萬人增至數十萬。其他如廣東的佛山鎮鐵器，工人以千計，雲南銅礦業、航運業也曾出現資本主義萌芽的情形。

「資本主義萌芽」的歷史意義

　　不論中國的資本主義萌芽是始於在宋代，抑或開始於明末清初，都表達出中國近世的社會不是一個停滯社會。因為宋代以後，中國社會經濟發展的趨勢，顯然是緩慢地朝資本主義方向行進，雖然其間出現或長或短時間的停滯乃至倒退情形，諸如元朝滅亡南宋，元朝實行的政策阻礙了商品經濟進展，使得中國朝向資本主義發展受到挫折；又如明末清初戰亂對於江南的破壞、清初海禁政策的不利於商品經濟的進展等等；但是總的說起來，中國的社會經濟是往資本主義演變發展，即是宋代以後，中國本身的發展是有其內生、自發性的朝向資本主義進展的歷史軌跡，並非是一成不變的停滯社會，須由外國帝國主義以武力來改變中國，促進中國的現代化。

　　討論中國出現資本主義萌芽的另一層意義，在於破除中國資本主義是外鑠論或移植論的看法。所謂「外鑠論」或「移植論」，指的是中國資本主義是在鴉片戰爭後，由外國資本主義的作用而形成。但是由前面的論述可知，明清時期中國江南地區的手工業發展，已有部分形成工場手工業情形，也有技術熟練的雇傭工匠，甚至某些手工業的雇傭勞動者的人數超過數十萬人。因此鴉片戰爭以後，西方勢力進入中國，他們遇到的是現成自由雇傭工匠，例如第一家外資工廠，即清道光二十五（1845）年的柯拜船塢，就是租用中國手工船廠的泥塢建成的；又如第一家洋務派的軍工業，即清咸豐十一（1861）年的安慶內軍械所，也是由工場手工業發展而來。

　　因此認為鴉片戰爭以後，西方近代的資本主義，透過武力的方式，破壞傳統中國的社會，推行中國資本主義的看法，是有其盲點與謬誤。

第三節　邁向「近代」挫折的檢討

　　中國在進入「近世」之後，無法像西方一樣朝向近代資本主義社會，而且由於中國明清時期邁向近代化的挫折，導致清末以後，中國面對現代化的西方帝國主義入侵，一敗再敗，終於造成傳統中國的解體。

　　有關這個課題可從中國內部與外部變化來觀察。中國內部的演變，政治

上受制於獨裁政治的深刻影響，經濟上則因於小農經濟的困境，而社會上則因於法制的無法配合與人口過多的阻礙。政治因素的作用，演而形成經濟、社會結構的無法更動，三者相互結合、相互影響之下，使得中國難以走向現代化；外部變動則因於征服王朝元、清入主中國的影響。

一　獨裁政治的影響

自從秦始皇建立皇帝制度開始，傳統中國的政治體制，就是中央集權的皇帝制度。由於皇權具有絕對、最後的性質，即皇帝不受任何法律制度約束，皇權在法律上處於最高位階，所以在漢唐之間，具有半自立性，代表社會力的豪族（秦漢）、士族（六朝隋唐），乃提出「天命」、「祖訓」的理念，「律令制」、「帝王學」的規範，謀求限制皇權，可惜效果不彰。宋代以後，代表社會力的士紳，演變為依附皇權的政治力而存，政治力因為沒有制衡的力量而走向君主獨裁之路。

皇權獨裁政治產生諸多影響，這些影響中有些是不利於資本主義的發展，例如，皇權獨裁導致強中央而弱地方現象，恰好是限制資本主義形成的重要原因之一。

自宋太祖削弱地方首長權力開始，一直到明清為止，歷代帝王都實行弱化地方政府的政策，這種政策的後果，是造成地方上形同沒有真正首長，地方長官凡事只有請示、聽命中央。除此之外，自宋以後，地方政府的組織也大幅縮小，地方財政日益收歸於中央，稅賦悉數繳送中央，留給地方的部分相當有限。地方政府受人力與經費有限的壓力，業務萎縮到維持治安與徵稅為主。

但是如同前節所論，自宋到清，隨著商品經濟的勃興，中國社會出現許多新的變化，江南地區社會經濟的蛻變更是巨大，出現農村手工業商品化、分工化的資本主義萌芽契機。這些不同以往的地方新變化，亟須地方政府訂定新規範與新政策，可是地方政府功能不彰，並沒有能力來因應新局，這已使資本主義的發展蒙上陰影。相對於地方政府的無力，中央權力核心的皇帝本人，及其周遭的中央官員，仍然維持小農經濟的統治理念，以農業作為施政的主軸，實行傳統的抑商政策，限制甚至打壓工商業的活動，進一步阻遏

資本主義的進展。明代後期因於政府不合理重稅，城市工匠爆發層出不窮的抗爭運動，就是明顯的例子。因此隨著皇權獨裁的強化，不但無助於資本主義的發展，反倒是一種阻礙。

　　次如，宋代以後，阻礙近代資本主義發展，是與皇權獨裁體制相為表裡，襄助政務推行的科舉官僚。

　　中國的官僚集團，宋代以後以科舉考試的士人為主體，所謂「滿朝朱紫貴，盡是讀書人」。科舉考試內容是以儒家學說為主，儒家的四書五經成為科舉官僚奉行的經典，北宋宰相趙普的名言：「半部論語治天下」，即是這種想法的呈現。在儒術治國理念的投射下，儒家主張一家一戶的「編戶齊民」小農家庭，成為官僚認定的農村家庭理想模式，孔子強調「不患寡而患不均」的平均思想，主導科舉官僚的政策主張。因此，即使明清時期，出現資本主義萌芽，社會經濟結構已傾向工商業，科舉官僚仍然固守舊有思維，政府的墾荒、招撫、賑恤、蠲免和治水等一系列政策，盡力維護的也還是小農經濟。因此，在科舉官僚墨守傳統小農經濟體制的思考下，要求近代化是難以達成的。

　　宋代以後的科舉官僚，是經由讀書求得功名，做官而享有顯爵厚祿，通常他們有了錢，會回到家鄉買地，或經由官賜獲致土地，成為地主，並且教導子弟讀書科考，延續家族勢力。他們退休時，有的選擇榮歸鄉里，成為鄉居地主，有的居留城市，成為城居地主。隨著明清時期，人口飛躍增加，糧食價格高漲，造成擁有土地者，就能獲取高額地租、大量糧食，囤積居奇，因而驅使人們熱衷購買土地，上自紳富，下至委巷工賈之民，皆有志於良田。在這股追逐土地的熱潮中，官僚士紳仍是最有力量的，因為明清士紳不僅享有優免徭役的特權，中央也給與士紳干預地方行政的某些特權，是地方上的支配勢力，所以清人方苞說：「約計州縣田畝，百姓所自有者不過十之二三，余皆紳矜商賈之產。」（方苞《方望溪全集集外文卷一‧請定經制札子》）官僚士紳的競相兼併土地，獲取高額地租，然後再行併購土地，或是轉向經商放債，形成官僚、地主與商業資本三位一體的結構，在這樣的結構下，必然無法邁向近代化。

二 小農經濟的困境

　　中國是以小農為基礎的農業社會，中國皇帝制度的形成，一部分即是根植於此，因此傳統中國政府的施政，就是以扶植與保護廣大的小自耕農，努力抑止土地兼併為善政。小農社會強調人民生活水平的平等，也就是每個五口左右的農戶，擁有一塊小土地，男耕女織，自給自足，來繳納租稅與維持生活，整個社會形成一種靜態、齊頭式的均平狀態。這樣的社會就是中國一直為人所羨讚的「治世」，西漢「文景之治」、唐朝「貞觀之治」，皆是以廣大小自耕農為人民主體的社會，而受到後代的謳歌。

　　自宋到清，商品經濟躍進，國家不再強力限制土地兼併，承認了民間地主與佃戶的關係，江南先進地區，農業也出現商品化、分業化情形。但是受到傳統小農均平思想的引導，人口中農民仍占八成以上，而且因於人口的反覆上升，人均耕地面積愈來愈低，農民擁有的土地愈來愈小。因此，當土地供需失調，農民多而耕地少時，在租佃制日益擴大的私有土地關係下，需要繳納高額地租的廣大佃戶、小自耕農的貧窮問題浮現。

　　面對這種窘境，農民的對策是拚命地精耕細作，來提高單位生產量，然後將家中剩餘勞動力的婦女、孩童與老人，投入紡紗、織布等家庭手工業來貼補家用，應付日漸貧窮的處境。這些隱藏在家的過剩勞動力，不計報酬地辛勤工作，所得一般低於專職工匠的薪資，其結果是造成較大規模的工場無法跟眾多這種小農家庭副業手工業競爭，大多慘遭淘汰。雖說明清時期，農村地區，尤其是人口密集的江南，絲織、棉紡織等手工業，有商品化、分業化的情形，某些工商市鎮還出現大量自由織工受雇織戶之例，因而形成資本主義萌芽契機，但是這種資本主義萌芽契機，屬於工場手工業的專職工匠還是太少，大多是奠基在無數零散小農的家內副業，是屬於家內手工業的型態。這類型態的手工業經營，使得農民留在家中，屬於自給自足性生產，小農經濟的模式得以繼續，西方近代資本主義的發展歷程中，主要特徵的大規模工場手工業取代家內手工業，農民離家到附近工場工作的景象，鴉片戰爭以前因而無法出現在中國。

　　中國在小農經濟型態下，一方面廣大佃農，在高額地租沈重壓力下，每

日汲汲於三餐溫飽，無力及他；另一方面，坐享高額地租收入的地主們，也常會將地租所得投資在土地兼併，或購買奢侈品，這二類的投資經營型態，同樣無促進近代資本主義中產業資本的形成，因此近世中國有資本主義的萌芽，卻遲遲無法走向近代化。

三 人口過多的阻礙

　　小農經濟的困境，固然造成近世中國無法近代化，但是宋代以後，小農經濟困境形成的因素中，人口持續增長是一個不可忽略的因素。自宋到清，人口由一億增加到三億多，但是耕地面積增加的速度卻比不上人口增加的速度，所以農民平均擁有的土地日漸縮小。宋元時期，每戶農家平均還擁有二十到三十畝土地，到了清末，江南地區的農戶平均只有五到十畝；地主與佃戶人數比例的懸殊也日漸顯露，清初名儒顧炎武就曾說出「吳中之民，有田者什一，為人佃者十九」（《日知錄·蘇松兩府田賦之重》）的話。

　　為了養活眾多人口，在這段期間，中國農業突飛猛進，除引進新品種作物、與河與山爭地外，精耕細作更是日日翻新，謀以獲取最高的單位產量。這樣的農業發展，到了明清時期，在農業技術沒有大的突破，農村中地主與佃農的租佃型態依存，政府也沒有新政策足以吸納過多人口，仍是維持小農經濟體制時，農業生產力，終於到達極限，即不管再投入多少人力、增加多少農時，單位產量的增加也很少。這樣一來，人口過剩所引發的貧窮問題日益嚴重，影響成千上萬基層鄉里小農，困擾中國政府。

　　中國解決過剩人口的方法，一方面將以前農耕使用獸力、水力的部分，改為人力，不再改良以往為節省人力的機械化農具；另一方面將多餘人力運用在紡紗、織布等家內手工業副業上。前者造成農耕技術的停滯與倒退，難以促進農耕機械化的技術進展；後者使得農民留在家中，人口難以從農村析出到城市，工場手工業經營無法取代家庭手工業。

　　西方近代化的歷史演進，資本主義形成的重要內容，一是產業資本的工場手工業經營出現，一是產業革命的火車頭「機器取代人工」技術革新，對照於此，明清時期，中國克服人口過多的良策，無疑是反其道而行。當中國人口過剩使得生產技術不進反退，阻礙產業資本的形成時，希求近代化的出

琱在中國是緣木求魚。

四 法制的無法配合

中國成文法起源於殷商之際，西周有了象刑之制，到了春秋戰國時期，各國紛紛公布法律治國，李悝因而編纂《法經》，商鞅受此《法經》，入秦為相，實行嚴刑峻法，至秦始皇一統六國，建立統一的法律制度，實行於全國各地。此後雖歷經朝代換迭，法制有所損益興替，法令的一統仍然一系相承。法令的統一固然有助中央集權政府的統治，但是要求地大物博、各地發展互有差異的地方政府執行國家統一的法律，必定會出現法令無法適用地方的問題，例如，唐律規定均田制是唐朝的土地制度，理應推行於全國，但是南方的江南是否具體實施，尚仍存疑。

再者，中國法制的發展，到了唐朝集其大成，往後的宋、金、元、明、清諸朝皆奉唐律為圭臬。唐律是靜態自耕小農社會為主體的法律體系，在「編戶齊民」的人頭統治原理下，強調儒家倫理，納禮教入法制，因而民刑不分，民法相對近代西方而言較不發達。宋代以後，隨著商品經濟的躍進，社會經濟出現以下的新發展：土地租佃制的日益普及、商業發達、工商市鎮興起、農業手工業商品化趨向、全國市場的形成，商人團體的崛起等，顯然一個新的時代已經緩緩到來了。然而如同前述，宋代以後，中國法典內容仍多抄襲唐律，因此法律不能對新時代亟須的私有財產權、信貸體系、工商業活動等提供明確而清楚的規範與保障，可能是中國資本主義發展只好停在萌芽階段的原因之一。

同時，中國法制的發展，除「刑律」為主流而貫穿傳統中國外，屬於國家制度的「令」典，從西晉到隋唐時期，在當時門閥士族的努力之下，巧妙引禮入令，再使違令入律，國家制度因而漸漸走向成文法化，從法制上來約束君權。可惜的是，唐末隨著士族勢力的消退，宋以後皇權日益獨裁化，「令」典的編纂也趨於零散而無系統，「令」典的重要性日漸消退，到了清代，已無「令」典。換言之，宋代以後，原先經由制定「令」典來限制君權的發展，受到阻遏，終至消失，而皇權獨裁的高揚，卻造成中國的無法近代化。

五 元、清的入主中國

前面討論「資本主義萌芽」的歷史意義，曾簡單說及中國資本主義萌芽，因為受到元、清兩個征服王朝統治的關係，出現倒退或停滯現象，所以元、清的入主中國，可說造成中國邁向近代化挫折的因素之一，以下說明。

至元七年（1271），忽必烈建立元朝，入主中原。九年後滅亡南宋，統一中國。蒙古人在以武力征服中國的過程中，社會經濟遭到嚴重破壞，元初才漸漸恢復。元朝統治中國，仿效遼國二元體制，部分襲取漢制，部分保持蒙古舊法，但是漢化並不積極，還是以游牧民族型態至上。換言之，蒙古人以是部落社會的體制，來統治商品經濟日趨發達的中國社會，這樣的經營當然不利於中國的走向近代化。

在這種統治模式下，元朝的理財政策，集於賦稅聚斂，因為就游牧民族蒙古人的觀念，中國百姓是其榨取賦稅的對象，其情形就如同蒙古境內，家畜是其榨取財富的對象。所以隨著帝王本身的窮奢極侈，崇信喇嘛教的濫設寺院，及不斷賞賜與提高王公貴族俸祿等等，耗費鉅巨，形成財政危機。政府解決財政困難的方法是採行繁重稅課與濫發交鈔，元朝以紙鈔為流通貨幣，稱為交鈔。其結果是前者造成人民遭受嚴重的賦稅剝削，尤其經濟重心所在的江南地區更是顯露，引發農業生產衰退；後者使得紙幣的信用破產，形成通貨膨脹，物價因而暴漲，社會經濟的發展因而呈現倒退現象。

朱元璋將蒙古人趕出中國，建立明朝，中葉以後，商品經濟蓬勃，出現資本主義萌芽契機。但是這種發展經歷明末清初近半世紀戰亂，再一次受到阻滯。戰爭使得人口銳減，土地荒蕪，繁華的江南地區受到嚴重摧殘，工商業中心也遭到破壞。加上滿清初立，為了對抗臺灣鄭氏反清勢力，實行海禁和沿海焦土政策，使得經濟的復甦直到康熙晚年才漸上軌道，到了乾隆、嘉慶時期，隨著商品經濟的發達，資本主義萌芽漸漸出現。可惜時不我予，強敵已是進逼門前。

其次，清朝雖同於元朝，是由外族滿人建立的中國王朝，但是清朝統治者一開始就以中國正統王朝自居，以繼承明代的體制，來宣示其王朝代表中國的正統性，清朝因而承繼明朝諸多制度，大者諸如皇權獨裁政治、小農經

濟、優任科舉官僚等；小者諸如海禁政策、朝貢貿易、閉關自守等。然而就是這些制度與政策，阻礙中國的朝向近代化，所以清朝一味保留明制的做法，雖是不同元朝以部落體制來統治中國，但是兩個異族王朝君臨中國的影響，卻都是造成中國近代化之路的延宕。

第四節　元明清時期的政權

傳統中國以農業為主體所建立的文明，向來鄙視草原游牧民族的文化，本節所涵蓋的敘述中，元與清帝國崛起於草原地區，明帝國又介於二者之間，兩種不同生活型態的文化差異，本時期顯現的不僅是草原民族統治農業帝國的困境，也呈現在文化認同上的矛盾現象。

一 蒙古族的興起

蒙古，原是居住在額爾古納河上游的一個部族，後來遷居到斡難河地區逐漸發展，直至十二世紀初，蒙古族群仍然處於互不統屬的原始部落時期，以游牧為生。女真族崛起後，蒙古族不但面臨其壓迫，同時蒙古各部落亦相互攻擊，人民生活艱難。十二世紀末至十三世紀初，在鐵木真的領導下，蒙古乞顏部迅速發展壯大，宋寧宗開禧二年（1206），領袖鐵木真統合蒙古各部，被公推為成吉思汗，蒙古汗國正式建立，成吉思汗建國對中國及歐、亞許多國家和民族的歷史，都產生了重大而深遠的影響。

二 元代建立王朝成功的探討

蒙古帝國的建立

蒙古建國後，於宋寧宗嘉定十一年至理宗景定元年（1218～1260）四十三年間，除了完成制度的建立，同時也積極擴張版圖，向西進行了三次大規模的征伐，向南則消滅西遼、金、西夏及南宋，蒙古帝國以武力擴張版圖，

在軍事上的特性是：(1)有堅強的組織、(2)運動快速、(3)人海戰術與恐怖戰爭、(4)善於利用降將等方法，建立起龐大的征服帝國，對世界歷史的影響既深且遠。

嘉定十二年（1219），成吉思汗為了肅清敵對的殘餘勢力，及打擊西邊的強國花剌子模，親率二十萬大軍第一次西征。嘉定十三年（1220），攻破其都城撒馬爾干，國王向西逃竄，蒙古軍隊追擊並進入俄羅斯地區，嘉定十六年（1223）大敗欽察和俄羅斯的聯軍。

宋理宗寶慶元年（1225），成吉思汗凱旋而歸，遵照蒙古舊俗，將土地分封給四個兒子，日後發展成四大汗國。成吉思汗於寶慶三年（1227）滅亡西夏，同年，成吉思汗去世。宋理宗紹定二年（1229），三子窩闊臺即位後又進一步南侵，在宋理宗端平元年（1234）滅亡金朝。

窩闊臺於端平二年（1235）派遣拔都率軍再度西征，徹底消滅花剌子模，並焚毀莫斯科、基輔諸城，且分兵數路向歐洲進擊。宋理宗淳祐元年（1241），北路蒙軍在波蘭西南部擊潰波蘭與日耳曼的聯軍。拔都親率蒙軍主力進入匈牙利，直趨義大利，正當歐洲各國驚慌失措之際，窩闊臺駕崩，拔都於是急速班師回朝。

淳祐十一年（1251）蒙哥汗繼貴田汗即位後，命令旭烈兀率兵第三次西征。這次主要針對的是西南亞地區。宋理宗寶祐五年（1257），蒙軍蕩平木剌夷之地，並揮師繼續西進，攻陷報達，屠殺八十萬人，滅亡黑衣大食。此後旭烈兀又率兵攻陷回教聖地麥加，占領大馬士革，其前鋒曾渡海收富浪（即今地中海東部的塞浦路斯島），因得到蒙哥伐宋陣亡的消息，才率領軍隊回國。

元朝的建立

元朝係忽必烈創建，父親拖雷是成吉思汗的第四子，忽必烈的長兄為蒙哥。蒙哥即大汗位後，派遣諸弟向外擴張領域，忽必烈負責開拓南部漢地，六弟旭烈兀則遠征西域，七弟阿里不哥留守蒙古本土，蒙哥自己則親率大軍攻宋。

不料蒙哥汗於宋理宗開慶元年（1259）在合州東邊的釣魚城下受傷而死，忽必烈為爭奪汗位匆匆北返。依照蒙古制度，大汗必須經由忽里臺（宗

親大會）推舉，由於阿里不哥受到蒙古諸王公擁護，情況對忽必烈不利，所以他北返至開平時，決定自行即位為大汗。阿里不哥則在和林召集忽里臺，被正式推舉大汗；兄弟間於是展開長達四年的內戰。宋理宗景定五年（1264），阿里不哥敗降，忽必烈汗改是年為至元元年，改燕京為中都，以開平為上都。

宋度宗咸淳七年（1271），忽必烈正式建國號為元，次年，以中都為大都。宋端宗景炎元年（1276），元軍攻陷臨安，滅亡南宋，全中國統一在元朝之下，蒙古人正式入主中原。

蒙古大帝國建立的版圖，大致東起朝鮮，西至地中海，北抵西伯利亞，南達南海及印度洋，包括幾乎整個亞洲及歐洲東部。大帝國之組成，又分成兩部分：

1. 元朝轄區：包括中國、蒙古、朝鮮及南洋部分地區，是帝國名義上的統治中心。
2. 四大汗國：欽察、察合臺、窩闊臺、伊兒汗國，形式上奉元帝為宗主，實際上各自獨立。

三 元朝的衰亡

傳統中國以農業為主體所建立的文明，向來鄙視草原游牧民族的文化，元帝國崛起於草原地區，在政治與文化認同上原本已無法忍受，一直是元帝國統治上的根本問題。此外，蒙古人的權力繼承辦法採取推舉制度，使得帝位傳承時容易出現紛爭，不利於國家穩定發展。

同時，元帝國實施的種族等級制，把境內人民分成蒙古人、色目人（天山南北、蔥嶺以西之民族）、漢人（黃河流域之民族）、南人（長江流域之民族）四等，對漢人、南人在政治、經濟、法律各方面給予歧視待遇，這些措施更導致種族之間的隔閡與對立，無法建立民族合作的統治模式，而游牧民族入主農業生活區後，統治者生活逐漸鬆懈，原先強大的武裝力量日趨腐化，是政權無法維持長久的主要原因。

自從蒙古人入主中原以後，全國各地的抗元事件始終未曾止息過。漢族的反抗已使統治者不得安寧，而元朝皇室又經常內訌，宮廷政變、后妃之

禍、權臣專政不斷出現，使國家的元氣大傷。元順帝至正三年（1343），黃河決口；至正十年（1350），為使河歸故道，徵用民工十五萬人，並以戍軍二萬人監督，加上天災頻仍，人民生活苦不堪言，各地民變開始不斷產生。水旱疫疾及地震山崩等災害相繼而作，民生困頓，饑荒四起，使元朝統治岌岌可危。而財政混亂、濫發錢鈔，以致偽幣橫流、物價騰貴，民眾終於忍無可忍，大規模的民變於是爆發。

四 明代建立王朝成功的探討

　　元帝國統治上的核心問題在政治上的歧視與文化認同的差異，政治上的歧視使漢人、南人在政治、經濟、法律各方面受到差別待遇，文化認同上的華夏夷狄觀念，使被統治者心懷不滿，遇有機會自然與之對抗。劉福通更利用民間信仰的型態進行反元活動，以神明啟示來吸收民眾參與對抗行為。他的徒眾供奉彌勒佛，每夜燒香，所以被稱為香軍；而且人人頭裹紅巾、身穿紅襖，又有紅巾或紅軍之稱。此外，他們還利用恢復宋代政權為號召來增加支持的力量，以摧富益貧為口號，要殺盡不平來實現太平。至正十一年（1351），韓山童自稱是宋徽宗八世孫，在劉福通擁護下於潁州謀議起兵反元。不料消息外洩，韓山童被捕遇害。至正十五年（1355），劉福通在亳州迎立韓山童之子韓林兒為小明王，國號宋，攻陷河南各府縣，各地紅巾紛紛響應，在湖北、湖南、江西、安徽等地區，勢力十分龐大。

　　此外，反元勢力較大的還有方國珍與張士誠。方國珍以運鹽為業，於至正八年（1348）起兵於臺州，據有浙東。張士誠也以運鹽為業，在至正十三年（1353）起於高郵，建國號為大周，領有江南地區，這些民變使得元帝國的統治顯現重重危機。

　　明太祖朱元璋（1328～1398）是濠州人，出身於貧寒的佃農家庭。十六歲時，家鄉發生瘟疫，父母雙亡，朱元璋飽嘗流離他鄉之苦，並曾入皇覺寺為沙彌。至正十二年（1352），朱元璋投入紅巾系統將領郭子興的麾下，逐漸受到重用。至正十五年（1355），郭子興死後朱元璋接替成為領袖。至正十六年（1356）攻下集慶，以此為根據地，逐漸向外擴張，受到李善長、宋濂、劉基這些儒士的建議及影響，不僅要推翻元朝，還要建立新的統一政權。

在軍事策略上，他利用元政權與各地民變軍隊作戰而無力南顧的機會，在至正二十三年（1363）先消滅陳友諒，至正二十七年（1367）再消滅張士誠。元帝國雖然平息劉福通的抗元力量，但朱元璋在南方的勢力已經鞏固。在政治策略方面，朱元璋也揚棄紅巾的民間信仰色彩，倡言反元的民族革命理論，至正二十七年，朱元璋派遣徐達、常遇春北伐，揭舉「驅逐胡虜，恢復中華」的旗幟；洪武元年（1368），朱元璋在應天即皇帝位，國號明，北伐軍進入山東，攻占河南、河北等地直逼大都，至正帝北逃。

五　明代的治理與衰亡

初期政策

朱元璋出身農村，了解民眾疾苦，並具有農業為富國之本的觀念，深知歷經大亂之後修養生息的必要性，所以推行重要的政策約有四項：

減賦省役嚴懲貪污

廢止元代驛傳供應，盡量減省徭役以減輕人民負擔，要求官員不可橫徵暴斂、貪贓擾民，同時嚴懲貪污官吏。

圖 6-1　明代鎮守雲南勒碑

勸勵人民從事農耕

招集流民和遷徙民眾墾荒屯田，給予墾荒土地所有權，並配合減免田賦、借給耕牛、種子、興修水利工程、治河開堰灌溉良田等方法來獎勵農業生產。地方若有天災發生，各受災州縣除了可免除租賦外，還能得到官方的救濟。建立穀倉儲糧防饑、編里甲杜絕盜匪、鼓勵士紳濟助貧病者，使農業生產逐漸得到恢復和發展。

減輕人民稅賦

為了平均百姓田賦和差役的負擔，先後完成兩項重要的工作：一是進行人口普查，將全國成年男子的名字、年齡、財產記載於戶帖，由地方官署注籍，編成賦役黃冊；二是根據全國田地清丈，編成魚鱗圖冊。黃冊是國家徵收田賦和差役的根據；魚鱗圖冊則是以田為主，記載田產的面積與位置。兩冊互為經緯，不僅百姓負擔得到平均，國家的收入也因而增加。

頒行道德規範

朱元璋頒布了許多規範人民行為的訓諭、法令、禮儀規則。

希望藉由這些規章，規範民眾的行為，也獎勵人民上書建議施政措施，這些策略有效地達成社會環境安定目的。

但是明太祖在政治方面的一些做法，引起日後政權的紛擾，也遭到後人的批評，重要的有以下三項：

分封宗室

分封二十五個宗室子弟為藩王，希望藉諸王的力量來鞏固皇室。這些分封的諸王，俸祿優厚，但是不能擁有治理地方、人民及指揮軍事的權力。只有秦王、晉王、燕王因地處敵前，給予統兵之權。擁兵自重的結果，導致後來燕王與建文帝發生叔姪骨肉相殘的奪權事件。

獨裁專制

起初襲用元朝制度，設中書省，有左、右丞相主管全國行政，洪武十三

年（1380），他發現左丞相胡惟庸圖謀不軌，將其處死之外，胡氏親族也受到牽連，全都處決。為獨攬大權、鞏固個人控制的決心，同年取消中書省，廢除丞相，使皇帝成為全國民政與軍事的唯一掌控者，在行政治理上，設吏、戶、禮、兵、刑、工六部分理，每部設有尚書，直接受皇帝指揮並對其負責。

凌辱朝臣，大興獄案

疑慮大臣會篡位謀反，不但設立錦衣衛來監視臣民，而且經常藉故將大臣降罪入獄或處死，國家的功臣多不得善終，又施行廷杖，在朝廷上責打大臣，將士大夫的尊嚴打擊殆盡。他還規定朝臣覲見時必須跪著應對，並且大興文字獄，大臣的奏章或所作的詩文，只要有一字的疏忽就可能惹來滅門之禍。大致來說，朱元璋在位期間褒貶各半，但因其勤政愛民，所以政治可以稱作清明。

成祖的經營

朱元璋死後，孫允炆即位，年號建文（1399～1402），史稱明惠帝。建文帝認為當時諸王勢力強大，所以進行削藩的政策，意圖收回兵權。燕王不滿兵權被削，藉口起兵反抗。建文四年（1402），燕王攻陷南京，建文帝失蹤，史上稱為靖難之役。次年，燕王篡位為帝，改年號為永樂。永樂帝在位期間（1403～1424），非常注重內政及國防建設，使得國勢強盛。其重要事蹟如下：

擴大疆域，加強北疆邊防

元朝滅亡以後，蒙古族退回蒙古故地，洪武年間，明朝曾多次派兵北征，蒙古內部陷入混亂，分裂為兀良哈、韃靼、瓦剌三個勢力。蒙古三部中，兀良哈和明朝的關係最為密切，靖難期間，燕王還曾經得到他們的協助。永樂帝即位後，為防範韃靼和瓦剌的入侵，從遼東半島到甘肅地區設置九個鎮，並且修築從山海關到山西的邊城。永樂七年（1409），永樂帝遣使招降韃靼，為本雅失里汗所殺。翌年，永樂帝親率三十萬大軍征討韃靼，摧毀本雅失里汗大帳，本雅失里汗向西潰逃。

不久，瓦剌酋長馬哈木攻殺韃靼本雅失里汗，韃靼知院阿魯臺求援於明廷，並被冊封為和寧王。永樂十二年（1414），永樂帝再度親征，馬哈木敗逃，瓦剌受到重創。永樂二十年（1422）以後，韃靼復盛，阿魯臺一再寇邊。永樂帝連年出塞遠征，但只是輾轉往返於沙漠之中，並無具體戰果。永樂二十二年（1424），永樂帝於回朝途中病逝於榆木川。他多次親征漠北，對韃靼、瓦剌連續用兵，充分顯現其開拓進取的性格，對鞏固北防邊防、穩定明朝統治有積極的作用。

疏通大運河，會通南北經濟

在元代已經完成溝通南北的運河體系，明朝至永樂時期一直未有效地發揮作用。疏通杭州到北京的大運河淤塞以便利南北的水運，與永樂帝遷都北京的決定有關，建都北京最大的缺點是糧食不能自給，必須仰賴東南。糧食的南北運輸，海運多風濤海寇之險，陸運有沿途勞費之苦，因此當務之急便是疏通大運河。

永樂九年（1411），永樂帝命工部尚書宋禮從修復北段運河開始，至永樂十三年（1415），長達三千餘里的南北大運河完全暢通。從此南北漕米專用河運，政治中心的華北得以與經濟中心的江南緊密連繫起來，歷明清兩代，大運河都發揮重大的經濟作用。永樂十九年（1421），正式遷都北京，以南京為留都，仍設六部五府，並置守備掌管留守防衛之事，節制南京諸衛所。

經營海洋

永樂帝對海外諸國的經營遠較太祖積極主動，他即位不久，除了遣使安南、暹羅、爪哇、琉球、日本、滿剌加（馬六甲）各國之外。同時為宣示國威，他也多次派遣龐大船隊宣揚國威，招徠諸國來朝，擴大朝貢體制。永樂三年（1405），鄭和奉命首度西航，率領軍士二萬多人，分乘六十二艘大船，自蘇州劉家港出發。

首航期間，先到占城（今越南南部）、真臘（今柬埔寨）、錫蘭（今斯里蘭卡）、爪哇、蘇門答剌（今印尼）等國，並由錫蘭抵達印度西岸的古里等地後返航。此後又於永樂五年（1407）、七年（1409）、十一年（1413）、

十五年（1417）、十九年六次啟程遠航。

　　每次航行，往返約兩年，隨從和軍士約二、三萬人，船艦五、六十艘。前後十餘年間，足跡遠至波斯灣口與非洲東岸。鄭和前三次出使航至印度，途中港市都曾停靠；後三次都到了非洲東岸附近。鄭和還有一項主要任務是帶著進貢的使節前往中國，事後並且送這些外使返回其本國。雖然也有一些貿易活動，但主要還是進行與海外諸國的外交往來關係。

明政的衰亡

　　成祖之後，仁宗即位（洪熙，1425），在位一年即去世，傳位給宣宗（宣德，1426～1435）。仁宗、宣宗兩位君主在位期間政治清平，人民也能安居樂業。宣宗也在宣德五年（1430），派遣明朝第七次出使西洋的船隊，達成宣揚國威的目的，是後代所稱頌的盛世。

　　英宗在九歲即位，年號正統（1436～1449），初期由太皇太后張氏聽政，謹守仁宗、宣宗的典制處理朝政，所以國家治理得井然有序。正統七年（1442），太皇太后去世，元老舊臣也逐漸老邁或退休，英宗寵信的宦官王振開始專權。正統十四年（1449），瓦剌酋長也先與明朝發生貢市糾紛，後憤而分兵攻掠邊區，明軍頗有傷亡。消息傳到京師，王振力勸英宗親征，英宗不顧朝臣的反對，率領文武官員及五十萬大軍進兵大同。結果在土木堡被圍，明軍大敗，王振以下文武官員數百人被殺，英宗被俘，史稱土木堡之變。敗訊傳來，兵部侍郎于謙力主固守北京，擁戴郕王即位，年號景泰（1450～1456），是為景帝。瓦剌眼見明廷穩固，屢次犯邊又告失利，無法再以英宗要脅明廷，只好釋回英宗。

　　英宗回到北京以後，幽居於南宮。景泰八年（1457）正月，石亨、徐有貞等人勾結宦官曹吉祥，利用景帝病重，擁立英宗復位，改元天順（1457～1464），史稱奪門之變。英宗復位後，石亨等人招權納賄，朝政大壞。

　　天順以後，憲宗，年號成化（1465～1487）；孝宗，年號弘治（1488～1505）；武宗，年號正德（1506～1521）；世宗，年號嘉靖（1522～1566）相繼在位，其間除孝宗朝有短暫的清明之外，其餘諸帝多朝政腐敗。武宗尤為荒淫，死時年僅三十一歲，既無子嗣，又無兄弟，只得以孝宗之弟興獻王世子入繼大統，是為世宗。

　　嘉靖帝即位不久，就因追尊生父的稱號與儀制的問題引發大禮議的爭論，朝臣有的被杖死，有的遭罷黜。直到嘉靖三年（1524），才如其所願追諡其父為皇考的尊號，平息紛爭。此外，嘉靖帝沈溺於道教，迷信神仙，以扶乩、服食丹藥為能事。政務委之於寵信的宰相嚴嵩，使他得以專擅朝政十餘年，政風大壞。

　　明世宗以後的穆宗，年號隆慶（1567～1572），即位後雖有心振衰起敝，但在位六年就病逝了。嗣位的是年僅十歲的神宗，年號萬曆（1573～1619）。以張居正擔任內閣首輔，深得李太后的倚重，又有宦官馮保的支持，故能大權在握。張居正前後當國十年期間（1572～1582），對明代的政治、經濟、軍事各方面展開一連串的改革，成為明代後期政經最有起色的時代。

　　萬曆元年（1573），張居正採行考成法，定期考核官員。而且賞罰分明，凡是徵稅糧不足九成，一律處罰；又責成吏部將冗員全部裁撤以澄清吏治。張居正又推行一條鞭法簡化賦役。明朝的稅制除了田賦之外，還有徭役，項目之多，常造成民眾的不便。張居正將差役合併、役歸於地折銀徵收，使賦役化繁為簡；又清丈全國土地，清理出大量隱瞞土地，增加納稅田畝二百多萬公畝。不僅百姓覺得便利，逃稅者也大大減少，增加國家不少稅收。

　　軍事方面，任用戚繼光等將領，固守北方邊防。張居正於萬曆十年（1582）病逝，死後第二年，即遭奪諡、抄家，加上神宗不理朝政，以致各方權貴呼朋結黨，互相爭奪權位，在萬曆（神宗）、天啟（光宗）、泰昌（熹宗）三朝相繼發生挺擊、紅丸、移宮三案，因而形成危害政治的黨爭，朝政再度敗壞。

　　熹宗死後，其弟朱由檢即位，改元崇禎（1628～1643），崇禎帝殺熹宗乳母客氏，逮治魏忠賢及閹黨二百多人，一時人心大快，但崇禎帝仍任用宦官與閹黨，黨爭依然持續，以迄於明亡。明自宣宗之後國勢逐漸轉弱，追究其原因可歸納出以下幾個原因：

帝王昏庸，宦官弄權

　　自英宗開始，武宗、世宗、神宗、光宗、熹宗或昏庸無道或不理政事，致奸佞當道，國事大壞。同時，自英宗起陸續有王振、劉瑾、魏忠賢等宦官

干預朝政、掌握大權，使得許多正直之士受到迫害。宦官干預及危害朝政，在秦代與東漢時期即已存在。因此明太祖就不准內侍讀書，並嚴格禁止其參與政事。為什麼宦官之禍又出現在明代？主要的原因有以下幾點：

1. 皇帝寵信：自明太祖開始由皇帝直接掌握全國政務，因此，許多事常委任身邊親近的人來辦理，導致大權容易被身邊親近的宦官所竊奪。成祖又任用宦官擔任宮廷內外重要的職務。宣宗以後，還由宦官來批閱決定奏章，使得宦官的權力愈來愈大。

2. 廠衛為虐：明太祖設錦衣衛掌管東廠，成祖時交由宦官管理，給予監視緝拿朝臣及百姓的權力，因此使得宦官更加驕橫。憲宗時設立西廠，武宗時設立內廠，都由宦官來掌管。同時各廠宦官狼狽為奸，危害更大。宦官危害最劇者有：英宗時的王振、武宗時的劉瑾、熹宗時的魏忠賢，這些宦官把持朝政、陷害忠良，使得政治腐敗，民不聊生。

權臣專擅，黨社紛爭

　　明世宗並非武宗的兒子，所以即位後應如何尊稱親生父親及武宗，引發大禮議事件，與朝臣鬧翻。事件結束後，世宗就開始沈溺於道術，希望能長生不死。在位的最後二十年，不理政事，只要誰能幫他修行，即受重用。嚴嵩即是善撰醮祀壽詞，獲得世宗的喜愛，任用為大學士，獨攬大權。嚴嵩以搜括財貨、殘害忠良為能事，把持朝政達二十年之久，雖然最後被貶謫，但風氣已整個敗壞，再也無法挽救。

　　神宗時輔政的張居正死後，高階層的權力地位一時成為真空狀態；加上神宗又不理朝政，以致各方權貴呼朋結黨，互相爭奪權位，因而形成危害政治的黨爭。

　　東林黨並非一個嚴密的組織，成員身分也沒有固定的標準，以堅守儒家正統與堅持道德行為聞名。名稱的由來始於神宗時，吏部郎中顧憲成因為神宗不立長子為太子之事，上書諫言而被革職返鄉，於是他在無錫東林書院講學，並批評時政。一些朝野與他志氣相投的人士，便被歸為東林黨。而嫉妒東林黨的人也不少，他們另成立黨派，互相批評攻訐。

　　熹宗在位時期，宦官魏忠賢掌管大權，擔任東廠提督。加上熹宗的乳母客氏和魏忠賢兩人狼狽為奸，陷害了不少忠良之士。天啟四年（1624），楊

漣上疏彈劾魏忠賢二十四項罪狀，反被削籍並逮捕入獄，左光斗等人眼見楊
漣下獄，紛紛挺身上疏彈劾魏忠賢，反而讓魏忠賢以東林黨人為理由，將他
們一一逮捕入獄，最後將其處死。自從魏忠賢大興黨獄後，朝廷正人君子為
之一空，剩下的都是一些趨炎附勢的小人。甚至有人建議為魏忠賢建生祠，
祈禱他長命百歲。直至崇禎帝即位，誅殺魏忠賢，並追贈東林黨烈士。雖然
如此，但因黨局已經形成，罔顧國家利益，導致明代滅亡。

財政枯竭

明代中期以後的皇帝，大多奢侈浪費又豢養大量宦官、宮女，財政支出
無窮無盡。同時在制度設計上，官員的薪俸過低，各級官吏透過貪污饋贈以
維持生活。加上為抵禦外患，大量的軍事支出使傳統賦稅不足以應付，只有
提高稅收，民眾負擔沈重，或者流亡，或者為寇，使財政陷入惡性循環。

衛所制度敗壞

衛所制度為明太祖所創立，是明朝軍隊中最重要的部分，衛是地方軍事
單位，每衛五千六百人，下屬五個千戶所，各一千一百二十人；每千戶所下
屬十個百戶所，各一百一十二人。軍士皆由身分永久不變的世襲軍戶擔任，
國家同時授與每個軍士田畝，並給予耕牛、農具，以及免除徭役賦稅，屬於
自給自足的軍屯類型。遍布全國的衛所，對於明朝初期慘遭戰火及民眾流亡
地區的生產恢復有正面的貢獻，同時朝廷也節省了龐大軍事糧餉的支出。從
十五世紀開始，衛所制度逐漸走向衰敗，地方將領收賄即可免除軍士軍事訓
練的任務，軍官則強占軍屯土地，強令軍士如農奴般為其耕種，貴戚官僚也
驅使軍士為其建造宮室、寺廟，大量軍士因不堪如此剝削而逃亡，如北京周
圍七十八個衛，應有三十八萬人，至十六世紀初只剩五至六萬人，奉命出兵
作戰時只好臨時雇人充數，質與量均不斷降低的情況下，國防力量亦逐漸衰
弱。

邊患危害

明代主要邊患早期為來自西北面的蒙古族，後期有來自東方海上的倭寇
與東北地區的女真族。他們的陸續來犯，使得明朝兵疲馬困，更造成財政上

圖 6-2　明代的邊牆

的困竭。瓦剌曾在英宗朝攻掠邊區，英宗不顧朝臣的反對，率領文武官員及五十萬大軍進兵大同，結果在土木堡被圍，明軍大敗，王振以下文武官員數百人被殺，英宗被俘，史稱土木堡之變。女真族則是通古斯人的後裔，原受蒙古統治，明成祖時歸附中國，神宗萬曆十一年（1583），努爾哈赤以祖、父遭明朝冤殺為由起兵，經過征戰，統一建州各部，接著又擊敗海西女真四部。萬曆四十四年（1616），努爾哈赤建國號大金（史稱後金）。兩年後，他以七大恨告天，正式叛明，率軍攻陷撫順。萬曆四十七年（天命四年，1619），明軍十餘萬人分兵四路征伐後金，後金以寡擊眾，於薩爾滸擊敗明軍。天啟六年（天命十一年，1626），努爾哈赤圍攻寧遠，遭守將袁崇煥打敗，努爾哈赤負傷去世，子皇太極被擁立為汗，改元天聰（1627～1635）。

　　皇太極於明思宗崇禎九年（1636）稱帝，國號大清，改元崇德（1636～1643），是為清太宗。皇太極征服朝鮮和蒙古後，就屢次越過長城，多次攻明。崇禎十六年（崇德八年，1643）八月，皇太極病逝，年僅六歲的第九子福臨繼位，改元順治（1644～1661），由叔父多爾袞攝政。順治元年（1644），李自成入據北京，明思宗自縊。山海關總兵吳三桂投降，引清兵入關，多爾袞以為明復仇號召，長驅直入北京，李自成兵敗竄逃陝西。清政

權取代了明朝的統治。

流寇之禍

　　流寇是指一群聚眾作亂，利用運動快速為方法在各地流竄、到處搶劫的人。明朝武宗時代，流寇就開始蔓延了，到了崇禎年間，逃兵、失業人口的加入，使流寇的數量大增，其中以陝西人高迎祥、張獻忠、李自成為害最深。高迎祥是所有流寇中勢力最大的，崇禎元年（1628），因為陝西饑荒，加上甘肅的邊兵缺乏軍餉，於是許多人淪為流寇，高迎祥就是在那時崛起的。

　　崇禎九年，高迎祥被擒捉後，高迎祥的姪子李自成就接收他的勢力，自稱闖將，影響遍及山西、河南、湖南、四川等地。崇禎十六年李自成在西安稱王後，次年靠著朝廷內太監曹化祥開門迎降，攻入北京，逼得崇禎帝自縊於煤山，后妃、大臣相繼殉節，史稱甲申之變。在清軍入關後，李自成因走投無路而自殺。張獻忠為人足智多謀，他自稱為八大王。張獻忠攻入四川，所到之地血流成河，還攻占成都，他最後在四川被殺身亡。

六　清代建立王朝成功的探討

　　滿洲是女真族的後裔，明成祖永樂元年時歸附中國，分為建州、海西、野人三大部，歸明朝遼東都指揮使司及後來的奴兒干都司管轄。明任命女真各部的族長為指揮使，給予朝貢貿易之權，採取分而治之的政策。

　　女真族逐漸向南遷移，明代中葉，已由松花江流域擴張到遼河支流的渾河流域。其中最南的建州女真，因毗鄰遼東與朝鮮，最早開始經營農業，神宗萬曆十一年，努爾哈赤以祖、父遭明冤殺為由，以所遺十三副鎧甲起兵，經過五年征戰，統一建州各部，接著又擊敗海西女真的哈達等部。努爾哈赤創立八旗制度，把女真族改造成兼具生產與軍事功能的團體。並積極促進邊市貿易，訂立法制規條，創制滿文，設置議政王大臣。萬曆四十四年，努爾哈赤稱汗，國號大金（史稱後金），年號天命（1616～1626）。兩年後，他以「七大恨」告天，正式叛明。

　　萬曆四十七年，明軍十餘萬人分兵征伐後金，努爾哈赤在薩爾滸擊敗明軍。天啟六年，努爾哈赤圍攻寧遠，守將袁崇煥以西洋紅夷大砲防衛，努爾

哈赤負傷去世。

努爾哈赤死後，子皇太極被擁立為汗，改元天聰（1627～1635）。皇太極改族名為滿洲，並進行了一系列改革，一方面削弱八旗旗主的權力，一方面仿照明朝的制度，建立中央集權的國家機構。對內政治日益安定，對外軍事更是積極侵略明朝，皇太極採取迂迴攻擊戰術，率兵繞過袁崇煥防守的區域，改走內蒙古攻擊北京，袁崇煥驅兵趕回救援，崇禎帝卻誤信敵人反間計，以為袁崇煥私通滿人，將脅迫朝廷和滿人訂約，於是便將袁崇煥處死。而後幾年，皇太極分別向西和東打敗了漠南蒙古及明將孔有德等人，皇太極於崇禎九年稱帝，國號大清，改元崇德。此時，流寇李自成、張獻忠已由陝北流竄中原，聲勢浩大。明朝內外受敵，皇太極乘機奪取明朝重兵設防的松山、錦州。崇禎十六年八月，皇太極病逝，年僅六歲的第九子福臨繼位，改元順治，由他的叔父多爾袞攝政。順治元年，李自成入據北京，明思宗自縊。山海關總兵吳三桂引清兵入關，李自成兵敗，竄逃陝西。多爾袞接受降清漢臣范文程、洪承疇的建議，以為明復仇為號召，並改除皇太極時代燒殺劫掠的作風，入關以後，嚴申紀律，秋毫無犯，長驅直入北京，取代了明王朝的統治。

流寇李自成攻占北京時，明朝宗室及遺留大臣輾轉南走，曾先後擁立福王、唐王、桂王，史稱南明。順治二年（1645），福王被擁立於南京，年號弘光。清軍在攻陷揚州殘酷屠殺民眾之後，再攻陷南京，福王雖然逃出，最後仍被清軍所俘。唐王則被擁立於福州，年號隆武（1645～1646），他為人潔身自愛，但朝廷內部卻不和諧，又和在紹興監國的魯王有嫌隙，順治三年（1646），清兵攻下浙江，破紹興，魯王逃往舟山。同時，清兵進入福建，鄭芝龍降清，唐王逃到汀州被俘，絕食而死。

桂王立於肇慶，年號永曆（1647～1661）。清軍進入廣東，桂王奔走至廣西，這時附近各省紛紛向桂王投效，加上東南沿海鄭成功的勤王，頗有復明之望，但明室大臣間爭吵不休，武將又互相猜忌，康熙元年（1662），輾轉逃到緬甸的永曆帝為吳三桂所俘遇害，明朝流亡政權亦正式滅亡。

滿清以邊陲少數民族的身分入主中國，並統治中國長達二百六十八年（1644～1911），與他們採取懷柔和高壓並濟的統治政策有密切的關係。

清朝初期的懷柔措施，主要有下列幾項：

實施以漢制漢的策略

清人入關以後，大體因襲明制，利用明朝降臣建立新政權並維持國家運作；同時，利用降將為先驅，打敗流寇，擊潰明朝遺臣的反抗勢力。其中，尚可喜、耿繼茂及吳三桂擁有重兵、受封為王，鎮守廣東、福建、雲南等地，合稱為「三藩」。

禮遇明室的君臣

以討伐流寇為名，入主中國，並以禮埋葬明思宗，邀請明朝的遺臣繼續為官，緩和仇怨。

減輕百姓痛苦

廢除明代東、西廠、錦衣衛等特務機構以及各種繁雜課徵的賦稅。

禮遇士人

舉辦科舉考試，並予任官或邀請知識份子編纂各種典籍。

至於不向清廷屈服者，則採取高壓的手段令其就範：

易服薙髮

逼迫漢人接受滿人的服飾和薙髮留辮，違者處死，引起漢人激烈的反抗，清廷仍強力鎮壓，毫不退讓，不少人因此遭到屠害。

禁結盟社

鑑於晚明黨社的教訓，嚴禁讀書人結社聚會，以杜絕反清復明的思想流傳。

興文字獄

為了壓制漢人的反滿思想，屢興文字獄，士人因修明史而獲罪，往往禍延子孫與門生故舊。康熙、雍正、乾隆三個朝代，文字獄多達三十多次，牽連人數眾多，摧殘士氣最重。

　　懷柔高壓並施的結果，使清初的漢人願意和清廷合作效力，這種統治的方法顯然比高壓強迫就範的方式高明許多。

七清代的治理與衰亡

初期政策

　　清世祖（順治）時期，雖然採取懷柔和高壓並濟的統治政策建立政權，但天下尚未穩定，三藩擁地既廣，兵將也多，國家每年消耗在三藩的軍餉便高達歲收的一半以上，負擔頗重，而且三藩在自己受封的土地內有半獨立的主權，成為朝廷的心腹大患。

　　此外，南明反清勢力的對抗也是一大隱憂。南明反清武力主要有二支：一是張煌言，以舟山為根據地；一為鄭成功，以福建南方為根據地。鄭成功的父親鄭芝龍原來是東南沿海的海盜首領，在福建省海域一帶頗有勢力。鄭芝龍原先擁立唐王，在清兵進入福建時向清廷投降。鄭成功卻感念唐王的賜姓知遇，當唐王遇害時，他焚燒儒服，起兵反清復明。鄭成功的陸上根據地主要在廈門和金門，勢力涵蓋閩南沿海一帶，桂王賜封他為延平郡王。

　　永曆十三年（1660），鄭成功乘清兵攻打雲南時，與張煌言聯合揮軍北征，深入長江，圍攻南京。但兵敗南京城外，只好退回廈門。張煌言也逃往海上，桂王退居緬甸，鄭成功因反清復明的頓挫，決定率軍攻打臺灣，由鹿耳門登陸，經過九個月的苦戰，於清聖祖康熙元年（1662）驅逐荷蘭人，使臺灣成為抗清復明的基地。同年七月，鄭成功因病逝世，子鄭經繼位，明朝的希望仍在海外延續。

康雍乾盛世

　　清聖祖（康熙）、清世宗（雍正）到清高宗（乾隆）可稱得上是鼎盛期。文治武功都非常可觀，稱為康雍乾盛世，共一百三十四年（1662～1795），恰好占清朝入主中國全部時間的一半。

　　康熙皇帝即位時，年僅八歲，康熙八年（1669）開始親政。當時國家的主要問題是三藩割據以及在臺灣的鄭氏反對力量，尤其三藩日形驕縱，早已

成為心腹大患。康熙十二年（1673），尚可喜上書試探想告老還鄉，此時，耿繼茂已死，其子耿精忠承襲爵位，和吳三桂都覺得不安，也上疏請求撤藩。康熙帝立刻准奏，吳三桂等弄巧成拙，於是起兵反叛清朝。吳三桂興兵後，福建的耿精忠、廣東的尚之信（尚可喜之子）都先後響應，在臺灣的鄭經也出兵援助，一時聲勢浩大。

康熙帝除在陝西和湖北派遣重兵駐守，阻止吳三桂主力軍繼續北上，還指派大軍進攻江西，切斷吳三桂和耿精忠的聯絡。吳三桂則犯了戰略上和政治上的錯誤，在攻下湖南後，就心存觀望，想以長江為界議和，留給清軍從容布署的機會，加上個人叛服行為反覆無常，不為人所信任，另外團體內部利益不同，意見分歧，行動不一，留給清軍各個擊破的機會。

吳三桂不久病死，其孫吳世璠退回雲南兵敗自殺，為期九年的三藩之亂落幕。同年在姚啟聖、施琅的指揮下清兵也攻占臺灣，康熙帝因使用戰略得宜，使反清活動徹底瓦解，統治權也正式鞏固。

康熙帝自奉儉約，個性寬厚仁慈。三藩亂後，積極整頓吏治，六次南巡，考察地方行政，查訪民間疾苦，減免人民賦稅的負擔，並多次親臨黃河沿岸督理河工。

圖 6-3　康熙時期吳三桂位於昆明的宮殿

他在位期間最大的功業包括平三藩、收臺灣、定西藏、興文教、綏服蒙古、整治黃河與大運河，又崇尚獎掖學術，編纂《明史》、《佩文韻府》、《淵鑑類函》、《子史精華》、《康熙字典》等書，都為清代的富強奠定了重要的基礎。康熙帝在晚年的時候，為政寬大，以至於朝廷大臣各自結黨營私，地方官吏也隨勢貪贓枉法，政風敗壞。

繼任的雍正帝在位十三年，是一個能幹而勤政的皇帝，為了矯正康熙末年以來吏治廢弛，對政令的執行力求覈實貫徹，是清朝歷史上君權最盛的時代。他的重要措施有下列幾點：

嚴刑峻法，鞏固君權

雍正即位後，勤於政務，嚴懲貪官。雷厲風行的結果，矯正了康熙末年以來的吏治廢弛。同時，也加強君主對臣僚的控制，實施火耗歸公，推行官員養廉制度，對澄清吏治著有績效。

設立軍機處，加強中央集權

雍正年間，因用兵西北，恐洩漏軍機，開始設立軍需房，選擇親信掌理機密軍務。事後改稱軍機處，成為清代議決軍國大政的機關。軍機大臣如同皇帝的機要，諸事取決於君王。此外，內外大臣如尚書、侍郎、總督、巡撫都可分別上奏，不相統屬，凡事秉承皇帝意旨。明代的專制，至清代更為強化，君主集權制度至此達於巔峰。

整頓財政，充實政府財庫

雍正元年（1723）下令清查錢糧，嚴懲貪官與錢糧虧空之弊，雷厲風行的結果，從皇親國戚至督撫大吏，不少人被革職抄家。又實行攤丁入畝政策，廢除人頭稅，將丁銀平均分攤於田賦中一併徵收，形成單一的土地稅，稱為地丁制度。經過雍正帝整頓的結果，使聖祖末年的弊端大為改善，增強了清朝統治的能力。

乾隆帝在位六十年，憑藉康熙、雍正兩朝的基礎，成為清代的全盛時期。主要的表現有：

加強中央集權，持續鞏固君主專制統治

在整頓八旗方面，強調熟悉滿語和騎射是滿族根本，列為旗人入學、為官、會試、升遷、宗室襲爵的必備條件，以免逐漸忘本腐化。又嚴禁宗室與各部院臣下往來，違者嚴加懲處。同時打擊朋黨紛爭，集權於君主。

軍事征伐，擴大疆土

自詡十全武功，擴大清代疆土。包括兩次平定準噶爾、平定回部、兩次平定金川、兩次平定廓爾喀、征服緬甸、安南、臺灣民變。

編纂典籍

乾隆時代纂修的著作其中最重要的是編纂《四庫全書》，共計蒐羅經史子集各類書籍三千四百五十七部，共七萬九千七十卷。《四庫全書》的修纂，堪稱文化上的盛事。

乾隆帝晚年寵信和珅，和珅玩弄權勢、收取賄賂，政治大壞，國勢從此開始走下坡。所以乾隆朝也是清由盛而衰的重大關鍵。

清政的衰亡

乾隆帝晚年，生活日益奢侈，揮霍無度，和珅憑著乾隆帝的寵信，位尊勢大，招權納賄，吏治政風為之大壞。乾隆六十年（1795），乾隆帝禪位，改稱太上皇，皇子顒琰即位，年號嘉慶（1796～1820）。乾隆帝名為禪位，實際仍掌大權，因此嘉慶帝即位之初，對和珅的專擅跋扈只能忍氣吞聲。嘉慶四年（1799）乾隆帝崩逝，嘉慶帝逮治和珅及其黨羽，令其自盡並查抄家產。但是自乾隆朝末期以來累積的政治、經濟各方面的問題，帝國潛伏的危機正要引爆。

從嘉慶朝的川楚教匪之亂開始，其後道光朝（1821～1850）、咸豐朝（1851～1861）、同治朝（1862～1874）、光緒朝（1875～1908）、宣統朝（1909～1911）的太平天國、苗亂、捻亂、回亂、外患，各朝政局動亂頻仍，無法力挽狂瀾。每下愈況，逐步走向衰亡。分析其原因約有數端：

人口膨脹導致民生艱困

　　清自康熙朝末年以後，人口逐漸擴增，但是耕地面積卻遠不及人口增加的速度，耕地已供不應求，何況富人兼併土地與日俱增。人口增加帶動物價上漲，使民眾生活日益艱苦，農村經濟蕭條。地主對佃戶的剝削，更增加佃農生活的負擔，即使在豐熟之年，尚不能免於負債和饑餓，如遇災荒，更走上流亡甚至鋌而走險之路。官方雖也給予蠲免賦稅與賑濟糧食的救濟，但是緩不濟急，災民所得實惠甚少，失業人口除少數移民邊區或海外，大部分則淪為遊民，甚至成為鹽梟、盜匪的主力或附從者。

民族意識的仇恨

　　清朝以少數的滿洲人統治中國各民族，除了對占絕大多數人口的漢人，處處防範、壓抑之外，對邊區少數民族也採取類似的措施。所激起的民族仇恨，一直難以平服。從反清復明的祕密團體天地會，到起源於元末的白蓮教、邊區的苗民、回民、太平天國、興中會等團體都以民族主義為號召，在基層社會廣為活動，反抗清朝的統治。

軍事力量的廢弛

　　清代的兵制主要有八旗與綠營，八旗自入關後，原有的勇猛武力早已日漸消失。綠營原有取代八旗或為清朝主力之勢，但至嘉慶年間，綠營也已腐化，軍紀敗壞，乃至劫掠財物，軍力不足以消滅民變及對抗外侮，使得強悍匪徒與反清團體得以開展反叛的活動。

政治風氣敗壞

　　清高宗末年，國勢中衰，尤其是和珅當國二十年，招權納賄，吏治大壞。道光年間，穆彰阿當權，妨賢害能。咸豐以後，為彌補國庫的困窘更是大開捐納之門，用錢可以買官，官員上下苟且敷衍，多半貪贓枉法，政治風氣敗壞。

第五節　歐洲文明的來華與東西文明的交會

　　十三世紀以前，中國和歐洲很少直接往來，彼此也缺乏認識。由於成吉思汗西征擴大了中國與歐洲的交往之路，歐洲傳教士與商人開始陸續來到中國，其中最著名的首推威尼斯商人馬可波羅，他的《東方聞見錄》（即《馬可波羅遊記》）深深地影響歐洲，產生對於東方富強中國的嚮往。

　　隨後明帝國的建立，成祖自永樂三年起派遣鄭和率領龐大船隊六度前往西洋，主要的動機在宣揚國威，吸引各國來華，擴大朝貢體制。不僅強化了原有藩屬國與中國的關係，更吸引許多遠方國家前來通商納貢，擴展了中國在亞洲各國的影響力。但在宣宗宣德八年（1433）以後，這種出洋遠征宣揚國威的政策即告中斷。同時，中國的海外商業行為受到官方嚴格禁止，直到穆宗隆慶元年（1567）才開放。

　　一四三三年以後，歐洲人再經過將近半個世紀才在全球各地開展地理新發現之旅，至十六世紀前半期，歐洲人從海上航抵東亞之際，也正是東西文明再次展開深入交會之時。

一　十五世紀地理新發現與歐洲文明的來華

　　十五世紀歐洲一些國家致力向外擴張，首先發現海上航路的是葡萄牙人，從大西洋循非洲西岸向南航行，於明憲宗成化二十二年（1486）發現非洲南端的好望角。達伽瑪更於明孝宗弘治十年（1497），自里斯本出發向南航行，繞經好望角，在次年五月抵達印度西南部。新航路的開啟，使得歐亞間的航線完全暢通。明武宗正德五年（1510），葡萄牙人占領印度的臥亞，次年占領馬來亞西岸的滿刺加（麻六甲）。正德九年（1514），葡萄牙船隻行抵粵江口外，這是歐洲人第一次自海道直達中國。

　　葡萄牙人經過多次向中國要求通商，終於獲准寄居澳門，取得與南洋諸國一樣的貿易待遇。繼葡萄牙之後，向海外擴張發展的則是西班牙。正德十五年（1520），受雇於西班牙的葡萄牙人麥哲倫率船隊西航，繞過美洲南端，

橫渡太平洋，發現了菲律賓群島。四十餘年後，西班牙人占領菲律賓展開殖民統治。其他各國，如英國、法國、荷蘭，也急起直追，競相向海外擴張發展。

十六世紀時，葡萄牙人稱雄於印度洋和南洋，但葡萄牙畢竟是一小國，對跨越遠洋建立龐大的帝國，終究力不從心，加上西班牙等國的強力競爭，十七世紀以後葡萄牙人在東方的勢力已為西班牙人、荷蘭人所取代。

二 歐洲文明的來華原因

十五世紀中葉以後在歐洲興起的國家，如西班牙、葡萄牙、英國、法國，多是擁有強大政治力量具有近代國家雛形的王國，特色是：政治上，封建貴族沒落，王權集中；經濟上，商業復興，閉鎖的中古經濟型態已經式微；社會上，因經濟型態的變化，中產階級隨之興起；軍事上，由於十四世紀之後火藥的傳入歐洲，改變了戰爭的舊觀；文化思想上，文藝復興臻於頂峰，人文主義盛行，乃至自然科學也日益受重視。十五世紀後期，這些西方的民族王國不斷地向海外擴張，其原因約有下列數端：

對於東方特殊物產的需求

如絲綢、地毯、寶石、瓷器、糖，以及香料中的胡椒、肉桂、丁香、薑、荳蔲等，這些物品多係來自東方的中國、東印度群島和印度等地，為西方人所艷羨，但當時東西貿易主要憑藉陸路，漫長而多險阻，且為回教徒所壟斷，所以他們希望直接、大量的從海路航道獲得。

各國社會中產階級的興起

他們協助王室在國內建立法律與秩序，使得王權鞏固，政治力量日形強大，並進一步推動向海外開疆擴土，拓展勢力。

傳播宗教的熱忱與努力

一些基督教徒、傳教士亟盼將福音傳播於西方以外的異域世界，也助長了向外擴張之勢。

航海和造船技術的進步

　　航海和造船技術的進步，帶動地理航路的新發現，使西方以往無法推動海外經營的瓶頸得以突破。

 各種新式武器的發明

　　改變西方的戰術武器、各種槍砲相繼發明，商船均係武裝，不僅可以自衛，且可威脅征服所至之地的國家人民。

三 東西文明的交會

　　循著貿易航線而來的還有傳教士，歐洲自十五世紀宗教改革以後，新教在北歐取得優勢，代表舊教的天主教會內部也進行了一些革新，其中影響力最大的是耶穌會。耶穌會的宗旨在重振羅馬教會，由西班牙人羅耀拉創立於明世宗嘉靖十三年（1534），耶穌會廣設學校，教育青年遠渡重洋宣揚聖教，以人格感化和知識啟迪爭取民眾支持，成效可觀，不僅恢復了羅馬教皇喪失的許多領地，並擴張範圍到美洲和亞洲，明末清初來華的傳教士主要就是耶穌會士。

　　他們把天主教傳入中國，也輸入了歐洲的科學知識與技術，從此揭開了近代中西文化交融與衝突的序幕。第一位來華的傳教士聖方濟各・沙勿略便是由耶穌會所派遣，不過他在嘉靖三十一年（1552）來到中國後不久便病死了，並未能進行傳教活動。

　　後繼在明清時期進入中國傳教的耶穌會傳教士約有五百人，最具貢獻並奠定基礎的是義大利人利瑪竇。利瑪竇在萬曆十年（1582）來華傳教，與利瑪竇約略同時的傳教士還有湯若望、南懷仁、艾儒略。耶穌會士在中國的傳教活動，能得到當時部分朝中士大夫的信任和支持，其成功的原因與傳教策略有很大的關係。

　　利瑪竇認為若要在中國傳教就必須符合中國國情，於是他一到中國就改換儒冠儒服，學習中國語文及儒家經典，並自稱西儒，飲食起居也完全中國化。此外，他研讀《四書》，極力調和孔孟之道和敬天思想於教義之中。對

中國民間祭祖、拜孔等禮儀習俗，只要不違反天主教義的一律不加反對，力求調和二種不同背景的文化。

另一方面，耶穌會士也藉由引介西方的天文、數學、地學、火器與科技知識，爭取士大夫的支持，進而成為教徒，利瑪竇與在朝士大夫徐光啟、李之藻等人交遊，也頗得君主的賞識。

數學方面

利瑪竇與徐光啟合譯《幾何原本》，傳入西方的幾何學；與李之藻合譯《同文算指》，介紹西洋的算術。

天文學方面

利瑪竇介紹了日月蝕的原理、西方天文儀器的製造知識。明代一直沿用元代的《大統曆》，誤差漸大，崇禎二年（1629）徐光啟受命主持修改曆法，聘請耶穌會士協助編譯天文學書籍，完成《崇禎曆書》。新曆到清初才由湯若望獻給清廷，獲得頒行，稱為《時憲曆》。

地理學方面

利瑪竇帶來世界地圖，地圓說、南北極、赤道、五大洲等地理新知隨之傳入中國，此外，受西方影響較大的是地圖繪製，康熙時期，清帝國完成統一，採用西洋經緯度定位和梯形定位投影的方法，繪製而成《皇輿全覽圖》，這是第一部根據實地測量繪製的地圖。

火器方面

明末清初，由於軍事上的需要，湯若望和南懷仁都曾為朝廷鑄造銃砲。明末清初，湯若望與南懷仁都詳述各式火砲的原理和鑄造方法，引進了西方的製砲技術。

由於時代背景和宗教因素，明末清初西方科技的輸入，只在中國少數知識份子中傳播，傳入的西學及其影響都有限，當時西方科學理論和科學著作未能深入影響中國。

西學輸入中國的同時，中國文化也透過傳教士的介紹傳入歐洲，在利瑪

竇之前來華的教士羅明堅，是第一位翻譯《四書》的西方人。其後，利瑪竇也陸續透過著作和書信把中國的儒家思想介紹到歐洲。

　　利瑪竇死後，其後繼者並不能容忍中國人祀祖和祭孔等做法，更引起禮儀之爭。不久，多明我修會教士與方濟各修會教士從西班牙屬地菲律賓來到中國，以平民百姓為傳教對象，並且駁斥以士大夫階級為主要對象的耶穌會教士。康熙三十九年（1700），在中國的傳教士聯名請康熙帝說明中國人是如何看待敬孔和祭祖的。康熙帝肯定利瑪竇的解釋：敬孔是敬其師範，祭祖是盡孝思之念。

　　康熙四十三年（1704），教會爭端在提交教宗仲裁後，教宗頒令禁止天主教徒參與中國祭祀禮儀活動，並派特使到中國宣布禁約。自此雙方關係破裂，康熙帝下令自今以後，傳教士若不遵行利瑪竇規矩者不可留在中國傳教，教宗特使鐸羅主教也被囚禁死於澳門。康熙五十四年（1715），教廷重申康熙四十三年的禁令，康熙帝遂下令禁教。雍正二年（1724），再厲行禁教，傳教士只好轉為祕密活動。天主教教義與中國的習俗的衝突，利瑪竇因著形勢的需要而加以變通和容忍，在二者間取得平衡，後繼者堅持禮儀，不肯讓步，釀成禁教的結局。東西文明之交流，原先彼此接觸的成果亦遭頓挫。

問題討論

1. 請翻閱《清明上河圖》，查查看畫卷中呈現的近世中國特徵。
2. 清末阻礙中國進入近代資本主義社會的諸因素，到今日二十一世紀的中國已排除了嗎？請說說你的看法。
3. 何謂中國的「資本主義萌芽」？其歷史意義是什麼？
4. 傳統中國以農業為主體所建立的文明，向來鄙視草原游牧民族的文化，元與清帝國，因為文化認同上的差異，兩者都面臨統治合法性的挑戰，為什麼清帝國的統治比元帝國要顯得鞏固及長久？
5. 十五世紀中葉以後在歐洲興起的國家，競相發展來到中國的海上航路，其原因為何？
6. 康熙、雍正及乾隆為帝時可稱得上是清代鼎盛期，文治武功都非常可觀，通稱為康雍乾盛世，請問他們共同的領導特質為何？

參考書目

1. 王德毅《宋史研究論集》，臺北：商務印書館，1993 年。

2. 陶晉生《中國近古史》，臺北：東華書局，1979 年。

3. 斯波義信《宋代商業史研究》，莊景輝譯，臺北：稻鄉出版社，1997 年。

4. 董書城《中國商品經濟史》，安徽：安徽教育出版社，1990 年。

5. 許滌、吳承明《中國資本主義發展史（第一卷）中國資本主義的萌芽》，
   北京：人民出版社，1996 年。

6. 高明士《戰後日本的中國史研究》，臺北：明文書局，1986 年。

7. 西嶋定生〈以十六、十七世紀為中心的農村工業之考察〉，收入劉俊文主
   編《日本學者研究中國史論著選譯六明清》，北京：中華書局，1993 年，
   頁 1 至 25。

8. 內藤虎次郎《內藤湖南全集》第十卷，東京：筑摩書房，昭和 44 年。

9. 錢穆《國史大綱》，臺北：臺灣商務印書館。

10. 蕭一山《清代通史》，臺北：臺灣商務印書館。

11. 牟復禮（美）等編《劍橋中國明代史》，上海：中國社會科學出版社。

12. 陳捷先《明清史》，臺北：三民書局。

第七章
近現代中國的變局

第一節　導　言

一鴉片戰爭與中國的變局

　　中國文明發展到近代已有幾千年的歷史，有其獨特的傳統，也自有傳統的方法來解決所面對的問題。近代以來中國社會對外封閉，即使西方的傳教士主動把西方宗教、科學等方面的知識引進中國，擴展西方文化的交流管道，但中國對西方文明抱持輕視的態度。西學除了引起徐光啟等少數知識份子產生興趣外，並沒有對中國社會造成很大的影響。康熙中期以後，西方宗教更被認為是擾亂民心、引起混亂的有害思想，敕令禁止。中國對西方各國的鄙視及封閉的貿易體系，英國早已感到不耐，要求與中國擴大貿易範圍，乃至對等的外交關係屢屢不遂，是雙方不免一戰的歷史遠因。鴉片戰爭的失敗，說明農業社會文明無法與工業社會文明對抗的事實，開啟中國數千年未有之大變局，也是近代中國的開端。中國的弱點暴露，帝國亦為之動搖，也開啟西方列強對其輕視之心，接踵而來的侵略行動已難避免，內部的動亂也不斷發生，國家的處境日益艱險。

二晚清的現代化運動

　　面對數千年來未有的大變局，中國最具體的回應是自強運動的推行，主要以模仿西方人的技術器械為重心，卻在制度及思想上未曾積極接觸學習，

導致預定目標難以達成。儘管如此，自強運動對中國近代化的推展，仍具有貢獻，為日後中國各種近代化的建設奠定了基礎。

自強運動在甲午戰爭之後，被維新變法的思想與實行所取代。日本明治維新的成功經驗顯示，不僅師法西方的器械技術，對於西方的制度、思想也要多所學習，對中國有志於雪恥圖強的人，可說是一大啟發。但因內部缺乏共識，戊戌變法施行不久即成明日黃花。

清末的立憲運動，是沿襲戊戌變法的維新精神，主要展現在君主立憲的推行，與自強運動、維新運動都屬於體制內的改良運動。立憲思想萌芽於戊戌變法時期，康有為即主張行憲法、開國會，以庶政與國民共之，行三權鼎立之制。宣統三年（1911）四月，清廷頒布內閣官制，就其精神而言，國家大權仍操諸皇帝，故其立憲與不立憲實無區別；同時清廷任命的內閣成員又多屬滿人，有皇族內閣之譏，立憲派大失所望。同年八月，革命黨於武昌起義，局勢動盪，立憲派選擇順應時潮與革命黨合作，加速了清朝的覆亡。

三 中華民國的建立與動亂

中國自鴉片戰爭以來遭受列強侵略，國際地位低落，加上清末的體制改革又未符期待，終使辛亥革命得以成功。中華民國的成立，使持續長達二千年的帝制終告完結。但在引進民主制度的背後，新的共和政體重視黨派權力而忽視民主性能與本質，又導致民初政局混亂。這一切使革命之後中國的前途蒙上陰影，也給愛國的知識份子帶來嚴重的打擊，因此視舊社會和舊文化為一個沈重的負擔，想要建立一個新的民族價值觀念與素養，因此促成了新文化運動的展開。新文化運動與五四運動所代表的是對中國舊有制度、思想、價值觀的否定，雖然並沒有達到顛覆舊有、創建新制的目的，但對日後民族主義的興起、社會主義思潮的發展，影響都是相當明顯的。

四 革命的再起與國共鬥爭

民國六年（1917）至民國十三年（1924）間，孫中山以廣州為基地的革命努力，力量始終微弱，為達到革命目標，聯俄容共正式成為孫中山最終的

革命策略。在注入了新力量之後,國民革命逐漸蓬勃。民國十四年(1925)以後,因為直系的崩潰、孫中山逝世後的高聲望以及國共成員不斷的組織宣傳,使反帝國主義運動情勢大變。

民國十五年(1926)中山艦事變之後,蔣中正與俄國顧問進行了協議,維持雙方繼續合作的環境。北伐前夕的國民政府走向暫時穩定的狀態,但與中共的分手則是遲早的問題。民國十五年六月,國民政府正式任命蔣中正為國民革命軍總司令,七月宣布北伐,僅用六個月即獲得重大勝利。民國十六年(1927)十月,蔣中正以驅逐共黨為號召進行清黨,並成立國民政府於南京,並繼續北伐。全國在民國十七年(1928)底宣告完全統一。

中共自民國十年(1921)建黨,民國十三年加入國民黨,到民國十六年各地暴動失敗,每一次路線都是失敗的。毛澤東至此才了解,在革命進程中,要利用武裝割據、鄉村包圍城市、建立政權,共產革命才能存在,尤其重要的是動員群眾。往後經過二十多年的奮鬥,中共終於在毛澤東的領導之下,從國民黨手裡取得了國家權力,毛澤東本人也在中共黨內取得前所未有的重大事務最後決定權。

六 中日之間的恩怨情仇

日本原先和中國同樣遭受列強的侵略,同治七年(1868),幕府將軍德川慶喜奉還政權,結束了幕府時代。明治天皇親政後,銳意革新,大力推行維新運動,致力近代化建設,國力日漸充實。明治維新使日本國勢大為增強,為向外擴展,中、韓兩個近鄰成為侵略的主要目標。甲午戰爭獲勝以後,日本成為侵略中國的強權國家之一。

中華民國建立後,日本利用第一次世界大戰歐洲列強無暇東顧之際,向中國提出二十一條要求,引起中國全民的反感,以國恥視之,日本也成為侵略中國最主要的國家。民國八年(1919),日本又透過祕密外交的手法,承繼戰敗的德國在山東半島的特權,引發五四反日運動。此後,日本干擾國民革命軍北伐,製造九一八事變侵略東北三省,並不斷侵蝕華北地區,樹立滿洲國等傀儡政權,種種行為都因中國政府的容忍而得到利益,當然也讓中國民眾對其十分痛恨。民國二十五年(1936)西安事件後,蔣中正在國內聲望

日隆，成為全國公認的領袖，各方勢力無不希望團結抗日，即使中共也致電願接受國民政府領導共同抗日，但是日本仍悍然發動七七事變。長期的敵對使中日兩國終於爆發八年大戰，日本最終戰敗，中國也付出慘重的代價，傷亡官兵三百二十萬人，人民犧牲以千萬計，戰爭的消耗和財產破壞損失更難以估計，所造成的經濟蕭條、財政枯竭，戰後通貨膨脹、物價飛騰，可謂兩敗俱傷。

八年抗戰，中國有得有失，在收穫方面，抗戰期間中國戰場牽制了百餘萬的日軍，對第二次大戰中盟軍的整個戰局頗有貢獻。中國軍民不屈不撓的英勇表現，也贏得盟國的讚美和尊敬。在民族精神的激勵下，中國民眾精誠團結、一致對外，亦為前所未見。此外，不平等條約的廢除，國際地位大為提高，戰後與英、美、蘇聯並列為世界四強，東北及臺灣、澎湖的重歸中國版圖，意義尤其重大。

在損失方面，大戰末期，美國評估日本將進行本土作戰，屆時在中國東北的關東軍將回防日本，為儘快結束戰爭，美國決定犧牲中國的利益，來換取蘇聯的對日宣戰。民國三十四年（1945），美、蘇、英領袖會於黑海邊的雅爾達，達成密約。因雅爾達密約衍生的中蘇友好同盟條約使中國的權利受到更大的損害，外蒙古因而脫離中國獨立，代價極其慘痛。同時在八年抗戰期間，中共乘機擴張勢力，戰後對國民黨構成甚大的威脅，國共內戰勢難避免。

日本經過戰後的重建，現在已經成為國際上具有強大經濟實力的國家，但是至今仍然對於過去侵略歷史加以掩飾，使亞洲鄰國對其行為常感不滿。

七 國共政權輪替與長期對立

國民政府於戰後國家急待重建之際，與中共發生內戰，終致失敗退守臺灣，半個世紀以來，兩岸之間歷經長期的政治與軍事的對立。期間，臺灣不但創造了經濟奇蹟，也完成了民主化過程；中共則在歷經文化大革命劫難之後推行改革開放政策，在經濟部門呈現快速的成長。至於在兩岸問題解決的策略上，中共首先提出三通的政策，臺灣則自民國七十年（1981）起逐漸對兩岸關係進行彈性調整，對於兩岸之間的民間交流、人員接觸及貿易往來的

限制逐步加以放寬。民國七十六年（1987），政府正式宣布解嚴，並開放民眾前往大陸探親，此後兩岸民間經貿與文化交流呈現廣泛多元的發展。但是，臺灣對於主體性的堅持及中共對臺獨傾向的疑慮，仍使兩岸官方關係的進展殊為有限，直接三通的目標難以實現。因此，雙方領導人如何運用智慧和平解決問題，是現今世界上注目的焦點。

第二節　十八、十九世紀的世界與中國的變局

一 農業社會與工業社會文明在東方的對抗

英國人來到中國的時間在葡萄牙、西班牙、荷蘭諸國之後，明神宗萬曆十六年（1588），英國海軍擊敗了西班牙的無敵艦隊，勢力直達印度。萬曆二十八年（1600），東印度公司在倫敦設立，與荷蘭爭奪海外市場。明思宗崇禎十年（1637），英國商船抵達廣東外海要求通商，澳門葡人予以阻撓，與中國官方交涉，亦不得要領。英國商船遂強行航入珠江，引起中英之戰，經調停，中國允其至廣州貿易，其後歷經二百年，中英之間並無重大衝突。十八世紀工業革命開展後，機器生產的大量產品須向海外尋求銷售市場，使英國擴大通商範圍的要求愈益殷切，中國只准西方人在廣州貿易，且海關官員的貪賄、腐敗及諸多陋規使英國甚為不滿。同時，英國曾幾次派使團至北京，期能有所突破，但均因禮儀等問題而一無所成，反徒增惡感，對中國待之以藩屬的態度逐漸難以容忍。

就中國方面而言，中國位居東亞，以農立國、地大物博，與西方素少往來，亦少有認識，對外來貨物需求的意願不高。同時，清朝中期武功鼎盛，四夷賓服，均向中國朝貢，對待西方國家，也視之為藩屬，怎能與其平起平坐。准許西方人在廣州貿易，主要在懷柔遠人，既無意也無須擴大通商的範圍。

鴉片貿易問題及中英衝突

中英戰爭的導火線，是鴉片貿易問題。鴉片又有罌粟、阿芙蓉等名稱，

在唐朝時由阿拉伯人傳入中國，作為醫藥用途。清中期以後吸食者日多，成癮者精神萎靡、無力從事生產，對身體有極大的害處，所以清世宗、仁宗都曾明令禁止銷售和吸食鴉片，但皆無法抑制這種惡習。

乾隆中期，英屬東印度公司取得對華貿易專利權，開始在印度生產鴉片，然後賣給貿易商轉售到中國。鴉片貿易不但帶給英國商人龐大的利益，也成為平衡對中國貿易的重要商品。

道光十四年（1834）四月，東印度公司貿易專利權即將結束，英國國會於道光十三年（1833）議決委派商務監督律勞卑駐在廣州，希望直接與中國貿易並建立官方關係，這個決定使中英關係起了重大的變化。清朝的官員對於鴉片造成對國家社會與財政的負面影響早已不滿，英國希望直接與中國接觸並建立官方關係的行為，更是對天朝體制的挑釁。

道光十九年（1839），道光帝派遣林則徐為欽差大臣，前往廣東查禁鴉片，林則徐抵達廣州後，立即展開強制查禁的工作，諭令各國商人交出鴉片，並具結永不販賣。各國商人均已照辦，唯獨英國商務監督義律於被迫繳煙之餘，仍不肯妥協，並阻止英商具結，雙方關係趨於緊張。

同年七月，發生英國水兵在九龍毆斃華人林維喜事件，義律僅處以罰鍰及短期監禁，林則徐要求交出凶犯，義律置之不理。林則徐遂下令封鎖澳門，不准英人逗留，並切斷其補給。九月，義律帶領兵船至九龍，要求購買食物不遂，即行開砲，中國予以還擊，雙方各有傷亡。十一月，中英船隊在虎門口外發生穿鼻海戰，戰爭既起，林則徐停止與英人貿易，積極籌備作戰。

道光二十年（1840）四月，英國國會經過激烈爭辯，僅以些微多數，通過出兵案。六月，英國遠征軍抵達廣州海面，逕自北上攻擊定海，進抵天津附近的大沽口，迫使清廷屈服，於是道光帝罷斥林則徐，改命琦善與英人談判。

琦善以欽差大臣身分前往廣州，英方會議代表懿律要他接受英方條件，琦善則一味拖延。英人不耐，於道光二十一年（1841）一月攻占大角、沙角砲臺，琦善不得已，與義律訂立穿鼻草約。道光帝聞後大怒，批駁草約，雙方戰端再啟。清廷對英宣戰，彼此攻守多次，惟均無決定性結果。直到道光二十二年（1842）七月，英國艦隊攻陷鎮江，直抵江寧城下，清廷才被迫與英人謀和。八月，清廷代表耆英、伊里布等至英艦，與樸鼎查簽訂南京條

約，主要內容有：(1)開放廣州、廈門、福州、寧波、上海五處為通商口岸，雙方秉公議定各通商口岸之稅則；(2)割讓香港給予英國；(3)賠償軍費一千二百萬元，商欠三百萬元，煙價六百萬元；(4)兩國平等往來。

　　鴉片戰爭的戰敗，說明農業社會文明無法與工業社會文明對抗的事實，清廷的弱點暴露，威權亦為之動搖，同時開啟西方列強對其輕視之心，各國接踵而來的侵略行動，已難避免，內部的動亂也乘勢待發，清廷的處境日益艱險。

 ## 外患續至

　　鴉片戰爭的挫敗、中英不平等條約的簽訂，使帝國遭受重大的打擊，但是了解戰敗的原因、接受教訓的人卻為數極少。咸豐十年（1860），直到第二次英法聯軍攻入北京，遭到更大的恥辱之後，曾國藩、左宗棠、李鴻章等地方當政者及中央政府才開始覺醒，他們與太平軍作戰時，曾親見西方船艦槍砲的威力，深感驚羨及憂心。英國則因獲勝而認為只有以強硬態度對付中國，才能取得及擴大在華權益，不僅造成南京條約訂立之後，中英衝突層出不窮，其他各國也見獵心喜，繼英國之後，俄、美、法相繼效尤，爭取不平條約為利益，乃至中國外患頻仍，主權不斷喪失。

 ## 主權不斷喪失

　　鴉片戰爭後，中國弱點暴露於世界，俄國亦積極侵華。咸豐八年（1858），俄國利用英法聯軍進逼中國的危難時期，威迫簽訂璦琿條約，這是中國近代喪失領土最多的一個條約。咸豐十年，英法聯軍二度北上，攻陷天津，進逼北京，俄國表示願做調人。中英、中法北京條約簽訂後，俄使索求報酬，清廷於同年十月簽訂中俄北京條約，短短三年之間，俄國乘中國內憂外患的機會，攫奪了中國四十萬平方英里的土地，英、法在中國取得的權利，俄國幾乎全部坐享，並進窺中國西北邊疆。其後二十年間，俄國一再於中國的西北滋生事端，與中國訂立條約、侵奪中國的領土。

　　同治年間，法國繼侵略中國之後，勢力進入越南，越南向中國請求援助，於是中法在越南頻起衝突。光緒九年（1883），駐越南法軍進攻中國，次年攻陷北圻、諒山等地，海軍也進擊福州、基隆、澎湖。光緒十一年

（1885），法軍進犯廣西邊境，被清軍擊退，清軍並收復諒山，但清廷因沿海防務空虛及日本侵略朝鮮，不願再戰，與法國議和，簽訂中法天津條約，越南成為法國的保護國。

英國則對清朝的藩屬緬甸侵略，緬甸被迫訂約，喪失利權。其後，英國於光緒十一年派軍攻陷緬甸，俘擄緬王，緬甸被英國吞併，而成為其保護國。

同治十年（1871），琉球漁船因遭颱風漂流至臺灣東部，船員數十人被牡丹社原住民殺害。同治十二年（1873），日本派使前往中國換約，提出琉球漁民遇害之事，未得滿意回應。同治十三年（1874），日本派軍犯臺，在臺灣南端登陸進攻牡丹社等地。清廷聞悉，一面循外交途徑向日本提出抗議，一面命福州船政大臣沈葆楨等前往臺灣預籌布置，並調派援軍入臺。雙方僵持之際，英、美從中斡旋，同年中、日締結條約，中國承認日本此次行為係保民義舉，並賠款五十萬兩，於是日本爭得琉球的宗主權。

清廷方面則因日本此次侵臺，激起對海防的重視，積極經營臺灣。最先主其事的為沈葆楨，之後是丁日昌。光緒十一年，臺灣建置為省，以劉銘傳為首任巡撫。經過經營，臺灣迅速進步，成為推行自強新政最有成效的地區。

日本明治維新後，為向亞洲大陸擴張，對朝鮮早有侵略之心。中國認為朝鮮係藩屬，介入調解，不料自身陷入紛爭。光緒二十年（1894），二國爆發甲午戰爭，海、陸清軍遭到挫敗，自強運動以來建軍努力付諸流水。

光緒二十一年（1895）三月，雙方簽訂馬關條約，對中國的損害和影響極大。就割地而言，割讓臺灣、澎湖，從此，臺灣在日本的統治下，長達五十年之久。

俄國早想染指中國東北，馬關條約將遼東半島割讓給日本，俄國大為恐慌，邀德國、法國一同出面干涉，照會日本，俄國並做戰爭準備。日本政府接受三國的勸告，同年與中國訂約，由清廷付款三千萬兩贖回遼東半島。清廷對俄國十分感激，聯俄制日的主張漸起。光緒二十二年（1896）年初，李鴻章赴俄參加俄皇加冕典禮，俄國提出與中國同盟，李鴻章遂與俄國訂立中俄密約。中俄密約訂立後，其他列強驚羨不已，紛紛向清廷要求新的權利，首先提出要求的是德國。德國在三國干涉還遼之後，向清廷索取報酬，取得在天津、漢口設立租界之權。光緒二十三年（1897），藉口傳教士二人在山東鉅野被殺害，派兵強占膠州灣。次年，迫訂膠州灣租借條約，租期九十九

年，山東成為德國的勢力範圍。

當德國強占膠州灣時，俄國亦乘機強租旅順和大連，於光緒二十四年（1898）與清廷訂約，租期二十五年，並得修築南滿鐵路，加上在中俄密約中已獲得的權利，幾乎控制整個東北。

英國則於光緒二十四年與清廷訂約，租借威海衛及九龍半島，並要求長江沿岸各省之地不得割讓租借於他國、中國海關納稅務司永久聘英人擔任、開放內河、推廣內地商務等，清廷均允之。

法國則早在光緒二十四年已取得雲南、廣西、廣東三省礦產的優先開採權，光緒二十四年又要求上述三省照長江流域之例，不得割讓租借給他國，准法國築造越南至雲南的鐵路，及租借廣州灣，清廷均允之。次年，正式訂立租借條約，清廷將廣州灣租借給法國，租期九十九年，於是西南各省乃成為法國的勢力範圍。日本則於光緒二十四年提出福建不得割讓租借給他國的要求，福建成為日本的勢力範圍。

列強之間也有著嚴重的利害衝突，英國本來在中國的商業利益最大，各國在華劃定勢力範圍後，英國的商業活動反而大受限制，於是要求美國出面斡旋。美國鑑於其對華貿易額逐年升高，也不願列強瓜分中國，美國國務卿海約翰於光緒二十六年（1900）二月發表門戶開放政策，成為列強的共同對華原則。此舉雖暫時挽救中國被瓜分之命運，但列強在華的角逐並不因此而停止。

二 中國走向世界的頓挫

自強運動

自強運動或稱為洋務運動，始於咸豐十一年（1861），結束於光緒二十年（1894），為時三十餘年。推行自強運動的主要領導人是曾國藩、左宗棠和李鴻章，他們在與太平軍作戰之時，曾獲得洋人協助，耳聞目睹西洋武器的威力，他們除了向西洋購買槍砲，設立廠局自行仿造武器之外，對世界現況也有所認識。從十九世紀六○年代至甲午戰爭三十多年間，陸續推動興辦包括軍事、工業、外交、文教等各方面向西方學習的事業。

整體來說，自強運動依其性質可分為下列幾項：

外交方面

咸豐十年（1860）設立總理各國事務衙門（簡稱總理衙門），負責主掌中外通商交涉事務，同時，與外國相關的自強工作亦由其統籌主持。在天津、上海分設南北洋通商大臣。此外，依照國際慣例遣使派駐國外、訂約等，使中國逐漸成為國際體系的一員。

軍事方面

除向外國購買新式船艦、槍砲之外，也聘請外國顧問，自行設廠製造，如江南製造局、福州船政局、漢陽兵工廠的設立，並在險要地區修築砲臺、築建軍港。光緒十一年，設海軍衙門，興辦海軍、成立北洋艦隊等。

實業方面

設立輪船招商局、電報局，並且興建鐵路。其他如開礦、冶金，以及民生工業如紡織、造紙、火柴廠的設置等等。

教育方面

為培養洋務、外交等方面的人才，同治元年（1862）在北京設立同文館，同治二年（1863）在上海設立廣方言館。福州船政局附設有船政學堂，軍事學校則有天津的水師學堂、武備學堂等。同治十一年（1872），清廷選送幼童前往美國留學，是中國近代留學教育的開始。光緒二年（1876），船政學堂也選送學生赴英、法等國留學，則為中國人留學歐洲的肇端。

由於自強運動自始即依靠地方上幾個督撫提倡，缺乏中央實際領導者的運籌規劃，加上對西方的認識也不夠深入，使自強運動受到限制。同時，守舊人士對自強新政多極力排拒，阻撓破壞。當然，自強新政也受清末官場的敷衍塞責、把持營私、貪污浪費、人事傾軋等政治風氣的影響，以致自強運動的推行，困難重重。

自強運動是一個以軍事、國防為出發點的運動，自強措施和事業也大半與之有關。然而只模仿西方人的技術器械，而不能同時在制度上、思想上有

所革新，要想圖強雪恥，實難達成預定目標。儘管如此，自強運動對中國近代化的開創，仍具有貢獻，為日後中國各種近代化的建設，奠定了基礎。

 戊戌變法

　　光緒二十一年，康有為、梁啟超等至北京參加會試時，正值中日馬關議和，康、梁邀集在京赴試的十八省舉人，聯名公車上書，提出拒和、遷都、變法、練兵等要求。四月，會試放榜，康有為得中進士，授官工部主事，但康卻奔走各地，從事維新運動，如創辦學會、發行報刊、設立學校及書局等，目的在開通風氣，介紹西學及培育維新人才，短短兩、三年間，維新宣傳頗具成效。

　　光緒二十四年，康有為、梁啟超等人，得到光緒皇帝的信任和支持，開始變法改革措施。這次變法因為在戊戌年展開，又稱為「戊戌變法」。同時為期僅有一百零三天，也稱為「百日維新」。

　　光緒帝在光緒二十四年四月，下詔正國是，申言變法圖強之意。由於變法的施行項目既多又推行過速，同時，積弊也非短時間內可以去除，以致阻力重重。如裁撤閒散衙門、裁汰冗官冗員，造成官員恐失業生計堪慮；廢八股士取士，改試策論，亦使無數的學子前途斷送，於是都痛恨維新，反對變法。

　　由於光緒帝並無實權，又缺乏軍隊為後盾，在反對變法的勢力集結時，維新黨人在危急中欲搶先發動政變，亦告失敗。最終，以慈禧太后為首反對變法的力量發動政變，光緒帝遭幽禁，失去自由，慈禧太后重行垂簾聽政。譚嗣同等六人被捕處決，康有為、梁啟超則在英、日的協助下，逃往國外，所有的新政一律推翻，維新運動遭到頓挫。

 立憲運動

　　戊戌政變後，康有為逃往海外，於保皇之餘，提倡立憲主張。庚子年間，義和團亂起，八國聯軍攻進北京，慈禧與光緒帝出奔西安。回都之後，在光緒二十六年（1900）十二月，以光緒帝的名義，下詔罪己並申言變法決心，施行內容與戊戌變法出入不大，主要有廢除科舉、設立學校、派遣遊學、改革官制等等。

　　光緒三十一年（1905），君主立憲制的日本打敗了專制君主制的俄國，使得立憲的價值深獲中國朝野的肯定，紛紛要求立憲。清廷於是派遣載澤等五位大臣出洋考察各國憲政，光緒三十二年（1906）七月，清廷頒布預備立憲之詔，先以議定官制、釐訂法律、廣興教育、清理財政、整頓武備、普設巡警，作為預備立憲的準備。

　　光緒三十四年（1908）八月，清廷頒布憲法大綱，定預備立憲期限為九年。政府既以立憲為標榜，主張立憲人士於是積極活動，成立預備立憲公會於上海，是國內最重要的立憲團體。光緒三十四年十月，光緒帝、慈禧在兩日內相繼逝世，由年僅三歲的溥儀入繼大統，年號宣統。宣統元年（1909）九月，各省諮議局成立，議員為各省所選出，這是中國有史以來第一次由選民投票的選舉，意義至為重大。

　　清廷原定宣統九年（1916）頒布憲法，召開國會，各省諮議局成立後，立憲派乃以諮議局為後盾，發動了全國性的三次大請願，要求清廷速開國會。清廷於宣統二年（1910）十月宣布把預備立憲的期限縮短三年，改於宣統五年（1913）召開國會，並先釐訂官制，設立內閣。

　　宣統三年（1911）四月，清廷頒布內閣官制，就其精神而言，國家大權仍操諸皇帝，故立憲與不立憲區別不大。同時，清廷任命之內閣閣員多為皇室子弟，故有皇族內閣之譏，立憲派大失所望。同年八月，革命黨於武昌起義，局勢動盪，立憲派選擇順應時勢與革命團體合作，加速了清朝的覆亡。

革命運動

　　清末的革命運動，最重要的領導人是孫中山。光緒二十年，孫中山對中日甲午戰爭的失敗痛心疾首，決意革命推翻專制政體，同年底在檀香山創立興中會，主張驅逐韃虜、恢復中華、創立合眾政府。因為流血革命風險甚大，參加者較少，因此，革命進展極為有限。

　　光緒二十九年（1903），自日本回國的留學生黃興等人，在湖南的長沙成立了華興會。次年，蔡元培等人在上海成立了光復會。各種革命團體相繼成立，使革命運動由海外延伸至國內，除了興中會勢力所在的廣東之外，更擴及到華興會勢力所在的湖南、湖北、江西、和光復會勢力所在的浙江、江蘇、安徽、福建各省。

　　光緒三十一年（1905），孫中山自歐洲抵達至東京，與華興會黃興、宋教仁等人會面，力主聯合，於是同盟會於是年七月在東京開成立大會，會員主要來自興中會、華興會、光復會及留日學生。此為當時革命團體成員的大結合，孫中山並被推舉為同盟會的總理，成為共認的領袖。

　　同盟會成立後，由於大批知識份子、留日學生的加入，使革命團體在宣傳方面大有進步，漸能與保皇派、立憲派分庭抗禮。光緒末年，清朝大舉編練新軍，同盟會會員不少是留日學習軍事者，學成歸國後多半在軍中任職，加上革命黨人也刻意在新軍中發展，革命情勢遂大為有利。武昌起義，各省的響應推翻清朝，新軍功不可沒。

　　宣統三年，四川保路運動正在進行，該省紳民反對清廷將川漢、粵漢鐵路的修築權收歸國有，風潮日漸擴大，並且激化為武裝騷動。武昌方面的革命黨乘機發動革命，決定起義，因消息洩露，被迫延期。不料漢口、武昌的革命機關相繼被破獲，風聲鶴唳，人心惶然。八月十九日（10月10日）晚，湖北新軍工程第八營黨人熊秉坤，率領同志首先發難，湖廣總督瑞澂、湖北提督、新軍事第八鎮統制張彪遁走。革命黨人於次日占領武昌，並推舉新軍第二十一混成協協統黎元洪為湖北軍政府都督，布告安民，同時照會漢口各國領事，聲明保護外人生命財產，並維護其權益，各國亦宣布中立，不干涉革命戰事，武漢的革命局勢趨於穩定。

第三節　二十世紀中國的動盪

一 中華民國的誕生

　　武昌起義之後，各省紛紛獨立，十一月，各省都督府代表聯合會商定鄂軍政府為中央軍政府，各省代表並移往武漢。十二月，通過〈中央臨時政府組織大綱〉，不久江浙革命軍克復南京，聯合會代表集會南京，決議清庭內閣總理大臣袁世凱的動向左右革命關鍵，暫緩選舉臨時大總統，改以黎元洪為大元帥暫時代理，惟黎在武昌，政府難產。此時，孫中山兼程返國，遂選舉孫為臨時大總統。

中華民國的成立

民國元年（1912）一月一日，孫中山就任臨時大總統，組成中華民國臨時政府。因為財政匱乏又未獲各國承認，使臨時政府極不穩定，孫中山也表示虛位以待袁世凱，但求推翻帝制。二月，清廷在袁世凱推動給予優待條件下宣布宣統帝遜位，四月一日，孫中山依照約定辭卸職務。臨時參議院選舉袁氏為臨時大總統，黎元洪為副總統。但為了限制及防止袁世凱專權，臨時參議院並議決通過〈中華民國臨時約法〉，以內閣制精神約束總統權力，自然引起袁世凱的不滿，民初亂局自此引發。

袁世凱藉口北京兵變，逼使各界同意於北京就職，政治中心也因而遷往北方。總統與內閣總理的職權紛爭成為新的爭議焦點，依據〈中華民國臨時約法〉的規範，在法規公布後十個月之內須完成選舉並成立正式國會，再由國會完成中華民國憲法，最終由國會依據中華民國憲法選舉正式總統與副總統。臨時大總統職位僅為過渡性質，與袁世凱的期待並不相符。僅兩個月即與國務總理唐紹儀之間，因善後借款案及直隸都督任命案出現衝突，導致唐紹儀離職。這種現象同時也出現在與臨時參議院的爭議，在唐紹儀離職後，袁氏提名陸徵祥為國務總理遭到杯葛，只有以趙秉鈞代理內閣總理。

 ## 國會議員選舉與國會的成立

根據〈中華民國臨時約法〉的精神，掌控國會席次絕對多數的政治團體即可透過議會政治，組成責任內閣，取得國家的統治實權。因此，國會議員選舉成為各方勢力再次爭逐的焦點，民國元年八月，中國同盟會結合各政治團體正式成立國民黨，希望藉由選舉取得政權。

十二月，正式國會議員選舉展開，參議院274席中，國民黨當選者占123席；眾議院596席中，國民黨當選者占269席。國民黨雖為國會多數黨，但各政黨均未過半。為了阻止民國二年（1913）四月國會開議之後，國民黨結合其他議員聯合成為國會絕對多數黨，成為制憲與政權的主導力量，宋教仁在上海車站遭到刺殺不治死亡。宋案經調查為一件政治謀殺，且為袁氏所屬政治團體成員直接指使。

刺宋案發生初期，孫中山即主張以武力討伐袁世凱政權，但不受支持，

國會開議後，袁世凱及其政治團體不但結合組成進步黨，與國民黨相互抗衡，同時缺乏領導力量的國民黨籍議員在議會群龍無首，讓袁世凱不經國會通過即擅自同意善後大借款，又逕行罷免國民黨籍三都督。七月，國民黨決定正式以武力對抗袁世凱，惟僅經兩個月即被擊敗，史稱二次革命。革命勢力再無能力對抗袁世凱政權。

 ## 袁世凱稱帝及其敗亡

二次革命失敗，民國二年九月，袁世凱提名進步黨人熊希齡為國務總理組織內閣，以對抗國民黨籍議員。議事的混亂與紛擾使中華民國憲法的制定遭到阻礙，同時使正式大總統選舉亦受到延宕。

袁世凱及其政治團體組織公民團請願，主張因國會效率低落導致中華民國憲法難產，應選舉正式大總統後再制定憲法，以符合民眾期待。民國二年十月，國會在壓力下，選舉袁為中華民國正式大總統。

民國三年（1914）一月，袁世凱以國民黨領導二次革命引致內亂，取消國民黨籍議員資格，使國會不足法定人數無法開議。同時指定支持者成立政治會議，商議停止國會職權，另設制法機構。再下令解散國會，民意機構自此被徹底摧毀，民主共和在中國的發展遭遇重大挫敗。

三月，袁世凱依政治會議結論，召開約法會議。五月，完成〈中華民國約法〉，其內容完全依照袁世凱對於大總統職權的期待制定，國家行政與立法權全部淪入大總統掌握之下，為極端總統獨裁制。〈中華民國約法〉是袁世凱經過與敵對政治團體激烈對抗後取得勝利的戰果，國家行政與立法權全在大總統掌握之下，大總統任期更長達十年且連選連任無限期，必要時還可不須改選，總統繼任人選須由總統指定，更展現袁世凱對於大總統任期的無窮欲望。但袁氏仍不滿足，民國四年（1915）十月，再利用籌安會製造公民請願，袁世凱接受後，明令民國五年（1916）為洪憲元年，自為中華帝國皇帝。袁世凱的作為遭到各方勢力的反對，在眾叛親離之下，袁世凱宣布取消帝制，旋即病死。

 ## 北洋政府與軍閥混戰

袁世凱死亡之後，國會得以恢復，依法由副總統黎元洪繼位為大總統，

補選馮國璋為副總統。任期及權限依照〈中華民國臨時約法〉的規範，黎元洪任命段祺瑞為國務院總理。歐戰從民國三年爆發，至民國六年已近尾聲，協約國英、日、美希望中國參戰提升國際號召力，段祺瑞利用督軍團及唆使公民包圍眾院以威脅、毆打議員要求國會通過參戰的手段，引起議員憤怒，要求總統解除段祺瑞職務，六年五月，黎元洪解除段祺瑞總理職務，支持段祺瑞的督軍團，決定進軍北京，並宣布各自獨立。黎元洪在無奈之下，請求張勳出面斡旋，六月，張勳率軍入城要求解散國會，作為解決僵局的條件，黎氏不得已同意。

隨後，張勳展開宣統復辟的行動，黎元洪潛逃日本使館，段祺瑞立即在馬廠誓師討伐張勳，重掌北京政權。黎元洪因構禍不得回任，由馮國璋繼任為大總統，段祺瑞以民國因復辟而亡、國會倡亂不盡職守為由，成立臨時參議院，拒絕恢復國會。孫中山為堅持國會及〈中華民國臨時約法〉之正統，號召議員南下廣州，結合西南各省勉強組成軍政府倡言護法。至此，南北分裂長達十年。

在總理段祺瑞主導下，中國正式對德宣戰，並向日本借款高達五億日圓。民國七年（1918）九月，新國會（安福國會），選舉徐世昌為大總統，段祺瑞獨掌大權引起其他派系的不滿，政權內部展開一系列爭鬥。

直系領導人馮國璋與皖系段祺瑞對於南方軍政府的處理態度不同，馮國璋主張和平解決，皖系段祺瑞主張武力討伐，不久馮國璋去世，曹錕繼為直系首領。直系將領吳佩孚受命攻打南方，頗獲戰果，但段祺瑞未授予湖南督軍職位，吳佩孚決定與南方協議和平，並聯合張作霖於民國九年（1920）決戰皖系，直皖戰爭爆發，皖系戰敗，北方成為直系、奉系共掌局面。推倒皖系後，直、奉共同掌理北京政權，但彼此猜忌奪權。民國十一年（1922）第一次直奉戰起，奉系大敗，吳佩孚與曹錕成為北京政權的主導力量，展開謀取大總統職位的行動。民國十二年（1923）曹錕以每票五千至一萬元，賄選國會議員，當選大總統。成為民國政治史上一大醜聞。自曹錕竊位後為人所不齒，形成奉、皖及孫中山勢力的三角聯盟出現。同時利用直系內反叛將領馮玉祥的倒戈，民國十三年（1924）馮玉祥趁直奉第二次戰爭之際，率兵倒戈，囚禁曹錕，奉張、皖段及馮玉祥共同主持大局，不再設領導人，改以段為臨時執政，曹錕任內所通過的中華民國憲法被廢止。其後馮玉祥與張作霖

二大實力人物，在權力鬥爭中，張作霖獲得上風，馮玉祥退出北京，這種情況延續至國民革命軍的北伐。

二 新文化運動與五四運動

新文化運動

中華民國成立之後，持續長達二千年的帝制終告完結。但在引進民主制度的背後，新的共和政體忽視民主性能與本質，又導致民初政局混亂。這一切使革命之後中國的前途蒙上混亂的現象，也給予愛國的知識份子帶來沈重的打擊。他們認為民主共和的貫徹必須藉由改革舊社會和舊文化才能達成，因此，促成了新文化運動的展開。

推動新文化運動的領袖陳獨秀認為，中國革命之後民眾仍未能理解現代國家之真正內涵，而完成社會精神及行為的改造是政治或體制改革的先決條件，因此必須引導中國民眾在觀念意識產生變化，才能推動社會改變及發展。所以在施行步驟上是以推動觀念意識為重心，讓社會逐步質變，進而達到制度的重新建立。

因此年輕的胡適從美國返華途中決定二十年不談政治，另外陳獨秀將主要刊物命名為《青年》、《新青年》，表明了主要是想影響受過教育的青年讀者，他們認為青年還沒受到陳舊、腐臭之物的腐蝕。

新文化運動推行的重要方向

1. 新文學的出現與批判傳統：詩歌和文學創作，是中國傳統知識份子長期以來彰顯文化的重要部分，在觀念上，知識份子也將其視為自我品德修養的體系。新文化運動時期的代表作家，周樹人（魯迅）、作人兄弟，認為應該把文學當作工具來醫治中國民眾深重的精神疾病；梁啟超倡導利用小說作為一種行之有效並富有情感的媒介，來傳播他的社會與政治觀點。這些先驅，使新文化運動有效的開創了新的文學，他們既使用日常語言，又利用小說應服務於生活的觀點，不但無礙作家們熱衷於文學的活動，更促進人們對生活的關注。批判傳統方面，以胡適、顧頡剛、錢玄同等人為代

表，胡適策畫的整理國故運動，引發知識界對於科學與玄學的論戰。雙方以科學的方法是否可以用來推翻傳統史學的基礎及可信度，展開一系列的學術論爭。

2.引介西方學術思想：在陳獨秀提倡科學、民主二大旗幟下，各種西方思想學說包括現實主義、實用主義、無政府主義、達爾文主義、唯物主義，均可透過出版闡發出來，利用這些新知，推動社會文化的進步。

新文化運動的搖籃──北京大學

知識界的革新重鎮，主要集中在國立北京大學。北京大學除了是中國最高學府之外，還有一位有新觀念與包容力的校長蔡元培。這次運動的主要人物，如陳獨秀被延攬為北大文學院院長，白話文運動的主將胡適、趙元任也為其禮聘，堅守固有傳統文化的章士釗也在該校，由於各種人才不斷相互激盪，形成自由且多元觀的學風，為新文化運動孕育成熟的環境。

五四運動

狹義的五四運動是指民國八年五月四日發生在北京的學生愛國運動；廣義而言，還包括了民國六年至十一年（1921）的新文化運動。學生的愛國主義思潮，早在日本強占山東，提出二十一條要求時即已顯現。民國六年八月中國宣布加入第一次世界大戰，原先希望藉此確保中國在戰後和平協議中的地位，以防範戰後日本在山東半島權利的擴張。但日本早已先發制人，通過祕密外交，與美、英、法、義達成了由日本維持以前德國在山東半島權利的協議。民國七年大戰結束，參與巴黎和會的中國代表發覺，美國威爾遜總統所謂公開外交政策並不適用於東亞，而且段祺瑞內閣已與日本達成了關於鞏固日本在山東地位的祕密協議，民眾的愛國運動因此被激發向侵略者抗議。

民國八年五月四日，北京地區十三所大專院校，三百多名學生代表聚集天安門發表抗議宣言，並搗毀中國外交主事官員及其住宅。政府在初期依恃武力拘捕學生，但是抗爭擴大，演變為各地民眾的聲援，上海商人罷市、工人罷工、形成全民族的愛國運動，參加者包括了社會上各個階層，全民獲得最終的勝利，中國拒絕在〈凡爾賽條約〉簽字。山東問題成為懸案，中央政府被迫重新組閣，親日官員遭到撤換。

中國共產黨的建立

　　五四運動之後，愛國主義者認為中國現狀的衰弱是由腐敗的政客、官僚與軍國主義所造成，而這些人背後都有帝國主義撐腰；為了挽救中國，一九一七年建國的蘇聯及其理論，似乎是另一個可能的選擇，可是一般人以為當時的中國，缺乏無產階級產生的要件，所以馬克思主義在現階段的中國是不切實際的。

　　中國共產黨的創立者陳獨秀，則是針對中國是一個經過帝國主義經濟侵略而初步發展的病態資本主義，認為成立中國共產黨的初步目標，是為解救遭受外國資本家壓迫的中國勞工，在去除帝國主義者的侵略和壓迫之後，再經過中國共產黨的指導，將中國經濟落後現狀直接革命進入無產階級專政階段，即可避免西方資本主義社會的弊端發生於中國。

　　蘇聯的領導人列寧認為，早在俄國大革命成功之前，中國與亞洲其他地區發生的革命使他認識到亞洲國家新的覺醒，一九一三年，列寧發表〈落後的歐洲與先進的亞洲〉一文，譴責歐洲人在亞洲的野蠻行徑。共產國際第二次大會，他又提出新的理論，為二階段革命論奠下基礎。列寧認為帝國主義是資本主義最高也是最後階段，在西方展現的是階級鬥爭，在東方展現的是民族鬥爭，二者是可以連繫在一起的。東方的民族鬥爭，在第一階段是資產階級的民主革命，第二階段才是社會主義革命。列寧給予西方無產階級領導東方落後群眾的權力——第三國際，由它來領導尚無經驗的東方革命。

　　民國十年在第三國際派遣的代表吳廷康與馬林努力下，終於成功地推動成立中國共產黨。但是第三國際的革命理論卻沒有傳播給創黨的成員，成員們主觀地堅持其理想，並拒絕與其他具資產階級的份子相互合作。成為日後第一代創黨份子，有的退黨、有的產生質變的後果。

三　革命的再起與國民政府的建立

 ## 革命的再起

　　民國六年以後，孫中山號召國會議員南下廣州，結合西南各省組成軍政

府,倡言護法。民國九年,南卜的國會議員選舉孫中山為非常人總枕。民國
十一年,孫中山被陳炯明逐出廣州。民國十二年(1923),孫中山在客軍的
協助下重回廣東,如何激勵這股革命勢力使其壯大起來,是非常重要的。

恢復動力的嘗試

蘇聯曾前後派遣三次代表團前往北京,但都無功而返,在繼續與北京政
權交涉以獲得和解及正式承認之餘,也沒有放棄與其他在野勢力相互連繫。
民國九年,共產國際二次代表大會中,列寧提出革命方針及理論,認為中國
的現狀可以被納入這個方案中。國民黨與蘇聯在合作均有正面的誘因下,展
開相互合作的嘗試。

民國十一年,孫中山開始與蘇聯在北京的外交代表越飛通信;次年,在
上海面見討論,並發表聯合宣言,宣言中,蘇聯願贊助中國完成統一取得自
由,此為蘇聯顧問前來廣州的最重要依據。共同宣言發表後,孫中山策動
滇、桂軍進攻陳炯明的軍事行動成功,孫中山回到廣州成立大元帥府。孫中
山此時仍對英、美的援助抱持希望,不斷對英、美兩國請求財政及外交的援
助,迫使蘇聯對廣州的援助也不斷具體化。十月,蘇聯顧問到達廣州,相對
於英國的支持直系政權,蘇聯表現得積極而友善。

就中國共產黨而言,當年六月召開的第三次全國代表大會也在廣州舉
行,大會宣言承認國民黨為國民革命的中心力量,並處於領導地位。十二
月,孫氏為了截留粵海關關餘以充實財政,與英國衝突,英國砲轟廣州更激
化了孫中山聯俄容共的革命政策。

聯俄容共

民國十三年(1924)一月,中國國民黨第一次全國代表大會在廣州召
開,黨的組織及權力結構強化,總部設在廣州,地方也逐漸成立黨部。黨務
重心是努力展開全國性的宣傳活動,吸收新黨員,國民黨開始走向一個新的
階段。

革命軍事力量的創建方面,民國十三年五月,陸軍軍官學校在黃埔島上
創建,培訓革命軍事力量所需的青年軍官。在發動民眾運動的努力方面,團
結勞工、農人,讓其成為國民革命在宣傳及行動的助力。上海是外資投入最

集中的地區，中國籍勞工超時工作、薪資微薄，且動輒遭受毒打或開除，因此，國民黨在上海發動的群眾運動宣傳及組織工作，以罷工、遊行抗議要求加薪的行動最顯著，支持的勞工也較多。民國十三年五月，勞工顧正紅被日人槍殺，學生舉行追悼會被公共租界逮捕拘禁，國人均譴責外人的暴力行為。上海學生復又聲援罷工行動，在英租界遊行演講，遭受逮捕暴力干涉，發生五卅慘案，學生遭到開槍射殺十餘人，重傷二十餘人。這次事件，使上海總商會、總工會決定罷市、罷工聲援學生。全國各大城市亦紛紛加入譴責，六月，漢口工人遊行，又發生漢口慘案，被英國水兵、商團射殺八人。在廣州，示威隊伍行經沙基時，發生沙基慘案。英兵以機槍掃射，法國用砲艇砲擊，民眾死亡六十人，軍校生死亡二十三人。由於北京中央政府無力交涉解決，使得這股反帝國主義的民氣轉向對廣州政權的支持，國民革命的風潮及勢力在此時獲得空前的擴張。

廣州政權在注入了新生命後，逐漸蓬勃，但在內部也有衝突與問題產生。部分國民黨人對共產份子左右國民黨的行為，產生了反共的情緒，但是蘇聯顧問表明援助是以共產黨員留在國民黨內為基礎前提，因此爭議並未有決定性的結論。另一個衝突是廣州商團會長陳廉伯進口大批槍械，為孫中山下令扣留，經過兩個月的爭執後，孫中山下令軍隊鎮壓商團，大火燒毀了廣州商業區。民國十三年底，孫氏起程前往北京參與推倒曹錕政權後的協商，並希望藉此完成和平統一。民國十四年（1925）年三月，孫氏逝世於北京，廣州政權的未來因領袖去世產生了不安的情況。

國民政府的成立

民國十三年底，陳炯明乘孫中山北上，自稱救粵軍總司令，攻擊廣州，代理大元帥胡漢民決定東征，許崇智及蔣中正奮戰將其擊敗，使廣州在東征後稍顯穩固。民國十四年六月，黨軍及粵軍鑑於客軍長期取得地方利益又不服指揮，聯合將客軍逐出廣東，蔣中正並被任命為廣州衛戍司令。七月，國民政府成立，汪兆銘被推舉為國民政府主席。八月，財政部長廖仲愷被暗殺，胡漢民之弟胡毅生經特別委員會調查後，認定涉嫌重大，胡漢民連帶受波及被幽禁於黃埔，汪兆銘、許崇智及蔣介石成為政權中三大實力者。九月，許崇智又在其他軍事實力者聯合排擠下，被迫離開廣州，廣州國民政府

成為汪、蔣共治之局。

　　早在民國十三年六月國民黨內就有一股反共的勢力存在，因有孫中山的調處，使反共的聲浪受到壓制。廖案之後，由於胡漢民、許崇智等人的被排擠，加上戴傳賢闡明孫文思想與馬克思思想的不同，十一月，這些勢力結合在北京西山孫中山靈前召開中執會，史稱西山會議，議決取消中共黨員在國民黨的黨籍，解除鮑羅廷的職務，懲戒汪兆銘。廣州方面宣布不予承認，並排斥為非法。西山會議派並另立黨中央於上海，國民黨因此分裂。

　　在分裂對立的環境中，廣州方面也不穩定，汪兆銘與蘇聯顧問鮑羅廷也合謀制蔣，不但軍校學生彼此互訌，街頭也四處可見反蔣的宣傳。民國十五年（1926）蔣中正發覺平日往來的交通工具中山艦似乎有將之劫持送往海外的企圖，遂斷然處置，逮捕艦長李之龍及各黨軍黨代表、收繳工會糾察隊武器、監視蘇聯顧問，是一次先發制人之行動。

　　為此，汪兆銘憤而赴法，事件經蔣氏與蘇聯顧問達成和議，蔣氏此後成為國民政府實際上之領袖，中共勢力退出軍隊並受國共聯席會議約束，中共從國民黨的上層結構退出，轉而從事於基層組建工作。

　　民國十四年可說是國民政府發展最穩定的一年，雖然政變頻仍，革命勢力卻在努力下領有全部的廣東省。民國十五年又與桂系聯合擁有廣西省，北伐前的國民政府已擁有相當的實力。

國民革命軍北伐

開始北伐

　　民國十五年六月，國民政府正式任命蔣中正為國民革命軍總司令，七月一日頒布北伐令。國民革命軍的北伐計畫分三路，第一路採取經湖南主攻吳佩孚；中路經江西以防範孫傳芳；南路由何應欽率部分兵力，警戒粵東，以防福建方面進攻，並由李濟琛率軍留守廣州。主攻軍隊，得到湖南省實力軍人唐生智配合下進展迅速。九月，攻下武漢，吳敗走河南。江西孫傳芳在北伐之始，意圖觀望，及吳軍敗走始增兵江西，蔣中正親自率軍三次進出南昌，終將孫氏主力擊潰。當年底，國民政府已擁有湖南、湖北、江西以及福建大半部，加以原有之兩廣、貴州，計七省，僅用六個月即獲得重大勝利。

革命陣營內部的分裂

　　經過中山艦事變，蔣中正雖暫時處於上風，但與共黨的分手為遲早的問題。此時，國民革命軍及國民政府力量雖然不斷壯大，但也開始走向分裂，蔣中正在北伐路線上主張進攻上海，認為長江中、下游地區及上海為傳統上之富庶地區，取得該區域，不但財政易得支援，更重要的是可以擺脫對蘇聯的過分依賴。

　　親左派的國民黨人及中共則主張向北挺進，不但可與西北的聯盟者馮玉祥勢力相結合，且更易於取得北京。因此，鮑羅廷及親左派的國民黨人將國民政府遷移至武漢，掌握主要的決策權力。民國十六年初，蔣中正曾親赴武漢爭取妥協但未成功，此後雙方日益對立。三月，國民黨二屆三中全會在漢口舉行，決議廢除蔣中正在黨內的重要職務，並削減國民革命軍總司令的職權，推翻去年有關黨務的整理案，黨政要津悉為左派及中共人士擔任。蔣在政爭中處於劣勢，決定另謀發展。

清黨與寧漢分裂

　　民國十六年四月蔣氏決定清黨，針對在上海中共成員及工人糾察隊展開繳械及逮捕行動，並成立國民政府於南京，以胡漢民為主席。武漢方面則開除蔣中正黨籍，雙方正式決裂。國民政府分裂為二，史稱寧漢分裂。就轄區而言，武漢國民政府僅控有湖南、湖北、江西三省。南京國民政府卻擁有廣東、廣西、福建、浙江、江蘇、安徽六省。在南方清黨之際，北方張作霖勢力也在各國公使團默許下，率兵搜查蘇聯大使館，逮捕並處死中共主要成員李大釗等人，蘇聯與中共開始面對反共的浪潮。

　　在寧漢對立中，武漢國民政府為貫徹戰略，仍派遣軍隊北伐，希望與馮玉祥會師於鄭州，南京國民政府的軍隊在此時也抵達徐州，馮玉祥的動態成為雙方均欲拉攏的目標。九月，馮玉祥前往徐州與蔣中正晤談，馮、蔣達成合作並繼續北伐協議，馮玉祥致電武漢譴責中共行為，要求鮑羅廷返國。六月初，閻錫山也接受南京任命的北方革命軍總司令職務，使武漢方面內、外交迫。七月，武漢國民政府在軍人壓力下，決定和平分共。八月一日，中共發動南昌暴動，國共至此正式決裂，水火不能相容。

寧漢分裂不因分共而解決，武漢方面命令軍隊東征，南京方面則精銳盡出抗衡。孫傳芳乘此分裂，率軍南下攻陷徐州，長江以北要地盡失。李宗仁等軍事將領為使寧漢合一，聯名要求蔣中正下野。蔣中正為示無戀棧之心宣告下野，胡漢民也隨之而去。此時，孫傳芳軍隊五萬人攻擊南京，在國民政府全力抵抗下，孫氏大敗，南京政權暫得鞏固。由於蔣氏下野，原已分裂為三的國民黨派系決定會商於上海，上海會議支持者僅李宗仁、白崇禧及西山會議派，注定失敗的命運。

民國十七年一月，蔣中正復職，改組國民革命軍分為四個集團軍，自兼總司令及第一集團軍總司令，第二、三、四集團軍總司令則分別為馮玉祥、閻錫山與李宗仁。展開第二階段北伐，五月初攻抵濟南，日本為阻止北伐，發動濟南慘案。蔣中正一面交涉，一面繞道北伐，五月底奉軍北撤，六月閻錫山進入北京與天津。

在東北方面，六月，張作霖離京回東北，在皇姑屯為日本軍方炸死，張學良祕回瀋陽，繼任東三省保安總司令，日本希望藉東北動亂占有東三省之計謀未獲成功。東北地區在年底正式改掛青天白日旗，民國十七年底，全國宣告完全統一。

統一後的國民政府

民國十七年八月，中國國民黨二屆五中全會於南京召開，以孫中山〈建國大綱〉之擘畫，北伐成功即為軍政完成之日、訓政開始之時，決議依據〈國民政府組織大綱〉設立五院。十月，國民政府主席蔣中正、行政院長譚延闓、立法院長胡漢民、司法院長王寵惠、考試院長戴傳賢、監察院長蔡元培就職。同時，亦通過〈訓政綱領〉，由國民政府公布實施。

國民政府各派系之間雖為北伐呈現結合之局，但在中華民國統一告成之後，各派系基於自我政治利益的取得，逐漸產生矛盾，不及一年，內戰再起。

編遣會議的召開

經過北伐之後，全國軍人呈現超額狀態，國家財政稅入根本無法負擔軍費支出，因此國民政府倡議召開編遣會議，目的在裁減軍人數量，俾使國家運作及財政收支進入常軌。民國十八年（1929）一月，編遣會議在南京舉

行，各方勢力卻認為有害其既得權益，加深對中央的猜忌。

統一後的國民政府，汪兆銘獨無所得，十一月，汪兆銘在上海成立國民黨黨務改組同志會（故又稱改組派），積蓄反對實力。民國十八年三月，中國國民黨第三次全國代表大會在南京舉行，代表多為指定，改組派對此多所指責，並與中央政府完全決裂。由於各派系不斷地猜忌與傾軋，乃自統一後，中央對於各地方勢力的壓制，至民國十九年（1930）年三月，各集團及改組派終於結成共同的反對力量。

中原大戰

這次反中央政府運動聲勢浩大，以兵力論不下八十萬人，南京方面可說是蔣中正獨力奮鬥。此一罕見大戰，主戰場為河南，另有山東、湖南二戰場，歷時不到一年，民國十九年九月，南京方面給予張學良陸海空軍副司令頭銜，得到東北軍的支持，東北軍通電入關，聯合反中央的行動以失敗告終。

訓政的實施

訓政的規劃

民國十七年十月，中央執行委員會依照孫中山之〈建國大綱〉所確定的政治程序，依軍政、訓政、憲政劃分，通過〈訓政綱領〉。其重要內容如下：
1. 中華民國於訓政期間，由中國國民黨全國代表大會，代表國民大會，領導國民行使政權。
2. 依照〈建國大綱〉所定選舉、罷免、創制、複決四權，應訓練國民逐漸推行，以立憲政之基礎。
3. 治權之行政、立法、司法、考試、監察五項，付託國民政府執行之。
4. 〈中華民國國民政府組織法〉之修正及解釋，由國民黨中央執行委員會政治會議執行。

訓政綱領頒布之日，中央政治會議亦同日通過〈國民政府組織法〉，它與〈訓政時期綱領〉共同為訓政時期之根本法。並預定民國二十四年（1935）完成訓政，進入憲政。

國民會議與中華民國訓政時期約法

國民會議原是孫中山於民國十四年去世前主張解決時局之方策，但未獲回應。民國十九年十月，國府主席蔣中正召集國民會議，並制定〈中華民國訓政時期約法〉，經國民黨三屆第四次大會決議，於民國二十年（1931）五月召開國民會議，六月頒布〈中華民國訓政時期約法〉，為憲法頒布前的國家根本大法。

九一八事變

民國十六年以後，日本政府對華政策轉趨強硬。為了阻撓中國北伐，製造濟南慘案及炸死張作霖之外，並念念不忘獨占中國東北的權益。民國二十年九月十八日夜，日本關東軍將南滿鐵路柳條溝段炸毀，宣稱係中國所為，向瀋陽北大營駐軍進攻。當時張學良方滯留北平，因最高當局授意，電令部屬不做抵抗。次日，瀋陽失守，數日之內南滿要地完全淪陷。民國二十一年（1932）三月，日本扶植的傀儡政權滿洲國成立，由溥儀任執政，兩年後滿洲國改制為帝國，由溥儀即位為皇帝。

檢討九一八事變發生的原因，除日本對東北早有染指之心以外，同時中國國內正值多事之秋，也給予日本發動事變的機會。九一八事變後，中國民情激昂，自動抵制日貨，並做抗日之遊行，要求國府收復東北。國府因國家正值建設之際，而且對日作戰亦須有所準備，不願輕易言戰。民國二十一年一月二十八日夜，日軍再發動一二八事變，進攻上海閘北區，國軍奮起抵抗。經英、美、法公使調停，雙方簽訂停戰協定。

除上述九一八事變及一二八事變上海戰役外，自民國二十二年（1933）至二十六年（1937），日本更在華北加緊進行其侵華行動：

1. 民國二十二年一月，日本侵略熱河，繼而進攻山海關；三月，發生長城戰役，五月，強迫國府簽訂塘沽協定，議定長城沿線以南之灤東地區不准中國駐兵。
2. 民國二十四年（1935）五月，日本在河北製造事端，迫使中國撤出駐防河北的中央軍，取消河北省內所有國民黨黨部。此舉在謀華北的特殊化，使之成為第二個滿洲國。

3. 民國二十四年七月，日本侵略察哈爾北部，逼迫華北當局簽訂秦（秦德純，察哈爾省主席）土（土肥原賢二）協定。九月，土肥原又策動所謂華北五省自治運動，宣稱華北須脫離南京成為獨立政權。十一月，日本強占冀東二十餘縣，於距離北平不遠之通縣成立冀東防共自治委員會。十二月，改名為冀東防共自治政府，以殷汝耕主持，這是日本在華北製造的小型傀儡政權。十二月，國府為因應華北特殊情勢，裁撤軍事委員會北平分會，設冀察政務委員會，以宋哲元為委員長。

4. 民國二十五年（1936）四月，日本決定增強駐華北軍力，達到五千人。九月，日軍在豐臺與國軍之二十九軍部隊發生衝突，國軍被迫撤退。十一月，日本協助內蒙偽軍進犯綏遠，綏遠省主席傅作義率部奮力反擊，獲得百靈廟大捷等之勝利。

中共的奮力圖存

　　民國十六年八月，武漢政府議決開除中共成員黨籍並免其現職或明令予以通緝後，國共關係乃完全斷絕，中共成員部分前往上海參加黨中央活動，部分轉入地下從事武裝暴動，如南昌暴動、兩湖秋收暴動、海陸豐暴動、廣州暴動等。十二月，國民政府宣布與蘇聯斷交。

　　中共自建黨，於民國十三年加入國民黨，到民國十六年八月以後各地暴動失敗，每一次路線多是直接由莫斯科決定的。中共的最高領導人，均唯莫斯科之命是從。

　　民國十六年十月，中共兩湖秋收暴動失敗後，毛澤東即率殘部登上井岡山，並以瑞金為根據地，建立了贛南閩西蘇維埃區。此時毛澤東才了解，在革命進程中，要擁有自己的武裝和建立政權，用武裝割據和鄉村包圍城市的方法才能生存。尤其重要的是，必須動員群眾，中共才可能成功。往後經過二十多年的奮鬥，中共終於在毛澤東的領導之下，從國民黨手裡取得了國家的權力。毛澤東本人也在中共黨內取得重大事務的最後決定權。

　　民國十九年冬，國府開始圍剿江西之共軍。二十年六月，蔣中正親至南昌主持剿共軍事。九月擊敗共軍，共軍被困於閩西山區，因九一八事變發生，國軍北調增援，未能將其悉數解決。十一月，中共宣告中華蘇維埃共和國臨時中央政府成立，選舉毛澤東為中央執行委員會主席及中華蘇維埃共和

圖 7-1　延安時期的中共

國臨時中央政府人民委員會主席。二十一年冬，中共黨中央自上海遷往瑞金。

　　民國二十二年五月，國府調集大軍，對江西之共軍展開第五次圍剿，採取三分軍事，七分政治策略，至二十三年（1934）九月進行全面攻擊，十一月攻占瑞金，共軍突圍西走，於二十五年（1936）十月，行抵甘肅。在逃亡期間，中共利用全國高漲的抗日情緒，高倡抗日民族統一戰線，呼籲停止內戰，一致抗日。十二月，西安事變發生，張學良兵變幽禁蔣中正，經多方斡旋和平落幕，此後國府剿共軍事完全停止。國共雙方派代表商談合作，至抗戰爆發前夕，已達成初步協議。

四 國民政府的十年建設

　　國民政府在統一中國之後，雖然飽經內憂外患，對於國家建設仍有所建樹，奠定日後抗戰的基礎。

 財政建設

　　民國十七年七月，全國財政委員會議定，整頓稅收，劃分中央與地方稅收。民國二十二年推行廢兩改元政策，規定全國一切交易統一使用新鑄銀

圓，民國二十四年再發行法幣，中華民國進入信用貨幣時代。

 ## 交通建設

　　增修鐵路，民國十六年至二十六年間完成路線約二千八百多公里。公路則增修十一萬公里。航空方面，於民國十九年（1930）中美合作成立中國航空公司；二十年（1931）中德合作成立歐亞航空公司，航行路線遍及全國重要都市。其他如水運、郵政、電信等，均有發展。

 ## 工業方面

　　重工業、化學工業、礦業由中央政府興辦，民間以輕工業為主，工廠的設立逐漸增加，工業技術也有改進。此外民國十八年頒布工廠法，對工作時間、安全、衛生、福利、賠償等，都有明文規定，顯現對勞工福祉的重視。

 ## 農業方面

　　從事農業改良，民國二十年，成立中央農業實驗所。民國二十二年，成立農村復興委員會，輔助農村建設，改革租佃制度。水利方面，先後成立導淮委員會、黃河水利委員會等，並於全國經濟委員會下設水利委員會；十年間，疏浚、灌溉工程甚有實績。土地改革方面，北伐開始之前，即在廣東試行二五減租政策，北伐完成以後，也在湖南、湖北、浙江等省試行。

 ## 社會建設

　　民國二十三年（1934），蔣中正發起新生活運動，對社會風氣的導正及國民道德的提升有其貢獻。在鄉村則推行鄉村自治，加強平民教育，注重衛生保健，革新社會風俗等，還推行合作運動，合作社數目及社員人數均大幅增加。

 ## 其他建設

　　軍事方面，整頓陸軍，民國二十四年（1935）年成立陸軍整理處，負責進行部隊調訓並改良兵器製造；發展海軍方面，成立海軍署，後擴充為海軍部，至民國二十五年（1936）時，有作戰軍艦五十餘艘；發展空軍方面，民

國二十年成立航空學校，民國二十一年（1932）時僅有飛機百架，至二十六年，已增至八百餘架。外交方面，收回部分租界（如天津比租界、廈門英租界）及租借地（威海衛租借地），關稅亦逐漸自主。教育方面，召開全國教育會議，確立教育政策，實施軍訓，發展國民體育，增設學校，學生人數因而激增，並重視社會教育。學術方面，民國十七年成立中央研究院，特任蔡元培為院長，負責國家最高學術之研究。

第四節　第二次中日戰爭與戰後中國

一 戰爭爆發

七七事變

民國二十五年十二月，西安事變和平結束。民國二十六年初，國、共和解逐步明朗，四月起日本即不斷在華北舉行演習。七月七日，日軍在北平西南的交通要道蘆溝橋演習夜戰，藉口一名日軍失蹤，要求進入宛平縣搜查。未料日軍突然進攻，守軍吉星文團長奮力將其拒退，七七事變爆發。日本政府下令朝鮮、滿洲駐軍開往華北，參謀本部決定擊潰北平、天津附近的宋哲元軍。宋哲元面對壓力，除同意華北日軍的種種條件外，並撤除北平市內防禦設施以為和解，同時電請北上的中央軍停止前進。

蔣中正時在江西廬山，正召開國是談話會，立即命令宋哲元就地抵抗，如果談判，須不失國家主權。外交部除抗議日本侵略外，並發表聲明，任何解決辦法未經中央核准者，概屬無效。並再電宋哲元，全力抗戰，勿為敵人所欺。七月底北平、天津相繼失陷。八月，國內要員集聚南京謀議抗日，議決設立國防最高會議，推舉蔣中正為陸海空軍總司令，以軍事委員會為統帥部，蔣中正為大元帥，組織大本營。

日本於此時的戰略以為：(1)中共再與國民黨合作，容共、聯俄之局復成，必須及時遏止，先控有華北。(2)中國國力無法與日相抗，且不信中國有作戰之決心。(3)德、日及義、日之間的防共協定已於民國二十五年十一月成

立，日本已無懼英美之阻礙。

中國之抗日則為：(1)勢迫於此欲求偏安而不可得，繼東北之後，華北如再度失陷，中國已無忍讓空間。(2)人心激憤已至極點，再不抵抗，恐內戰再起。(3)中國雖非日本之對手，但空間廣大，非日軍所能獨力占有。(4)英、美深忌日本的擴張，假以時日，彼助中國談判，對中國之傷害必然減至最輕。(5)中、俄之間正談判互不侵犯條約，短期內可得蘇聯之援助。

初期作戰

日本初期以為奪取河北、攻占平津後，中國勢必屈服，不料中國堅決作戰。七月下旬，日軍在上海藉口陸戰隊員失蹤，布防閘北。八月十三日大戰開始，次日，國民政府宣布自衛抗戰。此後雙方不斷增兵對抗，中方傷亡慘重。十一月，中國軍隊全線後撤，國民政府宣言絕不為城下之盟，並移駐重慶。

上海大戰使中國實力大傷，雖振奮民心士氣，但無法遏止日軍向南京繼續前進。十二月十三日南京陷落，日軍展開南京大屠殺，意圖瓦解中國抗日士氣。在華北方面，則占有察哈爾、綏遠之一部分，十一月占有山西太原。十二月占有山東濟南，省主席韓復榘不戰而走，為蔣中正處以死刑。

民國二十七（1938）年二月，南、北二方日軍合攻徐州，中國以其四倍兵力截擊，造成臺兒莊大捷，但於日本實力並無大傷。四月國軍後撤，五月放棄徐州，六月河南開封失陷。

武漢為日軍攻下南京後另一個重要目標，經過三個月的會戰，民國二十七年十月，武漢淪陷，對日戰爭的三次大戰終告落幕。同時在南方，日軍也攻陷廣州。換言之，在對日作戰的第一年中，華南、華北、華中及東南沿海多為日軍所占有，雙方從此展開長期的持久戰與消耗戰。

中國的大部精華地區在戰時多成主要戰場，工業、商業、學校、機關均隨著主要地區的淪陷而向後方遷徙，人民遷往後方者達一千萬人以上，間接地促進了西南與西北的開發。

國民政府決定抗戰之時，即網羅各方領袖，組成國防參議會。民國二十七年三月國民黨在武漢召開臨時全代會，通過〈抗戰建國綱領〉，同時各主要政黨亦同意給予合作的承諾。會中並推舉蔣中正為國民黨的總裁，設立三

民主義青年團。在綱領中有一個組織國民參政機關的構想，依此各黨派參與了國民參政會的成立，並於同年七月在武漢揭幕，共同致力於對抗日本的奮鬥。

內外危機

汪兆銘的背叛

民國二十七年一月，日本聲稱不再以國民政府為對手，遂行設立各種傀儡政權與之合作，三月與梁鴻志合作在南京設立中華民國維新政府，名義上統轄華東地區。五月日本內閣改組，認為在華傀儡組織的合作人物無全國性知名度，無法有效推展其目的，決定另覓較有分量的人物與之合作，汪兆銘成為日本希望合作的中心人選。

汪氏時任國民黨副總裁，十二月汪氏以重慶方面不言和的態度決定出走，日本近衛內閣發表更生中國的外交方針，聲言要徹底擊滅國民政府，而與新生政權合作。汪在河內致電黨中央，請依近衛聲明為善鄰友好、共同防共、經濟合作之舉動。

民國二十九年（1940）三月底汪政權成立於南京，汪兆銘擔任國民政府主席兼行政院長，原維新政府取消，北平臨時政府也改名為華北政務委員會，為另一獨立傀儡政權。民國三十三年（1944）汪氏病死，政權由陳公博、周佛海繼續維持至民國三十四年（1945）對日勝利方才瓦解。

國共的明爭暗鬥

國共之間的第二次合作不及兩年，雙方再起衝突，中共與國府和解之後，中共僅同意將紅軍名義上改編為國民革命軍，受國民政府指導，實際上仍然獨立自主。中日戰爭爆發，毛澤東指示共軍相機建立敵後根據地，取得地方武力的指導地位。由於中共勢力擴張，雙方衝突在所難免，民國三十年（1941）一月，蔣中正忍無可忍，命令國軍在皖南包圍新四軍部約九千人，俘擄軍長葉挺以下五千人，並撤銷新四軍番號，中共除反對國軍的處置外，並自行任命陳毅為新四軍軍長與中央對抗，這次事件史稱皖南事變或新四軍事件。

國際情勢與戰局

中日戰爭的初期，蘇聯採兩面的遠東政策，一面以志願空軍援華，一面緩和對日關係。民國二十八年（1939）七月，蘇俄給予中國一億五千萬美元貸款，九月又與日本訂停戰協定，用心可謂明顯。

英國在早期於民國二十八年先後給中國貸款四千萬鎊，後因德國橫行無忌，又謀對日撫綏。法國則於民國二十九年敗於德國，被迫封閉滇越鐵路，三個月後才因美國態度趨於強硬又再開啟。

美國開始對日施以實際壓力，始於民國二十八年一月之禁運飛機零件、附屬設備及炸彈。二月貸款中國二千五百萬美元，七月廢止美、日商約，民國二十九年四月再貸予中國二千萬元，八月對日禁運汽油、廢鐵、機器及軍用物資。民國三十年一月，總統羅斯福致文國會，宣布將全力援助抵抗侵略的民族，使美國成為民主國家的兵工廠。三月，軍火租借法案成立，中國亦享此種權利。四月，中美訂立貨幣協定，美國以五千萬美元購買中國貨幣，美日關係相對逐漸惡化。

太平洋戰爭爆發後的中國

民國三十年，隨著歐戰擴大及日本在亞洲的擴張，使美國與軸心國之間關係不斷惡化，日本決定改變防止美國參戰的容忍政策。十二月八日突擊美國太平洋海軍基地珍珠港，美國與日本相互宣戰。

四年多來中國苦撐待變的希望成為事實，也正式對日本宣戰。惟美國軍方力主先攻德國，而有先歐後亞的戰略政策。民國三十一年（1942）一月，美、英、蘇、中等二十六國發布同盟及反侵略宣言，全力對軸心國共同作戰，蔣中正被推舉為同盟國中國戰區統帥，範圍及於越南、泰國。

戰時外交

不平等條約的廢除

民國三十年五月，中國致函美國，希望戰後另訂平等新約。美國照覆中國，待遠東和平恢復，即放棄在華之各種特權。七月，英駐華大使奉政府命

令照會中國，聲明央政府華備於大戰結束後，根據平等互惠原則，另訂新約。當年十二月，太平洋戰爭爆發，中、美、英成為並肩作戰的盟友，美、英兩國遂於民國三十一年（1942）中國國慶前夕，分別通知中華民國政府，聲明願放棄在華治外法權及其他有關權益。民國三十二年（1943）一月，中英、中美平等新約簽訂，抗戰勝利後，法國、瑞士、丹麥、葡萄牙等國，均與國民政府締結平等新約。中國百年來所受不平等條約的桎梏完全解除，這亦為中國上下艱苦抗戰的一大收穫。

開羅會議的成就

民國三十二年（1943）十一月，蔣中正應美國總統羅斯福之邀前往開羅，與羅斯福、邱吉爾舉行會議。十二月，宣布日本奪自中國的一切土地，如滿洲、臺灣、澎湖，主權均應回歸中華民國，日本因貪欲或武力所奪取之土地亦應予歸還。同時朝鮮人民久受日本殖民，應使朝鮮享有自由與獨立。三大盟國亦將堅持作戰，直到日本無條件投降。此次會議，中外輿情莫不譽為中國外交史上空前之勝利，朝鮮獲得獨立，中國自甲午戰爭以來喪失於日本之國土，由英、美明白承認得以全部收回，意義至為重大。

 ## 戰爭結束

太平洋日軍大敗

日本自偷襲珍珠港後，攻勢所向披靡僅維持約五個月。民國三十一年十月起逐漸為美空軍遏止，所羅門群島海戰失利。美國反攻愈猛，日本損失不少，戰局轉急。民國三十二年九月義大利首先投降，民國三十三年六月美國占領塞班島，開始轟炸東京，同月日本主力艦隊又敗於馬里亞納群島。民國三十四年二月美軍攻入馬尼拉，四月登陸琉球，七月美軍開始無休止轟炸日本，日本已喪失作戰能力。

雅爾達密約與中俄友好同盟條約

大戰末期，美國評估，日本將進行本土作戰，屆時在中國東北的關東軍將回防日本，為減少登陸日本後的大量傷亡及盡快結束戰爭，美國決定犧牲

中國的利益，來換取蘇聯之對日宣戰，出兵中國東北，以牽制關東軍，使其不能回援日本。

民國三十四年二月美、蘇、英三國領袖會面於雅爾達，除規定管制德國辦法、定期召開聯合國會議外，另有蘇聯參與對日作戰之交換條件，除約定對德作戰結束三個月內蘇聯參加對日作戰外，美、英同意蘇聯在外蒙地區維持現狀、恢復一九〇四年被日本侵害的權力、南庫頁島及其鄰近各島返還蘇聯等條件。並以此為基礎，待蘇與國民政府取得諒解後，二國可締結一個友好同盟條約。同年六月，美國駐華大使赫爾利奉命將雅爾達密約的內容通知中國，希望中國直接與蘇聯談判。當時中國需要多一個抗日的盟友，對美、英的安排不得不屈從。這是繼巴黎和會後，再一次的出賣中國。民國三十四年八月，日本宣布投降後，中蘇簽訂中蘇友好同盟條約，中國因此失去了外蒙，蘇聯得到長春鐵路的共管權，旅順成為中蘇共有之海軍基地，蘇聯雖言尊重中國的領土主權完整，不干涉內政及新疆事變、並定期撤兵的諾言卻並未真正遵守。

日本投降

民國三十四年五月，德國無條件投降，日本於七月初請求蘇聯出面調停，遭到拒絕。中、美、英三國政府首長聯合發表波茨坦宣言，要求日本無條件投降。八月，美國第一枚原子彈投落廣島，第二枚原子彈再炸長崎，新武器的威力震撼日本全國，同日，蘇聯對日宣戰。八月十日，日本表示願意接受波茨坦宣言中各項規定，無條件投降，但要求保留天皇仍為日本之元首。美國代表聯合國覆文接受。八月十四日，日本天皇頒布無條件投降的敕令。

中日之間歷經八年作戰，中國付出慘重的代價，傷亡官兵三百二十萬人，人民犧牲以千萬計，戰爭的消耗和破壞損失更難以估計，所造成的經濟蕭條、財政枯竭，戰後的通貨膨脹、物價飛騰，可謂兩敗俱傷式的慘勝。而雅爾達密約致成的中蘇友好同盟條約，使中國的權利受到更大的損害，外蒙古也脫離中國獨立。但收穫亦多，如不平等條約的廢除，國際地位大為提高，與英、美、蘇並列為世界四強，東北及臺灣、澎湖的重歸中國版圖，意義尤其重大。在八年抗戰期間，中共乘機擴張勢力，對國民黨已構成甚大的

威脅，戰後的國共內戰勢難避免。

二 戰後的國共對決

　　日本投降之後，為了接收及受降問題，國共之間的衝突迄無寧日。美國雖多方調處，仍不能根本解決二者之糾葛。雙方再度展開逐鹿鬥爭，演變至終竟成政權輪替，本單元以時間遞嬗說明其間經過。

戰後中國

受降與接收復員

　　日本宣布投降的當日，中國戰區最高統帥蔣中正立即電令日軍駐華最高指揮官岡村寧次，指示受降原則。盟軍統帥麥克阿瑟亦指定中國戰區、臺灣、越南北部日軍向中國戰區統帥蔣中正投降。

　　同盟國方面，中華民國政府派徐永昌為代表，參加在日本東京灣美國密蘇

圖 7-2　抗日紀念碑

里號軍艦上接受日本簽署投降書。陸軍總司令何應欽則飛抵南京，代表主持中國戰區日本投降簽字典禮。接受臺灣日軍投降的典禮代表為陳儀，東北日軍即由蘇俄受降。

　　戰後對於南京汪精衛政權、滿洲國政權及其所屬機構、軍隊的接收工作極為複雜，還有日產、偽產的處理及漢奸的懲處問題、貨幣的處理等接收工作，極其繁瑣，政府均未有完善之規劃，接收工作不但匆促草率，接收人員的素質、心態也可議，因而招致許多民怨。

　　此外，有關東北的接收問題最為棘手，蘇聯對日宣戰後，立即進兵東

北，關東軍不戰而降。蘇聯的駐兵及積極扶持中共，使國民政府對蘇聯一直
未能達成接收協議。九月，林彪率軍直趨遼寧，同時中共在山東部隊亦由海
路經旅順、大連北上。

民國三十五年一月國軍在美國協助下以空運方式接收東北大型城市，長
春、瀋陽、哈爾濱市長亦就職。東北成為三股勢力同時存在之局，東北地區
的混亂成為國軍日後決戰的重大包袱。

中國受降所接收的日軍人員及日俘，均由中國政府派遣運輸工具運送至
上海等十三個指定港口，再由美國負責運送回國或原居地，部分日本船隻亦
擔任運輸，至三十五年六月，全部遣送完畢。民國三十五年二月，軍事復員
會議在南京召開，確定採取整編精兵政策，規定自同年三月開始實行。國府
各機關則自抗戰勝利後陸續遷返南京，民國三十五年五月，國民政府頒布還
都令，正式在南京恢復辦公。

國共衝突的擴大

民國三十四年十二月底馬歇爾來華，美國總統杜魯門發表對華聲明：重
申開羅宣言、波茨坦宣言的精神，東北應歸還中國；承認國民政府為中國唯
一合法政府；並希望國共停止衝突，共軍改編成為政府軍；改由各方召開共
同參與之政治性會議解決問題。中國政府如按照上述原則改組，美國願協助
中國從事建設改善經濟。

次年一月五日，國、共代表與馬歇爾組成三人小組，商討停止衝突，恢
復交通辦法，達成停戰協議。國民政府依照規劃於重慶召開政治協商會議，
代表由國民黨、中共、民主同盟、中國青年黨、社會賢達等組成，在政府組
織、和平建國綱領、軍事問題、國民大會、憲草修改原則等方面達成原則性
的協議。二月，三人小組議定了關於整編及統編中共部隊為國軍之基本方
案，然後即赴各地巡視。

就中共而言，依照協商會議所擬定的政府組織案參與聯合政府，既無決
定權，也無否決權，要求增加代表名額又被國府否決，同時反俄反共的示威
活動展開令其不安。最重要的是中共武裝勢力在蘇聯支持下逐漸擴及東北，
自不願與國府妥協。雙方透過文宣、武鬥不斷擴大爭端。中共在蘇聯支持下
不顧停戰協定，在東北展開全面攻勢。俄軍在逐漸撤軍中，逐將城市交付中

共，四月共軍占有長春，五月國軍出林彪所部，國軍收復長春，國共在東北地區的激戰使停戰令毫無效力。但國軍也僅止於長春，未繼續北進。七月，中共軍隊改稱中國人民解放軍，美國海軍陸戰隊在天津、北平間遭到共軍襲擊。八月，馬歇爾與美國駐華大使司徒雷登聯合聲明，表示若干亟待解決之問題，難獲一致協議。美國總統杜魯門遂以行政命令制止中國購買美國剩餘軍火，切斷對中國的軍援達八個月之久。

馬歇爾建議再由國府代表二人、中共代表二人、美國代表一人，先組成五人會議，商談改組政府問題。但雙方各持己見，馬歇爾的調處陷於困境。十一月，蔣中正在美國壓力下頒布停戰令，並延期召開國大三天，等待中共協商。中共堅持停開國大及恢復一月間雙方停戰時軍事位置，再行協商。由於協商無任何成果，美國國務院聲明中國大局未改善前，不貸款予中國。

制憲與行憲

民國三十五年十一月，國民大會在南京揭幕。出席代表除國民黨外，還包括青年黨、民社黨及無黨無派人士，主要任務是制定中華民國憲法，所以又稱為制憲國民大會。民國三十六年一月一日，國民政府明令公布中華民國憲法，並以同年十二月二十五日為憲法開始實施日期。三月，政府公布國民大會代表暨立法委員、監察委員選舉罷免法。六月，復設立國民大會代表、立法委員選舉總事務所，積極展開全國選舉工作。

民國三十七年（1948）三月，行憲後第一屆國民大會開幕，主要任務為選舉總統與副總統。蔣中正當選為中華民國行憲後第一任總統，在南京國民大會堂舉行宣誓就職典禮，中華民國正式步入憲政時代。

 ## 國共決戰

遼瀋戰役

民國三十七年（1948）九月，山東省會濟南為中共攻陷，揭開三大戰役序幕。十月，林彪的東北人民解放軍占領錦州，東北「剿匪」副總司令范漢傑以下被俘七萬人；繼而再下長春，另一「剿匪」副總司令鄭洞國以下被俘六萬人，月底兵團司令廖耀湘軍團被圍，十萬餘人覆滅。十一月初，瀋陽失

陷，總司令衛立煌出走，自海路逃出東北殘軍不過三萬，東北全為中共所有。

淮海戰役

攻陷濟南之後，中共即準備進攻淮河流域，中共以華東、中原兩個野戰軍攻向徐州。國軍則以劉峙、杜聿明指揮邱清泉、黃伯韜、黃維三兵團作為主力與中共對抗，十一月黃伯韜兵團全滅，十二月黃維兵團被殲九萬人，民國三十八年（1949）一月邱清泉兵團被消滅，杜聿明被俘，國軍損失約四十餘萬人。

平津戰役

民國三十八年一月中共占有天津，守軍將領傅作義與中共達成北平局部和平協議，所屬部隊由解放軍改編，共軍進占北平。經過三大戰役，國軍折損了一百五十萬人。

淮海戰役後，剿共軍事雖暫時失利，但國民政府仍控制江南半壁，國軍仍保有百餘萬主力。然而，華中剿匪總司令白崇禧首先電請國府停止對中共作戰，湖南省政府主席程潛繼之，要求國府與中共恢復和談。美國大使司徒雷登等人，則致力於蔣中正引退之醞釀。

政權輪替

民國三十八年（1949）一月，蔣中正在黨內及國內外壓力之下，宣布引退，由副總統李宗仁代理，中共解放軍已至長江北岸，當日即派遣和談代表與中共進行接洽。正式和談在北平召開，中共代表堅持必須全部接受其條件。國民政府以為若接受中共之要求，無異於無條件投降，決定斷然拒絕。雙方和談決裂，共軍發布總攻擊令，軍隊即分道渡越長江並對武漢及西安發動猛攻。十月一日，中華人民共和國成立。為此，美國在民國三十九年（1950）初發表聲明，表示無意軍援撤守至臺灣的國民政府，但可盡力予經濟援助，同時不承認中共為中國之合法政府。

民國三十九年三月，蔣中正復行視事，國民政府僅保有臺灣一省。六月，韓戰爆發，美國認為韓國一失，日本必不可保，亞洲情況必有大變，遂改變政策，支持臺灣國府政權，杜魯門下令支援南韓作戰，並令第七艦隊協

防臺灣，日此臺灣得以免於赤化，繼續存在於今日。

 ## 國府失敗原因的探討

蘇聯對於中共的支援

蘇聯與中共歷史淵源深厚，民國三十六年五月，雙方更簽訂哈爾濱協定，蘇聯對中共的扶植及援助增強，武器裝備源源而來，使中共軍事力量持續壯大。

中共以農民革命為口號

中共在農村實行土地改革政策，吸引貧下農民加入，因此掌握廣大農村資源。

戰後經濟蕭條

長期對日作戰，國力幾乎已消耗殆盡。戰後法幣的貶值與發行量遽增主因有三：(1)內戰轉烈，戰區增加，產品生產與運輸深受影響而停滯。(2)軍費浩繁，難民增加，開支增大。(3)重工業中心仍為蘇聯占據，華北為中共控制，政府不但無稅收，反要供養作戰之國軍。戰後通貨膨脹引發社會不安，影響民心士氣甚大。

復原混亂

日偽企業為接收官員併吞或分割，不但無益恢復生產，更使人民怨憤。

通貨膨脹

法幣發行迅速擴充，引發物價暴漲，民眾收入不足支付生活所需。為挽救財政，民國三十七年八月改行金圓券，民國三十八年七月又發行銀圓券，惟不得人民信任，政府信用遭受空前打擊。

國府內部派系分裂

抗戰勝利後，政府實行裁軍，但對復員及安置等問題處理未盡完善，引

起不滿，同時，接收與行憲過程中，各方人士為了政治權力分配，彼此紛爭，不得志轉而投共者甚多。

第五節 二次戰後臺灣民主化的發展

一臺灣光復

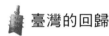 ### 臺灣的回歸

　　開羅會議以後，國民政府即開始著手規劃戰後接收臺灣的事宜，但實際進行籌畫則始自於民國三十三年（1944），國民政府於中央設計局下設立臺灣調查委員會。日本宣布投降後，國民政府特任陳儀為臺灣省行政長官，頒布臺灣省行政長官公署組織大綱。九月，再任命陳儀兼任臺灣省警備總司令。同時，國民政府頒布臺灣省行政長官公署組織條例。行政長官公署在制度上之設計，再加上身兼臺灣省警備總司令，陳儀在臺灣得以進行集立法、司法、行政及軍事諸事權合而為一的一元化領導。

　　十月，臺灣省行政長官兼臺灣省警備總司令陳儀由上海飛抵臺北，次日，代表中國戰區最高統帥蔣中正接受日軍代表前臺灣總督安藤利吉的投降。至於臺灣的接收工作，則由行政長官公署與臺灣省警備司令部聯合組成臺灣省接收委員會，除軍事設施之接管由警備司令部主其事外，餘皆由行政長官公署統籌。

　　國民政府對臺灣的實際接收情況，可由以下四方面說明：

軍事方面

　　駐臺日軍仍保有武裝，維持地方秩序，直至十月國軍第七十軍由美艦運送至基隆登陸來臺。七十軍受到臺灣民眾的熱烈歡迎。至翌年三月，軍事接收完畢，行政長官公署陸續將基隆、高雄及馬公劃為要塞港口，並設要塞司令部。

政治方面

地方省、市縣皆設參議會作為民意機關，參議員皆由民選；區及鄉鎮皆設代表會為基層民意機關，代表亦為民選。以上各級民意代表之選舉，至民國三十五年（1946）四月間皆辦理完竣。

金融及經濟方面

由於大陸各省區因法幣氾濫致使通貨膨脹嚴重，行政長官公署決定維持臺幣及銀行的獨立性。

產業方面

除了行政長官公署接收原來臺灣總督府所屬之公有產業外，民國三十五年年一月成立日產處理委員會，進行日人私有財產的接收及處理。七月又制定臺灣省接收日資企業處理實施辦法，分以公營化、拍賣、出租及官商合營等四種模式處理日產。

「二二八」事變的悲劇

二二八事件源自一意外的圓環緝煙事件。民國三十五年二月二十七日，專賣局查緝人員與警察至臺北市南京西路的天馬茶房（今日延平北路）附近，查緝私煙。下午七時許，當他們到達現場時，私煙販早已逃散，僅查獲一位四十歲寡婦林江邁有販賣私煙的行為，準備將其非法私煙和現金一併予以沒收。林江邁下跪苦苦地哀求，但查緝人員不准所請。

當時圍觀的民眾很多，紛紛加入求情的行列。林江邁情急，進而抱住查緝員不放。其中一查緝員葉得根情急之下，用槍柄打她的頭，致林婦的頭顱鮮血直流，身旁的女兒也驚嚇得哭起來。目睹此景的群眾極為氣憤，乃將查緝員包圍，並高喊各種情緒激動的話。查緝員見勢不妙，連忙逃走，但群眾卻緊追不捨。查緝員傅學通開槍警告，不幸擊中當時在自宅樓下旁觀看熱鬧的市民陳文溪，引起旁觀民眾激憤將查緝員的汽車玻璃搗毀，並將汽車推到圓環放火焚燒，然後包圍警察局及憲兵隊要求交出凶手正法。

由於長達五十年的日本殖民統治，臺灣同胞對祖國的政治制度與社會現

況,均缺乏了解,因而於光復之初,期望過高。其次,在政治方面,行政長官制度確有諸多缺失,而官箴、軍紀欠佳,政治參與和待遇也不盡公平。在經濟方面,由於不當之管制政策,百業蕭條,物價飛漲,失業嚴重。在社會方面,復員返鄉的前臺籍軍人就職無路,因而逐漸形成一股不滿政府的暗潮。由緝私引起的傷人、殺人事件點燃了蘊蓄一年多的怒火,群眾燒車、包圍警察局、憲兵隊,要求立刻處決凶犯。在得不到滿意答覆的情況下,群眾久聚不散,終於引發二二八事件。

二二八事件既源自緝私員與憲警單位因緝私煙處理失當,導致二月二十八日臺北市民之請願示威,並罷工、罷市。又發生公署衛兵槍擊請願民眾事件,紛亂益發不可收拾,乃由請願懲凶一變而為對抗公署,進而激化為省籍衝突。

由於官方在台灣光復之後,在政治、經濟等方面的表現讓臺人大失所望,此時駐臺軍隊又內調大陸剿共,兵力空虛。激進份子以為必可推翻陳儀,乃大膽鼓動民眾反抗政府。

二二八事變的發生,誠然是一大悲劇,大批的臺灣同胞或外省人因而傷亡,家庭為之破碎,此一歷史的傷痛勢必假以時日才能完全撫平。

臺灣省政府的設置

二二八事變平息之後,國民政府廢除臺灣省行政長官公署,改置臺灣省政府,從臺灣省政府的設置到國民政府遷移臺灣,時間僅有短短二年多的時間,但其間相關的重要作為穩定了時局,並對日後臺灣的發展產生深遠的影響。

魏道明是首任臺灣省主席,到任後為擴大政治參與,利用行政命令提前舉行地方縣市長選舉,但由於地方自治的相關立法工作遲至民國八十三年(1994)才完成,因此臺灣地區利用行政命令辦理地方自治選舉工作也長達四十多年。民國三十八年(1949)一月,由於大陸政局不穩,改由陳誠接任省主席,稍後兼任臺灣警備總司令。陳誠到任後重要的施政,在土地政策方面,是強力推動三七五減租,是臺灣土地改革的里程碑,佃農得以擺脫地主的掌控;在政治方面,當年五月開始實施戒嚴,不久國民政府遷臺,導致臺灣地區戒嚴時期亦長達三十八年;在貨幣政策方面,六月推行幣制改革,發

行新臺幣取代大幅貶值的舊臺幣，也停止與大陸的金融匯兌往來。這些措施大體上發揮穩定民心的作用，為遷臺後的中央政府奠定穩固的統治基礎。

二 中華民國政府遷臺後的發展

奮力圖存時期

　　從民國三十九年三月，蔣中正在臺北復行視事開始，至民國六十四年（1975）四月蔣中正去世為止，期間長達二十五年。由於在風雨飄搖中重整中華民國政府，故在民國四十九年（1960），國民大會修定憲法臨時條款，規定動員戡亂時期總統連選得連任，不受憲法第四十七條連任一次之限制。蔣中正得以連續擔任五任總統，成為民主政治的特例。

　　在國際情勢方面，原先放棄對中華民國政府支持的美國總統杜魯門，於民國三十九年六月，鑑於韓戰爆發，為恐臺海地區同時發生戰爭，命令海軍艦隊巡弋臺灣海峽，臺灣得以轉危為安。民國四十二年（1953）七月，韓戰停戰協定簽字。次年，中華民國與美國簽訂共同防禦條約，臺灣的安全得到進一步確保，中華民國政府得以存在至今。中共則在臺灣有美國的協防下，無力攻擊臺灣，於是展開對國軍據守的外島進行砲擊與騷擾。民國四十七年（1958）八月，共軍大舉砲轟金門，連續四十六天，發射近五十萬發的砲彈。此後，雙方砲擊仍持續進行，惟規模日趨縮小，直到民國六十八年（1979）美國與中共建交後始停止。

　　民國五十八年（1969）尼克森擔任美國總統後，開始對中共採取和解政策，國際大環境對中華民國政府轉趨不利。民國六十年（1971年）十月，聯合國第二十六屆大會通過2758號決議，接受中華人民共和國入會的決議，中華民國出席大會代表團發表嚴正聲明，宣布退出聯合國。

　　民國六十一年（1972）二月，尼克森親赴中國大陸訪問，與周恩來在上海發表上海公報，承認臺灣是中國的一部分，其地位問題將由臺海兩岸的中國人自行商談解決。同年，日本宣布與中共政府建交，次年二月，美國與中共宣布在華盛頓和北京互設聯絡辦事處。世界各國紛紛轉而承認中華人民共和國，中華民國政府在對外關係上逐漸孤立。

在民主制度推展方面，除了繼續推動地方自治，辦理地方鄉鎮縣市首長及議員選舉之外，民國五十八年（1969）七月，為解決中央級民意代表自遷臺以來從未改選與日漸凋零的問題，正式公布實施自由地區中央公職人員增補選辦法，隨後並辦理首次國民大會代表、立法委員及監察委員的增額選舉。規定增額國代及監察委員每六年要改選一次，增額立委則每三年改選一次。此項辦法雖然不是中央民意機構的全面改選，但至少為國會注入部分新的民意基礎。

在經濟建設推展方面，遷臺早期政府財政困窘，至接獲美國援助後，基礎建設逐步開展，東西橫貫公路的開鑿貫通使臺灣東西部得以連結，經濟政策上以經濟建設計畫，推動臺灣成為勞力密集為主的出口導向產業，同時設置加工出口區吸引外資投資，增加工作機會，使臺灣展開經濟轉型脫離貧困。

在教育建設推展方面，最重要的貢獻是於民國五十八年推動九年國民教育，將義務教育由小學延伸至初級中學，提高國民素質。

成功轉型時期

從民國六十四年（1975）四月蔣中正逝世開始，至民國七十七年（1988）一月蔣經國去世為止，期間十三年，主要由蔣經國負責主政。蔣經國是蔣中正之子，民國六十一年五月擔任行政院院長後，即被認為是未來的繼承者。蔣中正逝世後，副總統嚴家淦繼任為總統，蔣經國擔任中國國民黨主席，並續任行政院院長掌握實權。民國六十七年（1978）五月，蔣經國正式當選為第六任總統。

政治方面

政治的開放與民主亦較以往進步，任用本土人才、拔擢青年才俊之外，並且擴大政治參與。本土化、年輕化、知識化是蔣經國主政時期用人的原則。同時，蔣經國開放、親民的革新作風，得到民眾愛戴。

相對過去蔣中正主政時期嚴禁臺灣獨立和激烈民主運動處理方式，蔣經國主政時期，雖然也同樣嚴禁，但是同時也展現自我克制的胸懷，絕少行使權力打擊異己。也因為如此，原本迂緩發展的黨外力量也逐步壯大。民國六十年代舉辦的幾次地方公職人員及中央民意代選舉中，黨外人士的席次逐漸

增加，力量也逐漸壯大，開始揭出集會遊行衝撞統治體制。

民國六十八年（1979）十二月，黨外主持的《美麗島》雜誌社，在高雄市舉辦人權大會並進行示威遊行，在遊行中，警民之間產生暴力衝突，治安機關以此為名，逮捕黃信介等黨外領導人物，並處以重刑。相關黨外雜誌被勒令停刊，惟並未能遏止反對運動的發展。民國七十三年（1984），蔣經國連任第七任總統，民國七十五年（1986）九月，黨外人士成立民主進步黨。此時，政府雖未正式開放黨禁，但在體認民主政治已是無法阻擋的潮流下，蔣經國並未予以壓制取締，還在民國七十六年（1987）七月，宣布解除臺澎地區的戒嚴令。民國七十七年（1988）一月，解除報禁。這些措施對於臺灣日後的民主化具有重大關鍵性影響。

經濟建設方面

蔣經國的成就最大，民國六十二年（1973）在世界石油危機之中，決定推動臺灣十項重要基礎建設，其項目為：(1)興建連結南北的高速公路；(2)鐵路電氣化；(3)興建北迴鐵路；(4)興建桃園中正國際機場；(5)闢建臺中港；(6)整建蘇澳港；(7)興建一貫作業的煉鋼場；(8)興建大造船廠；(9)發展石油化學工業；(10)興建核能發電廠。這些建設完成之後，對臺灣經濟的轉型與發展有重大的貢獻。

外交方面

外交則陷於逆境，承認中華人民共和國而與中華民國斷交的國家與日俱增，中華民國的國際地位逐漸陷於孤立。民國六十七年（1978）底，美國總統卡特宣布美國與中華人民共和國於民國六十八年（1979）正式建立外交關係，並與中華民國斷交，共同防禦條約亦於次年終止。其後，臺灣除藉由臺灣關係法向美國爭取購買防禦性武器外，也致力研發製造各式武器。在外交上，除繼續爭取外國和國際組織承認外，採取彈性政策，以中華臺北名義參加國際組織和國際活動，並以設代表處或商務處等名義，與世界各國推展經濟和文化交流。

持續發展時期

　　持續發展的前期，由民國七十七年（1988）一月蔣經國病逝，至民國八十九年（2000）國民黨總統選舉落敗，政權輪替為止。期間李登輝是主要領導人物。李登輝是蔣經國所拔擢的臺籍人才，民國七十三年，蔣經國在第七任總統、副總統選舉提名時，選擇他擔任副總統候選人，當選後，在副總統任內並無重要表現。民國七十七年（1988）一月，蔣經國病逝，李登輝繼任總統之後，由於蔣經國生前並未完成權力接班布局，李登輝在政府及黨內缺乏有力的支持，因此，以妥協及合縱連橫的方法，逐步掌握權力。

政治方面

　　隨著權力基礎穩固，李登輝開始針對憲政予以改造，李登輝主政期間，自民國八十年（1991）至八十六年（1997）共四次修改憲法，主軸大致有：
1. 重新宣示中華民國憲法的施行範圍：明訂中華民國憲法的效力不及於中國大陸，重新定位兩岸關係。
2. 公民直選總統並提升總統的權力：在增修條文中，賦予總統緊急命令權及決定國家安全大政方針權力，強化了總統的法定職權。
3. 改選中央級民意代表：使長達四十餘年未經改選的第一屆三個中央級民意機關民意代表退職，並為第二屆民意代表的選舉提供法源依據。
4. 建立新的選舉制度：以政黨比例方式產生全國不分區民意代表的制度，定有全國不分區及僑居名額。

　　民國八十五年，第一次公民直選總統，李登輝獲得選民絕對多數的支持，當選第九任總統，並持續推動憲政改造。民國八十九年（2000）三月，李登輝支持連戰與蕭萬長代表中國國民黨參加第十屆總統的選舉，結果民進黨提名的陳水扁、呂秀蓮在國民黨支持者分裂投票的情況下，以百分之三十九左右選票的相對多數，當選正、副總統，李登輝也因敗選辭去中國國民黨主席的職務，由連戰繼任為主席。李登輝與國民黨內要員在理念上的分歧與形式的分裂，不但結束了國民黨在臺灣五十年來長期執政的局面，也使國民黨在臺灣的影響力逐步式微，但在臺灣民主化的推動與政黨政治的推動上具有相當貢獻。

經濟建設方面

延續臺灣經濟發展奇蹟，國民所得達到一萬美元以上，中國大陸市場成為大量臺商新的投資地區，與臺灣儼然有成為互補發展的經濟趨勢，但是政府以「戒急用忍」的策略予以管制，因此迄今未經報備核准的臺商仍然缺乏有效的保障。

持續發展的後期，由民國八十九年國民黨總統選舉落敗政權輪替至今。陳水扁在與連戰、宋楚瑜經過強力競爭後，以相對多數勝選執政。在陳水扁當選總統之後，中共對臺灣的態度頓時變得警覺性極強，立場更為堅決，中共提出了聽其言、觀其行的準則。對此，陳水扁並非全無感受，實際上，他還沒有正式執政時即已面對兩岸問題上巨大的壓力，在就職演說中，陳水扁總統提出「四不一沒有」政策，企圖緩和兩岸關係。在內政方面，則任命前國防部長唐飛為行政院長，並與大選時的對手連戰、宋楚瑜會見面談，顯露出他追求臺灣安定和臺海和平的意願。

但是，這段蜜月期並不太久，陳水扁對於停建核四廠的堅持，不但逼使唐飛辭職，更在與連戰會面當天，經由行政院長張俊雄宣布停建核四廠，此舉不但完全破壞政黨和解的氣氛，在中國國民黨與親民黨掌握絕對多數的立法院，更提出罷免就任不滿一年總統的提案，雖然最後罷免案並未成功。停建核四廠的政策也因大法官會議認為不當，又恢復興建。但是，付出的代價，不僅是停建的損失與賠償，更讓臺灣自此淪入政黨惡鬥之中。

同時，李登輝在卸任之後，主導成立臺灣團結聯盟，在宣揚臺獨理念的從旁協助下，在島內形成藍綠對決，淪入互不信任、彼此對立的惡性循環，兩岸關係的進展也因而遲滯，直接三通的目標難以實現。

民國九十二年（2003），總統陳水扁更提出「一邊一國」的口號，使兩岸關係更趨對立。民國九十三年（2004）三月，陳水扁在槍擊案的衝擊中連任總統，不但兩岸關係遲遲無法進展，島內對立更有逐步尖銳的趨勢，至今猶未止歇。

第六節　中共的建政與發展

一中華人民共和國的建立

民國三十八年十月一日，中共主要成員在天安門廣場集會，由毛澤東宣告中華人民共和國成立。此後，在毛澤東領導之下，建立起一個龐大的黨國體制，擁有對國家在政治、思想、軍事、戰略和組織的絕對領導權和控制權。

二毛澤東時代（1949～1976）

毛澤東對於中國共產黨的取得政權與中華人民共和國的建立，有重要的貢獻。在統治期中，執著於全面的建立社會主義制度，完成中國現代化的理想。但是毛澤東的企圖並未成功，至其死亡，中共仍是全世界經濟最落後的國家之一。

戰後重建時期（1949～1952）

在建政初期，本應全力針對國共內戰造成的破敗的經濟與社會進行重建，尤其是惡性通貨膨脹後的貨幣改革及戰後民生的恢復。但是，中共建政之後採取加入共產國家集團，與共產集團領導國蘇聯結盟的政策。民國三十八年底毛澤東率領周恩來至蘇聯訪問，雙方簽訂中蘇友好同盟互助條約等協定。民國三十九年（1950），同屬共產政權的北韓越過分界線攻擊南韓，爆發韓戰。初期北韓節節獲勝，聯合國通過決議派遣部隊在朝鮮半島登陸，中共、蘇聯眼見盟邦北韓潰敗，決定由中共加入韓戰。韓戰最終通過

圖 7-3　毛澤東

談判達成和平協議，雙方以北緯二十八度線為界，至今仍維持南北韓的分治
狀態。韓戰使得中共損失的財力與人力極為慘重，使得對內重整破敗的經
濟、社會與貨幣改革及戰後民生的恢復遭到延誤，因有蘇聯對中共經濟建設
的在技術與財政的支援，至民國四十一年（1952），國家經濟大體恢復至中
日戰前的水準。

 ## 社會主義改造時期（1953～1957）

　　主要在社會部門的思想改造方面，民國四十四年（1955）年底，展開
「肅反」運動。民國四十五年（1956）五月，中共利用廣納民意虛偽的「鳴
放」運動，誘使各民主黨派、工商界人士、知識份子甚至黨員對國政提出自
己的看法與主張。當運動熱烈展開並對中共建議與批評後，中共開始發動反
右派鬥爭予以反撲，提出意見卻被打擊成右派份子、被迫認錯或遭到清算的
人數約達六百萬人。

　　至於在經濟發展方面，在國內經濟大致恢復後，中共開始第一個五年計
畫時期，主要是仿照蘇聯早期所實行計畫經濟模式，其特徵是重工輕農，將
國家資本集中優先發展重工業，其次為輕工業，最後為農業。一五計畫的執
行完成後，工業、農業產品的產量均有所增長。

三面紅旗時期（1958～1960）

　　由於毛澤東對於加速完成社會主義道路的期待，提出「三面紅旗」運
動。希望藉由工農生產大躍進運動、社會主義建設總路線與人民公社化運動
的推展，促進國家的快速社會主義化。「生產大躍進」希望工業部門煉鋼生
產量七年內趕上英國、十五年內趕上美國為目標，制定第二個五年計畫，發
出興修水利、全民煉鋼等的指示。「人民公社」則是以政社合一的構想而建
立，推動目的是想將人民納入公社組織，使群眾成為勞動隊伍，帶動各項經
濟建設的大躍進高潮。在經濟上是想徹底消滅資本主義殘餘，反自發的資本
主義因素，並企圖將集體所有制快速過渡到全民所有制，實現社會變革。

　　政策推行期間由於與蘇聯交惡，蘇聯取消了援助協定，並撤走專家，影
響了工業建設的資本與技術的投入。在農業方面，民國四十八年（1959）至
民國五十年（1961）連續三年的天災，加上地方官員虛偽呈報農業生產量，

大量農民投入工業，造成農業減產。大煉鋼等工業建設也未見成效，經濟反而衰退。民國四十八年，彭德懷、黃克誠因反對「三面紅旗」而遭到清算，稍後，毛澤東為了為政策負責，於是將國家主席的位置讓給劉少奇。

調整恢復時期（1961～1965）

民國五十年一月，中共八屆九中全會在北京召開，宣布展開國民經濟的調整恢復工作，其中農業生產更是首要任務。經過將近三年的努力，中國大陸的衰退經濟終於迅速恢復。民國五十一年（1962）農業生產開始回升，此後逐年成長，工業建設也逐漸復甦，調整工作於民國五十四年（1965）結束，大體上挽救了「三面紅旗」時期造成的危機。

文化大革命時期（1966～1976）

自民國四十五年九月，中共八全大會之後，政治權力逐漸由劉少奇、鄧小平所掌握，毛澤東的地位逐趨下降，毛為鞏固權力遂與林彪合作對抗劉、鄧勢力。民國五十五年（1966）八月，中共八屆十一中全會選出林彪成為黨內唯一副主席。文化大革命前夕，毛在北京陷入四面楚歌，被迫遠走上海，獲林彪支持始得返回北京，遂利用紅衛兵發動「文革」。民國五十七年（1968）年九月完成對劉、鄧之奪權鬥爭，十月劉少奇被開除黨籍，並撤銷一切職務。

毛澤東於勢力鞏固後，與林彪之間亦產生權力之爭。民國六十年（1971），林彪計畫發動武裝政變，但未成功，林彪夫婦乘飛機想逃往蘇聯，在外蒙古墜機身亡。事後，林彪系統均遭到整肅及撤職查辦，江青為首的四人幫系統則高據要津。

民國六十五年（1976）一月，中共國務院總理周恩來病逝，毛澤東以華國鋒代理國務院總理。同年三月底起，大陸人民以追悼周恩來的名義，在北京天安門廣場示威，至清明節悼念活動達到高潮，其雖以悼念周恩來的形式出現，矛頭則指向毛澤東、江青為首的四人幫及共產制度。

四月初，中共當局採取行動驅趕、毆打和逮捕留在廣場上的群眾，事後並展開追捕行動。並由毛澤東提議，中共中央政治局通過，撤銷鄧小平在黨內外一切職務，任命華國鋒為中共中央第一副主席和國務院總理。九月，毛澤東病逝。十月，華國鋒下令逮捕四人幫，十年「文革」至此告一段落。

「文革」時期中共與蘇聯的關係仍續惡化，民國五十八年（1969）雙方軍隊在兩國東北及西北邊境連續發生了武裝衝突事件。中共為了聯美制蘇，美國則為聯中共制蘇聯，雙方關係漸有突破。民國六十年五月，中共派出桌球隊赴美訪問，又稱為乒乓外交。十月，中共進入聯合國。民國六十一年（1972）二月，美國總統尼克森赴中國大陸訪問，並簽訂上海公報。十二月，中共與日本建交，在外交方面有甚大的突破。

三 鄧小平時代（1976～1997）

鄧小平雖堅持毛澤東思想的正統和共產黨專政，但是認為目前中國經濟現狀的落後，因此在社會主義的初級階段，應以提高國家的生產力和改進人民的物質生活為重點，引進外來資本、技術，進入世界經濟體系。鄧小平於是開展改革開放政策，二十多年來，為中國大陸帶來了前所未有的經濟發展，也對中共的黨國體制造成巨大的衝擊。

民國六十六年（1977）七月，中共召開十屆三中全會，恢復了鄧小平的職務。八月，中共十一全大會召開，正式宣告「文革」結束，同時也對人事做出新的安排：除了將文革派逐出政治局之外，華國鋒出任黨中央委員會主席，鄧小平等人為副主席。十月，鄧小平到日本訪問，和日本政府簽訂了和平友好條約。鄧小平雖然從未成為中共的名義領袖，但在再次當權後，以實質指導人的角色展開一連串長達二十年的改革工作，因此這段時期被稱為鄧小平時代。

鄧小平最令人矚目的舉措，是採行改革開放的政策，借助於資本主義國家的技術與財力，實施工業、農業、國防、科技的四個現代化。同時他為了緩和中共內部的反對，也提出了四個堅持：堅持社會主義道路、堅持無產階級專政、堅持共產黨領導、堅持馬列主義毛澤東思想。

民國七十八年（1989）四月，胡耀邦病逝，大批的學生群眾藉悼念胡耀邦，展開從追悼胡耀邦逝世到六四大屠殺為止，一共維持七週之久的要求民主運動。這次規模浩大的民主運動，從四月十五日到六月初，總數約百萬的學生參與這次運動。幾乎所有大專院校都加入了示威的行列，到後來運動吸引了各階層的人士共同參與。

在擔心狀況失控危及共產黨統治的顧慮下，六月四日中共下令武裝鎮壓。六四事件後，中共當局並展開大規模追捕民運人士的行動，然而仍有一些著名的異議人士逃離中國大陸，繼續從事民主運動。

六四事件後，中共稍後召開十三屆四中全會，企圖平息學潮事件所引起的紛亂，通過撤銷趙紫陽的中央總書記、政治局常委等職務，改由江澤民任中央總書記。由於血腥的鎮壓人民，中共也面對世界的孤立與經濟制裁。

民國八十一年（1992）鄧小平發表南巡講話後，中國大陸各地加速改革開放發展經濟，但也引起資源緊縮、金融混亂、投機猖獗、物價上漲的問題。

四 後鄧小平時代（1997～2005）

民國八十六年（1997）鄧小平病逝後，中共召開十五全大會，這次大會代表江澤民時代的開啟，後鄧小平時代權力轉移的順利完成，江澤民集中共中央總書記、中央軍委主席、國家主席等黨、政、軍最高領導職務於一身。江澤民主政期間除了收回香港、澳門主權並設置特區外，維持全力發展經濟的政策，保持經濟發展持續快速成長。使民眾所得、外匯存底大幅增加，但也造成貧富分配不均、治安惡化犯罪率增高等新的社會問題。民國九十三年（2004）中共完成領導人之世代更替，總書記、國家主席胡錦濤於黨十六大正式接任軍委會主席，取代江澤民，除了在國內持續維持經濟發展與成長外，在國際上與美國共同合作反恐怖主義，對美關係持續改善。

第七節　臺海兩岸的互動與交流

民國六十年代中期，中共與美國的關係逐步改善，加上中共文化大革命結束，施行改革開放的策略，使得兩岸原本對立的關係亦趨於緩和，中共曾多次對臺灣發表聲明，提出和平統一的政策。面對中共的主張，中華民國政府堅持不與中共妥協的立場。

直到民國七十年代中期後，才逐漸對兩岸關係進行較大幅度的彈性調整，對於兩岸之間的民間交流、人員接觸及貿易往來的限制逐步加以放寬。

民國七十六年（1987）政府宣布解嚴，放寬外匯管制，並且開放民眾前往大陸探親，兩岸經貿關係從此進入一個新里程，呈現了迅速、驚人的發展。至今海峽兩岸互動交流已極為頻繁，層面已相當廣泛，但在政策上政府仍持續宣示繼續堅持三不立場。

　　與此同時政府也為因應新階段兩岸關係發展的需要，於民國七十九年（1990）成立國家統一委員會，並於行政院之下成立大陸委員會，及成立海峽交流基金會。三者成為我國處理大陸事務的主要單位，其中海基會屬於民間組織，任務在接受政府委託辦理兩岸民間交流事宜。民國八十一年（1992）九月，政府制定兩岸人民關係條例，規範兩岸人民往來並處理衍生之各種法律事件。

　　在中共方面，黨的對臺工作最早是由毛澤東負責親自指揮，以武力解放臺灣為主要內容。「文革」結束後，中共推動改革開放的策略，對臺工作亦開始強化，黨中央對臺工作領導小組由總書記江澤民任組長。

　　在政府方面，民國七十七年九月，於國務院之下設立臺灣事務辦公室，主要負責官方對臺工作的所有具體事務，包括各項交流與接觸、分析策略、執行工作。民國八十年十二月，中共成立屬於民間組織性質的海峽兩岸關係協會（海協會），任務在亦在接受中共官方委託辦理兩岸民間交流事宜。

　　在此模式運作下，民國八十二年（1993）四月，海基會董事長辜振甫與海協會會長汪道涵在新加坡舉行辜汪會談，是長達四十餘年以來兩岸關係最重大的突破，雙方達成有關民間事務交流性質的四項協議。民國八十三年（1994）二月，復在北京舉行第二次會談，但雙方代表未能達成兩岸交流進一步的協議。

　　民國八十四年（1995）一月，中共領導人江澤民發表推展和平統一進程的八項主張。李登輝總統亦在國統會上發表六點看法，予以正式回應。兩岸高層間接對話，對於推動兩岸經貿文化交流存在一定共識，使兩岸關係的發展呈現樂觀提升的趨勢。但李登輝總統在該年六月，經美國同意赴母校康乃爾大學參加畢業典禮並發表談話的事件後，兩岸關係急轉直下，中共認為此舉在製造一中一臺，除了大肆展開批李反獨活動，並向美國政府嚴重抗議。原本兩岸良性互動的情況亦出現了嚴重的危機，第二次辜汪會談及其預備性磋商被迫推遲舉行。七月起至十一月，共軍在東海數度進行示威性的軍事演習及試射飛彈，臺灣社會與經濟因而出現劇烈動盪，中共與美國的關係也降

至建交後的最低點。

民國八十五年（1996）三月，中華民國首次全民直選第九屆總統、副總統，中共於臺海鄰近地區頻頻舉行軍事演習，企圖影響總統選舉，李登輝仍然獲得五成四的選票順利當選。李登輝在第九屆總統任內，對兩岸關係主要採取「戒急用忍」的政策，但無法有效遏止臺灣企業於中國大陸投資的風潮。

民國八十八年（1999）七月，李登輝進一步宣示海峽兩岸是特殊的國與國關係，中共反應激烈，兩岸關係益為緊張。民國八十九年（2000）三月，民主進步黨首次勝選執政；五月，總統陳水扁在就職演說中，提出「四不一沒有」政策：只要中共無意對臺動武，保證在任期之內，不會宣布獨立、不會更改國號、不會推動兩國論入憲、不會推動改變現狀的統獨公投，也沒有廢除國統綱領與國統會的問題。

但是中共對民進黨臺獨傾向的疑慮，仍使兩岸關係的進展殊為有限，直接三通的目標難以實現。民國九十二年，總統陳水扁再提出「一邊一國」的口號，使兩岸關係更趨對立。民國九十三年三月，陳水扁在槍擊案的衝擊中連任總統，鑑於兩岸關係遲遲無法進展，且有逐步尖銳對立的趨勢。

中共黨中央對臺工作領導小組、國務院臺灣事務辦公室、海峽兩岸關係協會，三者成為中共處理臺灣事務的主要單位，正與我國國家統一委員會、行政院大陸委員會、海峽交流基金會，三者成為我國處理大陸事務的主要單位相互呼應。

這種現象的存在，反映臺灣未放棄「三不」政策，中共堅持「一個中國」的原則未取得雙方共識的事實，兩岸交流仍需經過非官方或具有官方背景的機構談判進行接觸。

從民國八十九年至今，臺灣內部因政治立場的歧異導致社會與族群對立之時，中共已完成領導人之世代更替，現任總書記、國家主席胡錦濤已於民國九十三年正式接任軍委會主席，取代江澤民，除了在國內持續維持經濟發展與成長外，在國際上與美國共同合作反恐怖主義，對美關係持續改善。美國國務卿鮑爾更於民國九十三年十一月首次明白宣布美國不支持臺獨的政策，在此情況下，兩岸關係的解凍與朝向正面的進程發展，在眼前看來並不樂觀。

問題討論

1. 中國走向世界遭遇頓挫的原因為何？
2. 日本與中國近百年來的關係，主導現代中國歷史發展趨向，請問過程及結果如何？
3. 民國三十八年政權輪替，國民政府在大陸失敗的原因為何？
4. 中共鄧小平為什麼要推動改革開放的政策？結果如何？
5. 「兩國論」與「一邊一國論」，對於兩岸之間的民間交流、人員接觸以及貿易往來有甚麼樣的影響？

參考書目

1. 郭廷以《近代中國史綱》，香港：中文大學。
2. 張玉法《中國現代史》，臺北：東華書局。
3. 費正清《劍橋中華民國史》，上海：人民出版社中譯本。
4. 費正清《劍橋中華人民共和國史》，上海：人民出版社中譯本。
5. 費正清《費正清論中國》，臺北：正中書局中譯本。
6. 陳永發《中國共產革命七十年》，臺北：聯經出版公司。

國家圖書館出版品預行編目資料

中國通史／梁國真等編著.
--初版.--臺北市：五南，2007〔民96〕
面；　公分.　參考書目：面
ISBN 978-957-11-4312-5（平裝）
1.中國－歷史
610　　　　　　　　　　95005131

1WC2
中國通史

主　　　編－高明士

編 著 者－梁國真　賴亮郡　劉燕儷　李汾陽

發 行 人－楊榮川

總 編 輯－王翠華

編　　　輯－陳姿穎　李楚芳

出 版 者－五南圖書出版股份有限公司

地　　　址：106台北市大安區和平東路二段339號4樓

電　　　話：(02)2705-5066　傳　　　真：(02)2706-6100

網　　　址：http://www.wunan.com.tw

電子郵件：wunan@wunan.com.tw

劃撥帳號：01068953

戶　　　名：五南圖書出版股份有限公司

台中市駐區辦公室/台中市中區中山路6號

電　　　話：(04)2223-0891　傳　　　真：(04)2223-3549

高雄市駐區辦公室/高雄市新興區中山一路290號

電　　　話：(07)2358-702　傳　　　真：(07)2350-236

法律顧問　林勝安律師事務所　林勝安律師

出版日期　2007年1月初版一刷
　　　　　2014年9月初版五刷

定　　　價　新臺幣420元